# 전공탐색과 생애설계

| 윤명희 · 이정희 · 서희정 · 강창완 공저 |

MAJOR EXPLORATION AND LIFE PLAN

학지사

# 머리말

오늘날의 사회는 빠른 속도로 발전하는 과학 기술만큼이나 급변하고 있어 우리의 삶과 여건이 근본적으로 변화하고 있다. 이제 대학에 갓 입학한 대학생들은 급속도로 변화하는 사회에 적응할 뿐 아니라 자신의 삶을 선택하고 책임질 수 있는 사회인으로 진출하는 것이 필요하다. 따라서 대학생 시기에는 가능하면 빨리 자기 자신에 대해 이해하고, 자신이 선택한 전공과 대학사회를 적극적으로 탐색하여 행복한 삶을 이루어 나가는 것이 무엇보다도 중요한 것이다.

누군가 말했듯이 학생들이 대학에 와서 배워야 하는 것 중 중요한 한 가지는 미리 정해져 있지 않은 길을 스스로 찾아 만들어 가는 능력이다. 이미 알려진 지식을 배우고 알려진 길로 나아가는 것은 누구나 할 수 있다. 그러나 현재와 같이 불확실한 상황에서 자신만의 길을 개척해 나갈 수 있는 것은 오늘날의 시대 상황에서 가장 필요한 능력이라 할 수 있다.

이에 저자들은 우리나라 대학생들이 자기 삶의 주인공이 되어 자신의 생애를 설계하고, 장래 비전과 목표를 달성해 나가는 적극적인 개척자가 되길 기대한다. 이를 위해서는 변화하는 사회 속에서 자신의 긍정적 가치를 발견하고, 자신의 전공과 대학을 심층적으로 탐색하여 대학에서의 삶을 누리며, 전 생애에 걸쳐 이루고 싶은 꿈과 비전을 설정하고 달성해 나갈 수 있어야 한다. 모든 대학생이 이러한 과정에서 희망과 행복을 느끼길 기대하며 본 교재를 개발하였다.

구체적으로 본 교재에 수록된 내용은 다음과 같다.

제1부에서는 사회 변화에 따른 인재상의 변화와 4차 산업혁명의 특징을 확인하

고, 저출산과 론제비티 사회의 도래가 개인의 생애에 미치는 영향에 대해 탐색하였다. 또한 성격을 이해하는 것이 자기이해의 좋은 출발점이 된다는 점을 상기하여, 자신의 성격적 특징을 이해하고 진로설계 과정에서 활용할 수 있는 방법을 구체적으로 제시하였다.

제2부에서는 대학생으로서의 삶을 어떻게 설계하고 실천해야 하는지를 다루었다. 대학생의 삶을 설계하는 데 밑바탕이 되는 소속 학과(전공)에 대한 교육과정 및 교과, 비교과 학습에 대한 소개와 더불어 대학생활을 효율적으로 보내기 위해 도움받을 수 있는 대학의 기관을 안내하였다. 또한, 대학의 자율적인 분위기 속에서 주도적으로 학습하기 위해 대학생이 습득해야 할 학습법을 다루었다.

제3부에서는 대학생이 자신의 직업흥미를 이해함으로써 전공 및 진로를 탐색하고 설계해 나가는 데 도움을 받을 수 있도록 구성하였다. 자신의 직업흥미가 무엇이며, 진로발달에 어떠한 영향을 미치는지 이해한 후, 국가 차원에서 산업현장의 요구를 토대로 특정 직무를 수행하는 데 필요한 지식, 기술, 태도를 표준화하여 수립한 NCS에 기반을 두어 직무를 탐색하는 방법을 소개하였다. 이를 통해 자신이 전공하고 있는 분야와 관련된 주된 직무 및 자신이 선호하는 직무 분야에 대해 이해할 수 있을 것이다.

제4부에서는 대학이라는 사회 속에서 대학생의 삶을 검토해 볼 수 있도록 설계하였다. 대학생의 삶에 많은 영향을 미치는 인간관계에 대해 알아보고 건강한 만남을 통해 서로 성장할 방법을 찾아보았다. 특히 대학생들은 어떤 종류의 스트레스를 받고 있는지, 스트레스에 대처하는 방식은 어떤지 등에 대해 알아보고, 자신의 스트레스 대처방법을 검토・개선하여 긍정적인 시각으로 대학생활을 해 나갈 수 있도록 안내하였다.

제5부 진로설계 부분은 자신의 진로목표에 한 단계씩 나아갈 수 있도록 나의 삶을 설계하는 내용을 담고 있다. 평소 개인의 의사결정이 어떤 방식으로 이루어지고 있는지 확인하고, 미흡한 부분을 보완해 나갈 수 있도록 진로의사결정 유형에 대한 내용을 먼저 다루었다. 또한, 자신의 꿈과 비전이 구체화된 진로 로드맵을 작성하고, 이를 달성해 나갈 수 있는 실행계획을 수립하여 진로목표에 한 단계씩 나아갈 수 있도록 하였다.

이 책이 나오기까지 많은 사람의 적극적인 지지와 수고가 있었다. 처음부터 집필 과정에 함께 참여하여 누구보다도 적극적으로 지원을 해 준 부산 가톨릭대학교의 구경희 교수에게 진심으로 감사를 드린다. 또한 교재가 완성될 수 있도록 후원해 준 동의대학교 프라임사업단과 세세하게 행정적인 지원을 해 준 디그니타스교양교육연구소의 김경아 박사, 동의대학교 석사과정에 재학 중인 박지현과 학부생인 최서윤 학생에게도 감사의 인사를 전하고 싶다.

2018년 1월

엄광산 기슭에서 저자 일동

# 차례

## 제3부 직업탐색



## 제4부 대학생의 행복

# 제5부 진로설계

# 제1부
# 사회 변화와 자아탐색

제1장 글로벌 세계의 변화

제2장 전 생애 이해

제3장 성격

제4장 성격강점

## 학습개요

제1부에서는 사회 변화에 따른 인재상의 변화와 4차 산업혁명의 특징을 통한 글로벌 세계의 변화를 확인하고, 저출산과 론제비티 사회의 도래가 개인의 생애주기에 미치는 영향에 대해 탐색하고자 한다. 또한 성격을 이해하는 것은 자기이해의 좋은 출발점이 된다는 점을 상기하여, 진로설계와 관련하여 자신의 성격을 이해하는 것에 초점을 두었다.

제1장은 인류가 농경사회, 산업사회, 지식정보사회, 스마트사회를 거치면서 인간의 필요와 요구에 따라 기술이 발전하였고, 이에 따른 인재상도 조금씩 변화하게 되었다는 내용을 담고 있다. 다가올 4차 산업혁명이 직업세계에 미치는 영향을 알아보고, 미래사회에 대응하는 인재상은 어떠한지 살펴보고자 한다.

제2장은 현재 자신에게 요구되는 역할들이 무엇인지 분명하게 이해하고, 다양한 역할 사이의 균형과 조화를 이루기 위해 노력하는 것은 행복한 삶을 결정하는 데 있어서 매우 중요하다는 내용으로 구성되어 있다.

제3장에서는 전 생애 진로설계의 기본이 되는 자기이해를 위해 MBTI(Myers-Briggs Type Indicator)를 통한 성격적 특징을 살펴보았다. 우리는 끊임없이 변화하는 세상에 살아가면서 그 세상을 경험하는 나를 자각한다. '나는 누구인가? 내 친구들은 나를 어떻게 소개할까?'와 같이 우리가 누군가를 떠올릴 때, 밝고 상냥한 친구, 차분하고 꼼꼼한 친구 등 그 사람의 고유한 특징을 떠올리게 되는데, 이러한 고유한 특징을 성격이라고 한다. 사람들은 성격을 이해하는 것이 그 사람의 행동이나 생각을 이해하는 데 기초가 된다고 생각하고, 성격을 바탕으로 자신의 흥미와 적성을 생각한다. 친구를 만날 때에도 그 친구의 성격을 이해함으로써 그 친구와 나의 관계를 조율하고 우정과 사랑을 쌓아 가게 된다.

제4장은 자기 이해의 일환으로 자신의 성격강점을 탐색해 보고 자신의 성격강점을 활용함으로써 보다 자신감을 가지고 생애설계 과정을 출발해 보는 내용으로 구성되어 있다.

제1장
# 글로벌 세계의 변화

**학습목표**

- 사회 변화에 따른 인재상을 탐색한다.
- 4차 산업혁명이 직업세계에 미치는 영향에 대해 탐구한다.
- 미래 직업세계의 변화를 이해한다.

## 1. 사회 변화에 따른 인재상

인류의 문명이 생성된 이후 인간의 요구와 필요에 따라 기술이 발전되고, 기술의 발전은 삶을 풍요롭게 해 주었다. 풍요로운 삶에 대한 끊임없는 요구는 세계화로 이어지게 되고, 각국의 경제가 서로 밀접하게 연결되면서 새로운 기술에 대한 변화의 요구와 주기가 짧아지게 되었다. 이는 산업주기의 변화를 가속시켰고, 가속화된 사회적 변화에 따라 요구되는 인재상도 빠르게 변하고 있다.

### 1) 산업사회 이전의 인재상

원시사회의 인류는 생산력 수준이 낮았기 때문에 공동으로 일하고, 생산한 것을 공동으로 분배하는 생활을 하였다. 함께 생산 활동을 하고 다같이 나누는 공동체 소유의 시대였던 이 시기에는 인간의 생존본능에서 기인한 음식 섭취와 은신의 공간을 확보하는 것을 가장 가치 있는 활동으로 여겼으며, 손을 사용하는 노동이 중요한 사회였다.

이에 따라 수렵과 채집 활동을 능숙하게 할 수 있는 기술과 전략이 필요해졌으며, 여기에 주어진 자연을 가장 효율적이고 효과적으로 이용할 수 있는 인재가 필요하였다. 점차 손을 사용하던 기술이 도구를 사용하는 기술로 업그레이드되었으며, 생산 활동에 도움이 되는 도구를 만들 수 있는 인재가 공동체의 지도자가 되었다.

원시사회 이후 식량 공급과 조달의 중요성에 대한 사회적 요구가 더욱 중요해짐에 따라 농경사회가 시작되었다. 사냥이나 채집으로 식량을 조달하던 원시사회와는 달리, 이 시기는 단순하지만 식물을 재배하여 정기적으로 결과물을 수확할 수 있는 농사가 본격적으로 시작된 사회이다. 물론 원시사회보다 기술적으로 더 진보된 사회이며, 더 많은 수확을 위해 농사에 적합한 도구들이 사용되기도 하였다. 공동체를 형성하고 살았으며, 사유 재산이 생기기 시작하면서 계급도 생성되기 시작하였다.

식량의 자급자족이 가능하게 된 농경사회의 인재상은 근면하고 성실한 농부이다. 이들에게 요구되는 역량은 체력과 성실함, 그리고 자급자족에 필요한 기술이었다. 하지만, 근면과 성실로도 해결할 수 없는 것이 바로 자연재해이다. 억수 같이 쏟아지는 비로부터 농작물을 어떻게 보호할 수 있을지, 가뭄으로 인한 피해를 어떻게 극복할 수 있는지에 대한 전략이 필요했던 것이다. 이처럼 농경사회에서의 성공 여부는 수확량으로 결정되었고, 이 시대의 경영 전략은 자연재해의 피해를 어떻게 극복하느냐에 초점이 맞추어졌다.

### 2) 산업사회의 인재상

농경사회에서 인간은 한곳에 정착하여 생활하는 공동체의 형성으로 이어지고, 다양한 물품 조달과 소통의 편리성을 확보하기 위해 도시를 이루고 살아가는 형태로 발전하였다. 도시의 형성으로 물건을 소비하는 양이 증가하면서 더 많은 생산에 대한 요구로 이어졌다. 이와 함께 편리한 삶에 대한 사람들의 욕구가 증대되었고, 이는 다양한 기계를 발명하는 원인으로 작용하게 되었다. 이 시기에는 하드웨어 중심의 산업기술이 사회를 주도해 나갔으며, 대량으로 물건을 생산하는 산업구조가 형성되었다.

산업사회는 강인한 노동력을 기본으로 하였지만, 노동력의 한계를 극복할 수 있는 기계적 수단과 편리한 이동 수단까지 확보하는 산업혁명을 통해 기계 중심의 근대 산업사회로 진행되었다. 바야흐로 육체적인 힘만 가진 노동자보다 기계를 능숙하게 다룰 줄 아는 기술을 가진 노동자가 인재로 급부상하게 된 것이다. 기계를 다루는 기술이 있다는 것은 여러 사람이 감당해야 하는 작업을 혼자 해결할 수 있는 능력이 있음을 의미한다. 그러므로 근대 산업사회를 주도하는 인재는 바로 생산 현장에 있는 기능공이었다.

### 3) 지식정보사회의 인재상

근대 산업사회의 대량생산체제로 인류는 이전보다 풍요로운 삶을 경험하게 되었다. 특히 인쇄술의 발전으로 그 이전에는 상상할 수 없었던 지식과 정보를 공급하고 제공받게 되었다. 지식과 정보는 이제 더 이상 일부 권력자의 소유물이 아니며, 교육을 통한 수직적인 이동이 아닌 탐색과 수집을 통한 수평적 이동이 가능하게 되었다. 이러한 상황에서 인터넷의 보급으로 지식정보사회가 열리게 되었으며, 지식과 정보가 세계 경제의 원동력으로 떠오르게 되었다.

정보의 홍수 시대에서는 많은 것을 아는 것보다 하나라도 잘할 수 있는 능력이 요구된다. 즉, 쏟아지는 지식과 정보를 활용하여 무엇인가를 잘할 수 있는 능력이 중요한 것이다. 지식정보사회가 요구하는 인재상은 현실적인 문제를 해결하는 데 필요한 지식을 분별할 수 있어야 하며, 더 나아가 정보를 결합할 수 있고, 그로 인해 새로운 가치를 창출할 수 있는 사람이다. 즉, 유용한 지식과 정보를 활용하고 재구조화할 수 있는 역량을 지닌 지식근로자가 새로운 인재상으로 자리매김하게 되었다.

### 4) 스마트사회의 인재상

지식정보사회는 정보통신기술(Information and Communication Technology: ICT)을 기반으로 스마트사회로 발전되었다. 스마트폰의 출현과 빠른 보급으로 시간과 공간의 제약 없이 실시간 정보 활용이 가능한 완전 개방의 시대, 즉 스마트사회(Smart Society)가 현실화된 것이다. 스마트는 다기능, 고기능 이외에 인공지능이나 제어 능력을 의미하기도 한다. 사용자의 설정에 따른 것이 아니라 알아서 동작할 수 있는 똑똑한 기기, 필요에 따라 원하는 기능만을 찾아 쓸 수 있는 맞춤형 환경을 조성해 주는 스마트사회는 공통된 특성을 지닌 집단에 집중하지 않는다. 스마트사회는 개별화된 개인의 특성과 주관이 더 요구되는 시대이며, 이러한 개인의 주관과 창의적인 개성은 스마트사회를 이끌어 가는 힘의 본질이 될 수 있다(글로벌한경, 2012).

다시 말하면, 스마트사회는 창의적 · 개방적이면서 유연한 사고를 가진 스마트 인재를 요구하는 것이다. 다양화, 특성화 시대인 스마트사회는 자신의 장점을 알고 발전시킬 줄 아는 창의력이 있는 인재, 예측이 불가하고 변화무쌍한 미래에 유연하게 대처할 줄 아는 인재를 요구한다. 무한히 펼쳐지는 사이버 공간을 일터, 배움터, 놀이터로 활용할 줄 아는 스마트 인재는 모바일, 네트워크, 혁신기술을 활용할 수 있다. 더불어 이전 시대에 비해 인간관계가 더욱 소원해지는 스마트사회는 무엇보다 인간중심적 사고를 잃지 않고 다른 사람을 배려할 줄 아는 태도와 공감 능력이 필요하다.

한편, 스마트사회는 컴퓨터나 인공지능의 진화로 인해 생산 인구의 일자리를 위협할 것이라는 비관적인 시각도 있다. 로봇, 인공지능의 인간 대체는 특정한 영역을 넘어 사회 전체의 고용을 위협하리라는 것이다. 이와는 달리, 오히려 기술의 발달이 고용이나 경제에 도움이 된다고 보는 미래학자들과 경제학자들도 있다(한국직업능력개발원, 2016). 이렇듯 로봇과 인공지능의 발전이 향후 직업세계에 미칠 영향에 대한 예측이 분분한 가운데 미래사회에서 기계나 로봇이 대체할 수 없는 분야에 대한 관심도 높아지고 있다.

시대별로 요구하는 인재상을 정리해보면 [그림 1-1]과 같다.

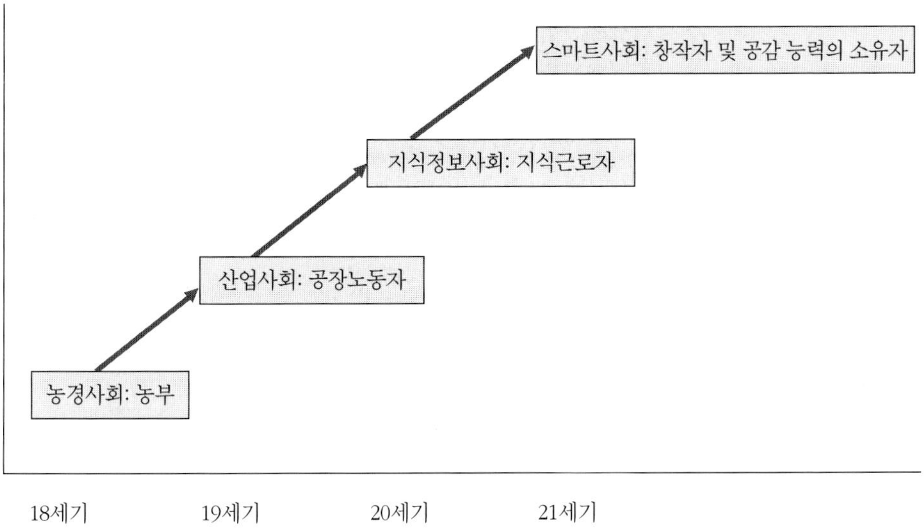


**[그림 1-1] 사회의 변화에 따른 인재상**

출처: 김명철 역(2012).

# 2. 4차 산업혁명과 직업의 변화

세계 역사의 흐름 속에서 산업혁명은 커다란 변화를 이끌어 냈다. 1~3차 산업혁명과 4차 산업혁명의 차이점 및 특징을 알아봄으로써 다가올 변화에 대처할 수 있으며, 자신의 진로 방향을 설정하는 데 도움을 받을 수 있다.

## 1) 4차 산업혁명의 개념

세계경제포럼(다보스포럼)의 회장인 클라우스 슈밥(Klaus Schwab)은 2016년 연차총회에서 세계는 지금 4차 산업혁명의 시대에 진입하고 있다고 주장하였다. 4차 산업혁명이란, 말 그대로 산업의 4번째 혁명적 변화라는 의미이고, 그 혁명적 변화의 핵심에는 새로운 기술이 있다(Schwab, 2016).

역사적으로 1차 산업혁명은 1784년 영국에서 시작된 증기기관과 기계화로 대표되는 기계혁명이고, 2차 산업혁명은 1870년 전기와 석유화학 기술의 발전으로 인

1차 산업혁명의 상징인 증기기관차

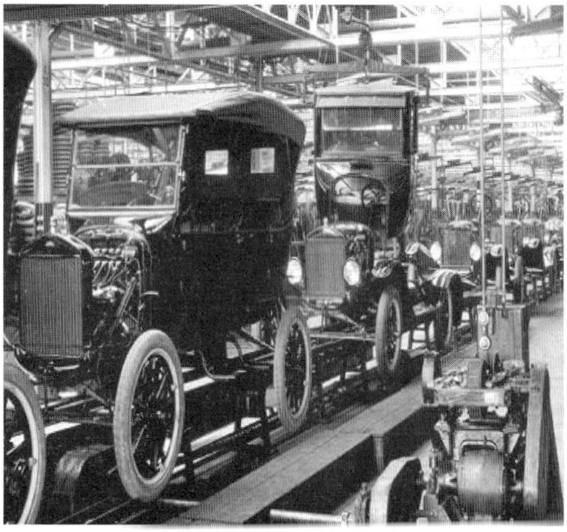

2차 산업혁명의 상징인 자동차와 그 생산 라인

3차 산업혁명의 상징적 인물인
스티브 잡스와 빌 게이츠

출처: 머니투데이.

4차 산업혁명의 상징인 인공지능을 보유한
영화 〈아이언 맨〉의 자비스

출처: 네이버 영화.

**[그림 1-2] 산업혁명의 상징**

한 에너지 혁명이다. 그리고 3차 산업혁명은 1969년 컴퓨터 정보화 및 자동화 생산 시스템이 주도한 컴퓨터와 통신 기술, 인터넷의 발전으로 상징되는 디지털 혁명이다. 다가올 4차 산업혁명은 인공지능, 로봇기술, 생명과학이 주도하는 차세대 산업혁명을 말하며, 로봇이나 인공지능(Artificial Intelligence: AI)을 통해 실재와 가상이 통합되어 사물을 자동적 · 지능적으로 제어할 수 있는 가상 물리 시스템의 구축이 기대되는 산업상의 변화를 일컫는다(강철승, 2016).

### 2) 4차 산업혁명의 특징

4차 산업혁명은 우리의 일상생활을 비롯하여 산업, 경제 및 사회구조에 많은 변화를 이끌어 내고 있다. 슈밥(2016)은 생물학적 존재와 디지털이 융합될 것이고, 이것이 바로 4차 산업혁명의 핵심적인 원동력이라고 강조하였다.

4차 산업혁명의 특징은 초지능과 초연결이라고 할 수 있다(하원규 · 최남희, 2015). 이를 가장 잘 반영하는 것은 인공지능과 사물인터넷(Internet of Things: IoT)이다. 인공지능은 인간의 평범한 지능을 훨씬 뛰어넘는 컴퓨터, 로봇의 등장을 의미한다. 이세돌 9단과 세기의 승부를 겨룬 알파고는 우리가 경험한 인공지능의 대표적인 사례이며, 알파고와 같은 초지능은 점차 보편적 기술이 될 전망이다. 영화 〈아이언 맨〉에 나오는 자비스와 같은 인공지능 컴퓨터가 공상과학이 아니라 현실화될 수도 있다는 것이다. 무엇이든 물어보면 답을 알려 주는 인공지능 컴퓨터가 등장한다면 인간이 머릿속에 지식을 넣기 위해 노력할 필요가 없을 것이다.

또한, 사물이 인터넷에 연결되는 것을 사물인터넷이라고 하는데, 모든 사물이 연결된다고 해서 만물 인터넷이라고 지칭되기도 한다. 현재 우리 일상생활 속에 이러한 사례를 어렵지 않게 발견할 수 있다. 사물이 인터넷에 연결되어 있으면 외출한 상황에서 가전제품들을 제어할 수 있는데, 이미 TV도 스마트 TV나 셋톱박스를 통해 인터넷에 연결되고, 시계도 스마트워치가 되면서 인터넷에 연결되었다.

사물이 인터넷에 연결된다는 것은 사물이 지능을 얻는다는 것을 의미한다. 사물 자체에는 CPU나 메모리도 없는 깡통일 수 있지만, 인터넷에 연결되기만 하면 클라우드에 있는 모든 데이터와 정보, 지능이 그 사물에 연결될 수 있다. 가장 매력적인 연결의 산물 중 하나는 바로 자율주행 자동차이다. 자율주행 자동차가 상용화된다면 운전면허가 무의미해질 것이다. 자동차를 타는 시간 동안 사람은 운전이 아닌 다른 무언가를 할 수 있게 되고, 이 시간을 차지하기 위해 많은 기업들의 경쟁이 벌어질 것이다. 운전사라는 직업이 사라질 것이고, 물류 산업도 완전히 바뀔 것이다. 즉, 4차 산업혁명으로 인한 다양한 변화는 산업과 경제뿐 아니라 인간 삶에도 예측

불가한 변화를 예고하고 있다.

그 외에도 4차 산업혁명의 대표적인 키워드는 빅데이터, 클라우드 컴퓨터, 3D 프린팅, 드론, 스마트 공장 등이라고 할 수 있다. 드론을 활용한 무인배달 서비스는 이미 상용화 단계에 이르고 있으며, 로봇과 인공지능과 함께 3D 프린팅을 미래의 유망기술로 전망하여 다양한 산업 분야에서 이를 적용하고 있다. 제조업의 생산 라인 또한 인터넷을 매개로 스마트 공장화되어 가고 있다.

이러한 4차 산업혁명이 직업 세계에 가져올 거대한 변화를 눈앞에 두고 우리가 취할 수 있는 태도는 무엇일까? 일부 경영학에서 우려하는 것처럼 로봇과 인공지능이 인간의 일자리를 대체하게 되고, 우리 인간은 설 자리를 잃게 되는 것일까?

기존의 데이터를 종합 · 분석하는 능력은 인간이 로봇과 인공지능을 능가할 수 없다고 본다. 그러나 인공지능도 해결할 수 없는 영역이 바로 상상력과 창의성이다. 왜냐하면 상상력을 발휘하고 창의적으로 물건을 만들어 낼 로봇은 현재 존재하지 않기 때문이다. 새로운 혁신과 창의적 방식은 결국 인간의 머리에서 나온다. 이러한 자신감을 바탕으로 로봇이나 인공지능 시대로 일컬어지는 4차 산업혁명 시대를 준비하는 것이 필요하다.

인공지능의 발전이 직업세계에 미치는 영향을 단정적으로 판단하기는 쉽지 않지만, 각 직종의 일을 인공지능이 대체하거나 인간과 기계가 협업 · 보완하는 형태로 설명할 수 있다(나준호, 2016). [그림 1-3]은 인공지능 및 로봇의 발전이 직종별로 미치는 영향에 대해 감성/지식노동과 육체노동, 정형적/반복적인 업무 형태와 비정형적/비반복적인 업무 형태를 기준으로 4개의 영역으로 나누어 각 영역에 속하는 직종이 향후 어떠한 변화를 겪게 될 것인지를 제시하고 있다. 특히, 그동안 자동화로부터 안전하다고 여겨졌던 연구직, 관리직, 전문직 분야에도 인공지능의 대체나 인간-기계의 협업 · 보완이 동시에 진행될 것으로 예측하고 있다.

이렇듯 4차 산업혁명이 미래의 직업세계에 미칠 영향에 대한 예측이 분분한 가운데 로봇과 인공지능이 대체할 수 없는 분야에 대한 관심이 높아지고 있다. 인공지능이 대체할 수 없는 직종에 전문성을 높이고, 미래에 새롭게 생성될 것으로 예측되는 직업을 지속적으로 발굴하여 육성하는 사회적 체제의 형성이 필요하다.

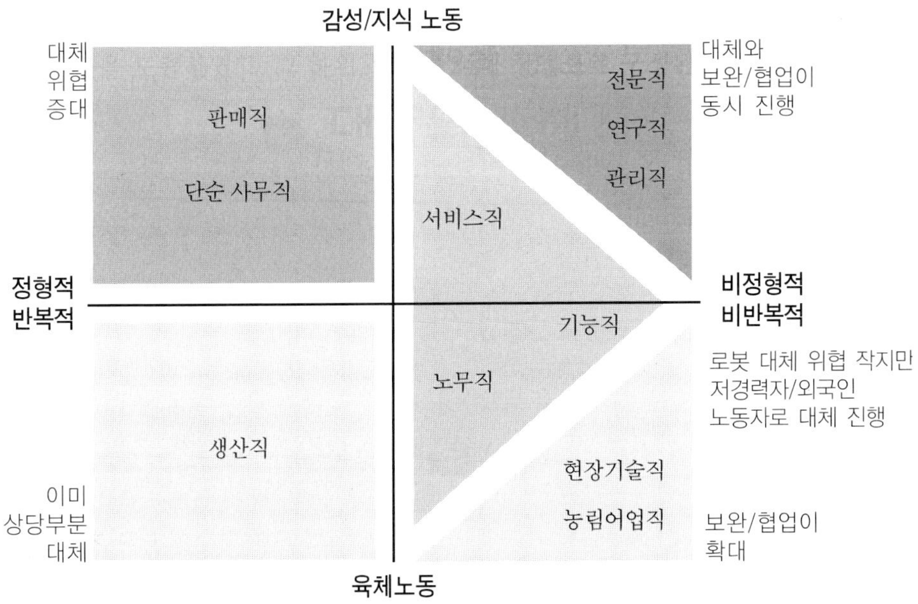


**[그림 1-3] 인공지능 및 로봇의 직종별 영향**

출처: 나준호(2016).

### 3) 직업세계의 변화

역사와 시대에 따라 경제 및 산업 구조가 변화되면서 새로운 직업이 생성되었다가 많은 사람들에게 관심을 받고 더 세분화되어 발전되기도 하고, 시간이 지남에 따라 수요가 줄어들어 쇠퇴하거나 소멸하기도 한다. 직업이 생성되었다가 소멸되는 변화를 살펴보면 시대적으로 주류를 이루었던 경제 및 산업 분야와 관련이 있음을 확인할 수 있다. 이러한 연관성을 확인하는 것은 미래의 직업을 예측하여 자신에게 맞는 유망 직업을 찾아내는 데 도움이 될 것이다.

유망 직업을 선택할 때 대내외적인 경제의 흐름과 환경을 고려하여 자신에게 실현 가능한 직업을 선택해야 한다. 출산율 저하, 에너지 부족, 환경오염, 교육혁명, 서비스 산업의 증대, 1인 가구의 증가, 수명의 연장, 4차 산업혁명 등 경제적인 흐름과 환경을 고려하여 직업을 탐색해 나가면서 자신에게 맞는 직업을 선택하는 것이 중요하다.

현대는 노인 관련 직업, 친환경 관련 직업, 지식 자본에 관한 직업, 융합과학기술 관련 직업, 3D 관련 직업, 1인 가구의 생활과 관련된 직업 등이 발전할 것으로 예측된다(김인기, 2015). 그러나 이러한 유망 직업은 환경의 변화에 따라 함께 변화될 수 있으므로 자신의 진로를 선택하기 위해서는 먼저 다양한 직업을 탐색한 후, 자신에게 적합한 직업을 선택하는 것이 바람직하다.

〈표 1-1〉 미래에 새롭게 등장할 직업들

| 직업 | 설명 |
|---|---|
| 인공장기 · 조직 개발사 | 바이오프린팅, 3D프린터로 인공장기 및 조직을 생성 |
| 탈부착 골근격증강기 연구원 | 입고 벗을 수 있는 골근격증강기를 개발 |
| 오감인식 기술자 | 사람의 얼굴 표정과 음성을 인식해 행동을 분석하고 다양한 상황에 대응할 수 있도록 도와주는 인공지능 시스템을 개발 |
| 도시 대시보드 개발자 | 사물인터넷의 발전과 도시화의 진전에 따라 넘쳐나는 도시 데이터를 비교하고 모니터링해서 보여 주는 장치를 개발 |
| 사물 데이터 인증원 | 사물인터넷 시대에 사물을 데이터로 인식하기 위해 사물의 범주를 구분하고 각 범주마다 개체를 식별할 수 있도록 분류 체계를 개발하고 인증 |
| 기억 대리인 | 한 사람의 일생을 데이터베이스화해서 보관하고 의뢰인이 필요할 때 정보를 재생 |
| 데이터 소거원 | 인터넷에 떠도는 의뢰인의 부적절한 정보를 안전하게 제거 |
| 아바타 개발자 | 인간을 대체하는 아바타 홀로그램을 개발 |
| 국제 인재 채용 대리인 | 국가 간 인재 채용을 대행하고 현지 적응을 돕는 전문가 |
| 문화 갈등 해결원 | 인종 · 국가 · 민족 · 종교 등 문화가 다른 사람들 사이에 갈등을 예방하고 분쟁을 조절 |

출처: 정현진(2015).

직업세계의 다양한 변화는 직업 환경의 변화를 함께 동반할 것으로 예상된다. 미래학자들의 예측대로 21세기는 지식과 정보가 산업을 주도해 나가는 시대이다. 사람들의 지적 활동이 브랜드, 디자인, 기술을 창출해 내고, 이는 지적 자산으로서의 가치를 지니게 되었다. 기업의 경쟁력은 이제 더 이상 자본이나 노동력에 근거하는 것이 아니라 새로운 부가가치를 창출해 내는 개인의 지적 능력을 활용하여 생산능력의 발전으로 연계하는 데에 있다. 따라서 새로운 변화에 빠르게 적응하여 새로운 부가가치를 생산할 수 있는 능력을 갖춘 지식 노동자들에 대한 수요가 증가할 것이다.

다음 내용은 대한약사회의 '약사공론'이라는 인터넷 뉴스에 게재된 기사의 내용이다.

**인공지능, 4차 산업혁명, 사라질 직업… 말로만 약사의 위기?**

작년 이세돌과 알파고의 경기로 한창 인공지능에 대한 관심은 뜨거웠다. 인공지능이 각광받으며 자연스레 '4차 산업혁명'이라는 단어가 일반인들에게도 자주 접할 수 있는 단어가 되었다.

전경련, 보건의료계, IT 업계 모두 4차 산업혁명에 관한 여러 세미나와 포럼을 개최하여 앞으로의 발전 방향에 대해 논의를 하고 있다. 인공지능의 도래로 약사가 사라질 직업으로 1위라며 두려움에 떨고 있지만, 아직은 어떤 아이디어도 들리지 않는다. 그래서 사람들이 '현실은 알겠지만, 그래서 어떡하라는 거지?'란 의문을 더 많이 품고 있는 듯하다.

… 〈중 략〉 …

4차 산업혁명, 인공지능, 사라질 직업… 등 모두가 알고 있고 현실을 직시하고 있는 상황이라 본다. 이런 상황에서 여러 사람이 모여 현실에 대해 비판만 하는 것이 아닌, 비평을 통해 해결책을 제시하고 조금씩 실행할 방안을 모색해야 한다.

… 〈중 략〉 …

> 하지만 약국을 운영하는 약사들은 어떻게 될까? 약국을 운영하는 약사들은 조제 중심의 업무를 하기 때문에 더욱더 관심이 많다. 많은 사람들이 복약지도를 통해 약사로서의 업무를 높여야 한다고 하지만, 인공지능이 발전하면 할수록 복약지도까지 해주는 날이 오지 않을까? 이 점에서 내가 생각한 약사로서 대처할 자세는 인공지능을 학습시키고 최적의 결과를 선택하는 역할을 약사가 해야 된다고 생각한다.
>
> 인공지능은 결국 빅데이터를 기반으로 검색하거나, 신경망 같은 시스템을 증폭하여 여러 경우 중 적절한 답안을 제공한다. 이때, 이론적인 정보가 아닌 임상적인 증상, 결과 등을 약사가 입력시켜 A란 경우에 B라는 결과가 나와야 한다고 입력시킨다면, 인공지능을 활용한 복약지도의 질도 높아질뿐더러, 데이터도 구축하는 데 큰 역할을 할 것이다.
>
> 출처: 약사공론.

직업 환경의 변화에 영향을 끼치는 또 다른 부분은 바로 전 세계가 하나의 생활권과 경제권으로 통합된 것이라 할 수 있다. 정보 기술의 발전은 전 세계를 하나의 시장으로 단일화시켜 인터넷을 통한 광범위한 경제활동을 가능하게 하였으며, 이러한 변화는 개인의 구직활동 범위를 세계화시킬 수 있고 국제 관련 전문가의 수요 역시 증가시킬 것으로 예측된다.

과학기술 발달의 가속화와 세계화로 인한 기업 간의 무한경쟁으로 시장 환경의 불확실성은 더욱 증대되었으며, 이로 인해 기업 또한 언제까지나 종신고용을 보장해 줄 수 없게 되었다. 한편, 근로자 역시 자신의 능력에 따라 더 좋은 일자리를 보장해 주는 곳으로 이동해 가는 것이 일반화되고 있다.

현대사회에서는 평생직장보다는 평생직업을 가질 수 있도록 자기만의 전문적 분야가 있어야 한다. 평생직업이란, 자신의 직업능력을 갈고 닦아서 그 분야의 전문가로 성장하여 직장을 옮기더라도 그 일에 평생 동안 종사할 수 있는 전문성을 갖춘다는 것을 의미한다. 즉, 전문성을 인정받을 수 있는 평생직업을 가지기 위해서는 개인의 평생학습 능력을 함양하는 것이 필요하다. 자신에게 맞는 직업을 선택하기 위해서는 자신이 가지고 있는 평생학습 능력과 적성 · 흥미를 비롯하여 좋아하는 직업군과 직업에 대한 가치관을 확인하는 것이 도움이 된다. 자신에 대한 기본적인 이해를 바탕으로 다양한 직업을 탐색한다면 자신이 좋아하는 일을 평생 직업으로 가질 수 있는 성공적인 직업인이 될 수 있을 것이다.

〈활동 1-1〉

# 미래사회의 직업 예측하기

## 활동목표

- 미래에 소멸될 직업에 대해 예측해 본다.
- 미래에 생성될 직업에 대해 탐색한다.
- 4차 산업혁명이 미래의 직업세계에 미치는 영향에 대해 토의한다.

## 진행과정

| 활동주제 | 주요 내용 및 방법 | 시간 |
|---|---|---|
| 미래 직업세계의 변화 예측하기 | • 미래에 사라질 직업에 대해 예측하고, 그 이유를 기록한다.<br>• 미래에 새롭게 생성될 직업에 대해 예측하고, 그 이유를 기록한다. | 10분 |
| 4차 산업혁명과 직업세계의 관계 탐색하기 | • 4차 산업혁명이 미래의 직업세계에 미치는 영향에 대해 토의한다. | 10분 |
| 마무리 | • 토의 내용 발표하며 나눈다. | 10분 |

## 유의점 및 특이사항

- 소멸될 직업과 사라질 직업에 대한 예측은 개인적으로 작업하기
- 4차 산업혁명과 직업세계의 관계 탐색하기는 3~4명씩 조를 구성하여 토의하고 발표하기
- 준비물: 활동지, 필기구

■ 미래에 사라질 직업과 생성될 직업 탐색

현대사회를 이끌어 가는 주요한 직업 중 미래에는 소멸될 직업들이 있겠지요? 반면, 새롭게 생겨나는 직업들도 있을 것입니다. 어떤 직업(직종)들이 소멸되거나 새롭게 생겨나게 될지 상상해 보고, 그렇게 예측되는 이유는 무엇인지 기록해 봅시다.

| 구분 | 직업의 종류 | 이유 |
|---|---|---|
| 사라질 것으로 예상되는 직업 | | |
| | | |
| | | |
| | | |
| | | |
| 새롭게 생성될 것으로 예상되는 직업 | | |
| | | |
| | | |
| | | |
| | | |

■ 4차 산업혁명과 직업세계의 관계 탐색

4차 산업혁명은 미래의 직업세계에 어떠한 변화를 일으킬까요? 조별로 토의하여 봅시다.

| | |
|---|---|
| 주제 | |
| 토의 참여자 | |
| 토의 내용 요약 | |

## 참고문헌

강철승(2016). 한국 4차 산업혁명과 정책 프로세스 개혁. 한국정책학회 동계학술발표논문집, 112-131.

글로벌한경(2012). 진로학습코치 양성과정. 서울: 한국경제신문.

김인기(2015). 진로탐색과 미래설계. 경기: 양서원.

나준호(2016). 인공지능의 발전과 고용의 미래. *Future Horizon, 28,* 14-17.

정현진(2015). 미래 유망 직업 및 인기 직업 고용전망. 교육개발, 42(3), 75-80.

하원규, 최남희(2015). 제4차 산업혁명: 초연결, 초지능 사회로의 스마트한 진화 새로운 혁명이 온다. 서울: 콘텐츠하다.

한국직업능력개발원(2016). 제4차 산업혁명과 평생직업능력개발. 서울: 한국직업능력개발원.

Pink, D. (2009). *A Whole New Mind: Why Right-Brainers Will Rule the Future.* 김명철 역(2012). 새로운 미래가 온다. 서울: 한국경제신문.

Schwab, K. (2016). *The Fourth Industrial Revolution.* 손경진 역(2016). 클라우스 슈밥의 제4차 산업혁명. 서울: 새로운 현재.

네이버영화 http://movie.naver.com(2017. 04. 02. 인출)

머니투데이 http://www.mt.co.kr(2017. 04. 12. 인출)

약사공론 http://www.kpanews.co.kr(2017. 04. 10. 인출)

# 제2장
# 전 생애 이해

**학습목표**

- 개인의 생애주기 변화에 영향을 미치는 사회적 · 환경적 원인을 확인한다.
- 생애설계와 진로설계의 개념을 통해 전 생애 진로설계의 중요성을 인식한다.

## 1. 생애주기의 변화

현대사회는 낮은 출산율과 의학 · 과학 기술의 발전에 따른 기대수명의 연장으로 생산 가능 인구가 줄어들고 노인 인구가 증가하는 형태로 인구 구조가 변화되고 있다. 이러한 인구 구조의 변화는 장수사회인 론제비티사회(longevity society)로 이어지고 있으며, 한 개인의 생애주기도 100세를 바라보게 되었다.

### 1) 인구 구조의 변화

인구 구조의 변화는 한 국가의 경제활동과 사회정책에 중요한 영향을 끼치는 요소 중 하나이다. 인구 구조의 변화는 출산율이나 평균 기대수명과 밀접한 관계가 있는데, 일반적으로 출산율이 높은 나라는 전체 인구가 많을 뿐 아니라 경제 활동이 가능한 청장년의 수도 많은 것을 의미한다. 이는 곧 경제활동 인구가 많다는 것을 의미하며, 국민 전체의 평균 연령도 낮아진다. 반면, 출산율이 낮은 국가는 시간이 지날수록 청장년의 수도 함께 줄어들게 되며, 이는 국민 전체의 평균 연령이 높아지는 결과로 이어지게 된다.

우리나라의 인구 변화 양상을 살펴보면, 1960년에 청장년층인 15~64세에 해당하는 인구의 구성비는 53.1%, 1980년에 65.6%, 2000년에는 71.9%로 나타났으며, 2016년을 정점으로 빠르게 감소하여 2030년에는 64.0%가 될 것으로 예측하고 있다. 이러한 변화에 따라 인구 피라미드의 모양도 안정적인 삼각 형태에서 점점 역삼각 형태로 변화되고 있다

한 명의 여성이 평생 동안 평균 몇 명의 자녀를 낳는지를 나타내는 지표를 합계출산율이라고 한다. 우리나라의 합계출산율은 1960년 6.0명에서 1983년 2.06명, 1998년 1.5명, 2001년 1.3명으로 계속 감소되고 있다. 급기야 2005년에는 지금까지의 출산율 중 가장 낮은 1.08명을 기록하였고, 2016년에는 1.17명으로 세계 224개국 중 최하위권인 220위로 조사되었다(통계청, http://kosis.kr). 합계출산율이 1.3명 미만에서 유지될 경우를 초저출산 현상(lowest low fertility phenomenon)이라고 부르는데, 우리나라는 2001년 이후 초저출산 현상을 벗어나지 못하고 있다.

이와 동반하여 개인의 평균 기대수명이 늘어나면서 노인 인구의 증가 폭이 빠르게 치솟고 있다. 65세 이상 인구가 총인구에서 차지하는 비율이 7% 이상인 경우 고

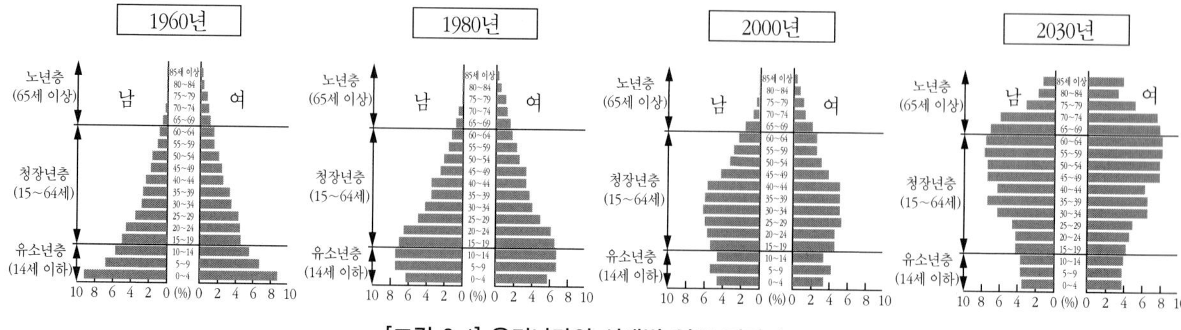


[그림 2-1] 우리나라의 시대별 인구 피라미드

령화사회(aging society), 14% 이상인 경우 고령사회(aged society), 20% 이상인 경우 후기고령사회(post aged society) 혹은 초고령사회(hyper aged society)라고 한다. 우리나라는 인구 중 노인 인구의 비중이 2000년에 7%를 넘어서 고령화사회로 진입하였으며, 2017년에는 13.8%로 더 높아져 고령사회로의 진입이 눈앞에 왔다. 이후에도 노인 인구의 비중은 계속 높아질 것으로 예상되어 2060년에는 40.1%에 이를 것으로 전망하고 있다.

인구 구조의 변화는 국가의 사회적 · 경제적 정책과 환경의 변화뿐 아니라 각 개인의 삶에도 영향을 미치게 된다. 즉, 출산율이 감소하는 현상과 노인 인구의 증가로 인한 인구 구조의 변화는 사회적으로 다양한 이슈를 만들어 내며 국가 경제에도 큰 영향을 미친다. 이러한 문제점을 해결하기 위해 국가는 저출산 현상과 고령화 원인을 진단하고 이를 극복하기 위한 다양한 해결 방안을 제안하고 있다. 바야흐로 장수사회가 도래하게 된 것이다.

### 2) 론제비티사회

출생아가 향후 생존할 것으로 기대되는 평균 생존년수를 기대수명이라고 한다. 우리나라의 기대수명은 2013년 이후 80세 이상으로 진입하였으며, 2015년에는 82.1년으로 조사되었다(통계청, http://kosis.kr). 기대수명이 증가하는 것은 그 사회가 고령화되고 있다는 것으로 이해할 수 있지만, 반면 장수사회인 론제비티사회로 진입하고 있음을 나타낸다. 즉, 과학기술의 발전으로 의료기술 또한 함께 발전하게 되고 건강한 삶에 대한 개인적 · 사회적 관심이 높아지면서 건강하게 장수하는 사회로 들어가게 된 것이다.

UN이 2009년에 내놓은 『세계인구 고령화 보고서』에 따르면 평균수명이 80세를 넘는 국가가 2000년에는 6개국뿐이었지만, 2020년엔 31개국에 이를 것이라고 예상하며, 이를 '호모 헌드레드(homo hundred) 시대'라고 이름을 붙였다(United Nations, 2009). 즉, 호모 헌드레드 시대란 인간의 수명이 100세가 되는 시대라는 의미로 이해될 수 있다. 불과 몇 년 전만 해도 전 세계에서 100세 이상의 노인을 찾아내어 식습관이나 생활습관 등에 관한 인터뷰를 하고 장수의 비법이 무엇인지를 밝혀내던

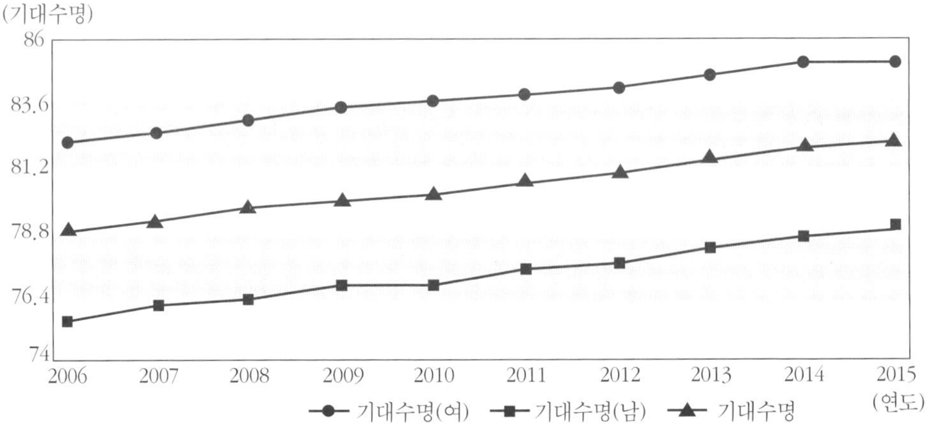


**[그림 2-2] 우리나라의 시대별 기대수명(2006~2015년)**

출처: 통계청.

TV 프로그램이 있었다. 어느 나라에 최고 고령자가 생존해 있는지에 대해서도 관심을 가지고 그 나라의 환경을 부러워하기도 했다. 그러나 이제는 누구나 100세 인생을 기대할 수 있는 시대가 도래한 것이다.

개인의 기대수명이 증가하게 되면 다양한 변화를 예측할 수 있다. 결혼적령기, 첫 출산의 시기, 취업의 시기, 경제활동 기간, 은퇴 시기 등 개인이 일생 동안 경험하게 되는 주요한 생애 사건의 시기나 기간에 대한 변화가 생길 것이다. 따라서 개인의 삶을 100세 시대에 맞도록 운영하기 위한 생애주기에 맞는 단계별 설계와 준비가 필요하다.

### 3) 생애주기의 변화

생애주기란 인간이 태어나서 죽음에 이르는 전 생애 동안 일정한 단계를 거치며 변화하는 과정을 일컫는다. 개인의 생애주기는 크게 성장기, 성숙기, 노쇠기, 해체기의 4단계로 나눌 수 있다(엄경아 외, 2015). 생애주기의 첫 번째 단계인 성장기는 영·유아기부터 청소년기까지인 0~19세에 이르는 시기로, 출생 이후부터 학령기 시절을 지내면서 주로 교육을 받는 시기이다. 두 번째 단계인 성숙기는 20~49세에 이르는 시기이며, 청년기와 장년기가 해당된다. 또한 주로 노동시장에 진입하여 경제활동을 시작하게 되며, 배우자를 만나 결혼을 하고 가정을 이루게 되는 시기이기도 하다. 세 번째 단계인 노쇠기는 중년기와 노년기에 해당되는 50~84세의 시기이다. 이 시기에는 다니던 직장에서 은퇴하거나 노동시장에서 경제활동을 중단하게 되고 자녀가 있는 경우 결혼을 시키는 시기라고 할 수 있다. 마지막 단계인 해체기는 초고령기인 85세 이상의 시기이며, 인생을 정리하며 웰다잉(well-dying)을 준비하는 시기이다. 이를 정리하면 〈표 2-1〉과 같다.

〈표 2-1〉 개인의 생애주기

| 구분 | 연령 | 생애단계 | 생애 주요 사건 |
|---|---|---|---|
| 성장기 | 0~19세 | 영·유아기, 아동기, 청소년기 | 출생, 교육 |
| 성숙기 | 20~49세 | 청년기, 장년기 | 노동시장 진입, 결혼 및 출산 |
| 노쇠기 | 50~84세 | 중년기, 노년기 | 은퇴, 빈둥지 |
| 해체기 | 85세 이상 | 초고령기 | 사망 |

개인은 사회의 구성원으로 태어나 개인생활을 영위하는 동시에 가족 구성원이나 소속된 공동체의 구성원으로서의 생활을 영위한다. 개인의 생애주기는 단계별로 자기 자신이나 가족 구성원, 공동체 구성원들의 요구와 기대, 역할이 달라지므로 단계별 변화 내용을 올바르게 인식하고 잘 적응해 나가는 것이 중요하다.

앞에서 언급했듯이, 론제비티사회의 도래로 인간의 수명은 100세를 기대할 수 있게 되었다. 이는 자신의 정체성을 형성하고 생애와 진로에 대한 고민을 시작하게 되는 청소년기 이후 80년 이상의 삶을 살아가야 하는 것을 의미한다. 이러한 맥락에서 생애설계와 진로설계는 삶의 질을 좌우하는 중요한 작업이라 할 수 있다.

## 2. 생애설계

한 개인이 일생을 살아가는 동안 경험하게 되는 다양한 역할을 성공적으로 수행하기 위해 생애설계와 진로설계가 필요하다. 특히, 진로설계를 실현 가능하고 구체적으로 수립할수록 미래에 발생할 수 있는 진로장벽을 잘 극복하고 자신이 세운 진로목표에 빨리 도달할 수 있다. 진로설계에 대한 필요성을 지금 당장은 느끼지 못할 수도 있지만, 자신을 분석하여 진로를 선택하고, 목표를 세우고, 그 목표를 위해 실천하는 노력이 빠르면 빠를수록 미래의 성공 가능성은 높아질 뿐 아니라 행복한 삶을 누릴 수 있는 기반이 될 수 있을 것이다.

### 1) 생애설계의 특징

우리는 평생 삶 속에서 어떤 길을 걸어야 할지 생각하면서 살아가고 있다. 한 개인은 일생 동안 계속 변화하고, 개인을 둘러싼 환경도 끊임없이 변하기 때문에 개인과 환경 간의 상호작용을 통하여 자신이 원하는 사람이 되어 가는 생애발달 과정을 겪게 된다. 이러한 과정 중에 직면하게 되는 다양한 역할들을 조화롭게 통합해 나가기 위해 생애설계가 필요하다. 이처럼 생애설계는 개인이 일생을 어떻게 살아갈 것인지를 계획하는 것으로 한 개인의 생애 전체에 대한 건강설계, 진로 및 직업설계, 결혼설계, 노후설계 등을 포함한다.

생애설계는 자신이 원하는 삶을 주체적으로 살아갈 수 있도록 돕는 이정표 역할을 할 수 있다. 즉, 생애설계는 개인의 생애발달 단계에 따른 생활이나 환경의 변화를 예측하고 준비하도록 하기 때문에 예기치 못한 상황이 발생했을 때 현명한 대처를 할 수 있게 한다. 또한, 생애설계는 지나간 시간에 대한 반성을 통해 보다 발전된 삶을 경영할 수 있게 한다는 점에서 삶의 만족도를 높일 수 있다.

자신의 생애를 설계하기 위해서는 먼저 자기에 대한 이해를 바탕으로 인생의 목표를 정하고, 진로와 직업에 대한 계획을 세워야 한다. 또한, 결혼계획과 결혼으로 인한 가족계획, 은퇴 이후의 노후계획, 이와 함께 경제생활까지 고려하는 것이 바람직하다.

### 2) 진로설계의 특징

생애설계에서 진로와 직업에 대한 계획을 세우는 것을 진로설계라고 한다. 진로(career)의 어원은 '수레가 길을 따라 굴러간다'는 라틴어에서 유래되었다. 사전적 의미는 경력, 한 인생의 전 과정, 인생의 길, 인생의 경로이며, 인간이 태어나서 죽을 때까지 한 사람의 일, 직업, 학업, 결혼 등 인생의 모든 경로를 포괄한다. 따라서, 자신의 진로를 정확하게 이해하려면 자신의 과거와 현재를 명확히 알고 미래를 준비하는 것이 중요하다(김인기, 2015).

또한, 진로설계는 자신의 적성이나 흥미에 맞는 진로를 선택하고 그 분야에서 요구되는 능력을 기르기 위해 준비하는 과정이다. 자기의 인생을 주도적으로 설계하는 데 있어서 진로설계는 가장 중요한 부분이라고 해도 지나치지 않는다. 진로설계의 과정은 자신의 꿈과 삶의 목표를 정하고, 자신이 무엇을 잘하고 좋아하는지, 성격적 장단점은 무엇이고, 어떠한 가치관으로 세상을 바라보는지 등에 관한 자기 이해가 기본이 되어야 한다. 자신이 선호하는 직업군에 대한 탐색과정을 거쳐 취업하고 싶은 분야에 대한 정보 확보 및 취업준비를 비롯하여 퇴직 후의 진로에 대한 관심과 계획 등에 이르는 전 과정이 포함된다.

한편, Super(1980)는 진로를 '자신이 원하는 사람이 되기 위해 스스로를 조절하려는 생애과정'으로 정의하였다. 개인도 끊임없이 변화하고 환경도 끊임없이 변화하고 있기 때문에 진로는 개인과 환경 간의 상호작용을 통해 점진적으로 자신이 원하는 사람이 되어 가는 생애발달의 과정이라고 보았다. Super는 살아가면서 직면하게 되는 다양한 역할들을 조화롭게 통합해 가는 진로계획을 수립할 것을 주장하면서 '생애진로 무지개(life-career rainbow)'를 제시하였다(박혜남, 2010).

개인의 생애발달 과정 중 특정 시점에 경험하게 되는 다양한 역할들은 상호작용하면서 이전의 역할수행 정도가 이후의 역할수행에 영향을 미친다. 만약 다양한 역할 중 하나의 역할에만 집중할 경우 다른 역할과의 갈등을 초래할 수 있다. 그러므로 진로설계 시 특정 시점에 개인에게 주어지는 다양한 역할들을 조화롭게 고려하여 전인적인 관점에서 자신의 진로를 설계해야 한다. 개인이 전 생애 동안 경험하게 되는 모든 역할은 생애진로 무지개를 통해 조망해 볼 수 있다.

다음은 스티브 잡스의 생애진로 무지개를 작성한 예시이다.

## 스티브 잡스의 생애진로 무지개

애플의 창시자이자 세계 최초의 PC 개발자인 스티브 잡스는 2011년 만 56세의 나이로 세상을 떠났다. 그는 사망하기 2개월 전까지 애플사의 CEO로 활동하면서 왕성한 사회생활을 하였다.

그의 생애를 간략히 살펴보면, 그는 1955년에 태어나 곧 바로 입양되었으며, 1973년 오리건주 포틀랜드에 있는 리드 대학교 철학과를 중퇴하였다. 1974년부터 컴퓨터 관련 기술자로 직장생활을 시작하였으며, 1976년 동료들과 함께 애플 컴퓨터 컴퍼니(Apple Computer Company)를 설립하고 애플 1, 2를 출시하면서 개인용 컴퓨터를 대중화하였다. 1978년에 연인인 크리산 브레넌과의 사이에 딸 리사가 태어났지만, 결혼은 1991년 로렌 파월과 하게 되고 그녀와의 사이에 세 자녀가 출생하였다. 2000년 애플사의 정식 CEO로 임명을 받게 되었고, 2004년 췌장암 선고를 받고 투병생활 중에도 애플의 CEO로서의 역할을 감당하던 그는 2011년에 생을 마감하였다.

스티브 잡스의 생애진로 무지개를 그려 보면 다음과 같다.

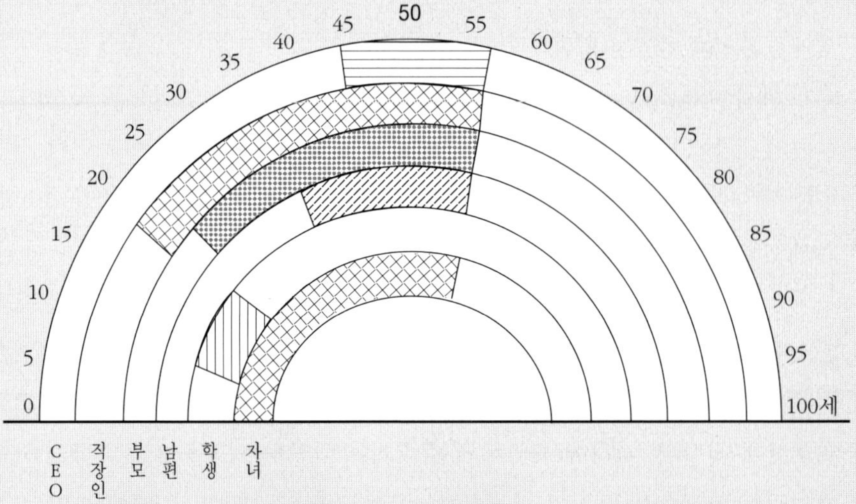

### 3) 나의 진로설계

가치 있는 진로설계를 위해 무엇을, 어떻게 준비할 것인지를 사전에 파악한다는 것은 매우 중요하다. 일반적으로 대부분의 사람들은 대학을 마친 후 직업세계로 나가기를 원한다. 인생에 있어서 직업이 가지는 영향력은 매우 크다. 대학생활은 인생에서 중요한 영향력을 가지는 직업의 세계로 진입하기 위해 준비하는 시기이므로 이 시기 또한 중요하다. 대학 1학년 때 각자의 인생의 구체적인 목표를 설정하고, 그 목표를 어떻게 달성할 것인지에 대한 장기 · 단기 계획을 구체적이고 현실적으로 수립하는 것은 목표달성을 위해 필수적인 과정이다. 구체적인 목표와 현실적인 실천 방안을 가지고 있는 사람은 성실하고 적극적인 대학생활을 하게 되고, 그 결과로 자신의 목표에 좀 더 가까이 다가서는 성공한 직업인이 될 수 있을 것이다.

가치 있는 진로설계를 위한 과정은 [그림 2-3]과 같다.

자신의 성격적 특성에 대한 이해와 평가

⇩

자신의 진로 적성, 직업 흥미와 직업 가치관 이해

⇩

자신에게 맞는 직업군 탐색 및 선택

⇩

삶의 비전과 목표 설정

⇩

목표 달성을 위한 구체적 실행 계획 수립

⇩

취업을 위한 준비

⇩

자기 개발을 위한 평생학습

**[그림 2-3] 효과적인 진로설계를 위해 준비해야 할 사항**

〈활동 2-1〉

# 생애그래프 그리기

## 활동목표

- 과거에 경험했던 생애 시기별 주요 사건들을 작성한다.
- 미래의 생애 단계에 따라 경험할 사건들을 예측해 본다.
- 자신만의 생애그래프를 작성하여 생애 전체를 조망해 본다.

## 진행과정

| 활동주제 | 주요 내용 및 방법 | 시간 |
|---|---|---|
| 내 생애 주요 사건 분석 | • 자신의 출생부터 현재까지의 중요한 사건들을 긍정적인 경험과 부정적인 경험으로 분석해 본다.<br>• 자신의 미래 경험에 대해 예상한다. | 10분 |
| 생애그래프 그리기 | • 자신의 생애 주요 사건을 중심으로 생애그래프를 그려 본다.<br>• 작성한 생애그래프를 통하여 자신의 생애를 조망해 본다. | 15분 |
| 마무리 | • 다른 사람과 활동 결과를 공유한다. | 5분 |

## 유의점 및 특이사항

- 생애 단계에 따라 경험할 사건들을 미리 예측하여 생애 전체를 조망하기
- 개인의 생애그래프 작성 후 다른 사람의 생애그래프와 비교하고 공유하기
- 준비물: 활동지, 필기구

■ 나의 생애 주요 사건

1. 진로설계가 단계적으로 이루어지기 위해서 생애 전체에 대한 조망이 필요합니다. 자신의 출생부터 현재까지의 생애 중 기억에 남는 주요한 사건들과 관련된 경험을 떠올려 봅시다.

| 시기 | 주요 사건 | | 구체적인 내용 |
|---|---|---|---|
| 0~10세 | 긍정적 경험 | 기쁘거나 행복했던 일 | |
| | | 내가 자랑스러웠던 일 | |
| | 부정적 경험 | 힘들었던 일 | |
| | | 슬펐던 일 | |
| 11~20세(현재) | 긍정적 경험 | 기쁘거나 행복했던 일 | |
| | | 내가 자랑스러웠던 일 | |
| | 부정적 경험 | 힘들었던 일 | |
| | | 슬펐던 일 | |

2. 미래에 자신의 생애에 일어날 사건들을 예상하여 봅시다.

| 시기 | 예상되는 주요 사건 | | 구체적인 내용 |
|---|---|---|---|
| 미래 | 긍정적 경험 | 기쁘거나 행복한 일 | |
| | | 내가 자랑스러운 일 | |
| | 부정적 경험 | 힘든 일 | |
| | | 슬픈 일 | |

## ■ 생애그래프 그리기

- 생애 주요 사건이 일어난 나이를 선택하고, 그 나이에 일어난 사건의 점수를 -100~+100점으로 표시한다(예: 행복했던 사건은 높은 점수에 표시하고, 힘들었던 사건은 0점 이하의 점수에 표시한다).
- 각 점들을 연결하여 그래프를 완성한다.

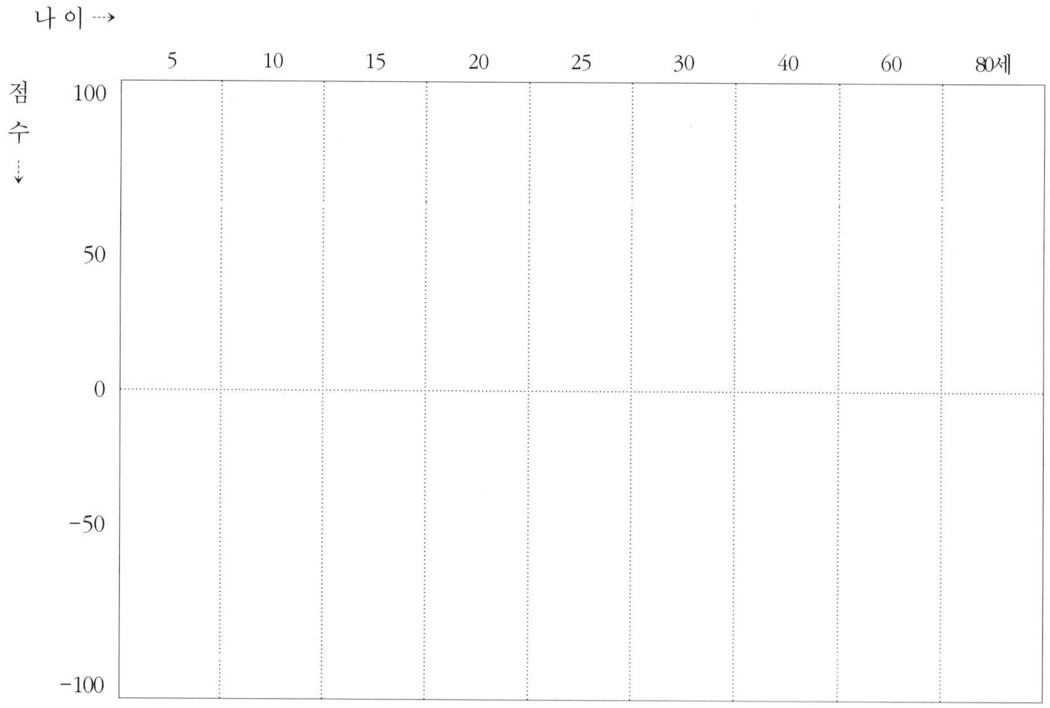


1. 0점 이상인 영역과 0점 이하인 영역의 넓이를 비교하여 보고, 그 이유에 대해 적어 보세요.

2. 가장 낮은 점수에서 상승하는 시기는 언제인가요(언제일까요)? 그 이유는 무엇인가요?

3. 가장 높은 점수는 어느 시기이며, 그 시기의 자신은 어떤 성취를 이루었나요(이룰 것인가요)?

〈활동 2-2〉

# 생애진로 무지개 그리기

## 활동목표

- 나의 전 생애 동안 경험하게 될 역할에 대해 생각해 본다.
- 전 생애역할을 바탕으로 생애진로 무지개를 작성한다.
- 자신의 과거, 현재, 미래의 역할에 대해 분석해 본다.

## 진행과정

| 활동주제 | 주요 내용 및 방법 | 시간 |
|---|---|---|
| 나의 전 생애역할 알아보기 | • 자신이 전 생애 동안 경험하게 될 다양한 역할을 예상해 본다. | 5분 |
| 생애진로 무지개를 통해 나의 생애역할 분석하기 | • 자신이 일생 동안 하게 될 중요한 역할을 무지개가 시작되는 부분에 적는다.<br>• 각 역할의 시작과 끝나는 시기를 정하고 무지개 색을 칠한다.<br>• 자신의 전 생애 역할에 대해 분석한다. | 15분 |
| 마무리 | • 다른 사람과 활동 결과를 공유한다. | 5분 |

## 유의점 및 특이사항

- 전 생애 동안 자신이 경험하게 될 역할들을 먼저 적어 보고, 중요도 순으로 생애진로 무지개에 기록하기
- 준비물: 활동지, 필기구

■ 전 생애 동안 내가 경험할 역할 알아보기

- 무지개 양쪽 가장자리에 쓰여 있는 숫자는 나이를 나타낸다.
- 자신이 일생 동안 하게 될 중요한 역할(자녀, 학생, 직장인, 배우자, 부모 등)을 무지개가 시작되는 부분에 적는다.
- 각 역할을 언제 시작해서 언제 끝나는지를 정하고 무지개 색을 칠한다.
- 각 역할에 대해 어떤 의미가 있는지를 생각하고 다른 사람과 서로 비교한다.

**_________________ 의 생애진로 무지개**

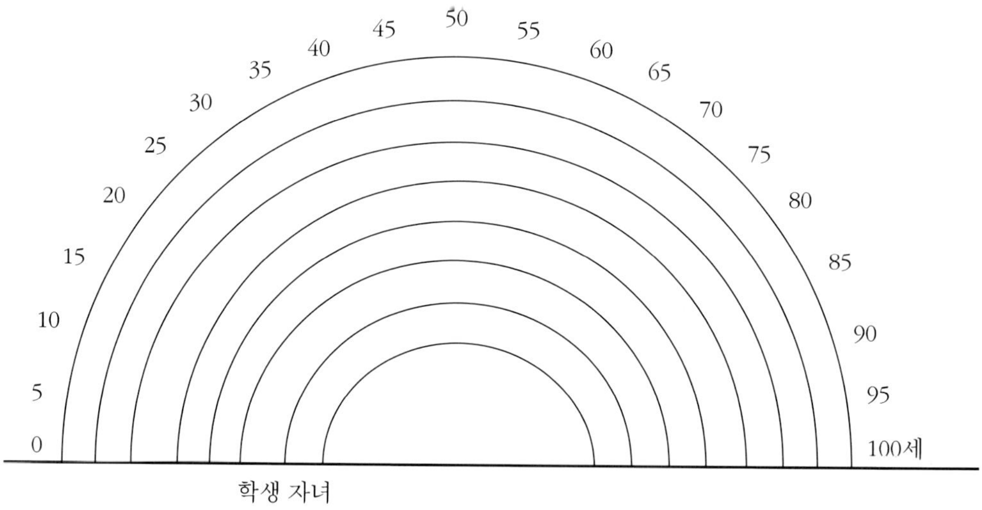


1. 과거에 자신이 경험했던 역할 중에서 가장 기억에 남는 것은 무엇인지 그 이유를 함께 적어 보세요.

2. 현재의 위치에서 가장 중요하다고 생각되는 역할을 쓰고, 그 이유를 함께 적어 보세요.

3. 미래에 자신이 가장 하고 싶은 역할을 쓰고, 그 역할을 잘 수행하기 위해 자신이 노력해야 할 것은 무엇인지 적어 보세요.

## 참고문헌

김인기(2015). 진로탐색과 미래설계. 경기: 양서원.

박혜남(2010). 진로와 직업세계. 경기: 신광문화사.

송원영, 김지영(2009). 대학생의 진로설계. 서울: 학지사.

엄경아, 류수영, 함석정, 최인영(2015). 취업과 진로설계. 서울: 지식인.

정선영(2013). 진로탐색과 경력개발: 프로그램 워크북. 경기: 공동체.

United Nations (2009). *Millennium Development Goals. Report 2009* (Includes the 2009 Progress Chart). United Nations Publications.

통계청 http://kosis.kr (2017. 06. 13. 인출)

# 제3장
# 성격

## 학습목표

- 나의 성격특성을 MBTI 검사를 통해 이해한다.
- MBTI 선호지표별 성격특성, 선호직무, 업무처리, 의사소통 방식을 파악한다.
- 16가지 성격 유형별 특징을 살펴본다.
- MBTI 성격검사를 통한 자기 탐색의 방법을 알고 실천한다.

성격이란 무엇인가? 성격(personality)은 이 용어가 사용되는 장면이 다양한 만큼 많은 의미를 가지고 있는 심리학적 개념이다. 성격의 고전적 정의이자 영향력 있는 정의는 "심리적 · 생리적 체계로 이루어진 개인 내에 존재하며 개인의 특징적인 행동과 사고를 결정하는 역동적 체제"(Allport, 1961)이다. 과학적 연구결과들을 반영하여 Liebert와 Liebert(1998)는 "성격은 한 특정한 개인의 신체적 · 심리적 특징들의 독특하고 역동적인 조직으로서, 이 특징들은 사회적 및 물리적 환경에 대한 행동과 반응들에 영향을 미친다. 이 특징들 중 어떤 것들(기억, 습관, 버릇 등)은 전적으로 그 개인에게만 독특하고, 어떤 것들은 타인들과 공유된다."라고 보다 광범위하고 구체적으로 정의하였다.

사람들은 자신의 성격을 이해하는 것이 자신의 행동 · 느낌 · 생각을 이해하는 데 기초가 된다고 생각하고, 이를 바탕으로 자신의 흥미, 적성을 생각한다. 친구를 만날 때에도 그 친구의 성격을 이해함으로써 그 친구와 나의 관계를 조율하고 우정과 사랑을 쌓아가게 된다. 이렇듯 성격을 이해하는 것은 자기이해의 좋은 출발점이 된다.

## 1. MBTI 검사를 통한 성격 이해

성격의 정의를 보면 다음과 같은 특징을 볼 수 있다. 첫째, 성격은 어떤 사람에 대한 안정적인(stable)인 개인의 특징을 의미한다. 유사한 상황에서 비슷하게 행동하고, 시간이 지나도 행동하는 패턴들이 유사하여 그 사람의 고유한 특성이 뚜렷이 나타나서 다른 사람과 구별되는 개인차(individual differences)가 존재한다는 것이다. 둘째, 성격은 그 사람의 내부에서 기인하여 다양한 생각 · 느낌 · 행동의 패턴으로 드러난다. 즉, 성격은 그 사람의 내부에서 진행되는 과정이므로 겉으로 보기에 다른 행동을 하였으나 동일한 과정이 반영된 것일 수 있다. 어떤 친구가 겨울방학에는 바다로 여행을 가고 여름방학에는 산으로 여행을 가는 것을 보고 사람들은 일관성이 없다고 생각할 수도 있지만, 그 사람은 조용한 성격이라서 한적한 곳을 선택한 것이라고 하면 그 사람의 행동이 설명될 것이다. 셋째, 성격은 지속성(continuity)과 일관성(consistency)의 의미를 가지고 있어 개인을 설명하고, 이해하며, 나아가 그 사람의 미래 행동을 예견할 수 있다. 그렇다면 고유하고 일관성 있는 나의 성격은 어떠한가? 여기서는 성격에 관한 다양한 이론 중에서 MBTI 검사를 통해 자신의 성격을 알아보고자 한다.

### 1) MBTI 검사의 소개

MBTI 검사는 선천적으로 타고난 개인의 심리경향을 측정하는 검사이다. MBTI(Myers-Briggs Type Indicator)는 C. G. Jung의 심리유형론을 근거로 Briggs와 Myers 모녀가 함께 고안한 자기보고식 성격유형 검사이다. 이 모녀는 "인간은 왜 서로 다르게 행동하고 갈등하는가?"에 대한 질문에 답을 구하기 위해 MBTI 검사를 만든 것이다. 답은 결국 사람들이 선천적으로 다른 심리경향을 타고 났기 때문에 다르게 행동하고 서로 이해하지 못해서 갈등이 일어난다는 것이다. 그렇다면 어떻게 이해할 것인가? 우선, 타인이 나와 다른 심리경향을 지닌 존재라는 것을 인정해야 한다. 그리고 갈등이 일어나지 않거나 갈등을 해결하기 위해 서로의 심리경향을 이해하는 것이 필요할 것이다. 그럼 이제 선천적 심리경향에 대해 알아보자.

Jung은 인간행동이 그 다양성으로 인해 종잡을 수 없는 것처럼 보여도, 사실은 아주 질서정연하고 일관된 경향이 있다는 심리유형론을 제시한 바 있다. Myers와 Briggs는 선천적 심리경향에 대한 연구를 하던 중 Jung의 심리유형론을 읽게 되어 MBTI 검사의 이론적 기틀로 삼게 된다. 즉, 인간행동의 다양성은 개인이 인식(perception)하고 판단(judgement)하는 특징이 다르기 때문이라고 하였는데, 사람들이 이렇게 인식하고 판단하는 방법이 다르다면 반응, 흥미, 가치, 동기, 기술, 관심 등이 다른 것은 너무나 당연할 것이다(김정택, 심혜숙, 제석봉, 1995).

뜬금없지만 다음 질문에 대답해 보자. "어떤 과일을 좋아합니까?" 사람들은 주변에서 흔히 구하기 쉽고 먹어 본 적이 있는 과일들을 답할 것이다. 사과, 배, 귤, 포도….어떤 사람들은 이렇게 답하기도 한다. 껍질 까기 쉬운 과일, 예쁜 과일, 큰 과일…. 정답을 말해 주지 않고 다음 질문을 한다. "어떤 과일이 좋은 과일입니까?" '내가 좋아하는 과일이 좋은 과일일까? 값싸고 큰 과일, 가장 당도가 높은 과일, 구하기 어려운 과일?' 이쯤 되면 질문의 의도가 궁금해진다. 내가 사과를 좋아한다고 해서 사과가 제일 좋은 과일인 것은 아니다. 내가 사과를 좋아한다고 해서 배를 좋아하는 친구가 틀린 것은 아니다. 사과와 배 중 어느 것이 더 좋은 과일이라고 할 수 없듯이, 사람 또한 어떤 성격이 더 좋고 나쁘다고 말할 수 없을 것이다. 이렇듯 사람들도 사과나 배처럼 누구나 제각기 타고난 빛깔과 향기가 있다.

### 2) MBTI 선호경향

MBTI 검사의 기초적인 목적은 네 가지 기본적 선호경향을 밝히려는 데 있다. 두 가지 반대되는 경향 가운데 어떤 것을 주로 사용하는가를 밝히려는 것이다. 쉽게 비유하면, 누구나 양손을 사용하지만 더 자주 편하게 쓰는 손이 어느 것인가에 따라 오른손잡이와 왼손잡이로 나누어지는 것과 같다. MBTI 검사를 실시하기 전 오리엔테이션에서 강조하는 것이 자신에게 자연스러운 문항에 체크하라는 것이다. 지금까지 교육받았던 것, 자신의 역할에 맞추어 개발했던 습관, 혹은 어릴 적 가정 분위기 때문에 자신의 선천적 경향보다는 익숙한 데로 답하는 경향이 있다. 쉬운 예로, 자신이 왼손잡이였는데 주변의 시선과 부모의 끈질긴 노력으로 오른손으로 글씨를 쓰게 되어 남들은 그를 오른손잡이인 줄 아는데 막상 밥을 먹거나 가위질은 왼손으로 하는 것과 같다. 문화적 편견(예: '시간을 지켜야 한다.')과 사회적 요구(예: '여자는 친절해야 한다.')를 내려놓고 편안하고 익숙하여 애쓰지 않아도 되는 타고난 선호경향을 찾는 것이다.

Jung은 개인의 다양한 성격특성을 심리적 태도와 기능의 차이로 설명하면서 심리적 태도를 외향성(E)과 내향성(I)으로 구분하고, 심리적 기능을 감각(S), 직관(N), 사고(T), 감정(F)으로 나누어 설명하였다. 여기에 Myers와 Briggs가 생활방식으로 드러나는 판단(J), 인식(P)을 더하여 총 여덟 가지의 선호경향으로 MBTI 지표를 구성하였다. 각 지표는 반대되는 선호 극을 가지고 있어 총 8개의 선호경향(외향-내향, 감각-직관, 사고-감정, 판단-인식)으로 설명할 수 있다.

개인은 이렇게 상반된 선호경향 중의 하나를 더 편안하고 자연스럽게 경험하게 되는데, 심리검사 결과는 상반된 둘 중 하나를 그 개인의 선호지표로 알려 주게 된다(예: EI 중에 E). 그리고 네 가지 지표를 조합하여 개인의 성격유형이 된다(예: ISTJ, ENFP 등). MBTI의 각 지표에 대한 간단한 개요는 〈표 3-1〉과 같다.

표의 왼편에 보면 심리적 태도와 방향, 심리적 기능으로 구분해 놓고 있다. 심리적 태도/ 방향은 그 사람의 행동에 의해 드러나서 타인이 쉽게 관찰할 수 있는 부분이다. 외향-내향으로 나누어지는 에너지 방향은 그 사람이 관심 있어 하는 부분이 자신의 외부에 있는지 혹은 내부에 있는지에 관한 부분이므로 외향적인 행동과 자신에게 집중하는 모습으로 다른 사람에게 쉽게 드러난다. 또한, 생활방식인 판단-인식 성향도 그 사람이 행동하는 생활방식으로 보면 판단형은 시간을 지키고 마무리를 짓는 방식으로, 인식형은 유연한 시간 대처와 개방적인 대처 방식으로 타인에게서 관찰될 수 있다. 그러나 심리적 기능인 인식기능(감각-직관), 판단기능(사고-감정)은 개인의 심리적 역동이므로 자신의 심리적 기능이 어떻게 움직이는가에 자

〈표 3-1〉 MBTI 선호경향

| | | | |
|---|---|---|---|
| 에너지 방향 | 에너지의 방향이 외부인가 내부인가? | | 심리적 태도/방향 |
| | 외향(Extraversion) | 내향(Introversion) | |
| | • 에너지는 사람과 사물의 외부 세계와 상호작용을 통해 일어난다.<br>• 초점은 세상에서의 경험의 폭과 다양성에 있다. | • 에너지는 내적 경험들과 생각과의 상호작용을 통하여 일어난다.<br>• 초점은 개인적인 생각의 깊이와 집중에 있다. | |
| 인식기능 | 구체적 자료 또는 직관적 인식에 근거하는가? | | 심리적 기능 |
| | 감각(Sensing) | 직관(Intuition) | |
| | • 오감을 통해 정보를 수집한다.<br>• 초점은 구체적 사실, 세부 사항 그리고 현재 발생하는 경험들에 있다. | • 패턴이나 전체적 맥락으로서 정보를 획득한다.<br>• 초점은 상호 관련성, 의미 그리고 미래 가능성들에 있다. | |
| 판단기능 | 판단/선택의 기준이 사고인가 감정인가? | | |
| | 사고(Thinking) | 감정(Feeling) | |
| | • 결정은 감각 또는 직관 정보의 논리적 분석에 근거한다.<br>• 초점은 공정성과 객관성에 있다. | • 결정은 감각 또는 직관 정보에 대한 개인적 가치에 근거한다.<br>• 초점은 공감과 조화에 있다. | |
| 생활방식 | 외부로 드러나는 생활방식은 어떠한가? | | 심리적 태도/방향 |
| | 판단(Judging) | 인식(Perceiving) | |
| | • 어느 정도 정보가 수집되면 결론 내리고 판단하는 것에 집중한다.<br>• 초점은 마감, 예정된 것, 계획, 조직화, 통제에 있다. | • 정보를 수집하고 인식하는 것에 비중을 두고 외부 세계에 접근한다.<br>• 초점은 적응, 유연성, 자발성 그리고 새로운 정보에 대한 개방성에 있다. | |

출처: 한국 MBTI연구소(2004) 재구성.

기 스스로 관찰해서 자각함으로써 의식적으로 알 수 있는 부분이다. MBTI 검사는 이러한 심리적 역동이 움직여서 드러나는 행동을 '문항'으로 작성하여 자신의 심리적 기능을 자각할 수 있도록 한 것이며, 이를 통해 전반적인 자신의 성격을 이해하고 개발할 수 있는 토대를 마련했다.

## 2. MBTI 선호지표별 이해

MBTI 유형은 각 지표의 합으로 이루어져 있다. 그러므로 지표별 이해는 자신의 유형을 이해하는 데 중요한 기초가 된다. 이 절에는 기초적인 지표별 성격특성, 선호직무 체크리스트, 선호하는 업무처리 방식, 의사소통 방식에 대해 정리하여 제시한다. 자신이 선호하는 문항의 □에 체크하고 두 지표 중 체크가 많이 된 지표가 자신의 선호하는 직무이다. 성격유형과 선호직무 스타일이 불일치한다면 자신이 직무에 대해 가지고 있는 가치에 대해 점검해 볼 필요가 있다.

### 1) 외향형-내향형(E-I)

| 외향형(Extraversion: E) | 구분 | 내향형(Introversion: I) |
|---|---|---|
| 폭넓은 대인관계를 유지하고, 사교적이며 정열적이고 활동적이다.<br>- 자기 외부에 주의집중<br>- 외부 활동과 적극성<br>- 말로표현<br>- 경험한 다음에 이해<br>- 쉽게 알려짐<br>- 정열적, 활동적 | 성격특성[1] | 깊이 있는 대인관계를 유지하며, 조용하고 신중하며 이해한 다음에 행동한다.<br>- 자기 내부에 주의집중<br>- 글로 표현<br>- 내부 활동과 집중력<br>- 이해한 다음에 경험<br>- 조용한, 신중한<br>- 서서히 알려짐 |
| □ 에너지가 대부분 "외부의" 사람과 사건 쪽으로 향한다.<br>□ 다양한 활동을 선호하며 장시간의 집중을 요할 때 어려워할 수 있다.<br>□ 활동을 통한 문제해결을 지향하는 그룹을 선호한다. | 선호직무 | □ 에너지가 자신의 내면의 생각 쪽으로 향한다.<br>□ 장시간의 집중을 할 수 있으며, 깊이를 요하는 한 가지 일에 초점을 맞추는 것을 선호한다. 다양한 활동을 동시에 하는 것을 선호하지 않는다. |

| | | |
|---|---|---|
| □ 사무실 외에서의 다양한 업무와 사람들과의 직접적인 접촉이 빈번한 업종을 선호한다.<br>□ 사업, 판매, 마케팅, 공공기관 업무, 홍보, 판촉 등 사람들과의 상호작용과 활동을 요하는 직업을 선호한다. | 체크리스트[2] | □ 개념의 틀을 구축하는 문제해결 과정을 선호한다.<br>□ 지속성과 집중력을 요하고 사람들과 일대일의 접촉을 요하는 직종을 선호한다.<br>□ 교직, 교수, 과학, 연구, 도서, 컴퓨터, 엔지니어링, 전기 등 아이디어가 요구되는 직업을 선호한다. |
| □ 다양하고 활동적인 일을 선호한다.<br>□ 장시간을 요하는 일들을 힘들어 할 때가 있다.<br>□ 다른 사람들이 일한 결과와 어떻게 일을 하는지에 관심이 많다.<br>□ 미리 생각하지 않고 행동으로 먼저 옮긴다.<br>□ 전화응답을 업무 방해로 여기지 않는다.<br>□ 토론을 하면서 아이디어를 개발한다. | 업무스타일[3] | □ 조용한 분위기에서 집중하는 것을 선호한다.<br>□ 장시간 동안 방해받지 않고 한 가지 일을 하는 것을 꺼려하지 않는다.<br>□ 일 뒤에 있는 사실이나 관념에 관심이 있다.<br>□ 행동하기 전에 많이 생각하고 때로는 생각만 하고 그친다.<br>□ 업무 시 전화 때문에 방해받는 것을 싫어한다.<br>□ 심사숙고함으로써 아이디어를 개발한다. 혼자서 일하는 것을 좋아한다. |
| □ 열정적이고 열성적으로 대화한다.<br>□ 생각하는 데 긴 휴식 없이 재빨리 반응한다.<br>□ 대화의 초점은 외부 세계의 사람과 일에 있다.<br>□ 집단에서 대화할 기회를 찾는다.<br>□ 서면에 의한 커뮤니케이션보다 직접 대면하는 것을 좋아한다.<br>□ 회합 시 결론에 도달하기 전에 큰소리로 말하는 것을 좋아한다. | 의사소통스타일[4] | □ 열정과 열성을 내면에 간직한다.<br>□ 대응하기 전에 생각하기를 좋아한다.<br>□ 대화의 초점은 내면적 아이디어와 생각에 있다.<br>□ 1:1로 대화할 기회를 찾는다.<br>□ 직접 대면한 커뮤니케이션보다 서면을 통해 의사소통하는 것을 좋아한다.<br>□ 회합 시 결론을 내린 뒤에 말을 꺼낸다. |

1) 심혜숙, 김정택(1993)
2) 심혜숙, 신영규, 박정희, 김현숙, 이정희(1999)
3) 김상태, 임승환, 김명준 (1997)
4) 김상태, 임승환, 김명준 (1997)
※ 이후 선호지표별 출처가 동일함.

## 2) 감각형-직관형

| 감각형(Sensing: S) | | 직관형(iNtution: N) |
|---|---|---|
| 오감에 의존하며 실제의 경험을 중시하고, 지금, 현실에 초점을 맞추어 정확하고 철저하게 일처리 한다.<br>- 지금, 현실에 초점<br>- 사실적 조건 묘사<br>- 실제의 경험<br>- 나무를 보려는 경향<br>- 철저하고 정확한 일처리<br>- 가꾸고 추수함 | 성격특성 | 육감 내지 영감에 의존하며 미래 지향적이고, 가능성과 의미를 추구하며 신속, 비약적으로 일처리한다.<br>- 미래, 가능성에 초점<br>- 비유적, 암시적 묘사<br>- 아이디어<br>- 숲을 보려는 경향<br>- 신속하고 비약적인 일처리<br>- 씨 뿌림 |
| □ 사실적이고 세부적인 것을 잘 보고, 현실감이 있으며 실제적이다.<br>□ 미래보다는 현재에 초점을 더 맞춘다.<br>□ 일상적인 정확성을 논하는 일에 인내하고 조심성이 있으며, 숙련된 기술을 선호한다.<br>□ 생산, 관리, 비즈니스, 건축, 사무, 회계, 간호, 경찰, 군인 등 현실 문제를 다루는 직접적인 활동을 요하는 직업을 선호한다. | 선호직무체크리스트 | □ 전체를 보며, 통찰력과 상상력을 발휘한다.<br>□ 현재보다는 미래에 더 초점을 맞춘다.<br>□ 손끝에 잡히지 않는 가능성을 추구해 들어가는 프로젝트를 해내는 데 인내하고, 새로운 방식의 일 처리를 선호한다.<br>□ 의사소통, 상담, 저널리스트, 교직, 작가, 법률, 연구, 종교, 예술, 과학 등 장기간의 계획과 발달을 요하는 직업을 선호한다. |
| □ 문제해결을 위해 경험과 기준을 사용하는 것을 좋아한다.<br>□ 알고 있던 방법을 적용하기 좋아한다.<br>□ 영감을 무시하거나 믿지 않는다.<br>□ 사실에 대해 거의 실수하지 않는다.<br>□ 실질적인 일을 하는 것을 좋아한다.<br>□ 정확함을 요하는 일을 좋아한다.<br>□ 대개 단계적으로 진행한다. | 업무스타일 | □ 새롭고 복잡한 문제를 해결하는 것을 좋아한다.<br>□ 사용하지 않은 새로운 기술을 배우는 것을 좋아한다.<br>□ 좋고 나쁨에 대해 자신의 영감을 따른다.<br>□ 사실에 대해 실수를 한다.<br>□ 혁신적인 일을 좋아한다.<br>□ 먼저 자신의 일을 개관해 보는 것을 좋아한다.<br>□ 변화, 때때로 급진적인 일을 좋아한다. |

| | | |
|---|---|---|
| □ 증거(사실, 세부 내용, 사례)를 먼저 제시하는 것을 좋아한다.<br>□ 실제적이며 현실적인 적용을 보여 주기를 원한다.<br>□ 이야깃거리를 제공하는 데 자신의 직업적인 경험에 의존한다.<br>□ 표현할 때 정상적인 단계적 접근을 좋아한다.<br>□ 직선적이고 실현성 있는 암시를 좋아한다.<br>□ 구체적인 예와 관련시킨다.<br>□ 회의에서 의제에 따르려 한다. | 의사소통스타일 | □ 큰 문제에 관한 보편적인 체계를 먼저 제시하는 것을 좋아한다.<br>□ 미래 도전의 모든 개연성을 토의하기를 좋아한다.<br>□ 토의를 촉진하는 데 상상력과 통찰에 의존한다.<br>□ 표현할 때 우회적인 접근을 사용한다.<br>□ 색다르고 비정상적인 암시를 좋아한다.<br>□ 일반적인 개념에 관련시킨다.<br>□ 회의에서 의제를 뛰어넘으려 한다. |

## 3) 사고형-감정형

| 사고형(Thinking: T) | | 감정형(Feeling: F) |
|---|---|---|
| 진실과 사실에 주로 관심을 갖고, 논리적이고 분석적이며 객관적으로 판단한다.<br>- 진실, 사실에 주된 관심<br>- '맞다, 틀리다'의 판단<br>- 원리와 원칙<br>- 규범, 기준 중시<br>- 논리적, 분석적<br>- 지적 논평 | 성격특성 | 사람과의 관계에 주로 관심을 갖고, 주변 상황을 고려하여 판단한다.<br>- 사람, 관계에 주된 관심<br>- '좋다, 나쁘다'의 판단<br>- 의미와 영향<br>- 나에게 주는 의미를 중시<br>- 상황적, 포괄적<br>- 우호적 협조 |
| □ 논리적 사고를 통하여 경험을 이해하고자 한다.<br>□ 결과가 미치는 영향보다는 객관성과 공평성을 우선으로 다룬다. 그러므로 강건하고 솔직하게 보일 수 있다.<br>□ 숫자, 아이디어 혹은 사람을 대상으로 논리적 분석과 객관적 접근을 요하는 교육 영역에 관심을 가진다. | 선호직무체크리스트 | □ 인간관계 맥락에서 경험을 이해하고자 한다.<br>□ 결과에 따른 대가를 지불해야 하는 것을 무시하고서라도 조화와 협동을 추구한다. 그러므로 따뜻하고 이해하는 것처럼 보일 수 있다.<br>□ 자연스럽게 타인들이 베푸는 혜택에 감사한다. |

| | | |
|---|---|---|
| □ 비일관성이나 상황이 지니고 있는 비합리성을 쉽게 간파하고 논평한다.<br>□ 범죄학, 경찰, 법률, 관리, 컴퓨터, 생산, 기술, 과학, 상업 분야의 직업을 선호한다. | | □ 사람들과 직접 참여하고 아이디어를 다루는 의사소통이 요구되는 교육 영역에 관심을 가진다.<br>□ 목회, 인력봉사, 상담, 비서, 의료, 교직, 통신, 연예 분야의 직업을 선호한다. |
| □ 논리적 분석을 이용하여 결론에 도달한다.<br>□ 조화 없이도 일할 수 있다.<br>□ 비개인적으로 판단하는 경향이 있으며, 때로는 사람들의 소망에 충분히 주의를 기울이지 않는다.<br>□ 의지력이 강한 경향이 있으며 적당한 때에 비판을 할 수 있다.<br>□ 상황에 포함된 원칙을 관찰한다.<br>□ 일이 잘 되었을 때 보상을 받고자 한다. | 업무스타일 | □ 가치를 이용하여 결론에 도달한다.<br>□ 다른 사람과의 조화 속에서 일을 가장 잘 한다.<br>□ 중요하지 않은 상황에서라도 타인을 즐겁게 하려고 한다.<br>□ 다른 사람들이 좋아하고 싫어하는 데 영향을 받아 결정을 내리기도 한다.<br>□ 상황 속에 깔려 있는 가치를 관찰한다.<br>□ 사람들의 요구를 들어줄 때 보상을 얻고자 한다. |
| □ 간단하고 요약된 것을 좋아한다.<br>□ 각 대안의 장단점이 열거되기를 원한다.<br>□ 지적이며 비판적이며 객관적이 될 수 있다.<br>□ 냉정하고 비인격적인 추론에 의해 확신을 얻는다.<br>□ 먼저 목적과 목표를 제시한다.<br>□ 논리와 객관성이 자료의 가치를 재는 것으로 여긴다.<br>□ 회합 시 과업의 관련성을 찾는다. | 의사소통스타일 | □ 사교적이며 친절한 것을 좋아한다.<br>□ 각 대안이 왜 가치가 있으며, 그것이 사람들에게 어떻게 영향을 미치는지 알고자 한다.<br>□ 인간관계에서 일어나는 것을 인정할 수 있다.<br>□ 열성적으로 얻은 개인적 정보에 의해 확신한다.<br>□ 먼저 동의의 요점을 제시한다.<br>□ 감정과 정서를 자료의 가치를 재는 것으로 여긴다.<br>□ 회합 시 사람들과의 관련성을 찾는다. |

### 4) 판단형-인식형

| 판단형(Judging: J) | | 인식형(Perceiving: P) |
|---|---|---|
| 분명한 목적과 방향이 있으며, 기한을 엄수하고, 철저히 사전에 계획하고 체계적이다.<br>- 정리정돈과 계획<br>- 분명한 목적의식과 방향감각<br>- 의지적 추진<br>- 신속한 결론<br>- 뚜렷한 기준과 자기 의사<br>- 통제와 조정 | 성격특성 | 목적과 방향은 변화 가능하고, 상황에 따라 일정을 변경할 수 있으며, 자율적이고 융통성이 있다.<br>- 상황에 맞추는 개방성<br>- 목적과 다른 방향은 변경 가능 개방성<br>- 이해로 수용<br>- 유유자적한 과정<br>- 재량에 따라 처리될 수 있는 포용성<br>- 융통과 적응 |
| □ 일의 마무리, 예측성, 구조화 그리고 위계와 질서에 가치를 부여한다.<br>□ 스케줄과 마감일을 중요하게 생각하고 일을 결정짓고 안정시키는 것을 선호한다.<br>□ 반복 일상성을 견디고 때로는 안정성이 주는 여유를 즐긴다.<br>□ 관리하는 직업을 선호한다.<br>□ 계획성, 체계, 질서, 마감일 등을 중요하게 다루는 영역의 직업들을 선호하며, 책임이 주어지는 업무를 맡길 좋아한다. | 선호직무체크리스트 | □ 마무리 짓기 위하여 조급한 것을 싫어하며, 기대치 않은 상황이 안고 있는 도전과 자발성에 가치를 부여한다.<br>□ 마감일을 지키지 못하는 경우도 있을 수 있으며, 한 작업이 끝나기 전에 또 다른 작업전개의 가능성을 선호한다.<br>□ 반복 일상성을 참기 어렵고 재미없어 한다.<br>□ 문제해결이 필요한 영역의 일을 선호한다.<br>□ 변화, 유연성, 창의성이 중요하게 다루어지는 영역의 직업을 선호하며, 스스로 독립적으로 일할 수 있는 업무를 좋아한다. |
| □ 계획을 세우고 그것에 따라 일할 때 잘 한다.<br>□ 일은 완결하고 끝내는 것을 좋아한다.<br>□ 해야할 필요성이 있는 새로운 일에 주의를 기울이지 않는 경향이 있다.<br>□ 어떤 사물, 상황 또는 사람에 대하여 결론을 얻었을 때에는 만족해하는 경향이 있다. | 업무스타일 | □ 일을 하는데 융통성을 즐긴다.<br>□ 마음이 내키지 않는 일을 마지막 순간까지 미루는 경향이 있다.<br>□ 일이나 상황 또는 사람들에 대한 새로운 사실을 좋아하며 호기심을 가지는 경향이 있다.<br>□ 다른 가능성을 탐색하느라 결정내리는 것을 미루는 경향이 있다. |

| | | |
|---|---|---|
| □ 너무 빨리 결정을 내릴 수 있다.<br>□ 작업 목록을 과업을 촉진하는 방식으로 사용한다. | | □ 변화하는 상황에 잘 적응하며 변화없는 것을 제한하는 것으로 느낀다.<br>□ 작업 목록을 언젠가 해야 될 일을 상기시키는데 사용한다. |
| □ 최종 기일이 엄격하게 정해진 일정표와 스케줄을 토론하기 원한다.<br>□ 갑작스러운 일을 싫어하며 사전 통보를 원한다.<br>□ 타인이 따라주기를 원하며 기대한다.<br>□ 자신의 위치와 의견을 분명하게 진술한다.<br>□ 결과와 성취를 전달한다.<br>□ 목적과 방향에 관해 얘기한다.<br>□ 회합 시 수행해야 할 과업에 초점을 맞춘다. | 의사소통스타일 | □ 스케줄에 대해서는 기꺼이 토론하지만, 엄격한 최종일정에 대해서는 마음이 편하지 않다.<br>□ 갑작스러운 일을 즐기며, 마지막 순간의 변화에 적응하기를 좋아한다.<br>□ 타인이 상황적 요구에 적응하기를 기대한다.<br>□ 자신의 견해는 임시적이며 수정 가능한 것으로 제시한다.<br>□ 여러 대안과 기회를 이야기한다.<br>□ 자율성과 융통성에 관해 이야기한다.<br>□ 회합 시 인정되어야 할 과정에 초점을 둔다. |

## 3. MBTI 16가지 유형별 특성

한 개인의 MBTI 결과는 네 가지 선호경향의 조합으로 만들어진 16가지 유형 중의 하나로 드러난다. 각각의 유형은 선호의 특정 조합에 의해 만들어지고, 이에 따른 독특한 방식으로 심리적 에너지를 사용한다. 각 유형의 역동적 특성은 개인이 에너지를 사용하는 방식에 따라 달리 나타나게 된다. 그러므로 같은 유형의 사람이라도 개인적 특성이 달리 반영되어 모두 개인차를 드러내게 된다.

MBTI 도표는 지형학적으로 다양한 정보를 포함하고 있다. 내향형(I)은 머리가 바쁘고 외향형(E)은 발이 바쁘므로 가운데를 중심으로 도표의 상단에 내향형이, 도표의 하단에 외향형이 위치해 있다. 가운데를 중심으로 왼쪽에는 과거에서 현재를 중시하는 감각형(S)이, 오른쪽에는 미래의 시점을 중시하는 직관형(N)이 위치해 있다. 사람들과의 조화를 중요하게 여기는 감정형(F)은 가운데 모여 있고, 독립적인 사고형(T)은 양옆에 기둥처럼 서 있다. 규칙과 틀 속에서 안정감을 느끼는 판단형

(J)은 가장 윗단과 아랫단에 위치해서 자유로운 라이프스타일을 즐기는 인식형(P) 들을 관리하고 있다.

[그림 3-1]은 각 유형을 대표하는 한국적 표현을 보여 준다. 이 절에서는 각 유형별 성격특성, 동기 부여 방법, 학습전략, 보완할 점, 종사율이 높은 직업과 낮은 직업을 제시하므로 각 유형이해의 근거로 활용할 수 있다.

**[그림 3-1] 16가지 성격유형**

출처: (주)어세스타 온라인 심리검사센터.

## 1) ISTJ: 세상의 소금형

〈성격특성〉[5]

조용하고 신중하며 집중력이 강하다. 매사에 철저하고 사리분별력이 뛰어나다. 실제 사실을 체계적으로 정확하게 기억한다. 집중력이 강하고 현실감각이 뛰어나 일을 할 때 실질적 · 조직적으로 처리해 나간다. 보수적인 성향이 있어 전통을 따르려고 하며, 문제를 해결할 때 과거의 경험을 잘 적용한다. 일상에서 반복되는 일에 대해 인내심이 강하다.
자신의 방법과 생각만을 고집하기 쉬우므로, 장기적인 안목을 갖고 변화와 다른 가능성에 대해 개방적인 태도를 취할 필요가 있다. 자신이 맡은 일에 대해 지나치게 책임지려 하며, 직책이 요구하는 이상으로 일을 진지하게 다루는 경향이 있다.

〈동기 부여 요인〉[7]

- 정밀하고 정확하며 시기적절한 정보를 통하여 타인에게 동기부여하려고 노력한다.
- 간단하고 분석적인 관찰에 의한 상황 묘사는 타인에게도 논리적인 순서가 중요할 것이라는 가정이 전제되어 있다.

〈학습전략〉[8]

- 학습목표와 과정이 분명하게 제시될 때 가장 잘 학습한다. 남들에게 말하기 전에 분석, 조사, 고찰해 보는 것을 좋아한다.
- 분석, 사실적인 정확성을 가장 중요시 한다.
- 질문에 답하고 경쟁적인 도전에 참가하는 등 '뭔가를 하는' 활동에 대한 사전 작업 및 분명한 방향 설정 등이 이들의 학습을 향상시킨다.

〈종사율이 높은 직업〉[6]

1) 도시개발 기술자
2) 철강 노동자
3) 경찰: 관리자
4) 지역 공익사업 관리자
5) 관리자: 시, 도, 정부
6) 중소기업 관리자
7) 교정직 종사자
8) 회계사
9) 관리자: 공익사업
10) 관리자: 소매상
11) 관리자: 행정부
12) 학교 버스기사
13) 학교장
14) 관리자: 회사 중역
15) 구매 대리인
16) 컴퓨터 전문가
17) 치과의사
18) 광부
19) 회계 감사원
20) 전기 기사

〈종사율이 낮은 직업〉[9]

1) 치과 위생기사
2) 순수 예술가
3) 상담자: 가출 청소년 담당
4) 성직자
5) 음악가, 작곡가
6) 사이코드라마 치료자
7) 심리학자
8) 교사: 유치원
9) 홍보 담당자, 광고 작가
10) 자살 · 위기 상담자
11) 종교 감독
12) 종교 교육
13) 언론인
14) 식당종업원
15) 사회과학자
16) 목사
17) 작가
18) 언어 교정학자
19) 배우
20) 연구원

5) 심혜숙, 김정택(1993)
6) 심혜숙, 신영규, 박정희, 김현숙, 이정희(1999)
7) 김명준, 백연정(2006)
8) 김명준, 백연정(2006)
9) 심혜숙, 신영규, 박정희, 김현숙, 이정희(1999)
※ 이후 유형별 특성 출처가 동일함.

## 2) ISTP: 백과사전형

〈성격특성〉

조용하며 절제된 호기심으로 인생을 관찰한다. 상황을 민첩하게 파악하며, 도구를 잘 다룬다. 말을 적게 하며, 필요 이상으로 자신을 드러내지 않는다. 인생을 논리적으로 분석하고 객관적으로 관찰한다. 일과 관계되어 있지 않으면, 어떤 상황이나 다른 사람들의 일에 직접 뛰어들지 않는다. 상황을 민첩하게 파악하는 능력이 있으며, 가능하면 일을 수행하기 위해 투입하는 노력을 절약하려는 경향이 있다.

목표를 달성하기 위해 계획을 세우면, 계획을 실천하는 것에 집중하고 성취할 때까지 인내하는 노력이 필요하다. 지나치게 편의적이고 노력을 최소화하려는 경향이 있으므로, 열성과 적극성을 키울 필요가 있다. 또한 자신의 느낌 · 생각 · 정보 · 계획을 개방하고 타인과 나누는 것이 필요하다.

〈동기 부여 요인〉

- 실제적인 문제를 다룰 때, 동기 부여된다.
- 자신의 경험과 상황에 대한 구조 틀에 맞추어 일을 처리하고자 한다.
- 세상을 분석하는 것을 좋아하고, 그 결과가 구체적이며 비판적인 토론에 참여하는 것에 동기 부여된다.
- 가시적인 목표가 있을 때 활기를 띤다.

〈학습전략〉

- 적극적으로 아이디어를 실험하고, 적극적으로 뭔가를 '하면서' 학습한다.
- 아이디어의 제시, 그 시점에서 분석, 구조와 순서의 창출, '현재의 최상의 모델'에 대한 적응이 뛰어나다
- 구조, 다양성, 분명하게 기술된 역량 목표 등이 이들의 학습을 향상시킨다.

〈종사율이 높은 직업〉

1) 농부
2) 장교, 사병
3) 엔지니어: 전기, 전자
4) 전기 · 전자 공학 기술자
5) 광부
6) 운송기사
7) 치과 위생사
8) 건물, 창고, 부지 관리인 또는 노동자
9) 기계공
10) 법률 비서, 서기
11) 청소 서비스업
12) 조사연구원
13) 교정직 종사자
14) 목수
15) 건설 노동자
16) 철강 노동자
17) 요리사
18) 중소기업 관리자
19) 의사: 병리학
20) 엔지니어: 기계

〈종사율이 낮은 직업〉

1) 형사
2) 종교교육 지도자
3) 행정가: 학생 지도
4) 언론인
5) 컨설턴트: 교육
6) 엔지니어: 항공
7) 사무관리자
8) 과학자: 생물학
9) 배우
10) 연구보조원
11) 간호사: 공중보건
12) 치과의사
13) 접수계원
14) 교사: 유치원
15) 순수예술가
16) 건축가
17) 사이코드라마 치료사
18) 자살 · 위기 상담자
19) 직업 치료사
20) 종교적 수도회: 평신도

## 3) ESTP: 수완좋은 활동가형

〈성격특성〉

현실적인 문제해결에 능하다. 적응력이 뛰어나고 관용하고 느긋하다. 어떤 사람이나 사건에 대해 별로 선입견을 갖지 않으며, 개방적이다. 현재 직면한 문제의 타협책을 모색하고 문제를 해결하는 데, 보고 듣고 느끼고 만질 수 있는 생활의 모든 것을 즐긴다. 끈기 · 인내 · 의지를 더 키울 필요가 있다. 사전 계획 없이 즉흥적으로 행동하는 경향이 있으므로, 일을 시작하면 끝까지 마무리 짓는 노력이 필요하다. 물질을 소유하는 즐거움에 집착하기 쉬우므로 그 즐거움의 이면을 볼 수 있어야 한다.

〈동기 부여 요인〉

- 무언가가 진행 중이라는 것, 현재에 초점을 두고 있다는 것이 흥미롭다.
- 효과적으로 문제를 풀기 위해 신속하게 대처하고 있다는 것을 선호한다.
- '긴급해결 팀'이나 '재난구조 팀' 등이 이들에게는 흥미를 자극한다.

〈학습전략〉

- 빠르게 진행되고 분석적이며 도전적인 학습 기회를 선호한다.
- 신체적으로 활동적인 것을 좋아한다.
- 경쟁적인 기회, 명확한 지시, 사교적인 활동 등이 이들의 학습을 향상시킨다.
- 아이디어를 적극적으로 검증하기, 신중하게 분석하기보다는 그 상황에서 당장 필요한 해답의 기회가 주어지면 학습에 몰두한다.

〈종사율이 높은 직업〉

1) 마케팅전문가
2) 형사
3) 목수
4) 중소기업 관리자
5) 경찰관
6) 회계감사원
7) 기능직 종사자
8) 농부
9) 창고, 화물운송, 공원관리
10) 관리자: 소방
11) 건설 노동자
12) 공공 서비스, 공중보건 종사자
13) 운송 및 시세 기사
14) 가게주인, 점원
15) 레스토랑 직원
16) 경호원 또는 감시원
17) 법률집행관, 교정원, 공원 감시원
18) 시 · 도 · 정부 행정관리자
19) 사회복지가
20) 편집자, 리포터

〈종사율이 낮은 직업〉

1) 종교교육 지도자
2) 학생지도 관리자
3) 화학기사
4) 조사 연구원
5) 교육 컨설턴트
6) 엔지니어: 전기 및 전자
7) 전기 및 전자 공학기술자
8) 사진사
9) 치과 위생사
10) 요식업자
11) 화학자
12) 청소 서비스 종사자
13) 연구보조원
14) 의료보조원
15) 고용개발 전문가(창업전문가)
16) 공공보건 간호사
17) 경영분석 컨설턴트
18) 유치원 교사
19) 사무관리사
20) 언론매체 전문가

## 4) ESTJ: 사업가형

〈성격특성〉

구체적이고 현실적이며 사실적이다. 일을 조직화시켜 처리해 나가며 지도력이 있다. 실행단계를 계획하여 추진하는 능력이 있다. 사업이나 조직을 현실적 · 사실적 · 체계적 · 논리적으로 이끌어 가는 데 타고난 재능을 지녔다. 분명한 규칙을 중요하게 여기며, 그것을 지키고자 한다. 어떤 계획이나 결정을 내릴 때 과거의 경험을 활용하고, 확고한 사실에 바탕을 두고 결정한다.

지나치게 일 중심적인 경향이 있다. 너무 성급하게 결정하는 경향이 있으므로 모든 측면, 특히 자신과 타인의 정서적 측면을 고려하는 것이 필요하다. 변화와 새로운 시도, 추상적 이론 등을 고려하려는 노력이 필요하다.

〈동기 부여 요인〉

- 이론적 체계, 구체적인 사실 · 상황을 기술하는 체계적인 방법에 의해 동기화된다.
- 논리적이고 실용적인 꼼꼼한 비평이 이들을 움직이게 한다.

〈학습전략〉

- 새로운 아이디어나 구조를 학습할 때, 순차적이고 적극적이며, 경쟁적인 문제해결 기회를 선호한다.
- 정보를 가지고 '실행하기', 사실들을 목록화하는 것을 선호한다.
- 시연, 실질적인 활동, 실제 체험 등이 이들의 학습을 향상시킨다.

〈종사율이 높은 직업〉

1) 관리자: 소매 혹은 중소기업
2) 관리자: 소방
3) 구매담당원
4) 교사: 상업, 공업, 기술
5) 관리자: 음식점, 주점, 요식업
6) 경찰관: 관리자
7) 학교장
8) 관리자: 재정, 은행직원
9) 공장 · 부지 감독자
10) 관리자: 시, 도, 정부
11) 판매 관리자
12) 교정직 종사자
13) 공공서비스 종사자
14) 관리자: 일반
15) 청소 서비스 종사자
16) 학교 버스기사
17) 보험대리인, 중계인, 보험업자
18) 사회복지사
19) 광부
20) 형사

〈종사율이 낮은 직업〉

1) 편집장 혹은 리포터
2) 순수예술가
3) 목사
4) 사이코드라마 치료사
5) 변호사: 관리자
6) 연구보조원
7) 컨설턴트: 교육
8) 물리치료사
9) 종교 교육 지도자
10) 상담자: 가출청소년
11) 종교 수도회: 평신도
12) 심리학자
13) 사회과학자
14) 자살 혹은 위기개입 상담자
15) 교사: 미술, 연극, 음악
16) 성직자
17) 아동 보육 종사자
18) 디자이너
19) 신부 혹은 승려
20) 행정: 학생지도

## 5) ISFJ: 임금 뒤편의 권력형

〈성격특성〉

차분하고 조용하며 친근하다. 책임감이 강하고 온정적이며 헌신적이다. 침착하고 인내심이 강하다. 다른 사람의 사정을 잘 고려하며, 자신과 타인의 감정 흐름에 민감하다. 일 처리할 때 현실감각을 발휘하여, 실제적 · 조직적으로 처리해 나간다. 자신이 틀렸다는 것을 경험으로 확인할 때까지 어떠한 난관이 있어도 꾸준히 밀고 나가는 편이다.

주체성과 독단성을 키우고, 다른 사람에게 명령하고 지시하는 역할에도 익숙해지도록 노력해야 한다. 장기적인 안목으로 미래를 바라볼 필요가 있다. 또한 자신의 견해를 남에게 이야기할 때, 확신 있는 태도로 말하는 것이 필요하다.

〈동기 부여 요인〉

- 구조화되고 간략한 정보를 선호한다.
- 특히 남을 돕는 것과 관련되어 있을 때, 행동하기 전에 사실을 꼼꼼히 점검한다.
- 사람들에게 보여 주고 말해 주면, 해야 할 일에 대해 사람들이 이해하게 될 것이라고 생각한다.

〈학습전략〉

- 이들은 요점을 설명해 주는 사례를 읽거나 비디오를 보면서 '보여 주고 말해 주는 것'을 선호하는 시각적 학습자이다.
- 관찰, 도식화하기, 조직하기, 적용하기
- 개인적인 경험에 초점을 맞추어, 소규모의 협동적인 학습토론 등이 이들의 학습을 향상시킨다.

〈종사율이 높은 직업〉

1) 종교 수도회: 평신도
2) 자격증 있는 준 간호사
3) 사무관리자
4) 교사: 초 · 중 · 고
5) 정골요법 의사
6) 학교 버스기사
7) 교사: 유치원
8) 행정가: 사회봉사
9) 교사: 언어 병리, 치료
10) 보조 교사
11) 보조 간호사
12) 도서관 사서
13) 성직자
14) 가사노동자
15) 간호: 공중위생
16) 교정직 종사자
17) 안내, 경비
18) 의사: 가정의 또는 일반의
19) 공공의료 종사자

〈종사율이 낮은 직업〉

1) 마케팅 전문가
2) 관리자: 회사 중역
3) 인력자원 계획자
4) 컨설턴트, 경영
5) 배우
6) 사진사
7) 사회사업가
8) 관리자: 소매상
9) 사이코드라마 치료사
10) 판매관리자
11) 사회과학자
12) 심리학자
13) 변호사
14) 엔지니어: 기계
15) 순수예술가
16) 관리자: 재정이사
17) 보험대리인, 중개인, 보험업자
18) 가게주인, 점원
19) 건축가
20) 의사: 병리학

## 6) ISFP: 성인군자형

〈성격특성〉

말없이 다정하고 온화하다. 친절하고 연기력이 뛰어나며 겸손하다. 양털 안감을 넣은 오버 코트처럼 속마음이 따뜻하고 동정적이다. 그러나 상대방을 잘 알게 될 때까지 이 따뜻함을 잘 드러내지 않는다. 말없이 다정하고 친절한 이들은 16가지 성격유형 중 자신의 능력을 가장 겸손하게 평가한다. 일상 활동에서 개방적이고, 적응력이 뛰어나며 현재의 삶을 즐긴다.

타인을 지나치게 신뢰하고 남을 비판하지 못하는 반면, 자신은 쉽게 상처받고 그 상황에서 물러나 버리는 경향이 있다. 겸손한 태도를 취하기보다 자신의 능력을 남에게 알릴 필요가 있다. 또한 다른 사람에게 부정적인 피드백을 주는 방법을 배우는 것이 필요하다.

〈동기 부여 요인〉

- 다른 사람을 돕기 위한 실질적인 행동을 취할 때 동기부여가 된다.
- 다른 사람들이 행동을 취할 수 있도록 세심하게 격려해 주고, 어떤 이슈나 상황을 다루기 위해 조심스럽게 행동한다.
- 개인적이고, 사실에 근거한, 실무적인 지원이 이들에게 강한 동기를 부여한다.

〈학습전략〉

- 소규모의 집단과 협력적으로 일하고, 구체적으로 아이디어를 검증하며, 개인적으로 의미있는 일을 선호한다.
- 경험과 개인적인 관련을 찾는 데 시간을 들임, 개인적 가치와 연관짓기, 구체적인 결과를 산출하기를 선호한다.
- 정보의 범주나 독창적인 모델보다는 확인할 수 있는 기회들 그리고 개인적인 관련이 있는 과업들이 이들의 학습을 향상시킨다.

〈종사율이 높은 직업〉

1) 가게주인, 점원
2) 조사 연구원
3) 사무관리자
4) 치과 보조사
5) 부기계원
6) 기계조작원
7) 청소서비스 종사자
8) 형사
9) 목수
10) 자격증 있는 실무 간호사
11) 방사선과 기사
12) 법률 비서, 서기관
13) 요리사
14) 물리치료사
15) 가출청소년 상담자
16) 웨이터 혹은 웨이트리스
17) 의료보조사
18) 타자수
19) 경찰관
20) 요식업 종사자

〈종사율이 낮은 직업〉

1) 학생지도 관리자
2) 엔지니어: 화학
3) 엔지니어: 항공
4) 과학자: 생물학
5) 치과위생사
6) 의사: 병리학
7) 배우
8) 연구 보조원
9) 의사: 정신의학
10) 종교교육자: 모든 종파
11) 성직자
12) 판사
13) 신용 조회 및 저당 중개인
14) 관리자: 보건
15) 관리자: 소매상
16) 정부 행정 관리자
17) 행정가: 대학 및 기술 연구소
18) 관리자: 회사 중역
19) 자살 · 위기 상담자
20) 건축가

## 7) ESFP: 사교적인 유형

〈성격특성〉

사교적이고 활동적이다. 수용적이고 친절하며 낙천적이다. 친절하고 수용적이며, 현실적이고 실제적이다. 어떤 상황에서도 잘 적응하고, 타협적이다. 주위 사람이나 현재 발생하는 일에 대해 관심이 많으며, 기꺼이 그 일에 참여하고자 한다. 새로운 사건 혹은 물건에도 호기심이 많다. 사람이나 사물을 다루는 데 필요한 사실적인 상식이 풍부하다.

논리적 · 분석적으로 판단하는 능력을 개발시킬 필요가 있다. 일과 여가활동을 잘 조정하여 균형을 맞추는 것이 필요하다. 시간관리에 노력을 많이 들여야 하며, 일을 시작하기 전에 전체적인 계획을 세우는 것이 필요하다.

〈동기 부여 요인〉

- 신체적인 활동과 실제적인 문제에 집중한다.
- 팀단위로 일하는 것: 비록 장기적 목표를 설정하는 것이 필요하지만, 이들은 즉각적인 행동에 더 만족스러워한다.
- 다른 사람들과 개인적으로 친분을 갖는 것이 이들로 하여금 직면한 환경에 몰입하게 한다.

〈학습전략〉

- 아이디어를 설명하기 위해 구체적인 활동이나 사물을 통해 학습하는 것을 더 선호하고, 사람들과 함께 하는 협동 학습을 좋아한다.
- 정보탐색을 위한 팀 구성, 경험한 것에 대해 개인적인 의미를 공유하기를 선호한다.
- 이야기, 시청각 자료, 구체적인 정보 등이 이들의 학습을 향상시킨다.

〈종사율이 높은 직업〉

1) 아동 보육사
2) 운송업 종사자
3) 공장 부지감독자
4) 도서관 직원
5) 회계원, 현금 출납원
6) 디자이너
7) 접수계원, 사무관리자, 타자수
8) 구조원, 레크리에이션 보조
9) 유치원 교사
10) 학생지도 교사
11) 레스토랑 및 요식업
12) 호흡기 치료사
13) 종교교육자: 모든 종파
14) 가게주인, 점원
15) 항공엔지니어
16) 의료 비서
17) 부기계원
18) 공중위생 간호
19) 전기기사
20) 사무원

〈종사율이 낮은 직업〉

1) 종교교육지도자
2) 학생지도 관리자
3) 화학 엔지니어
4) 정신과 의사
5) 경영 컨설턴트
6) 기계 엔지니어
7) 연구원
8) 변호사: 관리자
9) 교정직 종사자
10) 인력자원 계획자
11) 순수예술가
12) 건축가
13) 정부 행정 관리자
14) 컴퓨터 전문가
15) 신용 조회 및 저당 중개인
16) 교육행정가
17) 목사, 수도승
18) 소매상 관리자
19) 회계사, 영어 교사

## 8) ESFJ: 친선도모형

| 〈성격특성〉 | 〈종사율이 높은 직업〉 |
|---|---|
| 마음이 따뜻하고 이야기하는 것을 좋아한다. 동정심이 많고, 다른 사람에게 관심을 쏟으며 인화를 중시한다. 또한 친절하고 재치가 있다. 참을성이 강하고 양심적이며, 정리정돈을 잘한다. 타인의 의견이 갖고 있는 가치를 발견하는 데 재능이 있다. 심지어 이러한 의견들이 상호 갈등을 일으킬 때도, 이들은 그 의견을 조정할 수 있을 것이라는 신념을 갖고 있다.<br>다른 사람에게 정말 필요한 것이 무엇이고, 무엇을 원하는지 진지하게 들을 필요가 있다. 속단하는 경향이 있으며 '이렇게 되어야 한다.' 또는 '저렇게 되어야 한다.'는 마음의 규율이 많다. 일이나 사람들과 관련된 문제에 대해 냉철한 입장을 취하는 것을 어려워한다. | 1) 교사: 초 · 중 · 고교<br>2) 접수계원 혹은 의료 비서<br>3) 헤어드레서, 메이크업 아티스트<br>4) 레스토랑, 요식업<br>5) 행정가: 학생지도<br>6) 가정관리 감독자, 가정 경제학자<br>7) 치과 보조원<br>8) 교사: 언어병리학 혹은 치료<br>9) 종교 수도회: 평신도<br>10) 종교적인 교육자: 모든 종파<br>11) 자격증 있는 전문 간호사<br>12) 교사: 중 · 고등학교 외국어 담당<br>13) 보건 교육 종사자<br>14) 사무관리자<br>15) 교사: 독서<br>16) 아동 보육 종사자<br>17) 신부<br>18) 보조 교사<br>19) 종교 율법 학자<br>20) 교사: 성인교육 |
| 〈동기 부여 요인〉<br>- 프로젝트나 과제를 완성하기 위한 실용적 · 현실적 · 실제적인 활동에 동기부여 된다.<br>- 명확한 지침과 시간표를 따르는 한, 현재 순간을 즐기고 자신의 행동에서 에너지를 얻는다. | 〈종사율이 낮은 직업〉<br>1) 배우<br>2) 의사: 정신과<br>3) 경영 컨설턴트<br>4) 건축기사<br>5) 컴퓨터 전문가<br>6) 변호사<br>7) 컴퓨터 시스템 분석가<br>8) 관리자: 행정부<br>9) 전기기사<br>10) 연구 조수<br>11) 관리자: 소방<br>12) 순수예술가<br>13) 도시 개발 기술자<br>14) 관리자: 회사 중역<br>15) 심리학자<br>16) 관리자: 소매상<br>17) 편집자 혹은 리포터<br>18) 회계 감사원<br>19) 사회과학자<br>20) 과학자: 화학 |
| 〈학습전략〉<br>- 협력적인 환경에서 적극적으로 다른 사람들과 개인적인 교류를 하며 학습하는 것을 선호한다.<br>- 사람들과 아이디어를 공유하기 위해 활발하게 네트워크를 형성하기, 정보를 이해하기 위한 체계적인 구조를 설명하기를 선호한다.<br>- 정보와 경험의 실용적인 용도를 조사하고, 정보의 개인적 가치와 중요한 속성을 제시해 주는 것이 이들의 학습을 향상시킨다. | |

## 9) INFJ: 예언자형

〈성격특성〉

인내심이 강하고 통찰력과 직관력이 뛰어나다. 신념을 갖고 열정적으로 구현시켜 나간다. 뛰어난 영감을 가지고 있으며, 말없이 타인에게 영향을 미친다. 자신의 신념에 대해 확신을 갖고, 열정적으로 구현시켜 나가는 정신적 지도자들이 많다.

이들은 풍부한 내적 생활을 소유하고 있지만, 다른 사람들과 공유하는 것을 어려워한다. 한곳에 몰두하는 경향 때문에 목적 달성에 필요한 주변적인 조건들을 경시하기 쉽고, 이로 인해 난관들에 부딪친 때가 있다. 이들은 내면에 갈등이 많고 복잡한 경향이 있으므로, 현실을 있는 그대로 수용하고 현재를 즐기고자 하는 노력이 필요하다.

〈동기 부여 요인〉

- 협력을 통해 다른 사람들에게 동기를 부여하고, 인류의 안녕을 증진시키는 가치와 관련된 활동들에 의해 동기부여된다.
- 지속적인 관계를 형성하기 위한 자신의 가치를 반영하는 과업과 활동에 에너지를 투입한다.

〈학습전략〉

- 아이디어를 실행하기 전에 독특한 방식으로 생각하고, 개방형 질문으로 문제를 명료하게 규명하려고 노력한다
- 아이디어를 말하기 전에 글로 쓰기, 아이디어를 비유적으로 설명하기, 협동적인 학습 시뮬레이션의 사용을 선호한다.
- 소집단 토론, 지지적인 분위기의 형성, 관점을 정교화하고 변화시킬 수 있는 기회 등이 이들의 학습을 향상시킨다.

〈종사율이 높은 직업〉

1) 종교교육 지도자
2) 순수 예술가
3) 수도승, 승려
4) 교육 분야: 컨설턴트
5) 사이코드라마 치료자
6) 목사
7) 성직자
8) 의사: 병리학
9) 랍비
10) 교사: 영어
11) 건축가
12) 사제
13) 자살 · 위기 상담자
14) 언론매체 전문가
15) 교사: 미술, 드라마, 음악
16) 종교수도회: 평신도
17) 교사: 중 · 고교 외국어
18) 종교교육자
19) 의사: 정신의학
20) 정골요법 의사

〈종사율이 낮은 직업〉

1) 공장 또는 부지 관리자
2) 조사연구원
3) 아동보육사
4) 전기 · 전자 기술자
5) 관리직: 소방
6) 교정직 종사자
7) 농부
8) 판매관리자
9) 관리직: 소매상
10) 철강노동자
11) 경찰: 관리직
12) 경찰관
13) 관리: 시, 도, 정부
14) 신용 조회 · 저당 중개인
15) 관리: 회사중역
16) 학교 버스기사
17) 기계 조작원
18) 행정가: 사회봉사
19) 광부
20) 관리직: 재정, 은행원

## 10) INFP: 잔다르크형

| 〈성격특성〉 | 〈종사율이 높은 직업〉 |
| --- | --- |
| 정열적이고 충실하다. 목가적 · 낭만적이며 내적 신념이 강하다. 마음이 따뜻하고 조용하다. 자신이 관계하는 일이나 사람에 대해 책임감이 강하고 성실하다. 이해심이 많고 관대하며, 자신이 지향하는 이상에 대해 열정적인 신념을 갖는다. 자신이 지닌 내적 성실성과 이상, 깊은 감정, 부드러운 마음을 좀처럼 표현하지 않지만, 조용하게 생활 속에서 묻어난다.<br>이들은 너무 많은 사람을 동시에 만족시키고자 하는 경향이 있는데, 이러한 부담에서 벗어나기 위해 노력하며 주변 사람들에 대해 객관적인 입장을 취하는 태도가 필요하다. 또한 어떤 일을 할 때 자신의 이상과 실제적인 현실 상황을 검토해 보는 노력이 필요하다.<br><br>〈동기 부여 요인〉<br>- 상황의 자율성과 복잡성에 의해 동기부여된다.<br>- 내성적이고 온화한 이들은 다른 사람들에게 적극적으로 순응하려 하고, 다른 사람들이 하게끔 격려함은 물론 그들의 동기를 향상시켜 준다.<br>- 이들은 개인적인 가치를 실현하는 데에 많은 에너지를 투입한다. | 1) 순수예술가<br>2) 정신과 의사<br>3) 가출청소년 상담자<br>4) 건축가<br>5) 편집자<br>6) 연구보조원<br>7) 자살 · 위기 상담자<br>8) 언론인<br>9) 심리학자<br>10) 종교교육자: 모든 종파<br>11) 사회과학자<br>12) 작가<br>13) 실험실 기사<br>14) 컨설턴트: 교육<br>15) 상담자: 학교<br>16) 실험실 기사, 기술자<br>17) 물리치료사<br>18) 교사: 미술, 드라마, 음악<br>19) 목수<br>20) 레스토랑 직원 |
| 〈학습전략〉<br>- 학습할 때, 이들은 전체적인 모델이나 구조 틀이 주어지는 것을 선호하고 그 학습이 삶의 미션이나 목표에 대해 얼마나 가치 있는 것인지를 알아야 한다.<br>- 일지 쓰기, 세미나 참석하기, 창의적인 표현들을 할 수 있는 기회를 선호한다.<br>- 소수의 개방형 질문, 역할극이나 다른 시뮬레이션, 비경쟁적인 상황 등이 갖추어진 최소한의 규율이 제시될 때 이들의 학습이 향상된다. | 〈종사율이 낮은 직업〉<br>1) 형사<br>2) 관리자: 소방<br>3) 시스템 관리자, 분석가<br>4) 경영 컨설턴트<br>5) 구매 담당자<br>6) 교정직 종사자<br>7) 학교 버스기사<br>8) 중소기업 경영자<br>9) 소매상 관리자<br>10) 지방 공공사업 관리자<br>11) 광부<br>12) 경찰 관리자<br>13) 도시개발 기사<br>14) 인력자원계획자<br>15) 사회사업가<br>16) 학교장<br>17) 시 · 도 · 정부 행정관리자<br>18) 판매 관리자<br>19) 레스토랑 · 주점 · 음식점 관리자<br>20) 가게주인, 점원 |

## 11) ENFP: 스파크형

〈성격특성〉

따뜻하고 정열적이며 활기가 넘친다. 재능이 많고 상상력이 풍부하다. 온정적이고 창의적이다. 풍부한 상상력과 영감을 갖고 새로운 프로젝트를 잘 시작한다. 어떤 일을 할 때 풍부한 상상력과 순간적인 에너지를 발휘하여 재빠르게 처리해 나간다. 관심 있는 일은 무엇이든지 척척해 내는 열성파이다. 다른 사람에게 관심을 쏟고, 사람들을 잘 통솔하여 자신의 뛰어난 통찰력을 가지고 도움을 준다.

반복되는 일상적인 일에 대해 견디지 못하고, 한 가지 일을 마무리 짓지 않은 채 몇 가지 다른 일을 새롭게 시작하는 경향이 있다. 관심이 가는 모든 것을 시도하기보다 일에 우선순위를 두고, 어떤 것에 집중할지 선별하는 데 노력을 기울일 필요가 있다.

〈동기 부여 요인〉

- 이들은 아이디어 공유와 브레인스토밍 등을 통해 동기를 얻으며, 개인적인 문제를 해결하려 할 때에도 다른 사람들과 함께 한다.
- 혁신성을 장려하고, 경험과 아이디어 간 새로운 관련성을 찾는 유연한 환경이 동기 부여하는 큰 요인이다.

〈학습전략〉

- 주제와 아디이어를 브레인스토밍하는 것을 선호하고, 주제에 대한 전체적인 상을 얻고자 하며, 문제들을 자유롭게 탐색할 수 있기를 원한다.
- 활발한 문제해결식 토론, 특정한 아이디어와 관찰을 어떻게 사용할지 머리속에서 그려 보고, 실제 대상을 가지고 실험해 보기를 선호한다.
- 아이디어와 개인적인 가치를 연결짓고, 미래의 상을 구현하며, 정보나 아이디어를 스스로에게 적용해 보게 하는 것이 이들의 학습을 향상시킨다.

〈종사율이 높은 직업〉

1) 사이코드라마 치료자
2) 언론인
3) 상담자: 재활
4) 교사: 미술, 연극, 음악
5) 상담자: 가출청소년
6) 연구 보조원
7) 학교상담자
8) 심리학자
9) 종교교육 지도자
10) 상담자: 모든 분야
11) 성직자
12) 자살 · 위기 상담자
13) 작가
14) 음악가, 작곡가
15) 직업 · 교육 상담자
16) 사회과학자
17) 컴퓨터 오퍼레이터
18) 배우
19) 홍보 관련직, 광고 작가
20) 음식점 점원, 웨이터, 웨이터리스

〈종사율이 낮은 직업〉

1) 과학자: 화학
2) 농부
3) 학교 버스기사
4) 관리자: 소매상
5) 관리자: 회사 중역
6) 철강 노동자
7) 관리자: 사회복지사업
8) 컴퓨터 시스템 분석가
9) 판매관리자
10) 도시개발 기술자
11) 경영 컨설턴트
12) 광부
13) 내과: 병리학
14) 엔지니어: 화학
15) 시 · 도 · 정부 조직 행정 관리자
16) 중소기업 관리자
17) 운송 기사
18) 학교장
19) 교정직 종사자
20) 경호원 혹은 감시인

## 12) ENFJ: 언변능숙형

〈성격특성〉

따뜻하고 적극적이며 책임감이 강하다. 사교성이 좋고 동정심이 많다. 친절하고 재치가 있으며 다른 사람과의 인화를 중요하게 여긴다. 다른 사람들의 생각이나 의견에 대해 관심을 쏟으며, 공동의 선을 위해 대개 다른 사람의 의견에 동의한다. 현재보다는 미래의 가능성을 추구하고, 앞으로의 계획을 능숙하고 쉽게 제시하며 집단을 이끌어 가는 능력이 있다.

일이나 사람과 관계된 문제에 대해 냉철한 입장을 취하지 못하는 경향이 있다. 이들은 인간관계에 끌려 과업을 소홀히 다루기 쉽다. 반대 의견에 부딪혔을 때나 자신의 요구가 거절당했을 때, 마음의 상처를 받는다.

〈동기 부여 요인〉

- 기술적인 쟁점을 다루는 것보다 사람들과 함께 일하는 것에 의해 동기화된다.
- 인간의 행동과 가능성들에 대해 많이 알고자 하고, 이들이 중요하다고 느끼는 패턴과 통찰력을 공유할 수 있는 친분 관계를 중시한다.
- 진취적이고 친해지기 쉬운 자신의 성향을 통해 에너지를 얻는다.

〈학습전략〉

- 아이디어와 사람들 간의 연관성을 발견하는 것처럼 창의적인 탐색을 통해 배우는 것을 선호한다.
- 정보의 연관성과 미래에 대해 어떻게 사용할지를 탐색하기 위해 사람들과 네트워크를 형성하기, 경험의 중요성을 빨리 파악하기를 선호한다.
- 통찰을 공유하고, 심사숙고하며, 아이디어와 창의적 표현을 시도해 볼 수 있는 지지적인 환경이 이들의 학습을 향상시킨다.

〈종사율이 높은 직업〉

1) 종교교육의 지도자
2) 사제직
3) 목사
4) 가정관리 감독자
5) 종교 율법 학자
6) 신부 혹은 승려
7) 교사: 보건
8) 사이코드라마 치료사
9) 배우
10) 교사: 미술, 연극, 음악
11) 자살 · 위기개입 상담자
12) 순수예술가
13) 상담자: 가출 청소년
14) 상담자: 학교
15) 교사: 영어
16) 컨설턴트: 일반
17) 검안사
18) 음악가, 작곡가
19) 상담자: 직업 · 교육
20) 교사: 중 · 고등학교 외국어 담당

〈종사율이 낮은 직업〉

1) 음식점 점원
2) 공장 혹은 부지 감독자
3) 컴퓨터 조작, 시스템 분석가
4) 사회복지사
5) 학교 버스기사
6) 중소기업 관리자
7) 도시개발 기술자
8) 관리인: 소매상
9) 광부
10) 관리인: 회사중역
11) 철강 노동자
12) 관리자: 지방 공익사업
13) 교정직 종사자
14) 인사 · 노동 관련 활동가
15) 경찰관
16) 구매 대리인
17) 장교, 사병
18) 건설 노동자
19) 의료 비서

## 13) INTJ: 과학자형

〈성격특성〉

사고가 독창적이며 창의력이 뛰어나다. 비판적 분석력이 뛰어나며 내적 신념이 강하다. 독창적으로 생각하고 행동하며, 강한 직관력을 가지고 있다. 내적 신념과 비전은 산이라도 움직일 만큼 강하다. 자신이 가진 영감과 목적을 실현시키려는 의지와 결단력, 인내심을 가지고 있다. 자신과 타인의 능력을 중요하게 여기며, 목적 달성을 위해 모든 시간과 노력을 투자한다.

이들은 냉철한 분석력 때문에, 일과 사람을 있는 그대로 수용하고 음미하는 것이 어렵다. 그러므로 현실을 있는 그대로 보고, 그 상황의 구체적이고 사실적인 면을 보려는 노력이 필요하다. 또한 다른 사람의 관점에 귀 기울이고 감정을 고려할 필요가 있다.

〈동기 부여 요인〉

- 정신적인 다재다능함, 체계적인 분석, 높은 포부에 민감하고, 이를 높게 평가한다.
- 행동에 대한 전체적인 틀을 설명함으로써 동기 부여하고, 행동과 동기 그리고 그 결과를 연결시키고, 경험에 대한 '공식'을 제공받음으로써 동기 부여된다.

〈학습전략〉

- 포괄적인 주제들을 먼저 익히고 난 후, 가능성을 떠올리고 깊이 사색하며, 적극적으로 아이디어들 간의 관련성을 찾는 것을 선호한다.
- 독립적 분석, 논쟁, 문제에 대한 연구, 경험을 추상적 개념이나 모델과 연결 짓기를 선호한다.
- 개방적인 질문하기, 토론하기 전에 분석을 위한 시간 갖기, 브레인스토밍을 할 수 있는 자유를 허용하기 등은 이들의 학습을 향상시킨다.

〈종사율이 높은 직업〉

1) 건축가
2) 변호사: 관리자, 비개업
3) 컴퓨터 전문가
4) 법조인: 개업
5) 관리자: 행정부
6) 경영 컨설턴트
7) 인력자원 관리자
8) 과학자: 화학
9) 연구종사자
10) 사회봉사 종사자
11) 엔지니어: 전기, 전자
12) 과학자: 생명공학, 물리학
13) 컴퓨터 시스템 분석
14) 변호사, 법관
15) 사진사
16) 엔지니어, 화학
17) 관리자: 회사중역
18) 교수: 대학
19) 심리학자
20) 사회과학자

〈종사율이 낮은 직업〉

1) 요식업자
2) 세탁 서비스업자
3) 가게주인, 점원
4) 접수계원
5) 출납원
6) 보조 교사
7) 교정직 종사자
8) 간호조무사
9) 물리치료사
10) 학교 버스기사
11) 경찰관
12) 타자수
13) 구매대리인
14) 의료 보조원
15) 교사: 언어 병리사, 치료사
16) 전기기사
17) 건설노동자
18) 건강 서비스업
19) 교사: 중 · 고등학교 외국어
20) 자격증 있는 실무 간호사

## 14) INTP: 아이디어뱅크형

〈성격특성〉

조용하고 과묵하다. 문제를 논리적 · 분석적으로 해결하는 것을 좋아한다. 관심이 있는 분야에 대해서는 말을 잘한다. 지적 호기심이 강하고 이해력이 빠르다. 높은 직관력을 지니고 있으며, 통찰력이 뛰어나다. 개인적인 인간관계나 친목회 혹은 잡담 등에 별로 관심이 없다. 매우 분석적 · 논리적이며, 객관적인 비평을 잘한다.

가끔 어떤 아이디어에 몰입하여 주위에서 돌아가고 있는 일을 모를 때가 있다. 지나치게 추상적이고 비현실적으로 생각하는 경향이 있으며, 사교성이 부족한 편이다. 때로는 자신의 지적 능력을 은근히 과시하는 경향이 있어 거만하게 보일 수 있다.

〈동기 부여 요인〉

- 지적이고 복잡한 도전에 의해 동기부여 된다.
- 문제가 심각해질수록 흥미를 많이 느낀다.
- 이론적인 모델에 대해 이야기함으로써 많은 에너지를 얻고, 논쟁을 의미있게 받아들인다.

〈학습전략〉

- 탐색할 수 있는 많은 자유를 선호한다. 이론을 학습하고 검증할 수 있는 다양한 과업과 창의적인 기회를 요구한다
- 실제로 검증해 보기 이전에 '그것'을 먼저 분석함, 다른 경험과의 비교와 대조, 비판을 선호한다.
- 지적인 도전, 추상적인 개념을 기술하거나 예시할 수 있는 기회, 정교한 분석을 통한 명료화 등이 이들의 학습을 향상시킨다.

〈종사율이 높은 직업〉

1) 화학자
2) 컴퓨터 전문가
3) 건축가
4) 연구보조원
5) 순수예술가
6) 컴퓨터프로그래머
7) 법률가
8) 요식업자
9) 조사연구원
10) 정보행정 관리자
11) 사회과학자
12) 전기기사
13) 생물학자
14) 작가나 언론인
15) 사진사
16) 심리학자
17) 생명공학자, 논리학자
18) 배우
19) 컴퓨터 기사, 시스템 연구원
20) 약사

〈종사율이 낮은 직업〉

1) 종교교육 지도자
2) 교육 컨설턴트
3) 가정관리자 문가, 가정학자
4) 치과위생기사
5) 관리자: 소방
6) 청소 서비스 종사자
7) 자욕, 사병
8) 모든 종파의 종교 교육자
9) 교정원
10) 타자수
11) 중소기업 관리자
12) 교사 보조
13) 성직자
14) 헤어디자이너, 메이크업아티스트
15) 독서 교사
16) 학교장
17) 건강교육 지도자
18) 도서관 안내원
19) 판매 관리자
20) 마케팅 전문가

## 15) ENTP: 발명가형

〈성격특성〉

민첩하고 독창적이다. 혁신가이고 창의력이 풍부하다. 넓은 안목을 갖고 있으며, 다방면에 관심과 재능이 많다. 풍부한 상상력을 발휘하여 어떤 새로운 프로젝트를 남들보다 먼저 시도하고, 솔선수범한다. 새로운 문제나 복잡한 문제를 해결하는 능력이 뛰어나며, 사람들의 동향에 대해 기만하고 박식하다.

어떤 일을 시작하고 그 일을 마무리 짓기 전에 또 다른 새로운 일에 뛰어드는 경향이 있다. 이들은 일상적이고 세부적인 일은 경시하고 태만하기 쉬우며, 새로운 도전 거리가 없는 일은 큰 흥미가 없다.

〈동기 부여 요인〉

- 이들의 독립적인 성향을 북돋우고 문제해결 기술을 자극하는 상황에 동기 부여된다.
- 유능하기를 원하고 지도자적 입장에서 앞장서는 것을 좋아한다.
- 상황에 대처할 때, 자신의 에너지를 증진시키기 위해 다소 초연하고 '전체'를 보려는 경향이 있다.

〈학습 전략〉

- 과제를 학습할 때 다양한 학습 과제를 선호하고, 토론하기를 좋아하며, 아이디어들을 빨리 연결 짓기를 좋아한다.
- 질문하기, 평가하기, 종합하기를 선호한다.
- 무엇을 배워야 하는지에 대한 전체적인 그림을 제공하고, 학습 대상과 과제에 대한 비판적 분석을 적극 허용하는 것이 이들의 학습을 향상시킨다.

〈종사율이 높은 직업〉

1) 자산가
2) 마케팅 전문가
3) 언론인
4) 배우
5) 컴퓨터 시스템 분석가
6) 신용조회 · 저당중개인
7) 의사: 정신과의사
8) 엔지니어: 화학
9) 건축가
10) 엔지니어: 기계
11) 홍보 관련직이나 광고 작가
12) 예술가, 연예인
13) 연구원
14) 전기기술자
15) 법률가
16) 경영 컨설턴트
17) 컨설턴트: 일반
18) 관리자: 회사 중역
19) 레스토랑, 요식업자
20) 컴퓨터 프로그래머, 연구원

〈종사율이 낮은 직업〉

1) 형사
2) 공장 · 부지 감독자
3) 가정관리 자문가, 가정학자
4) 교사: 중 · 고등학교의 외국어 담당
5) 교정직원
6) 순수예술가
7) 학교 버스기사
8) 사제
9) 종교수도회: 평신도
10) 간호보조원
11) 교사: 유치원
12) 교사: 초 · 중 · 고
13) 사회복지 사업가
14) 치과의사
15) 도서관직원
16) 종교교육자: 모든 종파
17) 검안사
18) 의사: 가족의와 일반의
19) 학교장
20) 의료 사무관, 비서

## 16) ENTJ: 지도자형

〈성격특성〉

활동적이고 솔직하다. 결단력과 통솔력이 있으며, 거시적인 관점에서 바라보며 장기 계획을 세우는 것을 선호한다. 지식에 대한 욕구와 관심이 많으며, 특히 지적인 자극을 주는 새로운 아이디어에 관심이 많다. 일을 처리할 때 사전 준비를 철저하게 하고, 논리적으로 분석하여 계획한다.

다른 사람의 의견에 귀 기울일 필요가 있으며, 자신과 타인의 감정을 잘 살펴볼 필요가 있다. 자신의 느낌이나 감정을 인정하고 표현하는 것이 중요하며, 성급한 판단이나 결론은 피해야 한다.

〈동기 부여 요인〉

- 체계적이고 논리적인 행동으로 미래 상황을 예측한다.
- 아이디어와 거시적인 쟁점에 동기 부여된다.
- 일이 발생하도록 하는 것과 아이디어를 실현하는 과정이 이들에게 활력이 된다.

〈학습전략〉

- 학습할 때 전체적인 그림을 선호하며, 도전적인 연구과제를 좋아한다.
- 아이디어 토론하기, 독자적으로 연구하기를 선호한다.
- 해결해야 할 복잡한 문제, 성과나 분석에 대한 보상이 이들의 학습을 촉진한다.

〈종사율이 높은 직업〉

1) 경영 컨설턴트
2) 변호사: 행정, 비실무
3) 인력자원 관리자
4) 컴퓨터 시스템 분석가, 연구자
5) 판매 관리자
6) 관리자: 회사중역
7) 신용 조회 · 저당 중개인
8) 마케팅 전문가
9) 인사 · 노사 관계 활동가
10) 행정가: 대학 · 기술 연구소
11) 행정가: 보건
12) 컨설턴트: 교육
13) 컨설턴트: 일반
14) 고용 개발 전문가
15) 과학자: 생물학
16) 연구조수
17) 심리학자
18) 사회과학자
19) 엔지니어: 화학 분야
20) 사회복지 종사자

〈종사율이 낮은 직업〉

1) 형사
2) 종교교육 지도자
3) 공장 · 부지 감독자
4) 사무 관리자
5) 세탁 서비스업자
6) 경호원, 감시원
7) 부기계원
8) 학교 버스기사
9) 종교 수도회: 평신도
10) 타자수
11) 헤어드레서, 메이크업 아티스트
12) 물리치료사
13) 치과 보조원
14) 현금 출납원
15) 신부
16) 요식업자
17) 관리자: 소방
18) 요리사
19) 아동 보육 종사자
20) 언론인

## 4. MBTI 검사결과를 통한 자기탐색

국내에서 사용하고 있는 한국판 MBTI는 심혜숙과 김정택이 번안하여 매우 널리 사용되고 있는 대중적인 성격검사로서 개인의 성격을 이해하고 부부관계, 부모-자녀 관계, 조직에서 타인과의 효과적인 상호작용을 위해 유용하게 활용되고 있다.

한국판 MBTI는 2017년 현재 Form M(93문항)과 Form K(131문항)이 사용되고 있는데, 기본적으로 MBTI 유형과 선호환산 점수를 얻게 된다. MBTI 결과를 해석할 시 고려할 사항과 MBTI를 통해 자기이해로 나아가는 방법을 살펴보면 다음과 같다.

첫째, MBTI 설명을 들으면 대부분은 자신과 상반되는 선호경향을 둘 다 사용한다고 한다. 이렇게 지각하는 것은 당연하다. 우리는 오른손과 왼손을 둘 다 사용하지만 그 중 더 편안하고 자연스럽게 사용하는 손이 있듯이 심리유형에도 더 자연스러운 선호경향이 있는데, 그것이 두드러지는 사람이 있고 양손을 거의 비슷하게 사용하는 사람이 있을 수 있다.

대체로 이런 사람들이 MBTI 검사를 처음하면 선호환산점수가 낮게 나온다. 이럴 때는 현재 자신의 상황이나 역할 속에서 자신이 주로 사용하는 선호경향을 생각해 보고 이것이 교육이나 과거 환경에 의해 사용하도록 요구되어 길러진 것은 아닌지 생각해 보는 것이 좋다. 예를 들면, 자신의 선천적 선호경향은 인식형(P)이라서 충동적이고 자유로운 삶의 방식을 선호하지만 어린 시절 부모(J)의 기대를 맞추는데 판단형(J)의 생활방식을 배우고 익혔을 수도 있고, 현재 자신의 업무가 스케줄을 맞추는 것이 중요한 일이라서 열심히 그 방식을 익혔다면 업무 중에는 판단형(J)를 사용할 수 있다.

만약 엄격한 부모의 성향으로 인해 나의 성향을 맘껏 발휘하지 못했다면, 지금이라도 선호하지 않는 경향을 사용하면서 가졌던 부적절감이나 '다른 친구들은 쉽게 하는 것 같은데, 나는 왜 잘 안 될까?' 하며 가졌던 낮은 효능감을 버리고, 자신의 성향을 인정하고 향유하면 된다. 그리고 선호하는 경향이 아니어서 사용하느라 힘들었지만 개발되어 있는 부분을 자기 스스로 조절하여 두 선호경향을 적절하게 사용하면 된다.

이처럼 MBTI 결과는 자신의 성격을 판단하거나 규정짓는 것으로 사용될 수 없다. 검사는 운전면허 시험처럼 점수에 따라 당락이 정해지는 진단검사가 있고, 혈액형이나 사상체질처럼 그 결과가 많은 설명을 동반하여 더욱 깊은 이해에 초점이 맞춰진 검사가 있다. MBTI는 후자에 해당되는 것이므로 MBTI 결과를 통해 자신의 성격에 대해 더 깊은 이해로 나아가는 시작점으로 삼고 자신의 삶에 어떻게 적용할 것인지는 전적으로 본인의 몫에 달려 있다.

둘째, MBTI 결과를 듣고 다 좋은 말만 기술되어 있다고 분석하고 신뢰할 수 없다고 하는 사람들이 있다(대체로 T성향의 사람들). 그들의 관찰력과 분석이 옳다. MBTI는 성격유형의 대표 성격을 긍정적인 표현으로 기술하고 있다. 이러한 이유는 MBTI 검사가 Jung의 전 생애 발달의 관점을 취하고 있기 때문이다. Jung은 중년을 기점으로 인생을 초반기와 후반기로 나누어 인생의 초반기에는 자신의 타고난 성향을 잘 개발하는 전문화의 시기이고 인생의 후반기는 반대성향을 개발하고 보완하는 보편화의 시기라고 하였다(심혜숙, 김정택, 제석봉, 1995).

Jung은 인간이 다양한 심리적 성향과 욕구의 갈등을 통합하고 개인의 정신세계 전체의 균형과 조화를 이루어 정신적 완전성으로 나아가려는 개성화(individuation) 과정을 거친다고 하였다(심혜숙, 김정택, 제석봉, 1995). 그러므로, 인생 초반기의 전문화 시기에 충분히 자신의 타고난 성향을 사용하고 향유하여 자신의 정체성의 기반을 견고히 하는 것이 중요하다. 이렇게 자신의 타고난 성향을 수용하고 잘 사용한 사람들은 후반기 보편화의 시기에 자신이 잘 사용하지 않았던 선호경향을 더욱 적극적으로 개발할 수 있다. 마치 태양이 뜨거우면 그림자가 선명하듯이, 후반기 작업이 보다 선명하여 완전성으로 가는 개성화의 과정이 순조로울 수 있다. 그러나 우리는 다양한 규칙이 있는 사회에서 나와 다른 성향의 사람들과 함께 살아가야하므로 자신의 성향을 온전히 발견하고 누리는 것이 쉽지 않다. 그러므로 MBTI 보다 긍정적인 있는 모습 그대로를 먼저 설명하여 자신을 이해한 뒤, 개성화의 과정으로 나아갈 수 있는 동력을 제공한다고 볼 수 있다.

셋째, MBTI 결과를 해석하는 데 있어 또 다른 문제는 성격유형으로 모든 것을 구분하고 그 유형으로 오히려 자신의 행동을 제한하거나 합리화하고, 타인과의 상호작용에서도 선입견으로 작용하여 관계를 악화시킨다는 것이다. 예를 들어, 지수는 조별 과제에서 발표 역할을 선호하지 않는 학생이다. MBTI 결과가 내향형(I)으로 나왔다. MBTI 결과를 잘못 해석하면 지수는 '난 내향형이라서 발표하는 것이 싫었구나. 이제부터는 조별 발표 때 난 내향형이라고 설명하고 외향형(E)인 친구에게 미뤄야지.'라고 생각할 수도 있다. 그러나 지수가 MBTI 결과를 잘 해석하면 다음과 같이 생각할 수 있다. '내가 발표 역할을 하기 싫었던 이유가 내향형이라서 그렇구나.' 하고 자신의 행동을 이해하고 자신을 비겁하거나 용기없다고 생각하여 자신을 책망하는 것을 멈출 수 있다. 하지만 취업을 하고 사회생활을 할 때 발표하거나 나서서 일을 진행해야 할 경우가 있을 것을 예상하고 차근차근 준비해서 외향형 친구들의 도움을 받아서 발표 역할에 도전한다. 이후에 지수는 내향형이라서 발표할 때 조금 더 시간이 들고 마음의 준비가 필요하지만 또 기회가 주어지거나 자신이 발표하기로 선택하면 발표하는 것을 두려워하지 않고 용기 있게 발표를 시도할 수 있을 것이다.

〈활동 3-1〉

# MBTI 검사 실시를 통한 자기이해

## 활동목표

- MBTI 검사를 단체로 실시한다.
- MBTI 네 가지 지표별로 자신의 성격을 이해한다.
- MBTI의 16가지 유형으로 자신의 성격을 이해한다.

## 진행과정

| 활동주제 | 주요 내용 및 방법 | 시간 |
|---|---|---|
| MBTI 오리엔테이션 | • MBTI 기본 가정, 선호도에 대해 설명을 한다.<br>• 왼손으로 이름을 써 보고 문항 선택 기준을 이해한다. | 5분 |
| MBTI 검사 실시 및 채점 | • 문항을 체크할 때에는 심사숙고하기보다 자신에게 해당되는 것을 가볍게 체크한다.<br>• MBTI 채점 지침에 따라 채점하고, 자신의 프로파일을 작성한다. | 20분 |
| MBTI 지표별 설명 | • MBTI 지표별 설명을 듣고 자신의 지표에 대한 이해를 넓힌다. | 10분 |
| MBTI 유형 확인 및 마무리 | • MBTI 유형별 설명지를 보고 자신의 유형을 이해하고 활동지를 작성한다.<br>• 자신의 성격유형을 이해하고 자기 탐색의 토대로 삼는다. | 5분 |

## 유의점 및 특이사항

- 자기보고형 설문지이므로 검사 실시자의 안내에 따라 최대한 솔직하게 답하기
- 학생상담센터에서 자신의 유형에 대한 개인 혹은 집단별 심화 해석상담을 받을 수 있음
- 준비물: MBTI 검사지, MBTI 답안지 및 프로파일, 필기구

■ 성격유형확인 및 성장계획

자신의 성격유형을 확인하고 학습, 대인관계, 진로개발 분야에서 어떻게 자신을 성장시킬지를 구체화 해 봅시다.

| 나의 선호 지표 | | | | |
|---|---|---|---|---|

| 분야 | 선호 지표 | 성장 계획 |
|---|---|---|
| 학습 분야 | | |
| | | |
| | | |
| | | |
| 대인 관계 | | |
| | | |
| | | |
| | | |
| 진로 개발 | | |
| | | |
| | | |
| | | |

## 참고문헌

김명준, 백연정(2006). 성격유형과 리더십. 서울: 한국심리검사연구소.

김상태, 임승환, 김명준 (1997). 기업조직에서의 MBTI 활용입문. 서울: 한국심리검사연구소.

김정택, 심혜숙, 제석봉(1995). MBTI 개발과 활용. 서울: 한국심리검사연구소.

심혜숙, 김정택(1993). MBTI Form G 프로파일. 서울: ㈜어세스타.

심혜숙, 신영규, 박정희, 김현숙, 이정희(1999). 성격유형과 진로탐색. 서울: 한국심리검사연구소.

한국 MBTI연구소(2004). 성격유형과 열등기능. 서울: 한국심리검사연구소.

Allport, G. W.(1961). *Pattern and Growth in personality*. New York: Holt, Rinehart and Winston.

Liebert, R. M., & Liebert, L. L.(1998). *Personality. Strategies & issue*. Pacific Grove: Brooks/Cole Publishing Company.

(주)어쎄스타 온라인심리검사센터 http://www.carrer4u.net/Main/Main.asp(2017. 12. 27. 인출)

제4장

# 성격강점

## 학습목표

- 나의 성격강점을 발견하고 이해한다.
- 나의 성격강점을 기반으로 자신을 수용하는 법을 배운다.
- 나의 대표강점을 활용하는 방법을 계획할 수 있다.

최근 심리학의 관점은 긍정심리학으로 옮겨 가고 있다. 1998년 Seligman이 미국 심리학회 회장으로 취임하면서 '긍정심리학(Positive Psychology)'에 대해 다음과 같이 제안하였다. "심리학은 인간의 약점과 장애에 관한 학문만이 아니라 인간의 강점과 덕성에 대한 학문이기도 해야 한다. 진정한 치료는 손상된 것을 고치는 것에 국한되지 않고 우리 안에 있는 최선의 가능성을 이끌어 내는 것이어야 한다." 이를 계기로 인간의 재능과 강점을 바탕으로 잠재력을 최대한 끌어내서 행복을 증진시키려는 연구가 집중적으로 진행되었다.

이처럼 Seligman(2002)은 인간의 행복한 삶의 중심에 성격강점이 있다고 하였다. 성격강점은 무엇인가? 소위 과학적인 심리학은 도덕적 가치를 가진 품성(character)을 받아들일 수 없어 사실을 객관적으로 기술하는 성격(personality)이라는 가치중립적인 용어를 사용하였다. 그러나 긍정심리학이 대두되면서 인간의 긍정적 품성에 다시 주목하게 되었고, 건강한 정신에 대한 분류체계를 마련하는 것으로 긍정심리학이 싹트게 되었다.

## 1. 성격강점과 덕목

많은 사람에게 인생의 목적이 무엇이냐고 물어보면, 구체적인 내용은 다르지만 결론은 "행복하고 싶다."라고 대답한다. 행복에 대한 철학적 주장은 '주관적으로 경험하는 유쾌한 상태'로 보는 쾌락주의적 입장과 '개인의 잠재적 가능성을 충분히 발현하는 것'이라고 보는 자기실현적 입장으로 구분할 수 있다(권석만, 2008). 이러한 철학적 주장을 심리학자들이 실증적으로 연구할 수 있도록 정의하고자 했는데 Seligman(2002)은 행복한 삶이란 긍정 정서를 많이 경험하는 즐거운 삶(pleasant life), 개인의 장점을 바탕으로 자신이 하는 일에 몰입하는 적극적인 삶(engaged life), 자신으로부터 확장되어 가족 · 직장 · 사회를 위해 봉사하고 공헌하는 의미 있는 삶(meaningful life)으로 구성된다고 하였다. 이와 관련하여 Seligman(2002)은 사람은 누구나 개인의 독특성을 가장 잘 드러내는 것, 즉 '대표강점'을 가지고 있는데, 진정한 행복은 이러한 대표강점을 인식하여 일 · 사랑 · 자녀양육 · 여가활동과 같은 일상생활에서 잘 활용하는 것이라도 하였다.

### 1) 성격강점의 분류: VIA 분류체계

미국정신의학회는 1952년부터 인간의 심리적 결함과 장애에 대해서 정신장애 진단 및 통계편람(Diagnostic and Statistical of Mental Disorders: DSM)이라는 방대한 분류체계를 구성하여 2013년 DSM-5까지 수차례의 개정 작업을 계속하고 있다. 그러나 인간에 대한 강점과 덕성에 대한 체계적인 분류작업이 이루어지지 않았음을 자각하고, Peterson과 Seligman(2004)은 성격강점과 미덕에 대한 VIA(Virtue in Action) 분류체계를 개발하였다. 이들은 세계 주요 종교와 철학자들이 제시하는 덕목을 조사하였으며, 심리학자들이 그동안 연구했던 자료를 검토하여 총 200개의 덕목을 찾아내었다. 이를 다시 열 가지 기준에 근거하여 6개의 개괄적이며 명백한 핵심덕목을 도출하였고, 그 하위 분류인 24개 강점으로 구성된 VIA 분류체계를 완성하였다.

세계 도처에서 인류가 지금까지 발전시키고 전수해 온 성격강점과 미덕을 분류하는 일은 정확한 기준을 필요로 하였다. Peterson과 Seligman(2004)은 다음과 같은 열 가지 기준에 따라 검토하였다.

① 보편성: 대다수의 문화에서 긍정적 덕목으로 여기는가?
② 행복 공헌도: 다양한 긍정적 행동과 성취를 촉진시켜 자신과 타인의 행복에 기여하는가?
③ 도덕성: 유익한 결과로 이어지지 않아도 그 자체로 도덕적 가치를 지니는가?
④ 타인에게 미치는 영향: 이 강점을 발휘하면 타인에게 부정적 영향을 미치거나 타인의 강점을 감소시키는가?
⑤ 반대 개념의 부정성: 이 강점의 반대 개념이 확실히 부정적인 것으로 간주되는가?
⑥ 측정 가능성: 개인의 행동(생각, 감정, 행위)으로 측정될 수 있는가? 또는 상황과 시간의 변화에도 일관성이 유지되는가?
⑦ 특수성: 다른 강점들과 구별되는 특수성이 있는가? 다른 강점들로 나눠서 설명할 수 있는 것은 아닌가?
⑧ 모범의 존재: 모범적인 인물에 의해 구체화될 수 있는가?
⑨ 결핍자의 존재: 이 강점이 전혀 없거나 부족한 사람들이 존재하는가?
⑩ 풍습과 제도: 강점을 육성하기 위해 사회가 제공하는 제도나 풍습이 있는가?

이러한 기준을 충족하는 6개의 핵심덕목은 지혜와 지식(wisdom & knowledge), 인간애(humanity), 용기(courage), 절제(temperance), 정의(justice), 초월(transcendence)이며, 각 핵심덕목은 3~5개의 하위 강점으로 구성되어 있다. 이를 정리하면 〈표 4-1〉과 같다.

〈표 4-1〉 핵심덕목과 하위 강점

| 핵심덕목 | 하위강점 |
|---|---|
| 지혜와 지식 | 호기심, 학구열, 개방성, 창의성, 지혜(통찰력) |
| 인간애 | 사랑, 친절성, 사회지능 |
| 용기 | 용감성, 끈기, 진실성, 활력 |
| 절제 | 용서, 겸손, 신중성, 자기조절 |
| 정의 | 시민의식, 공정성, 리더십 |
| 초월 | 심미안, 감사, 낙관성(희망), 유머감각, 영성 |

또 다른 분류는 강점 간의 관계에 대한 이해로부터 시작되었다. '우리는 여러 가지 강점들을 동시에 지닐 수 있는가? 강점 간의 관계는 어떠한가?' 강점들은 서로

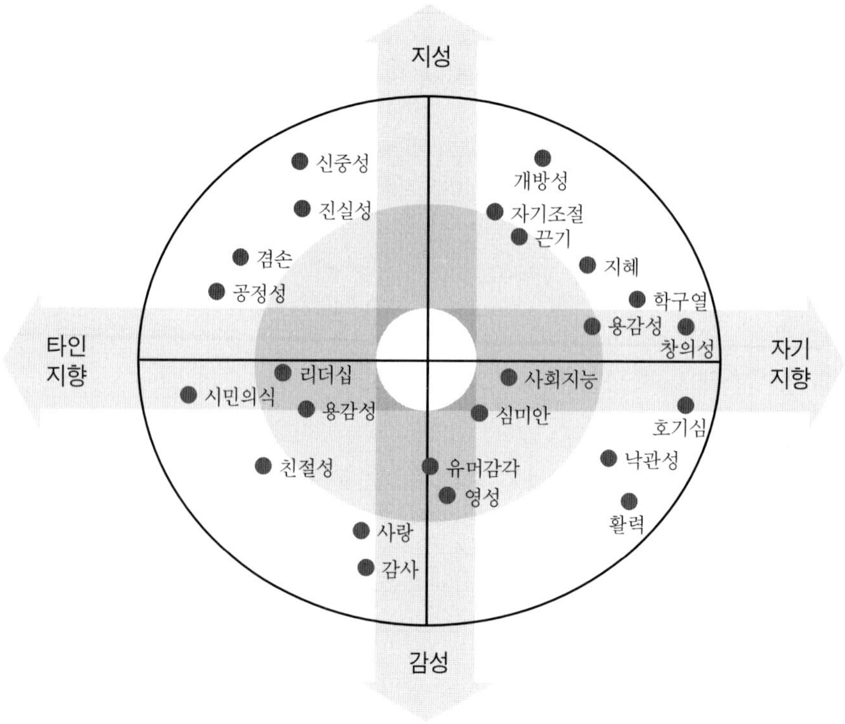


[그림 4-1] 2차원 구조상의 성격강점 원형모델

출처: 인싸이트 심리검사연구소.

유사하거나 밀접하게 연관된 것들이 있는 반면, 서로 반대되거나 비교적 관계가 적은 것들이 있다. 예를 들어, 친절, 용서, 사랑 등의 강점은 서로 밀접한 관계를 지니는 반면, 학구열, 신중함, 공정성 등과는 상충되거나 직접적 관계가 없을 수 있다.

Schwartz와 Sharpe(2006)는 강점들의 유사성과 상충성을 고려하여 원형모델(circumplex model)에 여러 가지 강점들을 배열하였다([그림 4-1] 참조). 이 모델의 X축은 강점의 초점이 자신에게 지향된 것인지(예: 창의성, 호기심), 아니면 타인에게 지향된 것인지(예: 시민정신, 공정성)에 대한 것이다. Y축은 지적인 억제와 관련된 지성적 강점(예: 개방성, 신중성)인지, 아니면 정서적 표현과 관련된 감성적 강점(예: 사랑, 감사)인지에 대한 것이다. 이 모델에서 서로 가까이 있는 강점들은 한 사람이 함께 지닐 수 있지만, 거리가 먼 강점들은 함께 지닐 가능성이 낮다(Peterson, 2006).

## 2) 성격강점의 평가

24개의 성격강점을 평가하기 위해 Peterson과 Seligman(2004)은 자기보고형 검사인 VIA 강점척도(Values in Action Inventory of Strengths: VIA-IS)를 개발하였다. VIA-IS는 각 강점당 10문항씩 할당되어 총 240문항으로 구성되어 있고, 5점 척도로 평정하는 성인용 검사이다. VIA-IS는 현재 영문판으로 공개되어 있고 웹사이트(www.viastrengths.org)을 통해 무료로 시행되고 있으며, 검사 즉시 5개의 대표강점을 알려 주는 검사결과가 제시된다. 한국어로도 번역되어 있으므로 직접 실시해 볼 수 있다. 또한, 10～17세 청소년용인 VIA-Youth가 함께 개발되어 있다. 이후에 강점의 반대 경험을 묻고 그 상황에서 어떻게 대처하는지를 기술하게 하는 VIA-RTO(a reverse takeover) 검사지, 면접을 통해 강점을 평가할 수 있는 VIA Structured Interview가 개발되었다.

여기서는 두 가지 방법을 통해 여러분의 성격강점을 알아보고자 한다. 첫 번째 방법은 강점의 특성이 쓰여 있는 카드와 설명을 읽고 자신의 강점에 주관적으로 점수를 매기는 것이다. 두 번째 방법은 『긍정심리학』(Seligman, 2002)에서 소개하는 간이 검사를 하는 것이다. 이 검사는 VIA-IS중 가장 변별력이 큰 두 문항을 소개하였는데, 이 문항만으로도 자신의 강점을 파악하는 데 지장이 없다고 설명하고 있다.

이 장의 마지막 〈활동 4-1〉에 간이 검사지를 제공하였으니 이를 바탕으로 자신의 성격강점을 탐색해 보자.

## 2. 핵심덕목과 성격강점

본격적으로 6가지 핵심덕목과 24가지 성격강점에 대해 알아보자. 24가지 성격강점은 상징적 그림과 정의를 함께 제시하였으며, 대학생활에서 구체적으로 성격강점을 활용할 수 있는 방안을 덧붙였다. 강점의 정의는 성격강점검사(Character Strengths Test: CST) 해석지를 참고하여 기술하였다(인싸이트 심리검사연구소). 번호가 다른 의미를 지니지는 않지만, 전체 24가지 강점을 일관성 있게 제시하기 위해 성격강점은 '(1)~(24)'로 번호를 붙였다.

### 1) 지혜 및 지식 관련 강점

이 강점들은 지식을 습득하고 활용하는 것과 관련된 인지적인 강점으로서 지적인 성취와 지혜로운 판단을 돕는다. 가장 기본적인 발달 단계인 호기심부터 학구열, 개방성, 창의성, 가장 성숙한 단계인 지혜까지 지식을 추구하고 발휘하는 과정에서 드러나는 강점들이 포함된다.

#### (1) 호기심(curiosity)

호기심은 다양한 현상에 대해서 흥미를 느끼고 매혹되어 좀 더 자세하게 탐색하고 추구하는 개방적인 태도이다. 또한 자신의 모든 경험에 대해 흥미를 가지는 능력으로 관심있는 주제나 화제를 찾아내어 탐구하는 성격강점이다. 대학생활을 시작하는 시점에서 호기심은 지식 분야뿐 아니라 삶의 다방면에서 새로운 경험을 추구하도록 동기를 유발하고 대학생의 지적 탐구를 강화하는 긍정적인 효과를 가져올 수 있다.

**호기심 강점 연마 방법**[1)]
- 내가 모르는 주제에 대한 강의를 듣는다.
- 익숙하지 않은 음식을 하는 식당을 방문한다.
- 우리 동네에 새로운 곳을 발견하고, 그곳의 역사에 대해 배운다.

(2) 학구열(love of learning)

학구열은 새로운 지식이나 기술을 배우고 숙달하려는 강력한 동기와 학구적 태도이다. 학구열이 높은 사람은 독학 또는 수업을 통해 새로운 기술과 주제를 배우고 숙달하려는 동기를 가지고 배울 수 있는 기회를 놓치지 않으려는 성격강점을 가지고 있다. 단순한 호기심을 넘어 자신이 알고 있는 것을 체계적으로 확장해 가려는 탐구행위를 수반한다. 고등학교까지 주어진 주제와 과제를 익히는 것이 주된 공부 방법이었다면 대학이야말로 학구열이 꽃필 수 있는 곳이다. 본인의 호기심을 따라 학습하는데 필요한 전공 서적, 관련 자료가 쌓여 있고, 도움을 줄 수 있는 동료, 선배, 교수가 함께 있는 곳이 대학이니 본인의 학구열을 맘껏 즐겨 볼 수 있다.

**학구열 강점 연마 방법**
- 학생이라면 필독서가 아니라 권장도서까지도 읽는다.
- 새로운 어휘를 매일 배우고 사용한다.
- 비소설류의 책을 읽거나 강의를 듣는다.

(3) 개방성(open-mindedness)

개방성은 어떤 주제 · 현상을 다양한 측면에서 냉철하게 생각하고 객관적으로 검토하는 능력이다. 사물이나 현상을 대하는 태도가 타인이 내린 결론을 그대로 수용하기보다 자신의 생각을 발전 · 변화시키는 데 열려 있다. 따라서 성급하게 판단하지 않고 자신의 생각을 다각적으로 검토하고 객관적 증거를 바탕으로 결정하며, 언제든지 새로운 증거에 따라 자신의 결단을 바꿀 수 있다. 이러한 개방성은 비판적

---
1) Seligman, M. E. P(2002)에서 발췌. 이후 강점의 출처가 동일함.

사고를 바탕으로 논리적인 판단이 가능하게 하고 나아가 자신의 희망이나 욕구를 사실과 혼동하지 않는 건강한 특성이다. 대학생활에서 개방성은 자신의 지식이나 생각을 타인과 공유하거나 조율할 때, 새로운 지식과 태도를 배우는 성격강점이다.

**개방성 강점 연마 방법**

- 내가 강력한 의견을 가지고 있는 사안에 대해 그와 반대되는 입장을 펼쳐 본다.
- 다문화적 행사에 참석해서 그 행사가 열리는 동안 그리고 행사가 끝난 후에 그 행사에 대한 나의 관점을 비판적으로 평가해 본다.
- 매일 나의 독선적인 의견이 무엇이며 어떤 점에서 잘못되었는지 생각한다.

(4) 창의성(creativity)

창의성은 새롭고 참신하며 생산적인 방식으로 생각하고 만들어 내는 독창적 능력이다. 어떤 사람이 호기심이 생긴 분야에 대해 학구열을 가지고 탐구함으로써 새로운 의견이나 반대되는 의견에도 개방성을 가지고 지식을 추구해 간다면 결국 그 사람은 그 분야에 대해 참신한 아이디어를 가지게 될 것이다. 예술적 성취를 포함하여 실천적인 지식과 일상생활에서도 창의성은 발휘될 수 있다. 어떤 일을 시도하는 데 있어 기존의 방식으로 세상을 바라보지 않고 무언가 새롭고 기발한 관점을 가지고 새로운 방식을 도입한다면 그 사람은 창의성을 발휘하는 중이다. 왠지 창의성은 특별한 사람이 가지는 재능처럼 여겨져 왔는데, 이는 획일적인 방법으로 정답을 추구하는 교육방식 때문에 우리가 창의성을 발견하지 못하여 활용해 보지 않았기 때문일 수 있다. 많은 지식과 다양한 지식 추구의 방식이 허용되는 대학에서 자신의 창의성을 일깨워 보고 활용해 보는 것은 대학생이 누릴 수 있는 특권이다.

**창의성 강점 연마 방법**

- 도예, 사진, 조각, 그리기, 채색하기 등의 수업에 참여한다.
- 집에 있는 물건을 정해서 그것을 전형적인 쓰임이 아니라 다른 용도로 사용하는 방법을 찾아낸다.
- 내가 쓴 글이나 시를 담은 카드를 친구에게 보내거나 인터넷에 올린다.

### (5) 지혜 또는 통찰력(wisdom or perspective)

지혜는 어떤 문제 상황을 전체적인 관점에서 파악하고 최선의 해결책을 찾아내어 다른 사람에게 현명한 조언을 제공하는 능력이다. 나아가 자신과 다른 사람들의 도리에 맞게 세상을 보는 통찰이 가능하다. 따라서 지혜로운 사람은 자기 인식 능력이 뛰어나고 자신의 생각과 일치하는 행동을 한다. 거시적 관점에서 문제의 핵심을 파악하고 자신의 감성과 이성을 잘 활용하여 결정할 수 있고, 타인과 사회에 기여하는 사람이다. 대학생 시기는 전문 분야의 지식과 더불어 지혜를 키워 나갈 수 있는 좋은 기회이다. 청소년기보다 다양한 문제들에 직면하고 있고, 이를 해결하기 위해 다양한 관점에서 생각하고 해결 방법을 모색하는 과정은 지혜를 연마하는 좋은 경험이 될 것이다.

**지혜 강점 연마 방법**

- 내가 아는 가장 현명한 사람에 대해 생각하고 그 사람처럼 하루를 살아 본다.
- 누군가 요청했을 때에만 조언을 주거나, 할 수 있는 한 심사숙고하여 행동한다.
- 친구들, 가족 구성원, 동료들 간에 일어날 수 있는 논쟁을 해결한다.

## 2) 인간애 관련 강점

이 강점들은 다른 사람을 보살피고 친밀해지는 것과 관련된 강점으로서 따뜻한 대인관계를 형성하고 심화하는 데 기여한다. 우리는 타인과 긍정적인 감정을 나누면서 서로 사랑받고 사랑할 때 행복을 느낀다. 나와 만나는 가족, 친구, 동료 혹은 낯선 사람들과도 따뜻한 마음을 나누는 것으로서 사랑, 친절성, 사회지능이 포함된다.

### (6) 사랑(love)

사랑은 다른 사람을 보살피고 친밀해지는 것과 관련된 강점으로서 따뜻한 대인관계를 형성하고 심화하는 데 기여한다. 이성 간의 낭만적 사랑, 친구와의 우정, 부모·자녀 간의 사랑과 같은 밀접한 관계에서 깊은 애정을 형성하고 유지할 수 있는 성격강점이다. 사랑은 생존의 핵심이다. 어린 시절 부모와의 관계에서 안정적으로 애착이 형성되면, 나아가 친구관계, 연인관계에서도 타인을 신뢰하고 함께 사랑할 수 있다. 어린 시절 부모와의 불안정한 애착성향이 형성되었더라도 살아가는 동안 소중한 인간관계를 맺음으로써 안정된 애착성향을 회복할 수 있다. 대학생은 사랑을 통해 관계를 시작하고 배울 수 있는 좋은 시기이다.

**사랑 강점 연마 방법**

- 부끄러워하지 않고 칭찬을 수용하며 고맙다고 말한다.
- 사랑하는 사람에게 짧은 편지를 쓰고 그 사람이 쉽게 발견할 수 있는 곳에 둔다.
- 가장 친한 친구가 정말로 좋아하는 무언가를 함께 해 준다.

### (7) 친절성(kindness)

친절성은 다른 사람에게 도움을 베풀고 친절한 행동을 하려는 선한 동기와 실천 능력이다. 이기주의와 반대되는 친절성의 핵심은 타인의 존재를 인정하는 것이다. 자신의 이익과 명예, 평판을 위해서가 아니라 순수한 애정으로 타인을 배려하고 선행을 베푸는 것이다. 친구에게 먼저 인사하기, 엘리베이터 잡아 주기, 떨어진 물건 주워 주기, 시험 범위 알려 주기, 강의실 안내하기, 지역사회로 향한 자원봉사 등 다양한 친절한 행동들은 우리를 행복으로 안내할 것이다.

**친절 강점 연마 방법**

- 나에게 있는 것들을 다른 사람들에게 빌려준다.
- 내가 알고 있는 사람들을 위해 일주일에 세 번 무엇이든 세 가지 친절한 행동을 한다.
- 운전 중 보행자에게 양보하고, 보행할 때는 운전자에게 양보한다.

### (8) 사회지능(social intelligence)

사회지능은 다른 사람의 동기와 감정을 예민하게 잘 포착하여 적절하게 행동하며 다양한 대인관계 상황에 효과적으로 대응하는 사회적 능력이다. 사회지능이 뛰어난 사람은 우선 자신의 감정을 잘 다스리고 자신의 행동을 잘 이해하며, 자신을 바로 잡을 수 있는 능력을 바탕으로 다양한 사회적 상황에서 적절한 행동이 무엇인지를 안다. 나아가 타인의 기분이나 의도 등을 잘 알아채고 적절하게 대처할 수 있다. 교실이라는 상황을 벗어나 캠퍼스로 나온 대학생들은 자신의 사회지능을 시험해 보느라 여념이 없다. 동기, 선배, 교수, 동아리 선후배와의 다양한 관계와 조별 학습이나 이르바이트 등 여러 가지 사회적 상황에서 사회지능을 인식하고 발휘할 수 있다.

**사회지능 강점 연마 방법**
- 친구나 가족이 어려운 일을 한다는 것을 알아주고 그들에게 격려의 말을 한다.
- 누군가 나를 귀찮게 하더라고, 보복하기보다 그들의 동기를 이해한다.
- 분위기가 불편한 사람들의 모임에 일부러 참석해서 관찰자의 입장이 되어 본다.

### 3) 용기 관련 강점

이 강점들은 고난과 역경에 직면하더라도 자신의 목표와 가치를 추구하는 강력한 의지와 관련된 성격적 특성으로서 과제 완수와 목표 성취에 기여한다. 용기있는 사람은 아무리 큰 어려움이 있더라도 자신의 목적을 성취하기 위해서 노력하고 실천하는 사람들이다. 여기에는 용감성, 끈기, 진실성, 활력이 포함된다.

#### (9) 용감성(bravery)

용감성은 위험, 도전, 난관에 위축되지 않고 자신의 신념에 따라 용기 있게 행동하는 능력으로서 싸움터에서 보여 주는 신체적 용기뿐만 아니라 어렵고 위험해서 다른 사람이 꺼리거나 반대하더라도 자신의 신념에 따라 자발적으로 행동하는 정신적 용기이다. 도쿄 지하철에서 승객을 구한 의인 고(故) 이수현 군의 행동과 같은 도덕적 용감성은 모두에게 귀감이 되고 있다. 이처럼 자신에 관한 진실에 직면하고 성장 · 성숙하려고 도움을 요청하는 심리적 용감성 또한 대학생으로서 도전해야 할 덕목이다.

> **용감성 강점 연마 방법**
> - 집단에서 대중적으로 호응을 받지 못하는 아이디어도 당당하게 말한다.
> - 명백히 부당한 행위를 하는 권력 집단을 목격할 경우, 반드시 이의를 제기한다.
> - 평소 두려움 때문에 잘하지 못했던 일을 한다.

### (10) 끈기(persistence)

끈기는 근면하게 노력하여 시작한 일을 완성하고 난관에 봉착하더라도 계획된 행동을 인내심 있게 지속하는 능력이다. "천재는 1%의 영감과 99% 노력으로 이루어진다."는 말을 남긴 에디슨이 대표적 인물이라고 할 수 있다. 끈기는 자신의 게으름과 나태함을 이기는 근면성이고, 좌절의 고통에 맞서서 과제를 완수하는 인내력이다. 대학생은 끈기를 발휘할 장면이 많다. 한 학기를 근면하고 성실하게 보내고 우수한 학점을 받는 것, 공모전에 도전하여 끝까지 완성품을 만들어 내는 것, 어려운 사회 상황에도 굴하지 않고 나의 꿈을 위해 도전하고 경험하고 배우는 것, 나보다 뛰어난 학생과 경쟁하여 실패하더라도 자신을 격려하고 다시 마음을 다잡고 시작하는 것 등이다.

> **끈기 강점 연마 방법**
> - 해야 할 일의 목록을 만들고, 목록에 있는 일을 한 가지씩 실천한다.
> - 일정에 앞서 중요한 일을 마친다.
> - TV, 컴퓨터, 스마트폰, 이메일 체크 같은 것에 마음이 흐트러지지 않고 몇 시간 동안 일에 집중한다.

### (11) 진실성(authenticity)

진실성은 자신을 거짓 없이 드러내고 솔직하게 행동하며 자신의 감정과 행동에 책임을 지는 태도이다. 정직한 사람은 진실을 말하고 참되게 행동한다. 가식이나 거짓이 없고, 위선적이지 않으며, 자신의 의도와 목적을 자신과 타인에게 솔직하게 전한다. 정직한 사람은 죄책감과 자기 혐오에서 벗어나며, 신뢰를 바탕으로 대인관계에서 만족감과 친밀함을 얻는다. 대학생활의 다양한 장면에서 자신을 노출하면서 자신의 진실성을 의심하기도 한다. '나는 정말 이 모임을 좋아하는가? 어쩔 수 없이 끌려다니는가? 나는 이 조별 과제에 무임승차하고 있지 않은가?' 진실한 사람은 이렇게 자신에게 충실하고자 하는 마음을 잘 인식하고 솔직하게 자신을 표현하고 이에 대해 책임을 진다.

**진실성 강점 연마 방법**
- 친구들에게 마음에서 우러나오지 않는 칭찬뿐만 아니라 선의의 거짓말조차도 하지 않는다.
- 내가 가장 가치 있게 생각하는 것이 무엇인지 떠올려 보고, 그것과 관련된 일을 매일 한다.
- 내가 어떤 일을 하고자 하는 동기를 다른 사람에게 말할 때, 진실하고 정직하게 설명한다.

(12) 활력(vitality)

활력은 어떤 일이든 활기차고 열정적으로 추진하는 의욕적이며 적극적 태도이다. 또한 활력은 삶에 흥미진진함과 에너지를 부여하고 자신이 하는 일에 열정적으로 뛰어들어 적극적으로 추진하는 것이다. 호기심과 학구열이 지적인 분야에서의 활발한 원동력이라면, 활력은 삶의 다양한 과업에 적극적으로 임하는 태도라고 할 수 있다. 대학에서 활기차게 생활하고, 적극적으로 수업에 참가하여 주변 사람들도 활기차게 만든다. 또한 어떤 목표가 생겼을 때 열정적으로 참여하여 성취하는 학생들이 있다. 이처럼 열정은 활기찬 생동감에서 시작해서 인생의 분명한 목표와 방향을 향해 나아갈 원동력을 제공한다.

**열정 강점 연마 방법**
- 적어도 일주일 동안 매일 알람을 맞출 필요가 없을 만큼 일찍 잠을 자고, 일어나서 영양이 풍부한 아침 식사를 한다.
- "왜 해야 하는데?"라고 말하기보다 "해 보는 게 어때?"라고 말하는 것을 3배 늘린다.
- 매일 나에게 필요한 일보다는 하고 싶은 일을 한다.

### 4) 절제 관련 강점

이 강점들은 지나침으로부터 우리를 보호하는 중용적 강점으로서 절제를 통해 극단에 빠지지 않도록 돕는다. 과유불급(過猶不及)이라는 말이 있듯이 절제는 욕망・욕구를 알맞게 조절해서 표출하는 힘이다. 여기에는 용서, 겸손, 신중성, 자기조절이 포함되는데, 용서는 증오로부터 보호하고, 겸손은 오만으로부터, 신중성은 단기적 쾌락으로부터, 자기조절은 무절제와 극단적 선택으로부터 우리를 보호한다.

#### (13) 용서(forgiveness)

용서는 잘못을 행한 사람을 용서하고 다시 기회를 주며 앙심을 품지 않는 너그럽고 관대한 태도이다. 용서는 누군가에게 정신적・신체적으로 상처 입은 개인의 내면에서 일어나는 유익한 변화가 표출되어 복수하려는 마음 대신 자애롭고 관대한 태도를 보인다. 이는 나아가 고통 속에 있는 모든 사람들에 대한 연민과 관대함을 의미하는 자비(mercy)의 일종으로 볼 수 있다.

**용서 강점 연마 방법**

- 내가 타인에게 용서받은 것을 기억하고 타인에게 용서를 베푼다.
- 내가 원망하는 사람들의 명단을 작성하고 그 사람들을 만나서 이야기를 나눠 보거나, '나는 용서했다.'고 마음 먹을 수 있는지 생각해 본다.
- 용서의 편지를 쓰되, 그것을 보내지 말고 일주일 동안 매일 그것을 반드시 읽는다.

#### (14) 겸손(modesty)

겸손은 자신이 이룬 성취에 대해서 불필요하게 과장된 허세를 부리지 않고 다른 사람의 주목을 구하지 않는 겸허한 태도이다. 스스로를 돋보이려 애쓰지 않고 자만하지 않으므로 다른 사람들은 그 겸손함을 귀하게 여긴다. 겸손의 핵심은 한계와 장점을 지닌 자신을 있는 그대로 정확하게 보는 비방어적인 태도로 자기 가치감을 근거로 한다. 자기의 장점을 드러내고 직업을 구해야 하는 이 시대의 대학생에게 겸손은 수동적이거나 자신의 몫을 챙기지 못하는 약자로도 보일 수 있다. 그러나 예를 들어 조별 과제를 하는데 뛰어난 PPT 작업 실력을 자랑하지 않으면서 조를 위해 기꺼이 노력하는 팀원을 우리는 존경한다. 그래서 겸손한 사람을 보면 거울처럼 자신을 돌아보게 된다.

**겸손 강점 연마 방법**

- 하루 종일 나에 대한 얘기를 전혀 하지 않는다.
- 자랑하는 마음이 담겨 있는 대화가 있었는지 점검해 본다.
- 나보다 친구들이 더 뛰어난 점이 무엇인지 생각하고 그 점에 대해 칭찬한다.

(15) 신중성(prudence)

신중성은 조심스럽게 행동함으로써 불필요한 위험이나 후회할 일을 초래하지 않는 강점이다. 신중한 사람은 선택이나 결정을 신중하게 함으로써 주변 사람과 불필요한 갈등을 일으키지 않고, 자신의 장기적 목표를 효과적으로 달성할 수 있도록 체계적으로 접근한다. 신중성은 열정과 자발성의 결여가 아니라 충동성, 무모함, 경박함, 무책임함이 없는 것이다. 특히 대학생에게 모험은 매력적인 단어이다. 대학생 시기에는 단기휴학과 어학연수, 세계여행, 사랑에 빠지기 등 모험을 통해 배울 것이 많은 시기이다. 그러나 이러한 모험을 실천할 때 자신의 현재와 미래의 삶에 장기적으로 어떤 영향을 끼치는지 잘 고려하여 시기를 정하고, 계획을 세우고, 그 경험을 되새기고, 경험을 통해 새로운 나 자신과 세상에 대해 배운다면 모험을 신중하게 다룬다고 할 수 있을 것이다.

**신중성 강점 연마 방법**

- '부탁합니다.' 또는 '고맙습니다.'라는 말 외에 다른 것들을 말하기 전에 두 번 생각한다.
- 물건을 구매할 때, 장바구니에 담아두고 다음 날 한 번 더 생각한 뒤 구매한다.
- 간식을 먹기 전에, '이것은 살이 찌더라도 꼭 먹어야 되는가?'라고 자문한다.

(16) 자기조절(self-regulation)

자기조절은 다양한 충동, 욕구, 감정, 행동을 적절하게 조절하고 통제하는 능력이다. 지향하는 목표나 기준에 도달하기 위해 자신의 반응을 조절하고 통제함으로써 현실적인 목표 달성에 도움이 되는 성격강점이다. 기분 나쁜 일이 생겼을 때 자신의 감정을 다스리는 것, 안 떠지는 눈을 억지로 뜨고 매일 도서관에 가서 공부하는 것, 오랜 시간 운동장에서 반복적으로 자기 실력을 연마하는 것, 유혹하는 간식거리를 물리치는 것, 모욕을 견디는 것 등, 모든 사소한 순간이 자기조절이 필요한 순간이다. 욱하는 감정으로 뱉은 말에 10년 우정이 깨어지고, 별생각 없이 툭 친 행동으로 친구가 실명하고, 아침에 몇 번 일어나지 못했을 뿐인데 출석 미달이 될 수 있음을 떠올려 보면 자기조절의 중요성을 느끼게 될 것이다.

**자기조절 강점 연마 방법**

- 운동 프로그램을 시작하여 일주일 동안 매일 꾸준히 실천한다.
- 타인에 대해 뒷담이나 비열한 이야기를 하지 않는다.
- 이성을 잃으려고 할 때, 열을 세고 그것이 정말 필요한지 반추한다.

### 5) 정의 관련 강점

이 강점들은 효과적인 집단적 활동에 기여하는 사회적 강점으로서 개인과 집단 간의 건강한 상호작용을 돕는다. 정의는 공동체 구성원의 평등과 공평성을 실현하는 데 필요한 덕목으로 시민의식, 공정성, 리더십으로 구체화된다.

#### (17) 시민의식(citizenship)

시민의식은 사회나 조직 속에서 자신에게 주어진 임무와 역할을 인식하고 책임감 있게 행동하는 능력과 자세이다. 자신이 속한 집단의 구성원으로 집단에 대한 충성과 헌신적 태도를 가지는 것으로서 팀워크, 사회적 책임감이라고 할 수 있다. 시민정신이 강한 사람은 개인의 목표를 넘어 공공의 이익을 소중한 삶의 가치로 여긴다.

**시민의식 강점 연마 방법**
- 내가 할 수 있는 가장 멋진 팀 구성원이 되어 준다.
- 친구 또는 이웃을 위해 맛있는 식사를 준비한다.
- 군대 간 친구, 방학 중에 고향에 간 친구에게 안부를 물어보는 연락을 한다.

### (18) 공정성(fairness)

공정성은 편향된 개인적 감정의 개입 없이 모든 사람을 동등하게 대하며 공평한 기회를 부여하는 태도이다. 사회에는 많은 이권이 개입된 다양한 사람과 단체가 있다. 그러다 보니 불공평하고 부당한 일들이 많이 생겨난다. 구체적인 상황에서 무엇이 정의롭고 공정한 것인지를 판단하는 것은 어려운 일이다. 그러나 사적인 감정이나 편견으로 인한 치우침 없이 모든 사람에게 같은 기준에 따라 공정한 기회를 주는 것은 민주주의의 사회적 과제이다. 대학생은 성인으로서 사회참여의 기회를 갖는다. 자신이 속한 동아리, 학과를 비롯하여 지역사회에서 도덕적으로 옳은 결정을 하는 것이 공정성을 발휘하는 것이다.

**공정성 강점 연마 방법**
- 하루에 한 번 정도는 내 실수를 인정하고 그에 대한 책임을 진다.
- 하루에 한 번 정도는 내가 썩 좋아하지 않는 사람에게도 신임을 보인다.
- 사람들의 이야기를 방해하지 않고 잘 듣는다.

### (19) 리더십(leadership)

리더십은 집단 활동을 조직하고 효과적으로 지휘하며 관리하는 능력이다. 자신이 구성원으로 속해 있는 집단이 목표를 달성할 수 있도록 동기를 부여하고 사기를 높이고 집단에 좋은 관계가 형성될 수 있도록 격려하는 것으로서 집단의 활동들을 조직화하여 잘 실행될 수 있도록 관리하는 능력이다. 리더십이 높은 사람은 구성원에게 미래의 비전을 제시하고 인격적 감화력으로 다른 사람을 감동시키고, 개개인이 역량을 강화하여 성과를 이룰 수 있도록 격려하는 지도자이다. 인지적 능력, 의사소통 능력, 자신감과 같은 리더의 자질을 바탕으로 정보 탐색과 정리, 문제해결을 위한 정보 활용, 인적 · 물적 자원의 관리 등과 같은 리더의 구체적 행동들이 리더십과 관련이 있다. 대학생은 크고 작은 모임에서 리더의 역할을 맡게 된다. 앞으로 직장이나 사회에서도 점차 리더의 역할을 맡을 가능성이 있다. 지금부터 조금 더 적극적으로 리더십을 발휘해 보고 자신의 리더십에 대해 성찰하고 관리한다면 리더십이 개발될 수 있을 것이다.

**리더십 강점 연마 방법**
- 친구들을 위해 사교 모임을 만든다.
- 모임에서 즐겁지 않은 일을 도맡아 하고 그것을 완수한다.
- 처음 만난 사람이 편안하게 느끼도록 행동한다.

## 6) 초월 관련 강점

이 강점들은 인생과 세상을 대하는 초월적인 태도와 관련된 것으로서 우리의 삶을 긍정적이고 낙관적으로 바라보게 함으로써 삶에 대한 의미와 희망을 갖도록 돕는다. 현상과 행위에 대해 의미를 부여하고, 우주와 연결성을 추구하는 초월적인 강점들이다. 초월 관련 강점은 심미안, 감사, 낙관성(희망), 유머감각, 영성으로 구성되어 있다. 영성은 개인에게 커다란 우주와의 연결감과 인생의 의미를 부여한다. 심미안은 아름다움과 탁월함을 발견하고 누릴 수 있는 능력이며, 감사는 선함과 연결될 수 있다. 낙관성은 미래의 꿈과 긍정을 연결하고 유머감각은 곤경과 모순과의 연결감을 유쾌한 방식으로 느끼는 강점이다. 초월 관련 강점들은 개인의 안녕과 직업적 성취 외에 우리의 인생을 좀 더 의미 있는 삶으로 이끄는 강점들이다.

### (20) 심미안(appreciation of beauty and excellence)

심미안은 세상의 다양한 영역으로부터 아름다움과 탁월함을 섬세하게 인식하고 체감하는 능력이다. 자연, 예술, 수학, 과학 또는 일상의 경험에서 아름다움과 탁월함, 숙련도를 인식하고 그것을 감상할 수 있는 것이다. 매일 반복되는 일상과 해야 할 과제들이 쌓여있는 삶에서 꽃, 새, 바람 등 자연세계, 미술작품, 음악연구와 같은 것을 접하고 아름다움에 감동할 수 있다면 삶은 더 이상 전쟁터가 아닐 것이다. 또한, 타인의 탁월한 기술, 재능을 접하면서 경탄과 감동을 경험하고, 타인의 의로운 행동을 접하면서 삶의 의미를 다시금 생각하게 되는 순간들이 바로 심미안이 펼쳐지는 순간들이다. 한국의 고등학교까지의 삶은 대학입시를 위한 12년간의 긴 달리기였다. 대부분의 어른들이 '모든 것을 대학 가서 해라'고 하였을 것이다. 이제 대학에 왔으니 자신의 심미안을 발견하고 누릴 수 있어야 한다. 교과서와 수업 안내서에 나와 있지 않은 미술작품과 음악들을 감상할 수 있으며, 자연 속에서 온전히 자신을 있는 그대로 경험하고 자신의 내면에서 흘러나오는 다양한 생각과 감정에 귀 기울일 수 있다. 자신의 흥미에 몰두하여 탁월해질 수 있다. 다양한 동아리 활동과 타인과 깊은 교류를 통해 자기 삶의 의미를 발견하고 이를 향해 나아가야 할 것이다.

**심미안 강점 연마 방법**

- 자연 경치나 사랑하는 사람들을 사진에 담고 그것을 컴퓨터 바탕화면으로 삼는다.
- 매일 내가 보았던 가장 아름다운 것에 대해 일기를 쓴다.
- 적어도 하루에 한 번은 멈춰 서서 일출이나 꽃, 새의 노래 소리와 같이 자연의 아름다움을 느낀다.

### (21) 감사(gratitude)

감사는 자신의 삶에 대하여 긍정적인 면을 잘 알아차리고 고마움과 축복감을 느끼고 표현하는 능력과 태도이다. 타인의 수고와 배려에 대해 고마움을 느끼고 그로 인해 기쁨을 느끼는 것이다. 누군가에 대해 감사하는 따뜻한 감정과 그 사람에 대한 우호적 감정, 그리고 이러한 감사함과 우호적 감정을 표현하거나 행동으로 옮기는 것이 감사이다. 감사 성향이 높은 사람은 삶의 만족도가 높고, 친사회적 행동을 할 가능성이 크고, 정기적인 영적 활동에 참여하는 경향이 있었다. 모든 것이 만족스럽고 좋은 상황이면 좋겠지만, 그렇지 못한 상황에서도 현재에 감사하고, 신 · 자연 · 우주와의 연결성을 회복하는 것이다. 가까이 있는 친구, 가족, 선후배에게 감사의 강점을 최대한 발휘하면 상대방의 정신건강에도 도움이 될 것이며, 나 또한 두 배로 행복해질 것이다.

**감사 강점 연마 방법**

- 하루 동안 내가 얼마나 "감사합니다."라고 말하는지 헤아려 보고, 일주일 동안 그 횟수를 늘려 간다.
- 매일 하루를 마감하고, 잘 되었던 일 세 가지를 쓰고 왜 잘 되었는지 이유를 쓴다.
- 한 달에 한 번씩 감사의 편지를 써서 타인을 만나러 간다.

### (22) 낙관성 또는 희망(optimism or hope)

낙관성은 미래를 긍정적으로 바라보고 희망 속에서 최선을 예상하며 그것을 성취하기 위해 노력하는 태도이다. 미래에 대해 낙관적인 태도를 가지면 긍정정서의 활기찬 행동을 통해 목표 지향적 행동을 촉진하게 된다. 낙관성은 미래에 대한 인지적 기대이며, 희망은 정서적인 측면을 강조한다. 낙관성을 지니면 자기 예언처럼 적극적으로 행동하게 되고 그 결과 성공적인 성과를 가져오게 된다. 미래를 예측할 수 없는 불확실한 상황에서 낙관성은 더욱 귀중한 성격강점이 된다. 목표가 성취될 수 있다는 기대와 목표성취를 위한 성공적인 방법을 찾아낼 수 있다는 구체적인 신념이 희망으로 나아가게 할 것이다. 취업률이 낮은 상황에서도 누구는 낙관적으로 생각하고 하루하루 구체적인 방법을 찾아 취업으로 성공하고, 누구는 절망하여 갈팡질팡하고 우유부단하게 대처하여 성공하지 못할 수 있다.

**낙관성 강점 연마 방법**

- 과거에 실망했던 것에 대해 생각하고 그것을 가능하게 하는 기회를 찾는다.
- 다음 주, 다음 달, 내년의 목표를 쓰고 이 목표를 성취할 수 있는 구체적인 계획을 세운다.
- 나의 비관적인 생각을 반박한다.

### (23) 유머감각(playfulness)

유머감각은 인생의 역설적인 측면을 예리하게 포착하여 유쾌한 즐거움으로 전환시키는 능력으로서 웃고 장난치는 것을 좋아하며 타인에게 웃음을 선사하는 태도이다. 상황에 맞는 적절한 농담을 할 수 있어서 집단의 분위기를 좋게 만들 수 있다. 유머감각은 자신의 긴장을 유쾌하게 대처할 수 있을 뿐 아니라 주변 사람들을 즐겁게 만듦으로써 친화적인 인간관계를 촉진한다. 이는 인생의 고통스럽고 모순적인 측면에 초월적인 태도로 임하게 한다는 점에서 초월과 관련된 강점이라고 할 수 있다. 유머감각이 있는 사람은 긍정적 정서를 자주 느끼고, 활기를 만들어 낸다. 유머감각이 있는 사람은 상황에 압도되지 않고 상황을 읽고 상황을 변화시킬 수 있는 여유를 가질 수 있다.

**유머감각 강점 연마 방법**
- 친구들에게 재미있는 이메일을 보낸다.
- 일주일에 세 번씩 새로운 농담을 배우고 친구들에게 사용해 본다.
- 시트콤, 웃기는 쇼, 영화를 보거나 유머책을 매일 읽는다.

(24) 영성(spirituality)

영성은 인생의 궁극적 의미와 목적을 추구하며 일관된 종교적 신념을 가지고 살아가는 태도이다. 현재의 삶이 인생의 궁극적인 목적에 적합한지를 숙고하여 바르게 행동하며 삶의 의미에 대해 신념을 갖는 것이다. 종교성이 특정 종교의 믿음과 행동체계를 수용하고 실천하는 성향이라면, 영성은 종교와 무관하게 인생의 궁극적 의미나 초월적 경험을 추구하는 성향이라고 할 수 있다. 영성은 삶의 방향성과 목적의식을 가지게 하며 심리적 안정과 더불어 역경을 이겨낼 수 있는 심리적 강인함을 얻을 수 있다. 학점, 대인관계, 취업 등과 같은 다양한 삶의 상황 속에서 인생의 궁극적 의미와 목적을 찾은 사람들은 좀 더 안정적이고 편안하게 자신의 삶을 바라보고 경험할 수 있을 것이다.

*** 영성 강점 연마 방법**
- 내 삶의 목표에 대해서 매일 생각한다.
- 매일 하루 일과를 시작할 때 기도하거나 명상한다.
- 친숙하지 않은 종교 의식에 참가한다.

## 3. 대표강점의 활용

한 사람은 여러 가지 강점을 지닐 수 있다. 그러나 24가지 강점을 모두 사용하기보다는 개인의 특성을 잘 반영하여 본인이 빈번하게 사용하는 강점들이 있다. 이를 Seligman(2002)은 대표강점이라고 칭했으며, 누구나 2~5개의 대표강점을 지니고 있다고 주장하였다.

### 1) 대표강점의 특성

앞서 언급하였듯이, 진정한 행복은 대표강점을 인식하여 일, 사랑, 자녀 양육, 여가활동과 같은 일상생활에서 잘 활용하는 것이다. Peterson과 Seligman(2004)에 따르면, 개인의 대표강점은 다음과 같은 특징을 지닌다. 이러한 특징을 잘 고려하면 자신의 대표강점을 찾아낼 수 있다.

- 자신의 진정한 본연의 모습('이게 바로 나야.')이라는 느낌을 준다.
- 강점을 발휘할 때(특히, 처음 발휘할 때) 유쾌한 흥분감을 느끼게 된다.
- 강점과 관련된 일을 배우거나 연습할 때 빠른 학습 속도가 나타난다.
- 강점을 발휘할 수 있는 새로운 방법을 지속적으로 찾게 된다.
- 강점과 일치되는 방향으로 행동하고 싶은 열망을 느낀다.
- 강점을 사용할 수밖에 없다는 느낌, 즉 그러한 강점의 표현을 멈추거나 억제할 수 없는 느낌을 받는다.
- 강점은 숨겨져 있던 자신의 능력이 드디어 발현되어 나타나는 것처럼 여겨진다.
- 강점을 활용할 때는 소진감보다 의욕과 활기가 넘치게 된다.
- 강점과 관련된 중요한 일들을 만들어 내고 추구하게 된다.
- 강점을 사용하고자 하는 내재적 동기를 지닌다.

이러한 기준을 바탕으로 대표강점을 찾아내어 활용하는 것은 자기실현에 있어서 매우 중요하다. 이러한 강점은 어떤 일에서 탁월한 결과와 성취를 이루게 하는 역량인 동시에, 그 일을 하면서 의욕과 활기를 느끼게 만드는 동기를 부여한다. Seligman(2002)과 Peterson(2006)은 자신의 대표강점들을 파악하라고 권유하면서 이러한 강점 중 하나를 택하여 일주일 동안 매일 그러한 강점을 일상생활 속에서 다양한 방식으로 활용해 보라고 권유한다. 그러면 이러한 활동을 하는 것만으로 행복해진다는 것이다. 대학생인 여러분은 일상생활, 교우관계, 학습 방법, 아르바이트를 할 때 등 다양한 장면에서 자신의 대표강점을 활용하여 행복감을 가질 수 있다.

### 2) 대표강점 활용 영역

실증적 연구결과를 살펴보면, 강점과 삶의 만족도의 관련성에서 활력, 감사, 낙관성, 사랑과 같은 감성적 강점들이 삶의 만족도와 관련이 있는 것으로 나타났다(Seligman, 2002). Peterson과 Seligman(2004)은 강점과 일, 사랑, 여가활동의 관련성에 관한 연구결과를 보고했는데, 응답자들은 현재의 상황이나 일반적인 선택 기준(예: 연봉, 지위, 상대의 외모나 재산, 취미활동 자체의 쾌락도)보다 자신의 강점과 일치하는 직업, 인간관계, 취미활동을 선호했다. 우리나라의 연구결과를 보면, 성격강점 점수가 높은 학생들이 진로결정 자기효능감이 높은 것으로 드러났으며(정영덕, 2014), 진로태도 성숙도가 높고 진로준비행동을 많이 하는 것으로 나타났다(조연교, 2014). 행복은 직업의 유무보다 직업 만족도와 관련이 있다. 그러므로 자신의 대표강점을 활용할 수 있는 직업을 구하고, 선택한 직업 내에서도 대표강점을 활용할 수 있는 기회를 적극적으로 찾는 것이 행복으로 가는 길이다.

대표강점을 활용할 수 있는 다른 영역이 대인관계와 친밀함의 영역이다. 누구나 타인과 함께 있을 때 우리는 자신의 성격을 드러내게 된다. 이때 타인이 기대하는 상대방이 되고자 노력한다면 점차 자신으로부터 멀어지게 된다. 또한 흔히 말하는 킹카, 퀸카의 특성이 있다고 생각하고 그것을 배우려고 노력하기도 한다. 그러나 자신의 대표강점을 바탕으로 나답게 시작하는 것이 관계의 기초가 되어야 한다. 친절함과 창의성, 유머감각을 대표강점으로 하는 사람은 자신의 방식으로 타인에게 다가갈 때 가장 활기차고 신나게 만남을 지속할 수 있을 것이다. 만약 신중함, 자기조절, 감사를 대표강점으로 하는 사람은 전자의 사람과는 다른 방식으로 만남을 유지할 것인데, 두 가지 방식 모두 대표강점을 활용한 것이라면 자연스럽고 만족스러운 만남이 이어질 것이다.

요즘은 여행도 스펙인 시대가 되었다. 일부 대학생들이 1년을 휴학하여 1학기에는 아르바이트를 해서 비용을 마련하고 다음 학기에 외국여행을 떠난다. 왜 모두 같은 곳에 가서 같은 포즈를 취하고 같은 음식을 먹어야 하는가? SNS의 지나친 발달로 개인의 개성이 사라지고 있다. 이러한 일상적 삶에서도 대표강점을 바탕으로 자신의 경험을 쌓아 가고 성찰하고 배워 나가는 것이 필요하다.

성격강점의 유용성은 성격강점은 자주 활용할수록 개발된다는 점이다. 재능은 타고 나는 것으로 훈련에 의해 습득될 경향이 적은 반면, 성격강점은 자신의 성격강점을 인식하는 것에 그치지 않고 자주 활용할수록 성격강점이 개발될 수 있다. 이러한 주장을 뒷받침하는 연구결과들이 최근 보고되고 있다. 연구들은, 단순히 강점을 인식하는 것보다 강점을 활용하는 것이 심리적 안녕감에 더 중요하다고 지적한다(Govindji & Linley, 2007).

여기서 한 가지 생각할 것이 있다. 성격강점 중에 대표강점이 아니고 점수가 낮게 나온 것은 더 개발하고 보충해야 할 것인가? 일단 대표강점의 이론적 토대는 긍정심리학이니 1점이라도 나온 것은 이미 그 강점을 활용하고 있다는 것이다. 그러므로 대표강점에 비해 점수가 낮을 뿐 부족한 점이라는 관점을 가질 필요가 없다. 따라서 점수가 낮은 강점을 개발하기 위해 힘들게 노력하기보다는 대표강점을 일상생활에서 더 적극적으로 활용하는 것을 추천한다.

〈활동 4-1〉

# 간이 성격강점 검사를 통한 자기 이해

## 활동목표

- 간이 성격강점 검사를 통해 자신의 대표강점을 확인한다.
- 강점활용 계획서를 작성하여 자신의 대표강점을 일상생활에 활용할 수 있다.
- 자신과 친구의 강점을 서로 배우고 함께 장점을 키울 수 있도록 격려한다.

## 진행과정

| 활동주제 | 주요 내용 및 방법 | 시간 |
|---|---|---|
| 간이 성격강점 검사 실시 | • 간이 성격강점 검사를 실시한다. | 10분 |
| 나의 성격강점 파악 | • 자신의 대표강점을 확인하고 일상에서 대표강점을 발휘했던 경험을 적는다. | 10분 |
| 강점 활용 계획서 작성 | • 자신의 일상생활 중 학업, 관계, 여가활동의 어떤 상황에서 자신의 대표강점을 활용하고 있는지, 활용하고 싶은 분야가 있는지 탐색한다 . | 10분 |
| 마무리 | • 2~4명이 조를 이루어 자신의 대표 성격강점과 강점 활용 계획을 함께 이야기한다.<br>• 친구의 강점 활용 계획을 자신의 계획에 덧붙이고, 친구가 강점을 잘 활용할 수 있도록 격려한다. | 10분 |

## 유의점 및 특이사항

- 소집단으로 좌석을 배치하여 활동의 과정과 결과를 자연스럽게 공유하기
- 준비물: 활동지, 필기구

■ 간이 성격강점 검사

1. 두 문항의 점수를 합하여 합계란에 적고, 그 중 점수가 높은 성격강점 다섯 개를 선택해 봅시다.

| 항목 | 질문 | | | | | | 합계 |
|---|---|---|---|---|---|---|---|
| 1. 호기심 | a. 언제나 세상에 대해 호기심이 많다. | 1 | 2 | 3 | 4 | 5 | |
| | | 나와 매우 다르다 | 나와 다르다 | 보통이다 | 나와 비슷하다 | 나와 매우 비슷하다 | |
| | b. 쉽게 짜증을 낸다. | 1 | 2 | 3 | 4 | 5 | |
| | | 나와 매우 비슷하다 | 나와 비슷하다 | 보통이다 | 나와 다르다 | 나와 매우 다르다 | |
| 2. 학구열 | a. 새로운 것을 배울 때 전율을 느낀다. | 1 | 2 | 3 | 4 | 5 | |
| | | 나와 매우 다르다 | 나와 다르다 | 보통이다 | 나와 비슷하다 | 나와 매우 비슷하다 | |
| | b. 박물관이나 다른 교육적 장소에 한번도 가 본적이 없다. | 1 | 2 | 3 | 4 | 5 | |
| | | 나와 매우 비슷하다 | 나와 비슷하다 | 보통이다 | 나와 다르다 | 나와 매우 다르다 | |
| 3. 개방성 | a. 판단력이 필요한 주제가 있을 때면 매우 이성적으로 사고한다. | 1 | 2 | 3 | 4 | 5 | |
| | | 나와 매우 다르다 | 나와 다르다 | 보통이다 | 나와 비슷하다 | 나와 매우 비슷하다 | |
| | b. 성급하게 판단하는 경향이 있다. | 1 | 2 | 3 | 4 | 5 | |
| | | 나와 매우 비슷하다 | 나와 비슷하다 | 보통이다 | 나와 다르다 | 나와 매우 다르다 | |
| 4. 창의성 | a. 어떤 일을 하는 데 필요한 새로운 방법을 찾는 것을 좋아한다. | 1 | 2 | 3 | 4 | 5 | |
| | | 나와 매우 다르다 | 나와 다르다 | 보통이다 | 나와 비슷하다 | 나와 매우 비슷하다 | |
| | b. 내 친구들은 대부분 나보다 상상력이 뛰어나다. | 1 | 2 | 3 | 4 | 5 | |
| | | 나와 매우 비슷하다 | 나와 비슷하다 | 보통이다 | 나와 다르다 | 나와 매우 다르다 | |
| 5. 지혜 | a. 항상 꼼꼼히 생각하고 더 큰 것을 볼 줄 안다. | 1 | 2 | 3 | 4 | 5 | |
| | | 나와 매우 다르다 | 나와 다르다 | 보통이다 | 나와 비슷하다 | 나와 매우 비슷하다 | |
| | b. 내게 조언을 구하러 오는 사람은 거의 없다. | 1 | 2 | 3 | 4 | 5 | |
| | | 나와 매우 비슷하다 | 나와 비슷하다 | 보통이다 | 나와 다르다 | 나와 매우 다르다 | |
| 6. 사랑 | a. 본인의 기분과 행복 못지 않게 내 기분과 행복에 관심을 기울이는 사람이 있다. | 1 | 2 | 3 | 4 | 5 | |
| | | 나와 매우 다르다 | 나와 다르다 | 보통이다 | 나와 비슷하다 | 나와 매우 비슷하다 | |
| | b. 다른 사람이 베푸는 사랑을 제대로 받아들이지 못한다. | 1 | 2 | 3 | 4 | 5 | |
| | | 나와 매우 비슷하다 | 나와 비슷하다 | 보통이다 | 나와 다르다 | 나와 매우 다르다 | |

| | | | | | | | |
|---|---|---|---|---|---|---|---|
| 7. 친절성 | a. 자발적으로 이웃을 도와준다. | 1<br>나와 매우 다르다 | 2<br>나와 다르다 | 3<br>보통이다 | 4<br>나와 비슷하다 | 5<br>나와 매우 비슷하다 | |
| | b. 다른 사람의 행운을 내 일처럼 좋아한 적이 거의 없다. | 1<br>나와 매우 비슷하다 | 2<br>나와 비슷하다 | 3<br>보통이다 | 4<br>나와 다르다 | 5<br>나와 매우 다르다 | |
| 8. 사회 지능 | a. 어떤 성격의 단체에 가도 잘 적응할 수 있다. | 1<br>나와 매우 다르다 | 2<br>나와 다르다 | 3<br>보통이다 | 4<br>나와 비슷하다 | 5<br>나와 매우 비슷하다 | |
| | b. 다른 사람의 감정에 아주 둔하다. | 1<br>나와 매우 비슷하다 | 2<br>나와 비슷하다 | 3<br>보통이다 | 4<br>나와 다르다 | 5<br>나와 매우 다르다 | |
| 9. 용감성 | a. 강력한 반대를 무릅쓰고 내 주장을 고수할 때가 많다. | 1<br>나와 매우 다르다 | 2<br>나와 다르다 | 3<br>보통이다 | 4<br>나와 비슷하다 | 5<br>나와 매우 비슷하다 | |
| | b. 고통과 좌절 때문에 내 의지를 굽힐 때가 많다. | 1<br>나와 매우 비슷하다 | 2<br>나와 비슷하다 | 3<br>보통이다 | 4<br>나와 다르다 | 5<br>나와 매우 다르다 | |
| 10. 끈기 | a. 한번 시작한 일을 끝까지 한다. | 1<br>나와 매우 다르다 | 2<br>나와 다르다 | 3<br>보통이다 | 4<br>나와 비슷하다 | 5<br>나와 매우 비슷하다 | |
| | b. 일을 할 때면 딴전을 피운다 | 1<br>나와 매우 비슷하다 | 2<br>나와 비슷하다 | 3<br>보통이다 | 4<br>나와 다르다 | 5<br>나와 매우 다르다 | |
| 11. 진실성 | a. 약속을 반드시 지킨다. | 1<br>나와 매우 다르다 | 2<br>나와 다르다 | 3<br>보통이다 | 4<br>나와 비슷하다 | 5<br>나와 매우 비슷하다 | |
| | b. 친구들에게 솔직하게 말하는 법이 없다. | 1<br>나와 매우 비슷하다 | 2<br>나와 비슷하다 | 3<br>보통이다 | 4<br>나와 다르다 | 5<br>나와 매우 다르다 | |
| 12. 활력 | a. 무슨 일을 하든 전력투구한다. | 1<br>나와 매우 다르다 | 2<br>나와 다르다 | 3<br>보통이다 | 4<br>나와 비슷하다 | 5<br>나와 매우 비슷하다 | |
| | b. 의기소침할 때가 많다. | 1<br>나와 매우 비슷하다 | 2<br>나와 비슷하다 | 3<br>보통이다 | 4<br>나와 다르다 | 5<br>나와 매우 다르다 | |
| 13. 용서 | a. 과거의 것을 문제 삼지 않는다. | 1<br>나와 매우 다르다 | 2<br>나와 다르다 | 3<br>보통이다 | 4<br>나와 비슷하다 | 5<br>나와 매우 비슷하다 | |
| | b. 기어코 복수하려고 애쓴다. | 1<br>나와 매우 비슷하다 | 2<br>나와 비슷하다 | 3<br>보통이다 | 4<br>나와 다르다 | 5<br>나와 매우 다르다 | |

| | | | | | | |
|---|---|---|---|---|---|---|
| 14. 겸손 | a. 다른 사람이 나를 칭찬할 때면 슬그머니 화제를 돌린다. | 1 | 2 | 3 | 4 | 5 |
| | | 나와 매우 다르다 | 나와 다르다 | 보통이다 | 나와 비슷하다 | 나와 매우 비슷하다 |
| | b. 스스로 한 일을 추켜세우는 편이다. | 1 | 2 | 3 | 4 | 5 |
| | | 나와 매우 비슷하다 | 나와 비슷하다 | 보통이다 | 나와 다르다 | 나와 매우 다르다 |
| 15. 신중함 | a. 다칠 위험이 있는 일은 하지 않는다. | 1 | 2 | 3 | 4 | 5 |
| | | 나와 매우 다르다 | 나와 다르다 | 보통이다 | 나와 비슷하다 | 나와 매우 비슷하다 |
| | b. 나쁜 친구를 사귀거나 나쁜 사람을 만나는 경우가 있다. | 1 | 2 | 3 | 4 | 5 |
| | | 나와 매우 비슷하다 | 나와 비슷하다 | 보통이다 | 나와 다르다 | 나와 매우 다르다 |
| 16. 자기 조절 | a. 내 정서를 다스릴 줄 안다. | 1 | 2 | 3 | 4 | 5 |
| | | 나와 매우 다르다 | 나와 다르다 | 보통이다 | 나와 비슷하다 | 나와 매우 비슷하다 |
| | b. 다이어트를 오래 하지 못한다. | 1 | 2 | 3 | 4 | 5 |
| | | 나와 매우 비슷하다 | 나와 비슷하다 | 보통이다 | 나와 다르다 | 나와 매우 다르다 |
| 17. 시민 정신 | a. 어떤 단체에 가입하면 최선을 다한다. | 1 | 2 | 3 | 4 | 5 |
| | | 나와 매우 다르다 | 나와 다르다 | 보통이다 | 나와 비슷하다 | 나와 매우 비슷하다 |
| | b. 소속집단의 이익을 위해 개인적인 이익을 희생할 생각은 없다. | 1 | 2 | 3 | 4 | 5 |
| | | 나와 매우 비슷하다 | 나와 비슷하다 | 보통이다 | 나와 다르다 | 나와 매우 다르다 |
| 18. 공정성 | a. 어떤 사람에게든 똑같이 대한다. | 1 | 2 | 3 | 4 | 5 |
| | | 나와 매우 다르다 | 나와 다르다 | 보통이다 | 나와 비슷하다 | 나와 매우 비슷하다 |
| | b. 내가 싫어하는 사람을 공정하게 대하기 힘들다. | 1 | 2 | 3 | 4 | 5 |
| | | 나와 매우 비슷하다 | 나와 비슷하다 | 보통이다 | 나와 다르다 | 나와 매우 다르다 |
| 19. 지도력 | a. 일일이 참견하지 않고도 사람들이 단합해 일하도록 이끌어 준다. | 1 | 2 | 3 | 4 | 5 |
| | | 나와 매우 다르다 | 나와 다르다 | 보통이다 | 나와 비슷하다 | 나와 매우 비슷하다 |
| | b. 단체 활동을 조직하는 데는 소질이 없다. | 1 | 2 | 3 | 4 | 5 |
| | | 나와 매우 비슷하다 | 나와 비슷하다 | 보통이다 | 나와 다르다 | 나와 매우 다르다 |
| 20. 심미안 | a. 음악, 미술, 연극, 영화, 스포츠, 과학, 수학의 아름다움을 보고 전율한 적이 있다. | 1 | 2 | 3 | 4 | 5 |
| | | 나와 매우 다르다 | 나와 다르다 | 보통이다 | 나와 비슷하다 | 나와 매우 비슷하다 |
| | b. 평소에는 아름다움과 전혀 무관하게 지낸다. | 1 | 2 | 3 | 4 | 5 |
| | | 나와 매우 비슷하다 | 나와 비슷하다 | 보통이다 | 나와 다르다 | 나와 매우 다르다 |

| | | 1 | 2 | 3 | 4 | 5 | |
|---|---|---|---|---|---|---|---|
| 21. 감사 | a. 아무리 하찮은 일이라도 항상 고맙다고 말한다. | 나와 매우 다르다 | 나와 다르다 | 보통이다 | 나와 비슷하다 | 나와 매우 비슷하다 | |
| | b. 내가 받은 은혜에 대해 거의 생각하지 않는다. | 나와 매우 비슷하다 | 나와 비슷하다 | 보통이다 | 나와 다르다 | 나와 매우 다르다 | |
| 22. 낙관성 | a. 항상 긍정적인 면만 본다. | 나와 매우 다르다 | 나와 다르다 | 보통이다 | 나와 비슷하다 | 나와 매우 비슷하다 | |
| | b. 내가 하고 싶은 일을 하기 위해 철저하게 계획한 적이 거의 없다. | 나와 매우 비슷하다 | 나와 비슷하다 | 보통이다 | 나와 다르다 | 나와 매우 다르다 | |
| 23. 유머감각 | a. 되도록 일과 놀이를 잘 배합한다. | 나와 매우 다르다 | 나와 다르다 | 보통이다 | 나와 비슷하다 | 나와 매우 비슷하다 | |
| | b. 우스갯소리를 거의 할 줄 모른다. | 나와 매우 비슷하다 | 나와 비슷하다 | 보통이다 | 나와 다르다 | 나와 매우 다르다 | |
| 24. 영성 | a. 삶의 목적이 뚜렷하다. | 나와 매우 다르다 | 나와 다르다 | 보통이다 | 나와 비슷하다 | 나와 매우 비슷하다 | |
| | b. 사명감이 없다. | 나와 매우 비슷하다 | 나와 비슷하다 | 보통이다 | 나와 다르다 | 나와 매우 다르다 | |

2. 본문을 읽으면서 자신이 추측한 강점 다섯 가지와 검사결과로 나온 강점 다섯 가지를 기록하여 비교하여 봅시다.

| 강점 | | | | | |
|---|---|---|---|---|---|
| 자신이 추측한 강점 | | | | | |
| 간이 검사 결과로 나온 강점 | | | | | |

3. 앞의 결과를 바탕으로 자신의 강점 다섯 가지를 최종 선택하여 기록하고, 그 강점을 활용하여 하고 싶은 일을 적어 봅시다.

| 강점 | 강점을 활용하여 하고 싶은 일 |
|---|---|

| | |
|---|---|
| | |
| | |
| | |
| | |
| | |

## 참고문헌

권석만(2008). 긍정심리학. 서울: 학지사

정영덕(2014). 대학생의 성격강점과 진로결정수준의 관계: 진로결정 자기효능감의 매개효과. 영남대학교 대학원 석사학위논문.

조연교(2014). 대학생의 성격강점과 활용이 진로태도성숙도, 진로준비행동, 대학생활만족도에 미치는 영향. 가톨릭대학교 교육대학원 석사학위논문.

Govindji, R. & Linley, P. A.(2007). Strengths Use, self concordance and well-being: Implication for strengths coaching and coaching psychologists. *Interactional Coaching Psychology Review, 2*, 143-153.

Peterson, C. (2006). *A primer in positive psychology*. New York: Oxford University Press.

Peterson, C., & Seligman, M. E. P. (2004). *Character strength and vertues: A handbook and classification*. New York: Oxford University Press/ Washington, DC: American Psychological Association.

Schwartz, B., & Sharpe, K. E. (2006). Practical wisdom: Aristotle meets positive psychology. *Journal of Happiness Studies, 7*, 377-395.

Seligman, M. E. P. (2002). *Authentic Happiness*. New York: Free Press. 김인자, 우문식 공역(2014). 긍정심리학. 서울: 물푸레.

인사이트 심리검사연구소 http://inpsyt.co.kr/main(2017. 12. 27. 인출)

# 제2부

# 대학생의 삶

제5장 대학의 이해

제6장 대학생의 학습

제7장 대학생의 경력관리

## 학습개요

제2부에서는 대학생으로서의 삶을 어떻게 설계하고 실천해야 하는지를 살펴본다. 누군가 말했듯이 학생들이 대학에 와서 배워야 하는 것들 중 중요한 한 가지는 미리 정해져 있지 않은 길을 스스로 찾아 만들어 가는 것이다. 이미 알려진 지식을 배우고 알려진 길로 나아가는 것은 누구나 할 수 있다. 그러나 현재와 같이 불확실한 상황에서 자신만의 길을 개척해 나갈 수 있는 것은 지금의 시대 상황에서 가장 필요한 능력이라 할 수 있다.

한편, 교육공급자인 대학에서는 이러한 시대적 변화에 탄력 있는 교육과정을 적용해야 한다. 예를 들어, 요즘 많은 대학에서 적용하고 있는 학부제나 복수전공과 융합전공 혹은 연계전공 등이 부각되고 있는데, 이는 하나의 전공만으로는 다가오는 4차 산업혁명시대에 생존해 나가는 데 부족한 현실을 반영한다고 볼 수 있다. 과거에는 졸업 기간이나 추가적 교육비용 문제로 인하여 복수전공이나 부전공을 선호하지 않는 경향이 있었으나, 최근에는 이러한 요소가 문제가 되지 않고 있다. 미국의 경우를 보면 단일전공과 복수전공의 졸업 비율이 비슷한 현상을 나타내고 있으며, 우리나라도 점차 부전공이나 복수전공 비율이 높아지고 있다. 그러므로 급속한 시대의 변화에서 대학생으로서의 갖추어야 할 것은 먼저 자신의 전공에 대한 이해를 충실히 하고 나아가 관심 있는 타 전공과의 융합 능력을 배양하여야 한다.

이러한 사회적 필요에 따라 제5장에서는 대학생의 삶을 설계하는 데 밑바탕이 되는 소속 학과(전공)에 대한 교육과정 및 전공 이해하기에 대한 내용을 다루었다. 교과, 비교과 학습과 대학생활을 효율적으로 하기 위해 도움을 받을 수 있는 대학의 기관이나 장학금 제도를 소개하였다. 제6장은 대학이라는 자율적인 분위기 속에서 대학생들이 스스로 학습 활동을 해야 하는데, 노트필기, 발표하기, 리포트 작성 기술과 요령을 소개하였고, 깊이있는 학문을 탐구하는데 필요한 다양한 대학의 학습법을 다루었다. 그리고 제7장은 사회진출을 앞둔 대학생들이 자신의 진로를 구체적으로 설정하고 이를 충실하게 준비하는 과정으로서 공모전, 외국어 능력, 자격증, 봉사활동 등을 수행하는 등 대학생활 전반을 통해 준비해야 할 경력관리에 대한 안내를 포함하고 있다.

제5장

# 대학의 이해

**학습목표**

- 대학의 교과 및 비교과 학습 과정을 안다.
- 자신의 전공과 학과의 역사 및 세부 분야를 탐색한다.
- 장학금과 학자금 대출, 그리고 학교기관에 대하여 안다.

## 1. 대학의 학습

대학의 학습은 교과 학습과 비교과 학습으로 구성되어 있다. 비교과 학습은 학점으로 연결 되는 교과 학습과 성적과는 무관하지만 자기개발을 위해 다양한 활동과 학습을 경험할 수 있다. 비교과 학습을 통해 효과적인 대학 학습을 수행할 수 있다. 이 절에서는 교과 학습의 교육과정, 비교과 학습의 종류, 그리고 효과적인 학점 관리에 대해 살펴본다.

### 1) 교과 학습

교과 학습은 학점을 부여하는 정규 교과과정이며, 교양과정, 전공과정, 일반선택과정으로 구분한다.

### (1) 교양과정

교양과정은 교양필수와 교양선택으로 나뉜다. 다만, 대학에 따라 지칭하는 용어가 다른 경우가 있다. 예를 들어, D 대학의 교양과정은 기본교양, 계열기초, Bridge교양, 자유교양으로 구분한다. 이들 중 기본교양과 계열기초는 교양필수에 해당되는 과목이며, Bridge교양과 자유교양은 교양선택에 해당된다.

교양필수는 대학의 교육철학과 교육목표를 달성하기 위해 필요한 공통적인 학문 경험을 제공하며, 기초 학습역량 및 자기주도적인 학습역량을 강화하는 데 도움이 되는 기본적인 교양 교과목이다. 교양선택은 취업과 관련된 과목, 최근 이슈를 다루는 과목, 학생의 자기 개발이나 흥미를 반영한 교과목이 다양하게 개설되는데, 영역에 따라 선택할 수 있다.

### (2) 전공과정

전공과정은 전공핵심과 전공심화로 구분된다. 전공핵심은 각 학과별로 전공 학문과 관련하여 필수과목을 개설하며, 1학년부터 4(5)학년까지 이수하는 과정이다. 전공핵심과목은 반드시 모두 이수해야 하는 교과목으로 학과별로 상이하다. 한편, 전공심화과목은 보통 2학년부터 이수할 수 있으며, 최저이수학점 이상을 이수하여야 한다. 전공영역별로 난이도가 높거나 최근 트렌드나 이슈 등을 다루는 상위 교과목으로 선택적으로 이수할 수 있다.

### (3) 일반선택과정

일반선택과정은 교양과정과 전공과정 이외의 교과목을 자유롭게 선택하여 이수하는 과정으로 복수전공, 융복합전공, 부전공, 교직과정, 특별학점(사회봉사실천, 외국어시험, 컴퓨터활용능력평가시험, 취업 · 창업역량마일리지, 어학연수 등), 자유선택(타 학과 · 전공의 전공과목 및 군사학과목 등) 등의 과목이 있다.

① **복수전공**

재학 중에 2개 이상의 전공을 이수하여 2개 이상의 학위를 취득하는 제도이다. 주전공 이수를 완료해야 하며, 복수전공 학과(전공)의 전공과목 중에서 소정의 학점 이상을 취득하고 졸업논문 또는 동등한 실적심사에 합격하면 복수전공으로 인정한다.

② **융복합전공**

재학 중에 융복합전공을 이수하여 2개 이상의 학위를 취득하는 제도이다. 주전공 이수를 완료하고, 융복합전공과목을 소정의 학점 이상 취득해야 한다.

③ **부전공**

재학 중에 타 학과(전공)의 전공과목 및 교양부전공과정 과목을 24학점 이수하면 졸업증서와 학적부에 이를 표기하는 제도이다. 주전공 이수를 완료하고, 부전공 학과(전공)의 전공과목 또는 교양부전공과목 중에서 소정의 학점 이상 취득해야 한다.

④ **교직과정**

교직과정 설치학과(전공)에서 교직과정 이수예정자로 선발(학과 · 전공별 입학정원의 10%)되어, 교직과목, 전공교직과목 및 기본이수과목을 모두 이수하고, 전공과목 평균성적 75점 이상, 교직과목 평균성적 80점 이상이면 교원자격증을 취득하는 제도이다.

⑤ **특별학점 인정과목**

대학마다 구성이 다르다. 예를 들어, D 대학의 경우, 사회체험, 외국어 · 자격증, 어학연수, 취업 · 창업역량마일리지의 4개 영역이 있으며, 각 영역에서 제한 학점을 초과하지 않는 선에서 최대 5학점까지 이수할 수 있다.

**⑥ 자유선택**

타 학과(전공)의 전공과목 중에서 임의로 교과목을 선택하여 이수할 수 있는 제도이다. 실습이나 세미나 관련 과목은 이수할 수 없으며, 일반선택학점으로 인정된다.

## 2) 비교과 학습

### (1) 비교과 학습의 개념

비교과 교육과정은 학점을 부여하는 정규 교과과정을 제외한 모든 대학생활 및 사회생활에 필요한 전인적 교육을 위한 제반 프로그램을 의미한다. 비교과 학습을 경험할 수 있는 경로는 다양하며, 대표적으로 대학의 인재개발처, 비교과 학습지원센터, 취업 · 창업지원본부 등 대학의 부속기관에서 진행(개설)하는 다양한 프로그램들이 비교과 학습에 포함된다.

비교과 학습은 자신의 관심과 성장, 성취 여부와 관련이 있는 프로그램을 잘 선택하여 수강하는 것이 중요하며, 교과 학습에 비해 다양한 경험이 가능하지만 자기주도적인 학습 관리가 좀 더 필요한 영역이다. 또한 비교과 학습이 만족스러울 경우 대학생활 전체에 대한 만족도가 높아지고 진로에 대한 새로운 동기부여의 기회가 될 수 있다.

### (2) 비교과 학습의 종류

비교과 학습에는 특강, 외국어 강좌, 자격증 관련 강좌, 동아리 활동, 스터디 그룹 참여, 봉사활동, 인턴십, 공모전 참여, 서포터즈 활동 등 매우 다양하다. 이 중 공모전, 자격증, 인턴십, 청년직장체험, 봉사활동, 아르바이트 등은 제7장 '대학생의 경력관리'에서 좀 더 구체적으로 살펴본다.

**① 특강**

각 분야의 전문가나 사회적으로 이슈가 되고 있는 유명 강사를 초청하여 현장에서의 경험이나 전문적인 지식을 전달받을 수 있는 강의이다. 스스로 관심 있는 분야에 대한 특강에 자발적으로 참여하여 간접적인 경험을 해 보는 것은 지식을 얻는 것 외에도 수준 높은 문화생활 향유의 욕구를 충족할 수 있는 기회가 된다.

**② 외국어 강좌**

영어, 일본어, 중국어 등 우리나라 언어 외에 다른 나라의 언어를 습득하는 학습이며, 주로 졸업, 취업, 자기개발 등의 목적으로 이루어진다.

**③ 자격증**

진로와 관련하여 스펙을 쌓기 위한 목적이나 개인적인 관심으로 기술을 배우기 위한 목적으로 자격증을 취득하는 것이다. 예를 들어, 컴퓨터 자격증, 전공 관련 자격증, 운전면허 등의 자격증을 학교, 학원, 온라인 강의 등 다양한 방법으로 취득할 수 있다.

**④ 동아리 및 스터디 그룹**

동아리는 관심사가 비슷한 구성원들이 모여 경험과 학습을 함께 실천하는 자발적인 모임이다. 동아리의 종류로는 전공 · 특정 주제 관련 학습동아리, 취업준비를 위한 취업동아리, 댄스 · 음악 · 사물놀이 등과 같은 문화동아리, 봉사활동 동아리 등이 있다. 다양한 목적을 가진 학과 내, 학교 내 동아리뿐만 아니라 대학생 전국 동아리도 존재하므로 활동의 범위를 확장해 볼 수 있다. 스터디 그룹은 학습동아리와 유사한데, 비슷한 목적과 과목 · 주제에 맞는 학습을 함께 진행하는 모임의 일종이다.

**⑤ 봉사활동**

각 대학에서는 사회봉사 교과목뿐 아니라 비교과 과정으로 사회봉사 프로그램을 운영하고 있다. 대학생의 봉사활동은 자신의 귀중한 시간을 활용하여 지역사회의 발전을 위해 자기 전공 분야와 능력에 따라 자원봉사활동에 참여한다는 점에서 의의를 가진다. 또한, 봉사활동을 통해 학생으로서의 역할과 예비 사회인으로의 책임있는 역할을 동시에 경험하고 느끼며, 나아가 전 생애에 걸쳐 봉사활동을 실천할 수 있는 기회로 삼을 수 있을 것이다.

**⑥ 인턴십**

인턴십은 대학생활 중에 현장의 일반적인 일을 실제로 체험하는 프로그램이다. 직장을 미리 경험해 보면서 얻게 되는 정보들을 통해 학습하고, 체험 후 자신의 부족함을 알고 스스로 학습에 참여하게 되는 계기를 마련할 수 있다.

**⑦ 기타**

취미생활, 서포터즈, 공모전 참여 등 비교과 학습의 종류와 방법은 매우 다양하다. 대학생활을 하면서 자신의 흥미와 적성을 고려하여 다양한 활동에 참여해 보자.

### 3) 학점 관리

학점은 학생의 대학 4년간 대학생활을 평가할 수 있는 유용한 지표이며, 진로 및 취업의 중요한 기준이 된다. 학점은 시험 성적에만 좌우되는 것은 아니라, 출석률, 수업 참여도, 과제물 등의 다양한 요소가 반영된다는 점을 명심해야 한다. 대학생활 중 학점관리를 위해 필요한 전략과 태도를 살펴보면 다음과 같다.

• 성실한 출석이 중요한 포인트다.

각 과목별로 다르긴 하겠지만, 출석률이 학점에 10～20% 이상 반영되고 있다. 시험을 잘 치는 것도 중요하지만 출석률이 좋지 않으면 아무리 시험을 잘 치르고, 리포트를 잘 써도 학점은 낮아질 수밖에 없다. 성실하게 수업에 참여한다면 시험 성적도 높아질 것이다.

• 앞자리에 앉아서 강의에 집중하자.

앞자리에 앉으면 강의에 집중할 수 있다는 것을 누구나 알지만, 잘 실천하지 않는 학생이 더 많다. 잡담이나 스마트폰의 유혹, 졸음에서 자신을 구할 수 있는 가장 간단한 방법은 앞자리에서 강의를 듣는 것이다.

• 적극적인 수업 태도가 중요하다.

성실한 수업 참여, 내실 있는 리포트, 자신감 넘치는 프레젠테이션 등은 성실하고 열정적인 학생임을 나타낼 수 있는 중요한 기회임을 명심하자.

• 자기만의 학습 전략이 필요하다.

강의가 끝나고 바로 5분 정도 강의 내용을 복습하는 것은 시험을 대비하는 좋은 습관이다. 강의 전에 수업 받을 내용을 미리 한 번 읽으면서 예습을 하고, 복습까지 겸하여 자기만의 학습 전략을 수립한다면 좋은 학점으로 연결할 수 있을 것이다.

• 시험 대비 전략이 필요하다.

정기적인 시험은 중간고사와 기말고사로 이루어지며, 강의 시간에 배운 내용을 바탕으로 출제된다. 강의 시간에 집중하여 시험에 나올 만한 내용이 무엇인지 파악하는 것은 가장 기본적인 시험 전략이다. 그리고 교수의 출제 경향을 파악하여 짧게 여러 번 반복적으로 시험공부를 하는 것이 도움이 된다.

### 장학생의 학습 전략(장학생 인터뷰 내용)

1. 자신감: 개인 실력이 중요한 시대이다.
   취업 현장은 이제 출신 학교보다는 개인적인 준비와 실력이 인정받는 시대이다. 소위 명문 대학 출신과 경쟁해도 뒤처지지 않을 만큼 자신의 전공 분야에서 실력을 인정받을 수 있는 노력이 필요하다. 학교의 브랜드 네임에 얽매일 필요가 없다. 자신감을 가지고 실력을 쌓아 가는 것이 중요하다.
2. 끈기: 자신에게 관대하지 마라.
   철저한 계획을 세우는 것이 정신적으로 안정감을 줄 수 있다.
3. 경쟁: 라이벌을 정해 놓고 따라잡아라.
   경쟁심만큼 나를 성장시키는 것은 없다.
4. 좌석의 위치: 수업 시간에는 앞자리에 앉아라.
5. 학습 내용: 지식과 실력을 쌓는 공부를 하라.

6. 학습 태도: 지각과 결석을 하지 마라.
   지각이나 결석을 하게 되면 그 시간에 나간 진도와 학습 내용을 독학하거나 친구에게 물어봐야 하므로 보충하는 시간이 더 많이 걸리고 또한 교수에게 좋지 못한 인상을 남기게 된다.
7. 학습계획: 주별, 월별 학습계획을 철저하게 세워라.
8. 비전: 비전을 가지고 공부하라.
   취업을 잘하기 위해서 공부하다 보니 자연스럽게 장학생이 되는 것 같다. 소위 잘 나가는 선배들을 자주 만나면서 공부에 정진할 수 있었다. 자신이 간절히 바라는 목표를 위해 공부하는 것이 가장 중요하다.

출처: 동의대학교(2010).

## 2. 학과의 이해

학과(전공)를 이해하기 위해 다음과 같은 관점에서 살펴보자. 첫째, 각 소속 전공의 역사와 학문의 기틀을 정립한 인물들을 탐색함으로써 전공에 대한 흥미를 가져본다. 둘째, 전공의 최근 추세와 전공의 세부적 분야가 어떻게 나누어지는지 알아본다. 셋째, 전공이 어떻게 인간의 삶에 도움이 되며 구체적으로 어떤 사회분야에 적용되는지를 파악하여 본다.

### 1) 전공의 역사

학과(전공)을 이해하기 위해 먼저 대학의 역사를 살펴보자. 대학의 역사를 살펴보는 것은 자신이 전공하려는 학과를 이해하는 데 도움이 될 것이다. 현재 대학을 의미하는 'university'라는 용어는 라틴어 'universitas(우니베르시타스)'에서 유래된 말로서 중세 후기에 조합제도가 대학의 운영에 반영된 형태를 의미한다. 즉, 배우려는 학생과 가르치는 교수들이 모여 하나의 길드(조합운동)를 형성한 것이 중세 대학의 시발점이다.

중세의 초기 대학으로는 11세기에 형성된 것으로 보이는 파리대학, 볼로냐대학, 살레르노대학 등을 들 수 있으며, 이들 대학에서는 고대로부터 중시된 교양학부 외에 신학, 법학, 의학 등의 고등학부를 두어 전문학부를 운영하였다(이윤미, 2009). 초기 대학의 교양교육은 기본적으로 논리학, 문법, 수사학으로 이루어지는 3학(trivium)과 대수학, 기하학, 천문학, 음악으로 이루어지는 4과(quartrium)이다. 이러한 3학과 4과의 전통이 오늘날 교육선진국의 고등교육으로 이어졌다고 할 수 있다(손동현, 2015). 이렇게 이어진 현대 대학은 교육, 연구, 봉사를 구심점으로 운영하고 있으며, 사회적 적합성과 공감을 높이는 방향으로 개혁이 진행되었는데 이는 수세기에 걸쳐 진화된 결과이다.

한편, 우리나라에서 고등교육기관의 역사를 살펴보면 우리나라의 대학은 일제강점기 이후에 시작되었다고 볼 수 있으며, 일제강점기의 고등교육은 전문학교와 대학의 이원체제를 이루었다. 해방 전 조선총독부가 설립한 경성제국대학은 학제상 유일한 대학이었고, 예과, 법문학부, 의학부, 이공학부로 구성되었다(정선이, 2002). 해방이후 경성제국대학은 국립서울대학교로 재편되었고, 일제강점기에 전문학교 지위로 있었던 연희전문, 보성전문, 이화전문 등의 사립전문학교들이 종합대학으로 승격되어 확대된 학교 체제를 갖추게 되었다.

2000년대 들어 대학설립준칙주의에 따라 고등교육기관이 확대됨에 따라 진학률은 전문대학을 포함하여 80%에 육박하고 있다. 우리나라의 대학은 급격히 확대된 고등교육 규모에 따른 교육의 질 관리 문제가 경쟁력 제고의 관건이 되었고, 학력과 사회적 기회배분 문제를 조정하기 위한 사회적 노력이 중요한 과제로 남아 있다(이윤미, 2009).

최근 급변하는 사회 변화에서 자신의 전공 학문에 대한 내적 성찰이 자연스럽게 필요하다. 자신이 소속되어 있는 학과를 이해하는 가장 첫 단계는 자신의 전공이 어떻게 시작되었는지를 알아보는 것에서부터 비롯된다. 즉, 자신의 전공 학문이 어떤 사람들에 의해 시작·발전되었는지, 그리고 어떠한 학문적 가치를 가지고 있는지 살펴보는 것이 중요하다. 이는 자신이 선택한 전공에 대한 자존감을 높이고 학과에 대한 애착심을 갖게 한다.

'통계학 전공'의 사례를 살펴보고 자신들의 전공에 적용하여 보자. 통계학의 역사를 이해하기 위해서는 과학에서의 실험과 관측의 역할과 위치에 대한 역사적 이해가 필요하다. 즉, 통계학은 불확실성의 인식 및 처리 방법의 역사적 발전이라는 관점에서 조망해야 하는데, Stigler(1986)는 통계학사의 기술을 18세기 천문학에서 관측치들의 결합에 관한 문제에서 시작하였다. 통계학 역사 연구에서 중요한 문제는 다음과 같다. 참고하면 도움이 될 책으로는 『통계학사 콜로키움』(허명회, 1991)과 『혼돈과 질서의 만남』(이재창, 송일성 역, 2003)이 있다.

〈표 5-1〉 통계학의 역사

| 18세기 | 19세기 | 20세기 |
|---|---|---|
| Legendre 최소제곱법<br>Bayes 역확률과 방법론<br>Qutelet의 사회과학에서의 오차이론 수용 | Galton의 상관과 회귀 | Pearson의 수리통계학<br>Fisher의 우도 원리<br>Neyman의 가설검정론 |

| 연도 | 1857~1936 | 1890~1962 | 1894~1981 |
|---|---|---|---|
| 인물 | <br>Karl Pearson | <br>R. A. Fisher | <br>Jerzy Neyman |
| 주요 업적 | 세계 최초의 통계학과 설립(University College London)[1]<br>Pearson's correlation | 유의성 검증<br>실험계획(ANOVA)<br>maximum likelihood estimation | 가설 검정[2]<br>Neyman-Pearson lemma |

**[그림 5-1] 20세기 대표적인 수리통계학자**

1) https://www.ucl.ac.uk/statistics/department/pearson

2) https://en.wikipedia.org/wiki/Jerzy_Neyman

## 2) 전공의 세부 분야

대학에 단과대학이 있고 그 속에 여러 학과들이 존재하며, 각 학과들마다 여러 세부 전공이 존재한다. 전공은 여러 세부 분야로 나눠진다. 전공을 발전시켜 온 이전 학자들은 하나의 이론에 뿌리를 두고 있지만, 다양한 학문을 접목하여 현재까지 유지·발전시켜 온 것이다. 하나의 예로, 학과 내 교수들의 전공을 살펴보면 쉽게 알 수 있는데, 이러한 세부 전공의 조화가 전공 학문을 발전시키는 데 도움을 준 것이다.

그렇다면 '통계학 전공'의 세부 분야를 살펴보자. 통계학 전공의 세부 분야는 수리통계, 비모수통계, 다변량통계 등으로 나누어지며, 이를 구체적으로 설명하면 〈표 5-2〉와 같다.

**〈표 5-2〉 통계학 전공 세부 분야**

| 분야 | 내용 |
| --- | --- |
| 수리통계 | 확률변수의 분포, 조건부 확률과 독립성, 몇 가지의 특수한 분포(정규분포, 이항분포, 다항분포, 감마분포, 카이제곱분포, 포아송 분포, 다변량 정규분포), 확률변수의 함수들의 분포, 중심극한정리를 포함한 극한분포, 추정, 통계적 가설과 검정, 비모수적인 방법을 이용한 검정과 각종 통계량 등을 다룬다(위키백과, https://namu.wiki/w/통계학). |
| 비모수통계 | 비모수 통계는 통계학에서 모수에 대한 가정을 전제로 하지 않고 모집단의 형태에 관계없이 주어진 데이터에서 직접 확률을 계산하여 통계학적 검정을 하는 분석법이다.<br>비모수적 혹은 분포무관 검정법이라고도 한다(위키백과, https://ko.wikipedia.org/wiki/통계학). |
| 다변량통계 | 변수를 개별적으로 분석하는 것이 아니라, 서로의 상관관계를 고려하여 여러 변수를 동시에 분석하는 것이다(위키백과, https://zetawiki.com/wiki/다변량분석). |
| ⋮ | ⋮ |

### 3) 전공의 국내외적 추세

현재 대학의 학과(전공)들은 시대의 흐름에 따라 다양하게 변화되고 있다. 이전에는 순수학문을 연구하는 것에 초점이 있었다면, 현재는 전공이 현 사회에 어떻게 적용이 가능한가에 대한 고민도 함께 이루어져야 한다. 이러한 점에서 전공이 국내외에 어떻게 적용되고 활용되고 있는지도 중요한 이슈이다. 앞서 예시로 살펴본 통계학 전공의 최근 추세 중 하나는 빅데이터를 분석하는 것이다. 다음의 내용을 살펴보자.

■ 예시: 통계학 전공의 빅데이터 분석

2011년도 OECD 국가들은 빅데이터 분야를 향후 성장 동력원 중에 하나로 선정하였고, 빅데이터 시장을 유망한 무형자산으로 평가하였다. 빅데이터란 기존 데이터베이스 관리도구의 능력을 벗어나는 대용량의 정형 또는 비정형 데이터로부터 가치를 추출하고 결과를 분석하는 기술이다(위키백과 https://ko.wikipedia.org/wiki/빅-데이터). 이에 전 세계의 많은 국가에서 빅데이터를 정보통신 기술과 함께 신성장 동력원으로 인식하게 되었으며, 세계적으로 빅데이터의 중요성은 점차 부각되고 있는 추세에 있다. 우리나라의 경우, 2013년 기획재정부가 편찬한『대한민국 중장기 정책과제』에서는 기후변화에 따른 재난대비 역량 강화가 무엇보다 시급하다고 언급하면서 한국형 재난피해 예측 및 기상수치예보 모델을 개발하는 등에 빅데이터 분석의 역할이 중요함을 피력하였다(기획재정부, 2013). 이러한 빅데이터를 다루는 전문가들을 데이터 사이언티스트(data scientist)라고 부른다. 2016년 미국에서는 데이터 사이언티스트가 10대 최고 직업 중에서 1위로 선정되어 많은 대학의 통계학과에서 데이터사이언스 교육프로그램을 시행하고 있다.

### 4) 학과 소개

학과 소개는 교육과정 또는 트랙제(track)를 소개하는 것인데, 교육과정 지도(Map) 혹은 흐름도를 통해 어떻게 소속 전공을 배우고 또한 해당 교육 과정을 통해 어떠한 능력을 갖추게 되는지에 대한 큰 그림을 보여 준다.

■ 국내 사례: D 대학 산학연계형 전공트랙(빅데이터분석전문가 트랙)

지역적 특성과 기업 요구에 부응하는 맞춤형 실무 인력을 양성할 수 있는 프로그램을 제공하고자 함이며, 산업 분야의 형성에 부합하는 전문적 · 실용적인 산학연계형 교육과정을 통하여 전문성있는 인재 양성을 위한 교육과정이다. 이수 방법은 다음과 같다.

이수방법

- 학과(전공)별 산학연계형 교육과정 전공트랙으로 편성된 과목을 모두 이수함
- 학과(전공)별 '캡스톤디자인' 교과목을 이수함
- 인턴십과정 이수(최소 3학점 이상)를 원칙으로 함
- 산학연계형 융복합전공 교육과정은 융복합전공 규정을 따름

〈표 5-3〉 데이터정보학과 트랙 및 교과목 예시

| 학과 | 트랙명 | 학년 | 교과목명 | 1학기 | | 2학기 | |
|---|---|---|---|---|---|---|---|
| | | | | 학점 | 시간 | 학점 | 시간 |
| 데이터 정보학과 | 빅데이터 분석전문가 | 2 | 데이터베이스 I | | | 3 | 3 |
| | | | 데이터분석 소프트웨어 | | | 3 | 3 |
| | | 3 | 데이터마이닝 | 3 | 3 | | |
| | | | 웹마이닝 | | | 3 | 3 |
| | | | 데이터베이스 II | 3 | 4 | | |
| | | | 빅데이터분석 | 3 | 3 | | |
| | | 4 | 다변량데이터분석 | 3 | 3 | | |

대학은 산학연계형 교육과정을 이수한 학생에게 졸업증명서 및 성적증명서에 산학연계형 교육과정 전공트랙을 명시하여 발급한다.

■ 외국 사례: 하버드 대학교 통계학 전공 교육과정

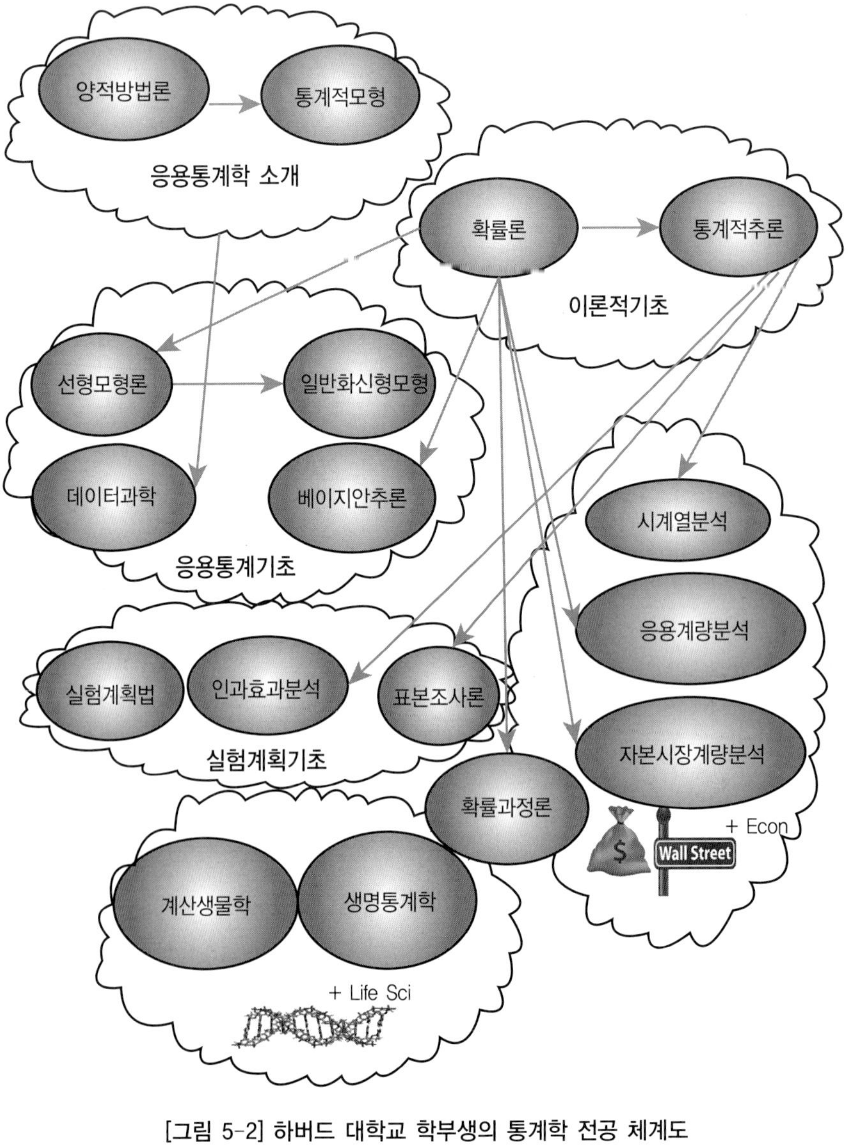


[그림 5-2] 하버드 대학교 학부생의 통계학 전공 체계도

출처: 하버드 대학교 통계학과(http://www.stat.harvard.edu/Academics/StatTree2013.html).

**퀴즈로 푸는 나의 전공은?**

로욜라 대학(Loyola University)에서 제공하는 사이트로, 퀴즈형태의 질문에 대답을 분석하여 적절한 전공을 추천한다. 총 35문항으로 구성되어 있다.

출처: 로욜라 대학(http://www.luc.edu/undergrad/academiclife/whatsmymajorquiz/).

# 3. 장학금 및 대학기관 안내

## 1) 장학금 소개

장학금 소개를 위해 한국장학재단(www.kosaf.go.kr)에 대해 알아보자. 한국장학재단은 경제적 여건에 관계없이 누구나 의지와 능력에 따라 고등교육의 기회를 가질 수 있도록 2009년 설립된 준정부기관이다. 정부의 교육비 부담 완화 정책을 충실히 수행하고 미래 인재의 꿈과 열정을 지원하기 위해 설립된 기관으로서 국가장학금과 학자금(생활비) 대출, 지방자치단체 이자 지원, 민간 장학금 등의 정보를 안내해 주고 있다.

장학재단에서 소개하는 장학금은 크게 소득연계형 국가장학금, 국가 교육근로장학금, 희망사다리장학금, 기부장학금, 국가우수장학금으로 구분하고 있다.

### (1) 소득연계형 국가장학금

등록금 부담 경감을 위한 지원으로서 국가장학금 I유형(학생직접지원형), 국가장학금 II유형(대학연계지원형), 다자녀(셋째아이 이상)국가장학금, 지방인재장학금이 있다.

[그림 5-3] 한국장학재단 홈페이지(www.kosaf.go.kr)

(2) 국가 교육근로 및 희망사다리 장학금

국가 교육근로 장학금은 안정적인 학업 여건 조성과 취업 역량 제고를 위한 장학금으로서 매학기 초에 지원을 하고 있다. 또한 이와는 별도로 대학생 · 청소년 교육지원 사업으로 국가 근로 장학사업을 제공하고 있다. 희망사다리 장학금은 중소 · 중견 기업 취업 희망자 및 예비 창업자를 위한 장학금이다.

(3) 푸른등대 기부장학금

한국장학재단 '푸른등대'를 통해 조성된 기부금을 활용한 장학금으로서 기부자의 숭고한 의도 및 깊은 뜻을 구현하는 데 의의를 두고 있는 장학금이며, 매년 사업 규모가 변동된다.

(4) 국가우수장학금

국가우수장학금은 대통령과학장학금, 국가우수장학금(이공계), 인문100년장학금, 예술체육비전장학금, 대학생지원장학금, 국가전문대학우수학생장학금 등이 있다.

다음은 D 대학의 홈페이지에서 공지하는 장학규정이다. 일반적으로 대학의 홈페이지에는 장학금 종류와 선발기준을 소개하고 학과에서 매년 선발하는 장학금을 구체적으로 알려 준다. 특히 신입생 장학금과 재학생 장학금을 구분하여 소개하고, 어떻게 하면 장학금을 받을 수 있는지의 신청 절차도 자세히 소개하고 있다.

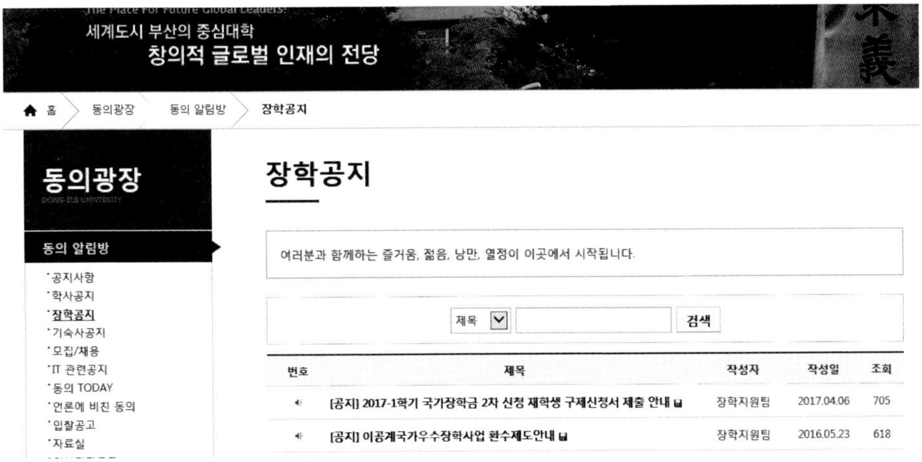


[그림 5-4] D 대학 홈페이지 내 장학공지의 예시

## 2) 학자금 대출

정부에서 운영하는 학자금 대출은 대학 신입생 및 재학생의 학비 부담을 줄여 학업에 전념하도록 하기 위한 학자금 지원정책이다. 학자금은 대학이 통보한 등록금 및 학생의 생활안정을 위한 생활비로 구분되며, 학자금 대출 종류는 다음과 같다.

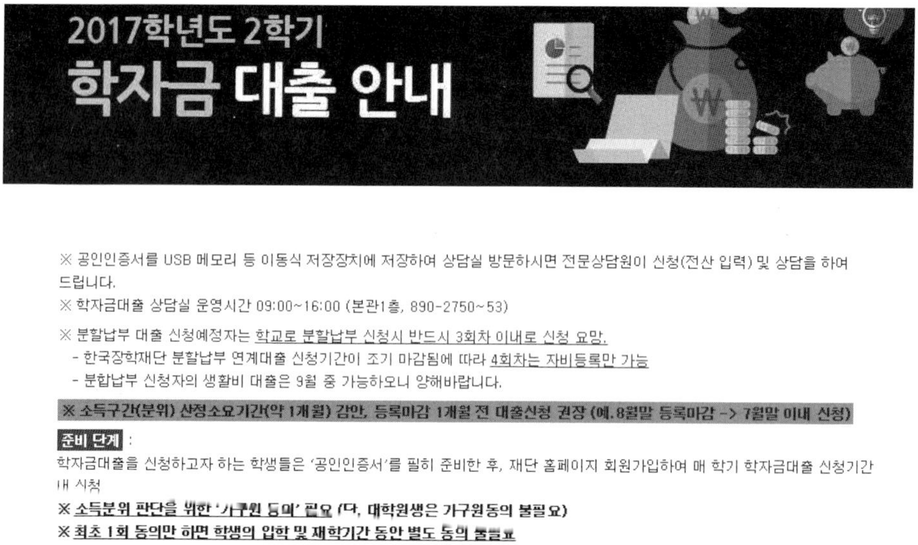
2017학년도 2학기
학자금 대출 안내

※ 공인인증서를 USB 메모리 등 이동식 저장장치에 저장하여 상담실 방문하시면 전문상담원이 신청(전산 입력) 및 상담을 하여 드립니다.
※ 학자금대출 상담실 운영시간 09:00~16:00 (본관1층, 890-2750~53)

※ 분할납부 대출 신청예정자는 학교로 분할납부 신청시 반드시 3회차 이내로 신청 요망.
- 한국장학재단 분할납부 연계대출 신청기간이 조기 마감됨에 따라 4회차는 자비등록만 가능
- 분합납부 신청자의 생활비 대출은 9월 중 가능하오니 양해바랍니다.

**※ 소득구간(분위) 산정소요기간(약 1개월) 감안, 등록마감 1개월 전 대출신청 권장 (예.8월말 등록마감 -> 7월말 이내 신청)**

**준비 단계** :
학자금대출을 신청하고자 하는 학생들은 '공인인증서'를 필히 준비한 후, 재단 홈페이지 회원가입하여 매 학기 학자금대출 신청기간 내 신청
**※ 소득분위 판단을 위한 '가구원 동의' 필요 (단, 대학원생은 가구원동의 불필요)**
**※ 최초 1회 동의만 하면 학생의 입학 및 재학기간 동안 별도 동의 불필요**

[그림 5-5] 정부의 학자금 대출 안내

(1) 취업 후 상환 학자금 대출

연간소득금액이 상환기준소득을 초과하거나 상속증여재산이 발생한 경우, 일정 금액을 의무적으로 상환하는 것이다.

(2) 일반 상환 학자금 대출

거치기간 동안 이자 납부 후 상환 기간 동안 원리금(원금+이자)을 상환하는 것이다.

(3) 농어촌 출신 대학생 학자금 융자

농어촌 출신 학생에게 주어지는 학자금 대출로서 졸업 후 2년 뒤부터 상환하는 것이다.

## 3) 학교기관 소개

대학에는 다양한 기관들이 있다. 대학생활을 효율적으로 하기 위해서는 각 영역

별로 도움을 받을 수 있는 대학 내 기관을 알아두는 것이 도움이 된다. 학생지원 기관별 역할과 운영하는 프로그램에 대해 알아두면 다양한 도움을 받을 수 있다. 대학 내에 학생들과 관련이 있는 대표적인 기관은 다음과 같다.

(1) 교무처

교무처는 교무 · 학사 운영 계획의 수립 및 조정을 통한 교육과정 편성(운영), 국내 대학 간 학점 교류, 학생 학적관리, 교직관리, 수업관리 등의 업무를 총괄하고 있으며, 입학에서 졸업까지 대학생활에 필요한 전반적인 교육환경과 관련된 업무를 담당하는 기관이다.

(2) 학생처

학생처는 주로 학생생활과 관련된 학생 지도 및 상담, 장학업무, 사회봉사, 후생복지 및 보건, 학생자치활동 등 전반적인 행정 서비스를 제공하고 있다. 각 대학의 건학 이념에 맞는 인재 양성을 목표로 대학생들의 알찬 대학생활과 건전한 대학문화를 형성하도록 돕는 기관이다.

(3) 인재개발처

대학생의 취업을 위해 필요한 역량과 취업 · 창업과 관련된 다양한 정보를 제공하는 기관이다. 각 대학의 인재개발처을 이용하면 원하는 취업 정보를 쉽게 찾을 수 있을 뿐만 아니라 취업 상담 및 각종 취업 프로그램을 통하여 자신만의 독창적인 취업 전략을 수립하는 데 도움을 받을 수 있다.

(4) 교수학습개발센터

교수학습개발센터는 교수자의 역량강화를 통한 양질의 교육 서비스 제공과 학습자의 자기주도적 학습 능력을 배양할 수 있도록 연구 · 개발 · 지원 기능을 수행하는 기관이다. 다음은 교수학습개발센터를 통해 학생들이 대표적으로 지원받을 수 있는 서비스 사례들이다.

### ① 개별 학습컨설팅

학습 문제 해결을 원하는 낮은 학점을 받은 재학생을 대상으로 일대일 학습컨설팅 실시하는 것으로 학습 방법과 학습 태도 진단 후 학습 변화를 관리하여 평가 · 환류하는 서비스이다.

### ② 모둠 학습컨설팅

학습 문제 해결을 원하는 재학생에게 대학 학습에 대한 이해를 높이고, 기본 학습 전략의 실천능력을 향상시키기 위한 학습검사 및 특강을 실시한다.

### ③ 장학생 토크콘서트

4학년 장학생이 같은 학과 1, 2학년 학부생들에게 전공 학습 방법 및 학과 적응 노하우, 교수 및 선후배와의 관계 정립, 졸업 후 목표 등에 대해 자신의 경험을 바탕으로 조언을 하고, 학과 맞춤형 학습법을 질의 · 응답하는 콘서트이다.

### ④ 전공학습코칭

전공 학습 의욕을 제고하고 취약 부분을 보완할 수 있는 밀착지도 프로그램으로, 전공 내용 전문가와 함께 지정된 학습실에서 전공 관련 질문에 대해 함께 답을 찾을 수 있도록 기회를 제공하는 프로그램이다.

### ⑤ e-학습포트폴리오 개발

효과적인 전공 학습 및 목표에 기반한 학습 성과 관리 역량 강화를 위해 교수학습개발센터에서 e포트폴리오 기능을 제공하는 프로그램이다.

### (5) 학생상담센터

학생상담센터는 학생들의 생활지도 및 상담, 그리고 그에 필요한 연구의 수행을 목적으로 설립된 학생복지기관이다. 전문 상담사들이 개인상담, 집단상담, 심리검사, 코칭, 특강을 제공한다.

〈활동 5-1〉

# 전공의 역사도표 만들기

## 활동목표

- 자신의 전공 학문의 의미와 기원, 영역 등의 정보를 기록한다.
- 자신의 전공 분야의 학문적 기틀을 이룬 인물에 대해 탐색한다.
- 전공에서 발전 가능한 영역에 대해 기록한다.

## 진행과정

| 활동주제 | 주요 내용 및 방법 | 시간 |
|---|---|---|
| 전공 학문의 기원 탐색하기 | • 자신의 전공 학문의 의미와 시작에 대해 탐색하여 작성한다. | 5분 |
| 전공 학문의 영역(분야) 탐색하기 | • 자신의 전공 학문의 영역(분야)에 대해 탐색하여 작성한다. | 5분 |
| 영향을 준 인물 탐색하기 | • 학문적 기틀을 이룬 주요 인물을 탐색한다. | 10분 |
| 마무리 | • 자신의 전공 학문을 통해 앞으로 발전 가능한 영역(분야)에 대해 작성한다.<br>• 자신의 전공에 대해 탐색한 내용을 발표한다. | 10분 |

## 유의점 및 특이사항

- 스마트폰을 활용하여 학과 홈페이지, 관련 사이트 등을 적극적으로 탐색하기
- 여러 인물 중 자신이 해당 인물을 선택한 이유를 작성하기
- 전공의 발전 가능한 영역(분야)에 대해 탐색할 때, 새로운 직업, 연계 가능한 학문 분야 등 창의적으로 생각하기
- 준비물: 활동지, 필기구

■ 전공 학문 이해하기

| | |
|---|---|
| 자신의 전공 | |

| 전공 학문의 의미와 역사(기원) |
|---|
| |

| 전공 학문의 영역(분야) |
|---|
| |

| 전공 학문의 학문적 기틀을 이룬 주요 인물 | | |
|---|---|---|
| 연도 | | |
| 인물 | | |
| 업적 및 사건 | | |

| 전공 학문을 통해 앞으로 발전 가능한 영역(분야) |
|---|
| |

〈활동 5-2〉

# 학과 홈페이지를 통해 학과 들여다보기

## 활동목표

- 학과 홈페이지를 통해 자신의 학과에 대한 정보를 탐색한다.
- 학과 홈페이지를 통해 얻게 된 정보로 앞으로 나아갈 방향을 구체화한다.
- 자신이 알게 된 새로운 전공 관련 정보에 대해 공유한다.

## 진행과정

| 활동주제 | 주요 내용 및 방법 | 시간 |
|---|---|---|
| 홈페이지 둘러보기 | • 스마트폰이나 노트북 등을 활용하여 자신의 학과 홈페이지에 접속하여 자유롭게 살펴본다. | 5분 |
| 홈페이지에서 탐색한 정보 기록하기 | • 활동지에 제시되어 있는 내용을 찾아서 작성한다. | 15분 |
| 자신이 새롭게 알게 된 정보에 대해 나누기 | • 새롭게 알게 된 정보에 대해 살펴보고 구성원들과 함께 이야기를 나누며 정보를 공유한다. | 10분 |

## 유의점 및 특이사항

- 기존에 아는 것도 중요하지만 새롭게 알게 된 정보와 자료들에 대해 흥미를 가지기
- 차후에 자신의 진로를 결정하는 데 활용할 수 있도록 알게 된 정보를 정확히 기록하기
- 준비물: 활동지, 필기구

■ 학과 홈페이지를 통해 학과 탐색하기

| | |
|---|---|
| 학과 교수의 세부 전공 | |
| 학과의 취업 분야(자격증) | |
| 학과 동아리 | |
| 학과 행사 | |
| 학과와 관련된 타 전공 | |
| 새롭게 알게 된 점 | |
| | |

〈활동 5-3〉

# 대학 기관 및 시설 알아보기

## 활동목표

- 대학에서 제공하는 학생 지원 기관에 대해 탐색한다.
- 대학 기관 및 시설의 주요 업무와 프로그램에 대해 탐색한다.
- 대학 내 여러 시설에서 제공하는 학습 기회 중 자신에게 필요한 것을 파악하고 적극 활용할 수 있는 방안을 탐색한다.

## 진행과정

| 활동주제 | 주요 내용 및 방법 | 시간 |
|---|---|---|
| 학생 지원 기관 살펴보기 | • 학교 홈페이지를 참고하여 학교 내의 다양한 기관들에 대해 탐색한다. | 5분 |
| 시설의 주요 업무 및 프로그램 탐색하기 | • 제시되어 있는 시설의 주요 업무를 탐색하여 작성한다.<br>• 시설에서 제공하고 있는 프로그램에 대해 탐색한다. | 15분 |
| 학습 기회 활용 방안 탐색하기 | • 학교에서 제공되는 다양한 학습 기회를 활용할 수 있는 방안을 탐색한다. | 10분 |

## 유의점 및 특이사항

- 학습 기회 활용방안을 탐색하는 과정에서 실제로 자신이 실천할 수 있는 계획을 수립하기
- 준비물: 활동지, 필기구

■ 학생 지원 기관 살펴보기

| 기관 | 주요 업무 |
|---|---|
| 중앙도서관 | |
| 인재개발처 | |
| 교수학습개발센터 | |
| 학생서비스센터 | |
| 여대생<br>커리어개발센터 | |
| 사회봉사센터 | |
| 취업 · 창업교육센터 | |
| 학생상담센터 | |
| 국제언어교육원 | |

■ 학습기회 활용방안에 대한 탐색하기

| 관심 영역 | 도움이 되는 기관 및 프로그램 |
|---|---|
| 교과 학습 | |
| 비교과 학습 | |
| 진로 및 취업 준비<br>(자격증) | |

## 참고문헌

기획재정부(2013). 대한민국 중장기 정책과제.
동의대학교(2010). 지도교수세미나. 부산: 동의대학교 출판부.
손동현(2015). 제5회 교양기초교육 관련 집단 컨설팅. 세종: 경성문화사.
이윤미(2009). 대학의 역사. 서울: 진보교육연구소
정선이(2002). 경성제국대학 연구. 서울: 문음사.
허명회(1991). 통계학사 콜로키움. 서울: 자유아카데미.

Rao, C. R. (1989). *Statistics and Truth*. 이재창, 송일성 공역(2003). 혼돈과 질서의 만남. 경기: 나남출판.
Stigler, S. M. (1986). *The History of Statistics*. The Belknap Press of Havard University Press.

로욜라 대학 http://www.luc.edu/undergrad/academiclife/whatsmymajorquiz/(2017. 06. 24. 인출)
위키백과 https://en.wikipedia.org/wiki/Jerzy_Neyman(2017. 10. 10. 인출)
위키백과 https://ko.wikipedia.org/wiki/빅데이터(2017. 10. 10. 인출)
나무위키 https://namu.wiki/w/통계학(2017. 10. 10. 인출)
제타위키 https://zetawiki.com/wiki/다변량분석(2017. 10. 10. 인출)
하버드대학교 통계학과 http://www.stat.harvard.edu(2017. 06. 24. 인출)
한국장학재단 http://www.kosaf.go.kr(2017. 11. 10. 인출)

제6장

# 대학생의 학습

## 학습목표

- 대학생활 중 경험할 수 있는 다양한 학습법과 학습유형을 이해한다.
- 자신의 학습유형을 진단한다.
- 성공적인 대학학습을 위한 전략을 파악한다.

## 1. 대학생의 학습법

대학 진학과 함께 경험하게 되는 가장 큰 변화 중 하나는 바로 학습의 방법일 것이다. 우리는 고등학교까지 통제적인 환경에서 수동적인 학습을 하는 데 익숙해져 왔다. 그러나 대학생은 고등학생에 비해 본인 스스로 학습 활동을 해야 하는 자기주도적인 자세가 요구되며, 학습의 결과에 대한 책임도 커진다.

### 1) 자기주도적 학습

자기주도적 학습은 학생 스스로 학습목표를 정하고 계획하며 공부에 필요한 적절한 전략과 방법을 터득하고 실행한 뒤, 스스로 결과를 평가하고 점검하는 방법이다. 학습 과정에서 계획-실행-평가의 세 영역을 적용시킨 학습법으로서, 공부할 때 스스로 현실적인 계획을 세우고, 계획에 따라 공부하고, 공부한 내용을 스스로 평가하는 학습법이다. 또한, 자기주도적 학습은 학생이 교사에게 배우는 것과 배운 것을 익히는 것의 균형이 이루어져야 하며, 학습 과정에서 계획과 실천, 점검 능력이 중요하게 여겨진다.

결론적으로 자기주도적 학습이란 학습자 스스로가 자신의 학습 형태를 파악하여 학습목표를 설정하고, 자신의 학습 속도에 맞추어 학습을 조절하여 실행하고, 학습이 진행되는 동안 달성하고자 하는 학습목표를 향해 제대로 학습하고 있는지 끊임없이 점검하고 평가하는 방법이라 할 수 있다. 자기주도적인 학습자는 스스로 공부하는 것이 습관이 되어 과제 외에도 자신이 해야 하는 공부가 무엇인지를 스스로 찾아서 학습한다. 만약 대학에 진학하기 전에 이미 이러한 학습법을 습관화시킨 학생이라면 대학의 학습에서 진면목을 발휘할 수 있을 것이다.

그러나 자기주도적인 학습방법을 습관화하는 것은 많은 노력과 시간이 필요하다. 정해진 교육과정 속에서 대학 진학을 위해 수동적으로 학습하던 고등학교까지의 학습 습관으로는 개인의 노력에 따라 무한한 가능성이 열려 있는 방대한 대학의 학습을 효율적으로 수행하는 데 어려움이 있을 수 있다. 자기주도적인 학습 태도는 대학생으로서 자신의 진로를 탐색하고, 나아가 생애를 설계하여 행복한 삶을 살아가는 데 중요한 도구가 될 것이다.

### 2) 원격학습

원격(사이버)학습은 대학의 정규 학기 및 계절학기 강좌 등을 온라인으로 수강할 수 있는 방법이다. 원격학습은 일반 강의실이 배정되지 않으며, 인터넷이 가능한 곳이면 시간과 장소의 구속을 받지 않고 학습할 수 있다는 장점이 있다. 그러나 모든 과목에 적용되지 않으므로 각 전공별로 원격학습에 해당되는 과목을 확인하여야 한다. 예를 들어, D 대학교 교수학습지원시스템의 DTLS(Dongeui Teaching and Learning System)가 여기에 해당된다.

DTLS는 원격(사이버) 강좌, 웹보조 강좌, 온-오프 혼합강좌, 특별과정 등 네 가지

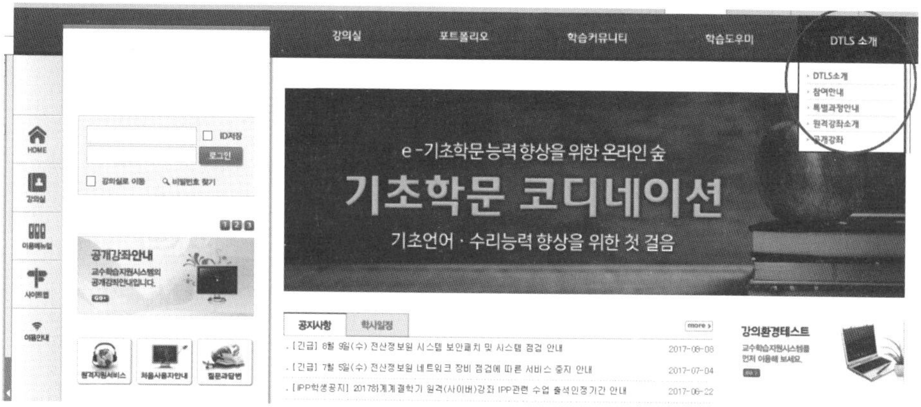


[그림 6-1] D 대학교 교수학습지원시스템 홈페이지

형태의 강좌를 온라인으로 지원한다. 원격(사이버) 강좌는 인터넷이 가능하면 장소의 구애를 받지 않고 수강할 수 있는 강좌이며, 해당 과목의 강의 · 시험 · 과제를 포함한 모든 학습활동을 인터넷을 통해 할 수 있다. 수강신청은 일반 강좌와 마찬가지로 수강신청 기간에 학생종합정보시스템을 통해 이루어지며, 수강신청 편람에 표기된 '교내 원격(사이버) 강좌'를 선택하면 된다.

웹보조 강좌의 경우 일반 강의실에서 오프라인으로 강의를 진행함과 동시에 해당 강의에 필요한 자료 공유와 과제 제출, 소그룹 활동, 토론, 질문 답변 등을 온라인으로 지원하는 강의형태이다.

온-오프 혼합강좌는 온라인 강의와 오프라인 강의가 병행되는 강의 형태로서, 강의의 일정 부분 이상이 원격(사이버) 강좌 형태로 진행되고 나머지 강의는 일반강의실에서 면대면 수업으로 진행되는 강좌이다.

특별과정은 학점과 무관한 비정규 과정으로 동영상, 음성 등을 비롯한 자유로운 형태의 콘텐츠를 제공하며, 필요에 따라 수강신청을 받거나 수강대상을 지정할 수도 있다.

이러한 원격(사이버) 강좌들은 반복해서 강의를 들을 수 있다는 장점이 있으므로 주도적으로 학습에 임할 경우 효율적인 학습 효과를 기대할 수 있다.

### 3) 블렌디드 러닝

블렌디드 러닝(혼합학습, blended learning)은 두 가지 이상의 학습방법이 결합된 상태에서 이루어지는 학습 방법을 의미한다. 일반적인 의미의 블렌디드 러닝은 온라인 강의(온라인 학습)와 오프라인 강의(면대면 학습)가 혼합된 형태의 교육을 의미한다. 네이버 IT용어사전에 따르면, 블렌디드 러닝은 학습 효과를 제고하기 위해 마치 칵테일처럼 온라인과 오프라인 교육을 혼합(blending)하는 것에서 착안되었다고 한다.

블렌디드 러닝은 매우 다양한 영역에서 접근할 수 있다. 예를 들면, 학습자 영역에서의 블렌디드 러닝은 자기주도 학습과 그룹기반 학습의 통합 과정으로 접근될 수 있으며, 시간 영역에서는 실시간 학습과 비실시간 학습의 통합 과정으로 접근될 수 있다. 공간 영역에는 온라인과 오프라인 학습의 통합 과정으로 접근될 수 있으며, 콘텐츠 영역에서는 구조화된 학습과 비구조화된 학습의 통합 과정으로 접근될 수 있다. 또한, 방법 차원에서는 강의식, 사례 연구, 전문가, 패널 토의, 그룹 토의, 경험 학습, 시뮬레이션, 팀 활동, 독서 접목 등의 교수법 중 두 가지를 통합하는 과정으로 접근될 수 있다. 이러한 블렌디드 러닝은 온라인 교육을 통해 오프라인 교육의 문제점을 보완하여 교육 효과를 향상시키고 학습자의 학업성취도를 향상시키는 데 목적이 있다(정원진, 2009).

각 대학마다 전공과목이나 교양과목에 따라서 오프라인 강의와 온라인 강의를 혼합한 블렌디드 러닝을 적용하고 있다. 강의는 오프라인으로 실시되지만, 자료 공유와 과제 제출, 소그룹 활동, 토론, 질문 답변 등은 온라인으로 실시되는 웹보조 형식의 수업이 바로 블렌디드 러닝으로 진행되는 강의이다.

블렌디드 러닝의 또 다른 사례는 플립 러닝(flip learning)이라고 할 수 있다. 플립 러닝은 전통적인 수업 방식과 달리 수업에 앞서 학생들이 교수가 제공하는 강의를 온라인을 통하여 선행학습을 하고, 오프라인 강의 시간에는 선행학습의 내용을 기반으로 교수와 토론식 강의를 진행하거나 과제 풀이를 하는 '역진행 수업 방식'을 말한다.

일부 교육자들은 학습자의 자기주도적 학습 능력이 부족한 경우 플립 러닝의 효과가 미미할 수 있고, 학습 환경에 따라 교육 기회의 불평등이 나타날 수 있다는 측면에서 플립 러닝에 대한 우려의 목소리를 내고 있다. 하지만 플립 러닝을 접목한 대학 강좌의 경우 수강생들의 능동적인 학습 참여를 이끌어 내고, 학습자와 교수자의 양방향 소통을 가능하게 함으로써 학습 몰입도, 이해도를 높이는 효과를 가진다고 평가되고 있다(김남익, 전보애, 최정임, 2014).

## 2. 학습유형

학습을 할 때 자신만의 독특한 방법이 있는데, 이것을 학습유형(learning style)이라고 한다. 다시 말해, 학습유형이란 학습자가 가지고 있는 학습에 대한 태도나 학습에 인지적으로 접근하는 각각의 방법을 말한다. 예를 들어, 조용한 곳에서 집중을 잘하는 사람도 있지만, 여러 사람과 함께 어울려서 토론하듯이 학습하는 것을 좋아하는 사람도 있다. 클래식 음악을 들으면서 공부하는 것을 좋아하는 사람도 있지만, 가사가 있는 대중음악을 들으면서 공부하는 것을 좋아하는 사람도 있는 것처럼 저마다의 학습유형을 가지고 있다. 이러한 학습유형은 개인의 행동유형에 따라 분류되기도 한다. 이 절에서는 DISC 행동유형인 주도형(Dominance), 사교형(Influence), 안정형(Steadiness), 신중형(Conscientiousness)의 특징에 따라 개인적으로 선호하는 학습유형에 대해 간략하게 알아보고자 한다.

### 1) 주도형

주도형 학습유형을 지닌 사람은 도전을 받아들이며 장애를 극복함으로써 스스로 환경을 조성하는 유형으로서 강한 책임의식을 가지고 있다. 항상 솔선수범하고 잘못된 것을 남에게 미루지 않는다. 혼자서 깨닫고 혼자서 결정하여 실행해 나가는 스타일이며, 일반적으로 규모가 크다. 이들은 일을 어떻게 해야 하는가보다 무엇을 해야 하는가에 관심이 더 많은 편이다.

주도형은 팀 프로젝트와 같이 다른 사람들과 함께하는 학습이나 현장학습, 탐구활동 등과 같이 다양한 활동을 동반한 학습유형을 선호한다. 특히, 팀 과제를 수행할 때 리더로 활동하기를 좋아한다. 학습목표를 정해 놓고 그 목표를 성취하기 위해 끝까지 최선을 다하는 편이며, 구속이나 제한된 의무에 얽매이는 것을 싫어하는 학습유형이다.

주도형은 즉흥적인 행동을 피하고 시간 관리와 체계적인 계획에 따른 행동으로 팀원들이나 동료들과 함께하는 자세와 주의가 필요하다.

〈표 6-1〉 주도형 학습유형의 특징

| 일반적 특징 | 강점 | 단점 |
|---|---|---|
| - 즉시 성과를 거둔다.<br>- 다른 사람의 행동을 유발시킨다.<br>- 도전을 받아들이며 포기하지 않는다.<br>- 의사결정을 빠르게 내린다.<br>- 기존의 상태에 문제를 제기한다.<br>- 지도력을 발휘한다.<br>- 어려운 문제를 처리한다.<br>- 책임감, 자신감이 있다. | - 용기가 있다.<br>- 목표 지향적이다.<br>- 자신감이 있다.<br>- 경쟁적이다.<br>- 의지가 강하다.<br>- 직선적이다.<br>- 솔직하다.<br>- 빠르게 판단한다. | - 참을성이 부족하다.<br>- 공격적이다.<br>- 고집이 세다.<br>- 화를 잘 낸다.<br>- 무모하다.<br>- 비정하다.<br>- 지나치게 나선다.<br>- 독재적이다. |

### 2) 사교형

사교형은 다른 사람을 설득하거나 영향을 미침으로써 스스로 환경을 조성하는 특징이 있으며, 부드러우면서도 활동적인 성향으로 사람들과 함께하는 것을 좋아한다. 일반적으로 공부를 하거나 골치 아픈 일은 싫어하지만 감정이 풍부하고 명랑하며 창조적이고, 인간관계를 매우 잘하는 관계제일주의라고 할 수 있다.

사교형의 학습유형은 친구들과 함께 어울려서 학습하는 것을 좋아하기 때문에 목표한 분량을 성취하는 것보다 친구들과 함께 공부하는 시간을 즐기는 편이다. 자신의 감정적인 상황에 따라 학습량의 차이가 많이 나므로 달성 가능한 학습목표를 세워서 성취할 수 있도록 학습 플래너를 활용한 계획적인 학습이 필요하다. 시험공부를 할 때 조용히 암기하는 것보다 행동과 말로 내용을 설명하면서 공부하는 경우

〈표 6-2〉 사교형 학습유형의 특징

| 일반적 특징 | 강점 | 단점 |
|---|---|---|
| - 사람들과 접촉한다.<br>- 호의적인 인상을 준다.<br>- 말솜씨가 좋으며 설득을 잘한다.<br>- 다른 사람을 동기 유발시킨다.<br>- 열정적이다.<br>- 사람들을 즐겁게 한다.<br>- 사람과 상황에 대해 낙관적이다.<br>- 팀 활동을 좋아한다. | - 낙천적이다.<br>- 상상력이 풍부하다.<br>- 사교적이다.<br>- 열성적이다.<br>- 좋은 대화 상대가 된다.<br>- 자발적이다.<br>- 다채롭다.<br>- 창의적이다. | - 감정적이다.<br>- 말이 많다.<br>- 비현실적이다.<br>- 공상적이다.<br>- 충동적이다.<br>- 체계적이지 못하다.<br>- 무질서하다.<br>- 진지하지 못하다.<br>- 속기 쉽다. |

가 많으며, 집중력이 약한 편이다.

사교형은 감정적인 표현보다는 논리적인 표현을 할 수 있도록 노력하고, 객관적인 정보와 과업을 성취하는 것의 중요성을 인식하여 체계적 · 효과적으로 학습하기 위한 노력과 자세를 갖도록 해야 한다.

### 3) 안정형

안정형은 과업을 수행하기 위해서 다른 사람과 협력하는 것을 좋아하는 특징이 있으며, 다른 유형들에 비해 온유하고 침착하며 친절하고 타인과 잘 어울린다. 이 유형은 적응력이 강한 유형으로 감정의 영향을 잘 받지 않으며, 조용하고 지성적인 편이다. 또한 극단적으로 행동하지 않고 중도를 선택해 다른 사람과 다투지 않는 편이다. 자신의 감정을 쉽게 드러내지 않는 유형인데, 예를 들면 태풍을 만나도 고요하고 침착할 수 있는 사람들이며 화가 날 때는 가슴에 두고 참는 편이다.

안정형은 공부를 할 때 자신이 세운 목표를 성취하기 위해 안정적인 계획을 수립하는 유형이다. 수립한 계획을 성실하게 수행하려고 애쓰지만, 학습 환경이나 학습 계획에 변화가 생길 경우 당황스러워한다. 시험공부를 할 때도 감정의 변화에 크게 영향받지 않으며 다른 친구의 학습을 도와주려는 성향이 강하다. 그러나 공부가

〈표 6-3〉 안정형 학습유형의 특징

| 일반적 특징 | 강점 | 단점 |
|---|---|---|
| - 예측가능하고 일관성 있게 일을 수행한다.<br>- 참을성과 충성심이 있다.<br>- 대인관계가 원만하다.<br>- 다른 사람을 돕고 지원한다.<br>- 다른 사람의 의견을 잘 들어준다.<br>- 흥분한 사람을 진정시킨다.<br>- 꾸준하고 학업수행이 안정되어 있다.<br>- 조화로운 학습 환경을 만든다. | - 안정적이다.<br>- 꾸준하다.<br>- 마음이 부드럽다.<br>- 도움을 준다.<br>- 균형 있는 성향이다.<br>- 남을 즐겁게 해주려 한다. | - 열성, 활력이 부족하다.<br>- 변화를 싫어한다.<br>- 줏대가 없다.<br>- 지나치게 대우하려 한다.<br>- 쉽게 속아 넘어간다.<br>- 연약하다. |

자신의 계획대로 진행되지 않거나 장애 요소가 발생되었을 때 걱정을 많이 하지만, 곧 타협점을 찾아서 자기만의 페이스를 찾는 유형이다. 이처럼 안정형은 계획을 세워 꾸준히 학습해 나가는 스타일이지만, 갑작스런 환경변화에 스트레스를 많이 받는다. 따라서 자신만의 페이스를 유지하고 변화에 융통적으로 대처할 수 있는 능력을 키워야 한다.

### 4) 신중형

신중형 학습유형은 학습의 품질과 정확성을 높이기 위해 기존의 환경 안에서 신중하게 일하는 특징이 있으며, 다른 세 유형보다 깊이 사고 · 분석하고 철저하게 사색하는 특징이 있다. 매우 민감한 성격의 소유자로 대체로 비관적 · 염세적이며, 강박관념에 싸여 있다. 위대한 철학자나 과학자가 많으며, 계획에 따라 조직적으로 활동하기를 좋아한다. 진지하게 인생의 목적을 추구하고 질서 있게 처리하는 일에 매력을 느끼고 가치를 둔다.

이 유형은 지식을 추구하려는 욕구가 강한 특징이 있다. 어떤 일을 완벽하게 하려는 성향이 있기 때문에 자신이 하고 싶은 일이나 학습에 심취하여 집중할 수 있다. 신중형의 학생들은 자신이 원하는 환경에서 학습을 가장 잘할 수 있으므로 자

〈표 6-4〉 신중형 학습유형의 특징

| 일반적 특징 | 강점 | 단점 |
|---|---|---|
| - 정리정돈을 잘한다.<br>- 중요한 지시나 기준에 관심을 둔다.<br>- 세부 사항에 신경을 쓴다.<br>- 분석적으로 사고하며, 높은 기준을 가지고 있다.<br>- 외교적 수완이 있다.<br>- 갈등에 대해 간접적 · 우회적으로 접근한다.<br>- 정확하다.<br>- 업무 수행에 대해 비평적으로 분석한다. | - 분석적이다.<br>- 양심적이다.<br>- 높은 이상을 추구한다.<br>- 최상의 목표달성 욕구가 있다.<br>- 주의력 있는 태도를 갖는다.<br>- 예민하고 직관적이다. | - 비사교적이다.<br>- 의심이 많다.<br>- 걱정이 지나치다.<br>- 비판적 · 판단적이다.<br>- 완벽주의이다.<br>- 비판에 상처받기 쉽다.<br>- 부정적이다.<br>- 세부적인 것에 너무 집착한다. |

신이 편하게 느끼는 학습 환경을 구성하여 시험공부에 임하면 좋은 효과를 기대할 수 있다. 필기를 할 것인지, 과제를 할 것인지 등에 대한 결정을 자신의 판단 원리에 따라 결정하기 때문에 팀 활동을 힘들어하고 팀 활동을 할 때 자신의 느낌과 감정을 솔직하게 표현하지 않는다.

이처럼 신중형은 과도한 학습목표를 설정하는 경향이 있으므로 학습의 전체적인 흐름을 파악하여 현실적인 목표를 세울 수 있도록 해야 하며, 타인의 감정과 노력에 관심을 가지고 그 중요성을 인정하는 노력이 필요하다.

이상의 4가지 학습유형 중에서 자신에게 해당되는 유형을 확인하고, 공부할 때 특별히 주의하거나 극복해야 할 부분이 있다면 학습의 효과를 높이기 위해 어떠한 노력이 필요한지 스스로 점검하는 자세가 필요할 것이다.

# 3. 학습동기 촉진 전략

"말을 물가에 끌고 갈 수는 있지만 억지로 물을 먹이지는 못한다."는 격언이 있다. 말을 물가에 데리고 가는 것까지는 할 수 있지만 말이 직접 물을 먹지 않으면 아무 소용이 없다는 것으로, 말에게 물을 먹고자 하는 욕구가 먼저 생겨야 한다는 것을 의미한다. 이 격언은 학습자 스스로 학습하려는 동기가 유발되지 않으면 학습 욕구가 일어나지 않기 때문에 학습의 효과가 나타나지 않으므로 학습동기가 중요하다는 것을 나타낸 것이다.

학습동기는 매우 중요하다. 혹시 자신이 고등학생 시기까지 공부한 이유가 원하는 대학에 진학하는 것이라고 생각하며 지내 왔다면 그것은 큰 잘못이다. 학습은 대학에서도 계속 진행이 되며, 대학을 졸업한 후에도 지속적으로 평생학습 능력이 필요하기 때문에 학습에 대한 적절한 동기 유발과 지속이 무엇보다도 중요하다.

학습동기를 촉진하는 전략은 동기 각성, 삶의 방향 설정, 삶의 목표 수립, 장애 제거, 자신감 갖기 등 5단계로 구성된다(박혜남, 2010). 첫째, 동기 각성 단계는 공부를 해야 하는 이유, 혹은 학교에 다녀야 하는 이유에 대해 깨닫는 단계이다. 둘째, 삶의 방향을 설정하는 단계는 자신이 원하는 장래의 진로나 직업을 선택해 보는 단계이다. 셋째, 삶의 목표 수립 단계는 자신이 선택한 장래의 진로나 목표를 이루기 위한 단기적인 목표를 설정해 보는 단계이다. 넷째, 장애 제거 단계는 공부에 방해가 되는 심리적 · 물리적 요소를 제거하기 위한 방법을 생각하고 실천하는 단계이다. 다섯째, 자신감 갖기 단계는 스스로 공부를 정말 잘할 수 있다는 신념을 가지는 단계이다. 바람직한 학습동기를 갖는 것은 성공적인 대학 학습을 위해 가장 우선적으로 이루어져야 하는 과정이다.

**〈표 6-5〉 학습동기 촉진 5단계**

| 단계 | 특징 |
|---|---|
| 1단계: 동기각성 | 공부하는 이유, 학교 다니는 이유 찾기 |
| 2단계: 삶의 방향 설정 | 원하는 장래의 진로나 직업 찾기 |
| 3단계: 삶의 목표 수립 | 장기적인 목표 달성을 위한 단기적 목표 수립하기 |
| 4단계: 장애 제거 | 공부에 방해가 되는 요소 제거하기 |
| 5단계: 자신감 갖기 | 공부를 잘할 수 있다는 신념 갖기 |

학습동기 촉진의 5단계를 자신에게 적용하여 공부해야 하는 이유에 대해 생각해 보고, 대학생으로서 스스로 학습동기를 촉진하는 노력을 기울여야 할 것이다.

## 4. 시간관리 전략

시간은 누구에게나 주어진 공평한 자원이므로 어떻게 관리하느냐에 따라 그 효율성이 결정된다. 대학에서의 학습을 위해 시간관리가 필요한 이유 중 하나는 대학 입학 후에는 자기 스스로 조절해야 하는 시간이 갑자기 많아지고 학습 외에 관심을 두고 활동하는 영역이 넓어지기 때문이다. 대학에 들어와 대다수의 학생들은 다양한 대외활동이나 대인관계 활동에 참여하게 되는데, 이러한 활동에 과다한 시간을 투자하다 보면 학습의 리듬이 깨지거나, 학습과의 적절한 시간 균형을 이루지 못해 학업에 문제가 발생하곤 한다. 대학생활에서 문제가 되는 요인으로 음주 문제, 컴퓨터 사용 문제 등이 있으며, 실제로 음주 정도는 학업 성취를 예측하는 데 부정적인 영향을 주는 요인으로 보고되었다(강승호, 2010). 그러므로 대학에서의 성공적인 학습을 위해서 시간관리를 통해 학습의 리듬을 유지하고, 학습 방해 요인에 대해 효과적으로 조절할 수 있어야 한다.

### 1) 목표와 우선순위 정하기

효율적인 시간관리를 위해서 먼저 목표를 잘 세워야 한다. 목표는 일정 기간 동안 해야 할 일들을 구체적인 내용으로 설정하는 것으로서, 기간에 따라 연 목표, 학기 목표, 월 목표, 주 목표, 일 목표로 구분된다. 각 기간 동안 해야 할 일과 하고 싶은 일들이 있는데, 목표를 명확히 설정하려면 일들의 우선순위를 결정하는 것이 중요하다.

『성공하는 사람들의 7가지 습관』의 저자 코비(Covey)는 일의 긴급성과 중요성을 기준으로 우선순위를 정하는 매우 유용한 방법을 제안하였다. 긴급한 일은 즉각적인 처리가 요구되고, 바로 눈앞에 보이고 꼭 해야 한다는 압박감을 느끼는 일이다.

중요한 일은 그 결과가 자신의 사명이나 가치관과 관계된 일인 경우가 많으며, 개인적으로 가치있다고 생각하는 일이다. 중요성과 긴급성을 기준으로 우선순위를 적용할 일의 영역을 나누어 보면 다음과 같다(Covey, 1989).

(1) 긴급하고 중요한 일

반드시 해야 할 일이면서도 급하게 해야 할 일이다. 중요하면서도 급하기 때문에 가장 우선적으로 관심을 두고 해결해야 한다. 주로 마감시간이 임박한 일들이며, 이런 일들이 너무 많으면 심한 스트레스를 받게 된다. 예를 들면, 이틀 후 있을 시험 공부, 내일 제출할 보고서 작성, 1시간 후에 있을 프레젠테이션 자료 준비 등이 이에 해당된다.

(2) 긴급하지 않지만 중요한 일

미래의 성공을 위해 서서히 준비해야 할 중요한 일로, 시급한 일은 아니지만 미래를 위해 자기를 계발하고 성장시키는 활동들이 여기에 속한다. 누군가가 체크하거나 재촉하지 않기 때문에 이런 일은 급한 일에 밀려서 자꾸 뒤처지지만 계속 미루다 보면 감당할 수 없는 큰 문제가 발생하는 경우가 있다. 따라서 이런 일을 잘하려면 적절한 계획을 통해 세분화하여 긴급한 일로 만드는 전략이 필요하다. 예를 들면, 건강 관리, 외국어 공부, 자격증 취득, 인간관계 관리 등이다.

(3) 긴급하지만 중요하지 않은 일

마감시간이 임박하지만 꼭 할 필요는 없는 일이 여기에 해당된다. 다급하게 처리해야 하지만 그다지 중요하지 않은 일을 말한다. 누군가의 재촉이나 부탁을 거절하지 못해 생긴 일이지만 지나고 보면 불필요한 일이라는 것을 깨닫게 되는 경우가 이에 속한다. 예를 들면, 내일 종영되는 영화 보기, 친구의 사소한 부탁 들어주기, 전화로 걸려온 여론조사, 예정에 없던 술자리 등이 있다.

(4) 긴급하지도 않고 중요하지도 않은 일

시급하지도 않고 중요하지도 않은 하찮은 일로, 하면 좋지만 하지 않아도 별 문제가 없는 사소한 일들이 있다. 이러한 일에 보내는 시간이 많은 사람은 대개 효율적이지 못하고 목표나 계획 없이 시간을 낭비하는 사람일 수 있다. 예를 들면, 잡담하기, 목적 없는 인터넷 서핑 등이 이에 해당된다.

이러한 일의 영역을 가지고 자신이 지금까지 어떤 특성의 일을 하는 데 시간을 많이 보냈는지 점검해 보고, 그 원인과 문제점을 파악하여 개선해 나가는 것이 중요하다. 한 연구에 따르면, 사람들은 하루 시간 중 50%를 긴급하지만 중요하지 않은 일에, 30%는 긴급하고 중요한 일에 사용하여, 긴급하지는 않지만 중요한일과 긴급하지도 않고 중요하기도 않은 일에 각각 10%의 시간을 사용한다고 한다. 즉, 중요한 일을 처리하는 데 사용하는 시간은 전체의 1/2이 채 되지 않는다는 것이다. 그러므로 중요하지도, 긴급하지도 않은 일 때문에 우리의 시간을 허비하지 않도록 무엇이 자신의 삶에서 중요한 일인지 가려내어 우선순위를 정하는 것이 필요하다.

### 2) 계획 세우기

우선순위에 따라 목표를 정하면, 그러한 목표를 성취할 수 있는 구체적인 계획을 세우고 이를 실행하기 위한 실천 사항을 시간대별로 수립하는 전략이 필요하다. 계획 세우기의 핵심은 목표를 달성하는 데 필요한 과업들을 잘게 쪼개어 하위 목표들을 설정하고 시간적 순서에 따라 그 실행 계획을 구체적으로 수립하는 것이다. 또한, 계획을 세울 때 너무 욕심을 내어서 빡빡하게 짜지 않도록 하고 가능한 변수를 고려하여 여유 시간을 만들어 두는 것이 필요하다.

### 3) 실천하기

시간관리의 마지막 단계는 계획에 따라 행동으로 실천하는 것이다. 즉, 시간대별로 수립한 계획에 따라 차질 없이 실행에 옮기는 것이 중요하다. 자신이 수립한 계획을 실천하여 목표를 달성하기 위해서는 항상 주간 계획표를 가지고 다니면서 하루 두 번 이상 체크하는 것이 도움이 된다. 그리고 사람마다 집중이 잘되는 시간대가 다르기 때문에 자신의 리듬에 맞추어서 시간을 활용하도록 배정하는 것이 필요하다.

무엇보다 매주 계획에 따라 실천이 잘 되었는지를 확인·평가해야 하며, 만약 계획대로 실천하지 못했다면 그 이유를 잘 파악해서 주된 원인을 제거하여야 한다. 주로 우리가 계획대로 실천하지 못하는 이유는 성과 없이 바쁘게 만드는 여러 가지 방해물들이 있기 때문인데, 자신의 생활 속에 효율적인 시간관리를 방해하는 장애물은 무엇인지 생각해보는 습관이 필요하다.

**효과적으로 방학을 보내는 방법**

여름 방학과 겨울 방학으로 보내는 시간을 합하면 1년 중 1/3을 차지한다. 방학을 어떻게 보낼 것인지 미리 계획을 세워서 시간을 알차게 사용할 수 있도록 준비해 보자.

- 방학 계획은 방학하기 전에 세우자.
- 방학 중에 할 일의 우선순위를 정하자.
- 방학 동안에도 시간관리에 힘쓰고, 자투리 시간을 잘 활용하도록 하자.
- 자신의 전공과 관련한 다양한 정보를 탐색하자.
- 자신의 취업 및 진로를 위한 네트워크를 형성하자.
- 자격증, 외국어 학습을 위한 목표를 세우고 실천하자.
- 아르바이트 및 인턴십, 봉사활동에 참여하자.
- 방학 중에도 교수, 친구, 선후배와의 커뮤니케이션을 꾸준히 하자.
- 방학이 끝날 즈음 다음 학기 수강 과목에 대한 강의 계획서를 미리 확인하자.

## 5. 시험관리 전략

시험은 자신이 아는 것과 모르는 것이 무엇인지 점검하는 과정이며, 자신의 실력을 체크해 볼 수 있는 시간이다. 현명한 학생은 시험이 유용한 학습 경험이 될 수 있다는 것을 알고 있지만, 시험 준비는 여전히 부담스럽고 힘든 과정이다. 특정 교과목의 시험을 준비하고, 실제 시험을 치르고, 더 나아가 시험 결과에 대해 반성적인 분석 과정을 통하여 그동안 자신의 학습 방법과 학습량이 적합하였는지를 파악할 수 있다. 즉, 시험 준비 과정을 통해 자기주도적인 학습을 할 수 있는 기회를 가질 수 있다.

### 1) 시험 계획 세우기

대부분의 시험은 배운 내용에서 출제된다. 시험 전 강의 계획서를 잘 살펴보고 핵심 내용을 파악해야 한다. 이전 시험 문제나 선배들로부터의 정보를 통해 담당 교수의 출제 경향을 분석해 보고, 자신이 출제자라면 어떤 문제를 내고 싶은지 생각해 보는 것도 필요하다. 또한, 시험 준비를 위한 시간과 공부 분량을 체계적으로 계획하여야 한다. 무조건 오랜 시간 공부한다고 해서 시험 결과가 좋은 것은 아니므로, 효율적인 시간 배분과 현실성 있는 준비가 필요하다. 매일 공부할 양을 미리 정해 놓고, 시험 범위를 기록하여 계획하는 것이 공부의 목표를 분명하게 할 수 있어 도움이 된다. 마지막으로, 공부할 순서를 정하고 가장 중요한 것부터 순차적으로 진행하는 것이 필요하다.

### 2) 시험 공부하기

시험 공부를 위해 강의 노트나 관련 자료를 요약하는 것이 좋다. 개론 형태의 수업은 개념을 중심으로 요약하고, 그 외 수업들도 핵심 개념이나 공식 위주로 내용을 요약한다. 오픈 북 형식의 시험도 미리 강의 노트를 요약해 두면 도움이 된다. 시험공부를 계속 미루는 것은 심리적인 부담만 주는 좋지 못한 습관이므로, 미루는 습관을 고치고 바로 시작하도록 한다. 분량이 적고 쉬운 것부터 시작하는 것도 시험공부의 좋은 전략이 될 것이다.

시험공부는 짧게, 여러 번 반복하는 것이 효과적이다. 반복해서 공부를 하다 보면 중요하고 핵심적인 내용이 눈에 들어온다. 그리고 공부를 하다가 해결되지 않는 문제나 질문 사항들이 생길 때 곧바로 해결하는 것이 좋다. 미루다 보면 해결하지 못하고 시험을 치르게 될 수도 있고, 관련된 문제가 출제되면 당황할 수 있기 때문이다.

공부를 시작한 지 1시간 반이나 2시간이 지나면 서서히 집중력이 떨어질 수 있으므로, 공부시간은 2시간을 넘기지 않도록 하고 중간에 휴식시간을 가지는 것이 집중력에 도움이 된다.

마지막으로, 친구들과 함께 스터디하는 것이 혼자 공부하는 것보다 시험에 대한 지나친 긴장감을 줄이고, 공부의 효과를 높일 수 있는 방법이다. 풀리지 않는 문제들은 친구들과 함께 해결하거나 친구의 도움을 즉각적으로 받을 수 있다. 특히, 성실한 친구들과 함께 공부하면서 그들의 시험전략을 벤치마킹하는 것도 도움이 된다.

### 3) 시험 치기

#### (1) 시험 직전

식사는 가볍게 하되, 식사를 못했을 경우는 초콜릿, 사탕 등을 섭취하는 것이 도움이 된다. 시험 시간에 늦지 않도록 미리 가서 자리를 잡고 주변을 정리하며, 공부한 내용 중 자신이 없는 내용 위주로 훑어본다.

#### (2) 시험 도중

전체적으로 시험 문제를 훑어본 후 한 문제당 시간을 적절히 나누어서 주어진 시간을 최대한 활용하도록 한다. 문제를 풀 때, 그 문제가 요구하는 핵심이 무엇인지 밑줄을 그어 가면서 풀도록 하고, 어려운 문제는 체크해 놓고 뒤로 넘기는 것이 시간을 활용하는 데 도움이 된다.

#### (3) 시험 후 분석

시험을 치고 난 뒤에 이번 시험을 실패했다고 생각된다면, 그 원인이 어디에 있는지 찾아보아야 한다. 실수한 부분이나 틀린 부분을 확인하여 문제의 핵심을 잘못 파악하였는지, 다른 내용과 혼돈하였는지, 모르는 내용이었는지 등의 원인을 찾아본다. 왜냐하면 실패의 원인을 모른다면 똑같은 실수를 반복할 수 있기 때문이다.

### 4) 시험답안 작성하기

#### (1) 서술형 답안 작성법

중요한 내용과 채점 비중이 높은 사항을 중심으로 대략적인 개요를 작성한다. 도입 부분은 가장 중심이 되는 문제와 개념을 제시하며, 필요할 경우 답안에 사용할 전문 용어들을 정의한다. 결론 부분은 명확하고 단정적으로 요약하여 기술하고, 작성이 끝난 후 전체적으로 한 번 읽어 본다. 읽기 쉬운 답안이 잘 구성된 답안이므로, 매끄럽지 못한 부분은 수정한다.

#### (2) 문제풀이형 답안 작성법

문제가 무엇을 묻는지 정확하게 파악한 후 답을 찾아야 한다. 옳은 것을 고르는 문제인지 틀린 것을 고르는 문제인지 바르게 이해하고 문제를 풀도록 해야 실수하지 않는다. 보기가 여러 개 있는 경우 섣불리 선택하게 되면 오답을 선택할 수 있으므로, 모든 보기를 끝까지 읽어보는 습관을 가져야 한다. 문제풀이형 시험의 경우 전체 시험 시간을 고려하여 시험 문제를 풀어나가야 한다. 쉬운 문제를 먼저 풀고 어려운 문제를 뒤에 푸는 것도 시험시간이 부족하여 당황하는 일을 방지할 수 있는 한 가지 방법이다. 어려운 문제에 시간을 많이 쓰게 되면, 나중에 시간이 부족해져서 아는 문제도 못 풀고 시험을 마쳐야 하는 경우가 종종 발생하기 때문이다. 모든 문제를 먼저 훑어보고 각 문제 당 시간을 잘 배정하는 효율적인 시험전략이 필요하다.

## 6. 글쓰기 및 말하기 전략

고등학교까지의 학습과는 다르게 대학 학습은 글쓰기 작업이 중요한 요소로 작용한다. 강의 노트 필기를 비롯하여, 보고서 및 리포트 작성, 시험답안 작성, 프레젠테이션 원고 작성 등은 글쓰기 기술과 말하기 기술이 바탕이 되어야 하기 때문이다. 자신의 생각과 주장을 효과적으로 표현하기 위해서는 글쓰기 및 말하기 전략을 수립할 필요가 있다.

효과적인 글쓰기 전략은 ① 글의 주제나 제목을 정하는 단계, ② 글의 주제에 적합한 정보나 아이디어를 수집하는 단계, ③ 수집한 자료를 기초로 하여 자신의 주장과 결론을 반영한 주제 문장을 작성하는 단계, ④ 작성한 주제를 뒷받침할 만한 근거를 제시하기 위해 글의 개요를 짜는 단계, ⑤ 작성한 개요에 맞추어서 자신의 아이디어가 어떻게 흘러가는지에 집중하여 자연스럽게 초안을 작성하는 단계, ⑥ 작성된 초안을 수정하여, 논리적인 전개와 문법, 맞춤법 등을 검토하는 단계로 진행된다(박혜남, 2010).

대학 학습의 글쓰기는 노트 필기, 시험답안, 리포트, 프레젠테이션 원고 등에 필수적으로 활용되며, 말하기 전략은 프리제테이션에서 활용된다. 각 영역별로 효과적인 글쓰기 및 말하기 전략을 접목하여 간략히 살펴보자.

### 1) 노트 필기법

19세기 중반 독일의 심리학자인 에빙하우스(Herman Ebbinghaus)는 인간의 기억에 관한 연구에서 반복해서 암기하지 않은 정보는 대부분 기억 속에서 사라지게 된다고 하였다. 따라서 강의 시간에 배운 내용을 모두 기억할 수 없기 때문에 중요한 내용을 중심으로 기록해 두는 것이 효율적인 학습 전략에 도움이 된다.

어떤 내용이 중요한지, 교수가 강조한 내용이 무엇인지 미리 정리해 두면 시험기간에 따로 정리할 필요가 없다. 이렇게 정리된 노트는 자신만의 참고서 역할을 충분히 하게 된다. 노트 필기를 하게 되면 수업 내용을 놓치지 않으려고 더욱 집중하게 되므로 수업에 참여하고자 하는 동기를 향상시킬 수 있다. 다양한 노트 필기법이 활용되고 있지만, 효과적인 학습전략에 도움이 되는 코넬식 노트 필기법에 대해 소개하고자 한다.

#### (1) 코넬식 노트 필기법

1949년 미국 코넬대학교의 월터 포욱(Walter Pauk) 교수는 노트 속지를 네 개 영역으로 구분하여 효과적으로 복습할 수 있도록 도와주는 노트 양식을 개발하였다. 일반적인 대학노트에는 왼쪽에 여백을 두고 수직으로 구분선이 그려져 있는데, 이러한 노트가 바로 학생들의 효과적인 학습 방법과 능률을 높이기 위해 고안된 '코넬식 노트'이다(김모곤, 김미호, 우종선, 2013).

코넬식 노트 필기법은 많은 사람들이 활용하고 있으며, 그 효율성이 증명된 노트 필기 방법이다. 그러나 처음부터 모든 과목에 적용하는 것보다 한 과목 정도 적용하여 본 후 자신이 능숙하게 활용할 수 있을 때 다른 과목에도 확대하여 적용하는 것이 좋다. 필기를 효율적으로 하는 것은 복습 시간을 단축할 수 있으므로 효과적이고 경쟁력 있는 학습전략이라 할 수 있다.

### (2) 코넬식 노트 필기의 구성

코넬 노트는 제목 영역, 정리 영역, 키워드 영역, 요약 영역 등 총 네 부분으로 나뉜다.

#### ① 제목 영역

날짜와 강의 주제 등을 기입한다.

#### ② 정리 영역

수업 내용을 기록하는 곳이며, 수업의 중요한 내용을 중심으로 간단하고 명료하게 작성하도록 한다. 중요한 부분은 색상이 다른 필기도구를 사용하여 눈에 띄도록 작성하는 것이 도움이 된다. 특히, 자신만의 기호를 만들어서 사용하면 더욱 효과적이다.

#### ③ 키워드 영역

필기 영역의 키워드나 중요한 것을 선별하여 기입한다. 강의나 공부가 끝나고 노트를 재검토할 때 머릿속에 떠오르는 생각이나 키워드, 질문 등 기억에 도움이 될 만한 내용을 작성한다. 노트 필기의 중요한 점은 필기한 내용을 한눈에 이해할 수 있도록 키워드만 적는 것이 핵심이다.

#### ④ 요약 영역

수업이 끝난 후 필기 영역의 내용을 보면서 3~5줄 이내로 요약해서 적는다. 이렇게 요약한 내용은 시험공부 시간이 모자라거나 시험 시작 바로 전 모든 내용을 짧은 시간에 이해하는 데 도움이 된다.

<table>
<tr><td colspan="2">제목 영역<br>• 수업 날짜/강의주제/수업목표 등 기입</td></tr>
<tr><td>키워드 영역<br>• 키워드 기입<br>• 연관된 질문 작성<br>• 도표(그림) 추가<br>• 학습에 도움될 만한 내용 기입</td><td>정리 영역<br>• 수업 내용 작성<br>• 간결한 문장 사용<br>• 자신만의 기호 활용<br>• 불필요한 내용은 생략<br>• 내용들 사이의 간격을 충분히 확보할 것</td></tr>
<tr><td colspan="2">요약 영역<br>• 빠른 참조를 위해 가장 중요한 키워드(내용) 기입</td></tr>
</table>

**[그림 6-2] 코넬식 노트 필기 양식**

(3) 코넬 노트 필기 6R의 원칙

① **Record**(기록하기)

수업을 듣는 동안 교수의 강의나 판서 내용을 노트 정리 영역에 기록한다. 이때 불필요한 단어는 제거하고, 중심 단어들만 사용해서 전체 줄거리를 간략하게 써야 한다.

② **Reduce**(축약하기)

정리 영역에 쓴 내용을 보고, 중요한 사실이나 생각들을 왼쪽 키워드 영역에 적어둔다. 되도록이면 핵심 단어와 간단한 구문으로 축약하거나 사실들에 기초한 질문을 만들어 두면 좋다. 이러한 질문들은 중요한 사실과 그 의미들을 명확하게 이해하는 데 도움이 된다.

③ **Recite**(외우기, 암송하기)

외우기(암송하기)는 기억을 유지하기 위한 가장 좋은 방법이다. 외우기(암송하기)

를 할 때는 오른쪽의 노트 필기 영역을 보지 않고 왼쪽의 단서 단어들과 질문을 보고 하는 것이 효과적이다. 단서를 보면서 노트 영역에 적어 놓은 중요 구문이나 문장을 크게 외워 보는 것이 좋다.

④ Reflect(생각 발전시키기)

이 단계는 수업에서 배운 내용들에 관해서 조금 더 심도 있게 공부할 수 있는 단계이다. '내가 이미 배워서 알고 있는 것과 어떤 관련이 있을까?', '이런 사실(생각)이 의미하는 것은 무엇일까?' 등의 질문을 이용해서 배운 내용들을 연결시켜 볼 수 있다.

⑤ Review(복습하기)

잊어버리지 않기 위해 주기적으로 노트를 보고 다시 외워야 한다. 이런 방법이 시험 며칠 전에 단기간 암송을 하는 것보다 훨씬 더 효과적이며, 시험 점수를 올리는 데 가장 좋은 방법이다.

⑥ Recapitulate(요약하기)

노트의 하단부에 있는 요약 영역에 노트의 내용을 요약한다. 요약의 내용에는 필기한 내용의 중요한 포인트들이 포함되어야 한다. 각 페이지의 요약 영역에 필기에 대한 요약(수업 요약)을 하고, 마지막 페이지에 전체 단원에 대한 전체적인 요약(단원 요약)을 하게 되면 시간이 부족할 때 요약 영역만 참고하여도 전체적인 내용을 이해할 수 있다.

나만의 코넬식 노트 활용 팁을 작성하면 다음과 같다.

**코넬식 노트 활용 팁**

첫째, 수업이 끝난 후 바로 키워드와 요약을 기입한다.
둘째, 중요한 내용이 눈에 쏙쏙 들어오도록 자신만의 기호를 활용한다.
셋째, 지나치게 많은 색깔 펜을 사용하지 않는다.
넷째, 정리한 내용을 가리고 키워드 영역의 주요 질문에 답해 보면서 내용을 상기한다.
다섯째, 매주 노트한 내용을 꼼꼼히 복습한다.

이렇게 작성된 나만의 코넬식 노트 한권은 열 시험 족보 보다 효과적인 시험 준비 방법이 될 수 있다.

| 청년 발달 심리학 p. 207 ○○교수, 9월 20일(화) | |
|---|---|
| 비행과 범죄, 일탈은 어떻게 다른가? | 유사 용어의 비교<br>- 비행: 본래 법률적 용어이지만 심리학에서는 주로 청소년에게만 쓰는 용어이다.<br>- 범죄: 성인인 경우에 적용되는 용어이다.<br>- 일탈: 주로 사회학에서 쓰는 용어로 비슷한 개념으로 쓰이기도 한다. |
| 심리학적 비행이론은 어떤 것들이 있는가? | 비행이론<br>비행이론은 거시적 관점에서 사회구조와 통제를 바탕으로 한 사회학적 이론이 주종을 이루며, 개인적 측면을 강조하는 심리학적 이론과 생물학적 이론이 존재한다. |
| 정신지체이론이란? | 1. 심리학적 이론<br>(1) 정신지체이론<br>범죄의 원인이 낮은 지능으로 인한 법규의 오해나 자신이 저지른 행동의 결과를 예측하지 못하였기 때문이라고 본다. |
| 성격이론이란? | (2) 성격이론<br>특수한 성격이 범죄발생과 관련이 있다고 보는 이론, 최근에 사회문제가 되고 있는 반사회적 성격장애가 그 대표적인 예이다. |
| 비행은 일탈이나 범죄와 구분되는 개념이다. 비행이론은 크게 나누어 사회학적 이론, 심리학적 이론, 생물학적 이론 등 세 가지로 나눌 수 있다. 먼저, 심리학적 이론으로는 6개를 들 수 있는데, 정신지체 이론, 성격이론, 정신병적 이론, 정신분석적 이론, 사회학습 이론, 자아개념 이론 등이 있다. | |

[그림 6-3] 코넬식 노트 필기 예시

출처: 동의대학교(2010).

## 2) 리포트 작성법

대학에서의 리포트는 특정 주제나 소재에 대한 실험 · 연구 · 고찰을 통해 결론을 도출하는 글쓰기를 의미하며, 자신의 주장을 논리적으로 표현하는 글이다(김무경 외, 2009). 리포트를 가리켜 대학 학습의 꽃이라고 부르는 이유는 대학 학습에서는 리포트가 매우 큰 비중을 차지하기 때문이다. 따라서 리포트 작성을 위한 효과적인 전략이 필요하다.

### (1) 주제 정하기

지정된 주제일 경우는 우선적으로 교수가 요구하는 내용을 잘 파악해야 한다. 그리고 제출 기한, 리포트의 분량, 자신의 여건 등을 충분히 고려해 작성해야 한다.

한편, 주제를 직접 정해야 할 경우는 해당 수업과 관련이 있는 내용 중 평소 흥미를 가지고 있던 주제를 정하거나, 관련 영역의 미해결 문제나 비판적인 시각으로 접근할 수 있는 주제를 정하는 것이 좋다. 독창적이고 참신하면서 자기의 능력에 맞는 주제를 정하고, 주제를 정하기 어려우면 먼저 참고문헌을 검색하여 본다.

### (2) 자료수집 및 검토하기

최근 자료, 신뢰성과 정확성이 검증된 자료와 참고문헌을 검색하여 자료를 수집하고 검토한다. 수집된 자료를 바탕으로 리포트의 개요를 구상하고, 초고를 작성한 후 완성시켜 인용 · 주석 · 참고문헌을 정리한다.

**① 리포트 개요 구상하기**

- 표지: 보고서 제목, 작성자, 소속, 작성일, 담당교수, 교과목명을 기재한다.
- 목차: 주요 목차와 하위 목차가 시작되는 페이지를 기록한다.
- 서론: 연구주제, 연구목적, 본문의 내용 및 범위를 제시한다.
- 본론: 보고서의 주요 내용을 기술한다.
- 결론: 전반적인 내용의 요약, 앞으로의 전망을 제시한다.

② **초고 작성하기**

- 형식, 맞춤법, 문법 등은 정확하게 지켜서 작성한다.
- 주관적이고 모호한 문장은 피한다.
- 일반적으로 서론, 본론, 결론의 삼단 구성에 맞추어 작성한다.
- 다른 사람의 글이나 정보를 인용할 경우 출처를 밝혀야 한다.
- 전체적으로 정리된 간결한 형식으로 작성한다.

③ **초고 검토 후 완성하기**

- 글 전체 수준: 제목의 적절성, 주제의 일관성, 글의 구성, 단락의 논리성, 사실과 증거의 객관성, 자료 및 내용의 구체성, 분량의 적절성 등을 검토한다.
- 문단 수준: 중심생각, 문단의 길이 등을 검토한다.
- 문장 수준: 문장의 뜻이 분명한지, 어법, 문장의 길이 등을 검토한다.
- 단어 수준: 적절한 수준의 단어 사용, 용어의 명료성, 띄어쓰기, 맞춤법 등을 검토한다.

④ **인용, 주석, 참고문헌 정리**

- 인용: 참고자료나 다른 사람이 쓴 글의 일부를 옮겨 오는 것을 의미한다. 정확한 출처, 적절한 횟수와 분량에 대한 주의가 필요하다.
- 주석: 단어의 뜻을 단행본, 논문, 신문기사 및 사전류에 근거하여 쉽게 풀어놓은 것으로 본문주, 각주, 미주가 있다.
  · 본문주: 주석을 본문 속에 쓰는 경우
  · 각주: 주석을 본문 밖이나 해당면의 하단 주석란에 쓰는 경우
  · 미주: 주석을 본문의 각 장이나 절 또는 글 전체의 끝에 쓰는 경우
- 참고문헌: 보고서 내용에 인용한 문헌을 제시한다.

⑤ **마무리하기**

- 겉표지에 리포트 제목과 부제 등을 눈에 띄게 표시한다.
- 학번과 이름을 표시한다.

- 적정 분량인지 확인한다.
- 본문 편집 시 문단 정렬, 글꼴과 크기, 여백, 머리말, 쪽 번호, 표, 그림, 그래프의 배치, 주석과 참고문헌 등이 적절한지 확인한다.

**〈표 6-6〉 리포트 구성 예시**

| 단계 | 내용 |
|---|---|
| 서론 | - 보고서 작성의 필요성 및 문제 제기<br>- 보고서 작성의 목적과 방법<br>- 의의 및 기대효과 |
| 본론 | - 주요 내용에 대한 서술<br>- 내용 분석 및 해석<br>- 결과 제시<br>- 관련 표, 그림, 통계자료 제시 |
| 결론 | - 내용 및 결과의 요약<br>- 문제점 또는 한계 서술<br>- 결과에 대한 강조 |

출처: 김모곤, 김미호, 우종선(2013).

### $A^+$ 리포트 작성의 Tip

첫째, 어떤 종류의 리포트를 쓸 것인지 결정하라.

둘째, 주제를 명확하게 부각시켜라.

셋째, 인과관계가 드러나도록 글을 써라.

넷째, 구체적으로 표현하라.

다섯째, 분량을 꽉 채워라.

여섯째, 지나친 인용을 삼가라.

### 3) 프레젠테이션 방법

효과적인 프레젠테이션이 되기 위해서는 발표하게 될 주제와 청중의 수준, 발표에 할애된 시간 및 장소를 미리 파악하여 주어진 시간 동안 청중의 주의력을 집중시킬 수 있어야 한다. 일반적으로 10~15분 정도의 프레젠테이션이 가장 효과적이며, 슬라이드의 수를 시간에 맞추어 준비해야 한다. 또한 빔 프로젝터, 노트북, 원고 제작에 사용된 소프트웨어 지원 여부 및 버전 등을 미리 확인해 두어야 갑자기 발생할 수 있는 문제에 대처할 수 있다.

#### (1) 프레젠테이션을 위한 준비

**① 자료수집 및 분석**

발표 주제에 대한 충분한 자료 수집이 선행되어야 하며, 주제와 목적에 부합한 정보를 추출하여 장단점을 분석하여야 한다.

**② 원고 내용 작성**

분석된 자료를 근거로 주제는 명확해야 하며, 설득력과 논리성을 갖춘 콘텐츠로 청중의 공감을 이끌어 내도록 작성해야 한다. 수치는 표나 그래프를 활용하고, 개념은 다이어그램으로 표현하며, 시각적 이미지나 동영상을 적절하게 활용하는 것이 효과적이다.

**③ 발표연습**

발표를 주어진 시간 안에 마치도록 충분히 연습하여야 한다. 이는 발표 내용에 대한 신뢰감과 설득력을 더해 주기 때문이다.

**④ 옷차림과 발표 태도**

옷차림은 컬러와 디자인이 심플한 정장이 무난하며, 태도는 겸손하면서 당당한 자세로 손동작은 산만하지 않도록 신경을 써야 한다. 중요한 내용은 포인터를 이용하여 지적해 주며, 시선은 청중에게 약 2~3초씩 골고루 주는 것이 신뢰감과 공감 형성에 도움이 된다.

(2) 프레젠테이션 단계

정선영(2013)은 프레젠테이션을 도입, 전개, 종결 등의 3단계로 구분하고 각 단계의 특징을 설명하였다.

**① 도입단계**

발표의 첫 단계에는 청중의 주의를 집중하기 위하여 아이스 브레이킹(ice breaking) 기법을 이용하거나 발표 내용에 동기를 불러일으키기 위해 발표의 중요성을 언급하고, 발표 개요를 목차로 구성하여 제시한다. 도입단계의 시간은 총 발표 시간의 5~10%를 배정하도록 한다.

**② 전개단계**

도입단계에서 제시된 발표 개요의 순서에 따라 주제를 구체적으로 설명하고 입증하는 단계이다. 전개단계의 시간은 총 발표 시간의 80~85%를 배정하는 것이 적절하다.

**③ 종결단계**

종결단계는 지식을 종합하는 단계이다. 전개단계에서 설명하고 검증한 사실들을 요약하는 단계이며, 다시 동기를 부여하고 마무리하는 단계이다. 종결단계는 총 발표 시간의 10% 내외로 배정하도록 한다.

### 4) 토론의 방법

토론은 학습 내용을 깊이 있게 이해하는 데 도움이 된다. 토론을 통해 자신의 생각과는 다른 다양한 견해를 이해하게 되고, 학습주제에 대한 비판적인 생각을 논리적으로 표현할 수 있는 방법에 대해 고민하게 된다. 또한 수동적인 학습 태도에서 벗어나 능동적이고 적극적인 태도로 학습에 임할 수 있다(김혜온, 김수정, 2008).

### (1) 토론의 기능

토론 과정을 통해 이미 학습한 내용이나 토론 주제를 전체적으로 이해하고 정리하는 데 도움을 받을 수 있다. 토론에 참가한 사람들의 각기 다른 생각을 들으면서 주제에 대한 다양한 접근과 관점을 이해하게 되고, 전체적인 윤곽을 잡는 데 도움을 받을 수 있다. 특히, 자신이 알고 있는 내용을 다른 사람들에게 전달하려고 할 때 생각과 주장을 명확하고 논리적으로 정리하게 된다.

이러한 과정을 통해 평소 자신이 가지고 있던 잘못된 편견을 수정할 수 있다. 토론할 때는 자신의 주장을 객관적으로 뒷받침해 줄 논리적인 근거가 필요하다. 그동안 별생각 없이 가지고 있던 자신만의 편견에 대해 다시 한 번 생각해 보게 되고, 무엇이, 또 어떤 부분이 문제인지를 알 수 있게 된다.

또한, 토론을 통해 다른 사람들의 의견에 대해 포용적인 태도를 갖게 된다. 토론의 상대가 나와 다른 생각을 가지고 있더라도 상대방이 제시하는 논거와 이를 통해 도달하는 결론이 논리적이고 이에 대한 반론이나 반박을 제시할 수 없다면 그의 의견을 받아들이게 된다. 이러한 과정을 통해 나와 다른 생각에 대해 열린 마음을 가질 수 있는 것이다.

### (2) 효과적인 토론을 위한 포인트

**① 토론 자료 준비하기**

토론의 목적은 생각, 논점, 지식을 교환하는 데 있다. 따라서 효과적인 토론이 이루어지기 위해서는 토론에 필요한 자료가 준비되어야 한다. 이러한 자료들은 토론이 시작되기 전에 전달되어 참가자들이 미리 읽고 검토할 수 있도록 하는 것이 좋다. 자료가 준비되지 않은 경우 적어도 토론의 주제가 무엇이고 토론이 어떻게 진행될 것인지에 대한 정보를 제공하도록 한다.

**② 주제에 집중하기**

자신의 생각이 정리되지 않은 상태로 발표를 하게 되면 중언부언하거나 주제에서 벗어나기 쉽다. 따라서 무엇을 이야기할 것인지 미리 요점을 메모하는 것이 좋다. 다른 사람의 발언에 대해서 자신이 보충할 점, 반대되는 점 등에 대해 기록해 두었다가 자신의 차례가 되었을 때 차분하게 발표하도록 한다. 가능하면 짧고 명확하게 이야기하고, 이미 했던 말을 반복하지 않도록 한다.

### ③ 감정적으로 반응하지 않기

자신의 주장에 반대되는 주장을 하는 구성원에게 감정적으로 반응하지 않도록 주의한다. 자신의 생각에 대해 구성원이 반박할 때 자신의 인격에 대해 반박을 당하는 것으로 잘못 판단하게 되면 감정적으로 대응할 수 있다. 토론은 감정싸움이 아니라는 사실을 잊지 말아야 한다. 논리적인 판단을 하지 못할 경우 대립되는 상대방의 주장이 자신에게 맞서는 것으로 받아들여질 수 있으므로 자신의 주장에 대한 논리적인 근거를 충분히 확보하도록 한다.

### ④ 다른 구성원의 발언 존중하기

토론 과정에서 다른 참가자들이 자신과 다른 의견을 가지고 있을 때, 이들이 자신의 견해를 충분히 설명할 수 있도록 기회를 주어야 한다. 토론의 목적 중 하나는 토론을 통해 가장 바람직한 결론에 이르는 것이다. 따라서 자신의 의견이 받아들여지지 않더라도 실망할 필요가 없으며, 반대로 자신의 의견이 받아들여졌다고 자만심을 가질 필요가 없다. 각각의 견해를 객관적인 근거로 판단하고 논의하는 것이 중요하다. 이를 위해서는 참가자들의 관계가 평등하여야 하며, 모든 참가자의 의견이 진지하게 받아들여져야 한다. 즉, 자신의 의견을 능숙하게 잘 표현하지 못하는 참가자의 의견도 존중하도록 하고, 발표를 잘하는 몇몇 참가자가 토론을 이끌어 가는 경우가 생기지 않도록 주의하는 것이 필요하다.

〈활동 6-1〉

## 나의 시간관리 유형

### 활동목표

- 자신의 시간관리 유형을 확인한다.
- 일주일 동안 시간을 활용한 내용을 분석한다.
- 효율적인 시간관리 원칙을 수립한다.

### 진행과정

| 활동주제 | 주요 내용 및 방법 | 시간 |
|---|---|---|
| 시간관리 유형 확인하기 | • 자신의 시간관리 유형을 체크리스트 작성을 통해 확인한다. | 5분 |
| 시간 활용 분석하기 | • 지난 일주일 간 자신이 사용한 시간 활용의 내용을 표에 기록한다.<br>• 기록한 표를 참고하여 시간 활용의 내용을 분석한다. | 15분 |
| 시간 활용의 원칙 수립하기 | • 자신의 시간 활용 유형을 파악하고 난 후의 소감을 작성한다.<br>• 효율적인 시간관리를 위한 원칙을 수립한다. | 10분 |
| 마무리 | • 다른 사람과 효율적인 시간관리를 위한 방법을 공유한다. | 5분 |

### 유의점 및 특이사항

- 일주일간의 시간 활용 내용을 구체적으로 분석하기
- 시간관리 원칙은 실천 가능한 내용으로 수립하기
- 준비물: 활동지, 필기구

## ■ 시간관리 유형 확인

1. 다음의 체크리스트를 통해 자신의 시간관리 유형을 알아봅시다.

| 문항 | 내용 | 점수 |
|---|---|---|
| 1 | 나는 항상 시간에 쫓기며 살아간다. | 1-2-3-4-5 |
| 2 | 나는 언제나 다급하고 바쁜 상태로 생활한다. | 1-2-3-4-5 |
| 3 | 나는 당장 해결하지 않으면 안 되는 일거리가 많다. | 1-2-3-4-5 |
| 4 | 나는 늘 당장 눈앞에 닥친 문제해결에 초점을 맞춘다. | 1-2-3-4-5 |
| 5 | 나는 늘 할 일에 비해 시간이 부족하다는 느낌이 든다. | 1-2-3-4-5 |
| 6 | 나는 일이 끝나면 스트레스를 많이 받는 편이다. | 1-2-3-4-5 |
| 합계(A): 긴급하고 중요한 일을 많이 하는 사람 | | |

| 문항 | 내용 | 점수 |
|---|---|---|
| 1 | 나는 마음의 여유를 가지고 생활한다. | 1-2-3-4-5 |
| 2 | 나는 항상 미래를 준비하고 계획하며 살아간다. | 1-2-3-4-5 |
| 3 | 나는 일의 우선순위를 따져본다. | 1-2-3-4-5 |
| 4 | 나는 일에서 일관되고 지속적인 성취감을 얻는다. | 1-2-3-4-5 |
| 5 | 나는 매사에 'Yes'와 'No'가 분명한 편이다. | 1-2-3-4-5 |
| 6 | 나는 일에서 심리적인 만족과 안정감을 얻는다. | 1-2-3-4-5 |
| 합계(B): 긴급하지 않지만 중요한 일을 많이 하는 사람 | | |

| 문항 | 내용 | 점수 |
|---|---|---|
| 1 | 나는 상대방의 요구에 거절을 못한다. | 1-2-3-4-5 |
| 2 | 나는 남을 도와주느라고 내 일을 못할 때가 많다. | 1-2-3-4-5 |
| 3 | 나는 일을 하다 보면 우선순위가 낮은 일을 하는 경우가 많다. | 1-2-3-4-5 |
| 4 | 나는 어떤 일을 만나면 늘 바쁜데 성과는 없다. | 1-2-3-4-5 |
| 5 | 나는 내가 일의 희생자라고 생각한다. | 1-2-3-4-5 |
| 6 | 나는 무슨 일을 하고 나면 마음이 허전하고 씁쓸할 때가 많다. | 1-2-3-4-5 |
| 합계(C): 긴급하지만 중요하지 않은 일을 많이 하는 사람 | | |

| 문항 | 내용 | 점수 |
|---|---|---|
| 1 | 나는 지금 하고 있는 일에 흥미나 보람을 못 느낀다. | 1-2-3-4-5 |
| 2 | 나는 시간이 지나도 늘 그 자리에 있는 느낌이다. | 1-2-3-4-5 |
| 3 | 나는 늘 생활이 지루하고 따분하다. | 1-2-3-4-5 |
| 4 | 나는 시간이 남아 무엇을 해야 할지 모를 때가 많다. | 1-2-3-4-5 |
| 5 | 나는 소일거리나 시간 때울 거리를 찾을 때가 많다. | 1-2-3-4-5 |
| 6 | 나는 무력감이 들거나 자신이 싫어질 때가 많다. | 1-2-3-4-5 |
| 합계(D): 긴급하지도 중요하지 않은 일을 많이 하는 사람 | | |

2. A, B, C, D 유형 중 합계가 가장 큰 유형이 자신의 시간관리 유형입니다.

나의 시간관리 유형: ______________________________

■ 나의 일주일 시간 활용 내용 분석하기

1. 지난 일주일 동안의 생활을 기억하면서 나의 1주일 시간의 활동 내용을 기록해 봅시다.

| 요일<br>시간 | 월 | 화 | 수 | 목 | 금 | 토 | 일 |
|---|---|---|---|---|---|---|---|
| am 12~01 | | | | | | | |
| 01~02 | | | | | | | |
| 02~03 | | | | | | | |
| 03~04 | | | | | | | |
| 04~05 | | | | | | | |
| 05~06 | | | | | | | |
| 06~07 | | | | | | | |
| 07~08 | | | | | | | |
| 08~09 | | | | | | | |
| 09~10 | | | | | | | |
| 10~11 | | | | | | | |
| 11~12 | | | | | | | |
| pm 12~01 | | | | | | | |
| 01~02 | | | | | | | |
| 02~03 | | | | | | | |
| 03~04 | | | | | | | |
| 04~05 | | | | | | | |
| 05~06 | | | | | | | |
| 06~07 | | | | | | | |
| 07~08 | | | | | | | |
| 08~09 | | | | | | | |
| 09~10 | | | | | | | |
| 10~11 | | | | | | | |
| 11~12 | | | | | | | |

2. 앞서 작성한 표를 토대로 주요 활동 내용별 시간을 분석해 봅시다.

- 일주일 동안의 활동 중 각 유형에 해당하는 대표적인 일들을 내용란에 적는다.
- 요일별로 그 일에 소요된 시간을 기록하고, 일주일 동안의 시간을 가로로 합산하여 오른쪽의 소계 란에 기록한다.
- 각 유형에 해당하는 일의 소계를 세로로 합산하여 합계란에 기록한다.

| 활동유형 | 내용 | 시간 | | | | | | | |
|---|---|---|---|---|---|---|---|---|---|
| | | 월 | 화 | 수 | 목 | 금 | 토 | 일 | 소계 |
| 긴급하고 중요한 일 (A) | | | | | | | | | |
| | | | | | | | | | |
| | | | | | | | | | |
| | | | | | | | | | |
| | | | | | | | | | |
| | 합계 | | | | | | | | |
| 긴급하지 않지만 중요한 일 (B) | | | | | | | | | |
| | | | | | | | | | |
| | | | | | | | | | |
| | | | | | | | | | |
| | | | | | | | | | |
| | 합계 | | | | | | | | |
| 긴급하지 않지만 중요한 일 (C) | | | | | | | | | |
| | | | | | | | | | |
| | | | | | | | | | |
| | | | | | | | | | |
| | | | | | | | | | |
| | 합계 | | | | | | | | |

| | | | | | | | | | |
|---|---|---|---|---|---|---|---|---|---|
| 긴급하지도 중요하지도 않은 일 (D) | | | | | | | | | |
| | | | | | | | | | |
| | | | | | | | | | |
| | | | | | | | | | |
| | | | | | | | | | |
| | 합계 | | | | | | | | |

• 각 유형의 활동시간을 합계한 것을 공식을 이용하여 비율로 환산한다.
※ 비율(%)=(각 유형의 시간 × 100) ÷ 168(총시간)

| 시간관리 유형 | A | B | C | D |
|---|---|---|---|---|
| 비율(%) | | | | |

■ 나의 시간관리 전략

1. A, C, D 유형의 활동 내용 중 B 유형으로 전환 가능한 내용이 있는지 적어 보고, B 유형으로 전환하기 위한 구체적인 방법을 적어 봅시다.

2. 자신의 시간관리 유형을 분석한 후 느낀 점을 적어 봅시다.

3. 효율적인 대학 학습을 위한 시간관리 실천사항을 수립해 봅시다.

## 참고문헌

강승호(2010). 대학생의 학업성취와 중도탈락 생각에 영향을 미치는 변인 분석. 교육평가연구, 23(1), 25-53.

김남익, 전보애, 최정임(2014.). 대학에서의 거꾸로 학습(Flipped learning)사례 설계 및 효과성 연구: 학습동기와 자아효능감을 중심으로. 교육공학연구, 30(3), 467-492.

김모곤, 김미호, 우종선(2013). 대학생활설계. 경기: 공동체.

김무경, 김수민, 김태선, 김희준, 박진숙, 안주영, 양경화, 이은영, 최미향(2009). 대학생을 위한 평생학습 전략. 서울: 교육과학사.

김혜온, 김수정(2008). 대학생을 위한 자기주도학습 기술. 서울: 학지사.

동의대학교(2010). 지도교수세미나. 부산: 동의대학교 출판부.

박혜남(2010). 진로와 직업설계. 경기: 신광문화사.

정선영(2013). 진로탐색과 경력개발: 프로그램 워크북. 경기: 공동체.

정원진(2009). 브랜디드 러닝이 초등학생의 체력 향상에 미치는 영향. 진주교육대학교 석사학위논문.

Covey, S. (1989). *The 7 Habits of highly effective people*. 김경섭 역(2017). 성공하는 사람들의 7가지 습관. 경기: 김영사.

네이버 사전 http://dic.naver.com/(2017. 12. 27. 인출)

제7장

# 대학생의 경력관리

## 학습목표

- 진로설계를 위한 경력관리의 필요성을 안다.
- 대학생 경력관리 방법에 대해 탐색한다.

사회진출을 앞둔 대학생은 자신의 꿈과 비전을 담는 인생 목표와 자신의 미래 모습을 그려 본다. 자신의 위치를 정확히 파악하고 자신에 맞는 꿈과 비전을 세우는 작업은 대학 시절에 해야 할 아주 중요한 일이다. 자신의 진로를 탐색하고 인생 목표를 구체적으로 설정한 후 이에 합당한 직업을 선택하고 충실하게 준비하는 것은 인생의 성패를 좌우하는 주요한 변수가 된다. 경력관리란 대학생이 재학 중에 교과목 수강 이외에 공모전, 봉사활동, 자격증, 인턴십, 아르바이트 활동 등의 비교과 경험을 통해 자신을 관리해 나가는 것을 말한다. 성공적인 취업을 위해 대학생활 전반을 통해 내실 있는 경력관리가 필요하다.

# 1. 공모전

대학생활 중 다양한 공모전에 도전해 보는 것은 자신의 경력개발에 많은 도움이 될 수 있다.

## 1) 공모전의 필요성

기업 이미지 제고와 우수인력 확보를 위해 기업 주최 공모전과 정부기관 주최 공모전 등 다양한 공모전이 시기별로 개최되고 있다. 대학생의 입장에서는 공모전을 통한 경력개발과 동시에 공모전 참여 경험이 취업에 긍정적인 요인으로 작용할 수 있으므로 공모전을 적극적으로 활용할 필요가 있다.

공모전에 도전하여 무엇인가를 만들어 내는 과정 속에서 창의력과 인내심을 기를 수 있고, 할 수 있다는 자신감과 도전의식을 고취할 수 있다. 또한, 공모전을 준비하다 보면 기획서, 문서작성 등의 실무적인 능력이 배양될 수 있으며, 팀워크를 통해 조화를 이루며 일하는 즐거움과 팀을 이끌어 가는 리더십도 배워 나갈 수 있다. 이력서에 공모전 시상 경력을 한 줄 넣는다면 자신을 차별화시킬 수 있으며, 특히 자신의 진로계획이나 전공과 관련된 공모 경력일 때 더 효과가 있다는 사실을 명심해야 한다.

## 2) 공모전 도전하기

공모전에서 좋은 결과를 내기 위해서는 우선 공모전의 요강을 꼼꼼하게 분석할 필요가 있다. 그리고 기존 수상작에 대한 자료조사를 통해 자신(팀)이 출품할 아이디어와 비교 · 분석하여 공모전 주최 기업(기관)의 목적을 파악하는 것이 중요하다. 공모전에 도전하기 위해 탐색, 준비, 실행의 절차에 맞추어서 각 단계별로 세밀하게 준비한다면 수상의 기쁨과 함께 경력개발에 도움이 될 것이다. 먼저, 탐색단계에는 공모전 요강을 분석하고 그 핵심을 파악하여 아이디어를 모아 기획을 하는 단계이다. 다음으로, 준비단계는 이전 수상작들의 자료를 확보하고 자신들이 개발하려는 주제에 대한 요구분석 및 SWOT 분석*을 통해 핵심 아이디어를 도출한다. 마지막으로, 실행단계에는 핵심 아이디어를 중심으로 브레인스토밍을 실시하고, 아이디어를 검증한 후 구성원이 역할 분담을 통해 결과물을 완성하게 된다. 특히 다양한 공모전 전문 사이트를 방문하면 분야별, 공모 주제별, 응모 대상자별로 상세한 정보를 얻을 수 있다.

**〈주요 공모전 정보 사이트〉**

- 대티즌 www.detizen.net
- 링커리어 linkareer.com
- 씽유 www.thinkuniv.com
- 씽굿 www.thinkcontest.com
- 인크루트 gongmo.incruit.com
- 캠퍼스 몬 campusmon.jobkorea.co.kr

# 2. 자격증

자격증은 직무수행에 필요한 능력을 일정 기준과 절차에 따라 평가하여 인정한 증명서를 의미한다. 자격증 취득은 취업 시 유리한 조건을 확보할 수 있는 중요한 경력관리 요소 중 하나이다. 물론 자격증 취득이 곧바로 100% 취업으로 연결되는 것은 아니다. 그러나 공신력과 전문성이 있는 기관으로부터 자신의 능력을 공식적으로 인정받는 것이기 때문에 취업에 유리한 것은 분명한 사실이다. 자격증 취득에 앞서 먼저 자신의 적성과 진로를 확인한 뒤 해당 자격증 취득의 필요성을 인식하고 자격증 취득에 대한 사전 정보를 파악하는 것이 중요하다. 또한, 공신력 없는 미공인 자격증 취득은 피하고, 국가공인기관이나 공신력이 있는 기관 또는 기업에서 발급하는 자격증을 취득해야 한다. 한국산업인력공단(www.hrdkorea.or.kr)에서는 국

* SWOT 분석: 기업의 내부환경과 외부환경을 분석하여 강점(Strength), 약점(Weakness), 기회(Opportunity), 위협(Threat) 요인을 찾아내고, 이를 토대로 기업의 경쟁력 강화 전략을 수립하는 기법.

가기술자격과 국가전문자격 취득에 대한 정보를 제공하고 있으며, 한국직업능력개발원(http://www.krivet.re.kr)에서는 '민간자격 정보서비스'를 통해 민간자격증에 대한 정보를 제공하고 있다.

### 1) 컴퓨터 자격증

컴퓨터 활용능력, 엑셀, 파워포인트, MOS, 한글, 포토샵, 일러스트, 퀵, 캐드, 인디자인 등 컴퓨터 관련 자격증은 종류가 많다. 대학 재학 중 특정 학과 외에는 엑셀을 다루는 경우가 많지 않지만, 회사에서 업무를 볼 때는 엑셀을 많이 사용하기 때문에 엑셀 자격증은 필수라고 할 수 있다. 컴퓨터 활용능력 자격증은 1급과 2급으로 나누어져 있는데, 2급 정도면 어느 정도 컴퓨터를 다룰 줄 아는 능력이 있는 것으로 인정받을 수 있는 자격증이다. 특히, MOS 자격증은 해외에서도 인정받을 수 있는 자격증으로서 마이크로소프트 프로그램 안에 있는 워드, 엑셀, 파워포인트, 워크룩(혹은 엑세스)의 네 분야에 대해 각각 실기 시험을 치르고, 이 4개에 모두 합격하면 MOS마스터 자격증을 취득할 수 있다.

### 2) 외국어 능력

취업에서 외국어의 중요성이 커지면서 외국어 능력은 취업을 위한 필수 자격 중 하나라고 할 수 있다. 국내 기업들이 가장 많이 요구하는 외국어 능력 시험의 종류는 TOEIC, TOEFL, TEPS, JLPT, HSK 등이 대표적이다. 이러한 시험에서 일정 수준 이상의 점수를 획득하고, 외국어 면접 등을 대비하여 회화 능력을 쌓는 것은 취업을 위한 경력개발의 중요한 요소이다. 대학생활 중 외국어 실력 향상을 위해서는 학교에서 지원하는 외국어 무료 강좌 및 테스트, 외국어 캠프, 해외 학습 프로그램 등에 참여하는 것이 도움이 된다. 또한 본인의 부족한 부분만 집중할 수 있는 스터디그룹을 구성하여 실력을 쌓는 것도 효과적이다.

### 3) 한국사, 한국어, 한자 자격증

한국사와 한국어 자격증은 언론 관련 기관에 취업할 계획이 있는 경우 필수적으로 취득해야 하는 자격증이며, 요즘은 기본적인 교양으로 많이 취득하는 자격증이기도 하다. 한국사 자격증은 교원임용시험이나 공무원 시험을 준비하는 경우 필수적으로 준비해야 하는 자격증이며, 1~3급 중 직종별로 요구하는 급수가 다를 수 있으므로 자신이 희망하는 직업에서 어느 급수 이상을 요구하는지 잘 알아보고 준비하여야 한다. 한국어 자격증은 인지도가 높은 기관의 자격증을 준비하는 것이 도움이 되며, 우리말의 어법과 문법을 잘 알아야 좋은 성적을 받을 수 있다. 한자 자격증은 8급이 가장 낮은 등급이다. 보통 2~3급 이상은 되어야 경쟁력이 있다고 볼 수 있는데, 급수가 높을수록 외워야 하는 한자의 수가 많기 때문에 되도록이면 1학년 시기에 취득해 놓는 것이 좋다.

### 4) 전공별 관련 자격증

자신의 전공 학과를 고려하여 미리 취득할 수 있는 자격증을 확인하고 자격증 취득을 위한 준비를 어떻게 해야 하는지에 대한 전략을 세울 필요가 있다. 전공 학과에서 진출할 수 있는 업종에 대한 정보를 파악하는 것도 도움이 될 것이다. 관련학과에 따른 자격증은 〈표 7-1〉과 같다.

**〈표 7-1〉 관련 학과별 취득 가능 자격증**

| 업종 | 관련학과 | 자격증 |
|---|---|---|
| IT업 | • 컴퓨터공학과<br>• 컴퓨터정보공학과<br>• 정보통신공학과<br>• 정보보호학과<br>• 소프트웨어공학과<br>• 소프트웨어개발학과<br>등 | • 정보통신산업기사<br>• 정보관리기술사<br>• 정보처리산업기사<br>• 사무자동화산업기사<br>• 문서실무사<br>• 정보보호전문가<br>• 게임프로그래밍전문가 |

| | | |
|---|---|---|
| 보건의료업 | • 간호학과<br>• 물리치료학과<br>• 방사선학과<br>• 임상병리학과<br>• 치기공학과<br>• 작업치료학과<br>등 | • 간호사<br>• 물리치료사<br>• 방사선사<br>• 임상병리사<br>• 치과기공사<br>• 인간공학기술사 |
| 서비스업 | • 관광경영학과<br>• 비서학과<br>• 호텔경영학과<br>• 호텔관광학과<br>• 항공비서학과<br>• 항공운항서비스학과<br>등 | • 국내여행안내사<br>• 국외여행인솔자(TC)<br>• 관광통역안내사<br>• 호텔관리사<br>• 비서<br>• 항공예약발권자격증(TOPAS) |
| 피부미용업 | • 뷰티아트학과<br>• 피부미용학과<br>• 헤어뷰티학과<br>• 미용예술학과<br>• 미용과학과<br>• 멀티뷰티네이션학과<br>• 코디피부미용학과<br>등 | • 네일테크니션 2급<br>• 메이크업 분장가<br>• 미용사<br>• 발관리사<br>• 아로마테라피스트<br>• 전문피부미용관리사<br>• 피부미용(관리)사<br>• 헤어 케어 · 헤어칼라리스트 |
| 무역/유통/물류업 | • 유통물류학과<br>• 물류유통정보학과<br>• 무역유통마케팅학과<br>• 무역학과<br>• 유통경영학과<br>• 서비스유통학과<br>• 물류경영학과<br>• 국제무역학과<br>등 | • 판매관리사<br>• 무역영어<br>• 물류관리사<br>• 유통관리사<br>• 전자상거래관리사<br>• 소비자전문상담사<br>• 관세사<br>• 국제무역사<br>• 사이버무역사 |

### 5) 자격증 취득을 위한 점검 사항

〈표 7-1〉에서 제시한 자격증이나 그 외 전문직종과 관련된 자격증 중에서 자신이 원하는 직종에서 필요로 하는 자격증을 미리 알아보고 차근차근 준비하는 경력관리의 전략이 필요하다. 또한 자신에게 맞는 자격증을 선택하기 위해서 몇 가지 살펴보아야 할 사항이 있다. 먼저, 자신이 취득하고자 하는 자격증을 따게 되면 어떤 일을 하는지 정확히 파악하고 자신의 적성에 맞는지 판단하여야 한다. 그리고 자격증을 취득하는 데 필요한 응시 자격에 대해 꼼꼼하게 체크하고, 어떻게 준비하고 공부하여야 하는지에 대해서도 충분히 검토하여야 한다. 자격증 취득을 위한 점검 사항은 다음과 같다.

- 자격증의 전망은 어떠한가?
- 취업 시 자격증이 얼마나 유리한가?
- 자격증 취득 관련 과목은 어떠한가?
- 준비(공부)해야 하는 기간은 어느 정도인가?
- 평균 경쟁률은 어느 정도인가?
- 자격증 시험의 실시 주기는 어떠한가?
- 합격의 기준은 무엇인가?
- 합격 인원은 얼마나 되는가?

**〈자격증 정보 검색 사이트〉**

- 한국산업인력공단 http://www.q-net.or.kr
- 대한상공회의소 http://license.korcham.net
- 한국직업능력개발원 http://www.krivet.re.kr

# 3. 인턴십

인턴십은 대학에서 습득한 지식을 전공 관련 실습기관에서 직접 경험함으로써 졸업 후 취업에 필요한 능력과 적응력을 재학 중에 미리 준비할 수 있도록 하는 제도이다. 인턴십을 통해 자신이 관심을 가지고 있는 직종에 대한 경험을 쌓고, 전공과 관련된 일에 대한 이해를 높일 수 있다. 졸업 전까지 인턴십 제도를 활용하여 자신의 경력을 개발해 보자.

## 1) 인턴십의 필요성

기업의 입장에서는 신입사원을 뽑을 때, 현장에 바로 투입이 가능한 사람을 뽑기 원할 것이다. 또한, 취업을 희망하는 학생들의 경우는 정규직으로 바로 채용되기를 원한다. 이러한 기업과 학생들의 입장을 모두 충족할 수 있는 제도가 바로 인턴십 프로그램이라고 할 수 있다. 기업에서는 화려한 스펙보다 오히려 현장에서 활용 가능한 실무 경험이나 사회 경험을 가지고 있는 지원자들을 원한다. 다양한 자격증, 외국어 점수도 중요하지만, 자신이 지원하고자 하는 직종에 대한 경험을 통해 기본적인 업무 능력을 점검해 볼 수 있는 인턴십 경험은 대학생의 경력개발 중 중요한 요소이다.

### (1) 취업을 위한 자기관리

인턴십에 지원하기 위해서는 부지런히 자기관리를 하여야 한다. 학과 성적은 물론이거니와 인턴십에 필요한 지원 자격 또한 갖추어야 하기 때문이다. 대부분의 인턴십은 재학생을 대상으로 한다. 또한, 방학기간 중에 이루어지는 인턴십이 많기 때문에 방학 전에 뽑는 것이 일반적이다. 그러므로 평소 관심을 가지고 있는 기업의 인턴 채용 공고나 모집 요강을 꼼꼼하게 살펴볼 필요가 있다. 대부분의 인턴 사원들에게는 컴퓨터 활용 능력과 같은 기본적인 능력이 요구되므로 평소에 차근차근 실력을 쌓아 놓는 것이 도움이 된다.

(2) 자신의 업무 능력 파악

인턴십 경험이 있다고 무조건 취업이 잘 되는 것은 아니지만, 기업의 인턴십 경험을 통해서 자신의 기본적인 업무 수행 능력을 파악하거나 부족한 부분을 미리 파악하여 이에 대한 준비를 할 수 있다는 점은 인턴십 경험이 주는 강점 중 하나이다. 최근 신입생 채용 시 인턴십 경험이 있는 지원자에게 가산점을 부여하는 기업들이 늘어나는 추세이며, 기업에 따라 70~90% 정도 정규직으로 채용하는 제도를 운영하고 있다. 인턴십은 주로 4학년에 참여하는 것이라고 생각하는 경우도 있지만, 3학년도 인턴십을 경험할 수 있다. 그러므로 저학년 시기부터 꾸준히 인턴십 경험을 위한 자격을 관리하는 것이 필요하다.

## 2) 인턴십 지원방법

인턴십에 대한 정보를 알기 위해서는 취업포털사이트(예: 잡코리아, 사람인 등)나 학교 취업관리시스템, 학과사무실, 전공교수 등을 찾아가는 것도 도움이 된다.

(1) 기업 인턴십

다국적 기업이나 국내 기업들은 방학기간을 이용해 졸업 예정자들의 지원을 받아서 서류와 면접 전형을 통해 인턴을 선발하므로 평소에 관심 있는 기업이나 업종의 인턴 모집공고를 정기적으로 살펴보아야 한다. 저학년의 경우 인턴십 지원 자격이 될 때까지 필요한 자격증 취득하거나 역량을 개발하는 꾸준한 준비가 필요하다(〈표 7-2〉 참조).

**〈표 7-2〉 기업 인턴십 지원자격 및 채용 절차**

| 지원자격 | 졸업 예정자 또는 졸업자 |
|---|---|
| 기업 형태 | 국내기업, 다국적 기업 |
| 신청 방법 | 인턴십 채용기업에 직접 지원 |
| 채용 절차 | 서류, 면접전형 |

### (2) 정부 인턴십

정부에서 운영하는 인턴십 프로그램(워크넷)은 규모는 작아도 경쟁력을 갖춘 중소기업 위주로 운영되며, 정규직 전환 지원 프로그램이 함께 마련되어 있어 정규직 취업 기회가 넓게 열려 있다(<표 7-3> 참조).

**<표 7-3> 정부 인턴십 선발기준 및 채용절차**

| 지원자격 | 졸업 예정자 또는 졸업자 |
|---|---|
| 기업 형태 | 유망 중소기업 |
| 신청 방법 | 인턴십 운영기관에 지원 분야 신청 |
| 채용 절차 | 운영기관이 내정자 선정 → 기업매칭 → 서류, 면접 |

### (3) 해외 인턴십

해외 인턴십은 외국 기업의 문화와 언어 등의 학습과 경험을 통해 전문적인 능력

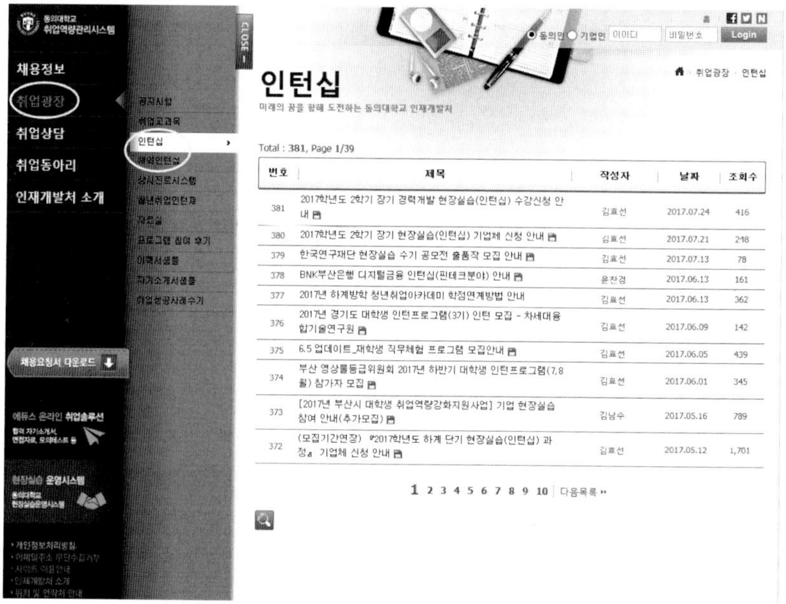


**[그림 7-1] D 대학교 인턴십(국내, 해외) 정보**

출처: 동의대학교(https://career.deu.ac.kr).

을 갖춘 글로벌 인재를 양성하는 데 목적이 있다. 해외 인턴십을 위해서는 우선 외국어 능력을 기본적으로 갖추어야 하며, 국내 인터십과 마찬가지로 자신이 지원하고자 하는 기업에 대한 관심과 꼼꼼한 자료수집이 필요하다. 특히 한국산업인력공단에서 운영하는 월드잡(www.worldjob.or.kr) 등의 해외취업지원 사이트를 통해 해외취업 및 연수에 관한 지원 방법, 절차, 자격 요건, 해외 채용정보 등을 자세히 살펴볼 수 있다. 해외 인턴십에 대한 막연한 기대나 환상으로 시간과 비용을 낭비하는 일이 없도록 철저히 준비하는 것이 중요하다.

## 4. 봉사활동

봉사활동은 타인을 위해 헌신하고 자신의 재능을 기부하면서 스스로 성장하는 경험학습이라고 할 수 있다. 봉사활동에 자발적으로 참여하거나 학교 졸업을 위해 봉사활동 시간이 필요한 경우, 자신의 전공과 관련된 시설에서의 재능기부 등을 통해 이루어진다. 봉사활동 관련 동아리나 단체 등의 유형이 많고 활동 영역도 많으므로 봉사활동에 참여하는 목적이나 자신이 잘할 수 있는 영역을 고려하여 참여하는 것이 바람직하다.

### 1) 대학생 봉사활동의 의미와 특성

최근 봉사활동에 대한 관심과 참여가 증가하면서 자원봉사활동을 실천하는 집단은 중 · 고등학생, 대학생을 비롯하여 중장년, 노인 등으로 매우 다양해졌다. 사회적으로 봉사활동이 활성화되는 분위기에 비춰 볼 때 각 집단의 봉사활동은 특색이 있다. 특히, 대학 시절은 자발적으로 계획하고 실천하여 주도적인 활동을 실천하는 시기라는 점에서, 다른 집단들에 비해서 자아실현, 사회적 기여의 의미가 훨씬 더 강조되는 시기이다(박현숙, 2013).

대학생의 자원봉사는 청소년이나 일반 봉사자보다 전문적인 업무 분담이 가능하여 청소년 자원봉사자의 리더 역할로 지도하는 업무나 학습지도, 캠프지도자 및 운영 보조역할, 레크리에이션 지도 등 준전문가적 역할을 수행할 수 있다. 그리고 전공과 연계된 봉사활동으로 진로기회를 탐색하고, 중소기업 체험을 위한 활동과 세계화에 맞추어 외국에서 봉사활동을 하는 해외봉사활동을 할 수 있다. 특히, 봉사활동을 통하여 자신이 관심 있는 분야의 전문적인 기술과 능력을 습득할 수 있고, 사회와 직업세계를 미리 체험할 수 있으며, 다른 사람과의 유대관계를 통하여 사회적 책임감을 형성할 수 있다.

한편, 대학생은 나눔과 자선, 사회참여의 의미를 통해 개인의 인격수양이나 삶의 질적 향상과 같은 자기계발의 계기로 이해하고 있는 것으로 나타났다(허성호, 2012). 이것은 자아실현이라는 개념으로도 이해할 수 있으며, 봉사활동을 통해 얻을 수 있는 자기만족이라고도 할 수 있다. 이 과정에서 자아실현은 이타적인 동기 또는 사회적 책임감에서 시작은 되지만, 결과적으로는 사원봉사 활동을 통해서 학문적 지식의 실천이나 새로운 분야의 경험, 성취감 또는 폭넓은 인간관계, 새로운 기술 등으로 받게 되는 개인 심리적 보상이라고 할 수 있다.

특히 직업선택이라는 관점에서도 자원봉사활동을 통하여 자기 자신을 보다 긍정적으로 평가할 수 있다. 즉, 자신에 대한 신뢰와 존중감이 형성되어 자아실현이라는 자기개발에 의미를 두게 된다. 그리고 자신의 전공을 활용한 경험은 그 의미가 크기 때문에 대학생 봉사활동은 자기 전공 분야 및 능력에 따라 이루어지는 것이 효과적이다. 결과적으로 대학생의 봉사활동은 개인적으로는 자기 발전과 계발, 이웃을 위한 이타심 배양 등 다양한 인격적 성장을 쌓을 수 있으며, 지역사회 발전은 물론, 더 나아가 국가발전에도 긍정적인 영향을 미칠 수 있을 것이다.

### 2) 대학생 봉사활동의 종류

대학생이 경험할 수 있는 봉사활동의 종류는 무궁무진하다. 봉사의 주최 기관, 봉사 기간, 봉사 분야, 봉사 지역 등을 고려하여 자아성취 및 자기계발과 진로설계에 도움이 될 수 있는 봉사활동에 참여해 보자.

### (1) 자원봉사 동아리 활동

봉사활동에 관심이 있지만 혼자하기에 어려움이 있다면, 대학교 내외에 봉사활동을 위해 형성된 다양한 동아리에 참여하여 하는 것이 도움이 된다. 동아리 단위로 봉사활동에 참여하게 되면 다양한 영역의 봉사활동을 경험할 수 있다는 장점이 있으며, 봉사를 실천하는 방법 또한 다양한 접근이 가능하다. 자신이 소속되어 있는 학교의 사회봉사센터에서 주선하는 봉사활동을 참고하는 것도 도움이 될 것이다. 대표적인 대학생 봉사활동 동아리는 굿네이버스, 십시일밥, Dream Maker 등이 있다.

### (2) 재능기부 활동

재능기부(talent donation)는 한국자원봉사협의회가 미국, 영국, 캐나다 등 해외에서 기술기반자원봉사(skill based volunteering), 프로보노(pro-bono) 등 전문적 봉사활동의 가치와 필요성을 인식하여 시작하였다. 2010년 재능나눔사업을 협회의 주력 사업으로 방향을 설정하고 '재능을 나눕시다'라는 캠페인을 시작함으로써 본격화되고 공식화된 개념이다.

일반적인 봉사활동은 주로 저소득층이나 복지시설 등의 사회적 약자를 대상으로 하여 희망하는 자원봉사자 누구나 특별한 기술이나 재능이 없더라도 유형·무형의 서비스를 자발적으로 제공하는 것을 일컫는 포괄적인 개념이었다. 반면, 재능기부의 개념은 아직 명확한 합의가 이루어진 것은 아니지만 자발적 사회 공헌의 형태로 자신의 재능을 사회에 환원하여 가치를 창출하는 것이라고 할 수 있다(이은노, 2014). 기부하는 재능에 따른 분류는 〈표 7-4〉와 같다.

**〈표 7-4〉 재능에 따른 분류**

| 주요 재능 | 활동 분야 | 내용 |
|---|---|---|
| 문화, 예술 | 예술, 문화, 환경 | 공연, 관람기획, 사진/영상 촬영 |
| 의료기술 | 의료 | 의료활동 보조, 대체의학 |
| 아름다운 마음 | 사회복지시설 | 사회봉사, 물품 및 후원 |

| | | |
|---|---|---|
| 교육, 상담 | 결연, 멘토링 상담, 교육 | 1:1결연, 장학금, 교육기회, 심리상담 등 |
| 작업 기술 | 해당 기술 기능 필요 분야 | 제과 · 제빵, 집수리, 도배, 미용, 종이접기, 운전 및 배송 등 |

### (3) 해외봉사활동

해외봉사활동은 타 국가와 타 국민의 이익을 위해 개인이 자발적으로 참여하여 수행하는 글로벌한 사회적 활동이라고 정의할 수 있다(손성일, 2016). 일반적으로 외국에서 하는 활동을 해외봉사활동이라고 생각할 수 있지만, 장소와 관계없이 국내에서 할 수 있는 국제적 문제나 프로젝트에 참여하는 것도 해외봉사활동이라 할 수 있다(류기형 외, 2010).

해외봉사활동은 활동 대상지가 국외라는 점 때문에 국내에서 하는 자원봉사와는 달리 참여자들의 시간적 · 공간적 제약이 더 많으므로 대부분 조직이나 단체를 통해서 이루어지게 된다. 조직이나 단체를 통해 이루어지고 있는 해외봉사활동을 유형별로 정리해 보면, 워크캠프형, 단기참여형, 정기방문형, 장기개발형, 긴급원조형, 인턴십형 등으로 구분하기도 하며(김재수, 2001), 그 목적에 따라 국제구호활동, 제3세계 개발, 해외교포 후원 등으로 구분할 수 있다(주성수, 2005)

우리나라의 공식적인 해외봉사단 파견은 1990년부터 시작되었으며, 2009년부터는 월드 프렌즈 코리아(World Friends Korea: WFK)가 모든 해외봉사활동과 관련된 업무를 총괄하는 기관으로 대표되고 있다. 한국국제협력단(KOICA)은 WFK의 관리 · 운영을 맡고 있으며, 현재 정부의 해외봉사 프로그램을 총괄하고 있다.

### (4) 기업형 봉사활동

기업형 봉사활동은 기업의 사회공헌사업의 일환으로 다양한 봉사단체를 후원하거나 기업의 임직원이 직접 봉사활동에 참여하는 형태로 이루어지고 있다. 또한, 기업이 자체적으로 봉사단을 형성하여 기업 이미지 향상과 사회적 환원에 힘쓰고 있다.

기업형 봉사활동은 봉사시간도 인정받을 수 있지만 장학금과 활동 수당이 많은 편이어서 많은 대학생들이 참여를 희망한다. 또한 본인이 입사를 원하는 기업이라면 적극적으로 봉사활동에 참여하여 봉사활동의 기회와 관련 스펙을 쌓을 수 있는 기회를 함께 얻을 수 있다.

### (5) 전공 관련 봉사활동

자신의 전공과 관련된 봉사활동을 통하여 이론적으로 학습하였던 내용을 직접 실천할 수 있는 기회를 가질 수 있으며, 사회적 책임감과 시민의식을 갖춘 한 사람으로서 사회에 공헌할 수 있다. 전공 관련 봉사활동은 개인적으로 이루어지기도 하지만, 주로 전공 학과 별, 동아리별로 구성된 팀의 재능을 봉사활동을 통해 지역사회에 도움을 주는 형태로 이루어진다. D 대학교의 경우 사회봉사센터에서 주관하는 '동행전공봉사단' 프로그램을 운영하여 다양한 전공과 관련된 봉사활동을 연계해 주고 있다.

**〈표 7-5〉 봉사활동 관련 홈페이지**

| 기관 | 홈페이지 주소 |
|---|---|
| 1365자원봉사 | www.1365.go.kr |
| 국경없는 의사회 | www.msf.or.kr |
| 국제아동 돕기연합 | www.uhic.org |
| 굿네이버스 | www.goodneighbors.kr |
| 기아대책 | www.kfhi.or.kr |
| 대한사회복지회 | www.sws.or.kr |
| 대한적십자사 | www.redcross.or.kr |
| 사랑밭 | www.withgo.or.kr |
| 서울시 자원봉사센터 | www.vms.or.kr |
| 월드비전 | www.worldvision.or.kr |
| 유니세프 한국위원회 | www.unicef.or.kr |
| 초록우산 어린이재단 | www.childfund.or.kr |

| | |
|---|---|
| 한국국제봉사기구 | www.kvo.or.kr |
| 한국대학사회봉사협의회 | www.kcue.or.kr |
| 한국자원봉사센터협회 | www.kavc.or.kr |
| 행동하는 양심 | www.actionslove.or.kr |

## 5. 아르바이트

### 1) 대학생의 아르바이트

잡코리아가 운영하는 아르바이트포털 알바몬이 2017년 대학에 갓 입학한 남녀 대학생 1,434명을 대상으로 '새내기 대학생 아르바이트 계획'을 조사한 결과 새내기 대학생 중 92.3%가 '1학기에 아르바이트를 할 것'이라 답했다. 특히 가장 하고 싶은 로망 아르바이트 직종으로 '카페 알바'가 꼽혔으며, 1학기부터 아르바이트를 하겠다고 나서는 이유를 조사한 결과 부모의 부담을 덜어드리기 위해 본인 생활비를 벌겠다는 응답자가 압도적으로 많았다(잡코리아, 2017. 09. 08).

이처럼 대학생의 아르바이트는 학비 및 용돈 충원이라는 경제적인 측면과 다양한 경험을 통한 경력 관리적인 측면에서 그 필요성이 부각되고 있다. 대학생이 도전할 수 있는 아르바이트의 종류는 생각보다 많다. 그중에서 미래를 준비하는 학생이라는 본분을 잊지 말고 자신에게 긍정적인 영향을 줄 수 있는 분야를 잘 선택해야 한다. 특히 자신의 전공이나 특기를 살릴 수 있는 아르바이트를 구할 수 있다면 진로설계에 도움이 되는 경력 관리 측면에서 좋은 기회가 된다.

최근 신입사원을 채용할 때, 인턴십 경험에 가산점을 부여하는 것과 마찬가지로 아르바이트 경험을 통하여 자질을 확인하는 것이 새로운 채용 트렌드로 자리잡고 있다(김모곤, 김미호, 우종선, 2013). 이와 관련하여 아르바이트를 경력으로 인정해 주고 정규직으로 뽑는 기업이 늘어나고 있는데, 이것은 현장에서 업무를 익힌 이들을 채용하는 것이 기업의 경쟁력에 도움이 된다는 판단에서이다. 이러한 측면에서 본다면 아르바이트도 자신의 희망직업과 연관된 경력으로 인정될 수 있는 것으로 선택하는 것이 바람직하다.

특히 외식업체 중에는 해당 브랜드 영업점에서의 아르바이트 경력이 필수 요건인 곳이 많다. 일례로, 피자헛에서는 아르바이트 경력이 6개월 이상 되어야 사원, 어시스트매니저, 매니저, 점장으로 승진할 수 있다. 매장 파트타임 근무 경력이 없으면 매니저가 될 수 없다. 이와 같이 해당 업체의 아르바이트 경력을 중요시하는 기업에 지원하기를 희망하는 경우 방학을 활용하여 해당 업체의 아르바이트 경험을 쌓는 것이 도움이 될 것이다.

## 2) 아르바이트 관련 법

통계청(2016)에 따르면, 15세 이상 24세 이하의 경제활동인구는 2015년에 186만 2천 명이며 경제활동 참가율은 30.1%로 나타났다. 그 중 후기 청소년인 19~24세에 해당하는 청소년의 경제활동 참가율은 85%를 웃돌고 있으며, 이러한 경제활동 참가는 주로 아르바이트를 통해 이루어지고 있다. 이처럼 청소년들의 경제활동 참가율은 해마다 증가하고 있으며, 그들의 근로인권에 대한 관심이 높아지고 있다.

한국청소년정책연구원(2015)이 후기 청소년들을 대상으로 실시한 '청소년 아르바이트 실태조사 및 정책방안 연구 II'에 따르면, 아르바이트 경험자 중 '근로여건 불만족'으로 아르바이트를 그만두는 경우가 가장 높게 나타났다.

특히 청소년 아르바이트와 관련해서 알아야 할 법 규정에 대해서도 응답자의 40% 이상이 잘 모르고 있던 것으로 조사되었다. '최저 임금'과 '청소년 고용 금지 업소'에 대한 규정은 높은 인지도를 보였지만, 아르바이트를 할 때 부당한 처우와 관련해서 근로인권 보호 등을 요청할 수 있는 '신고' 부분에서는 청소년들이 가장 낮은 인지도 수준을 보였다. 다양한 이유로 아르바이트를 하는 청소년들의 수가 증가하고 있는 현실에서 청소년의 노동인권이 지켜질 수 있는 환경 마련과 함께 노동인권 문제에 대한 홍보의 필요성을 알 수 있는 결과이다.

이 연구에 따르면, 근로계약서 작성 여부에 따라 최저임금 위반 여부에도 차이가 발생하는 것으로 나타났다. 근로계약서를 작성하고 아르바이트를 한 경우에는 최저임금 미만의 시급을 받았다는 응답이 9.6%에 그친 반면, 근로계약서를 작성하지 않은 경우에는 법정 최저임금 미만의 시급을 받았다는 응답 비율이 20.1%를 차지하였다(한국청소년정책연구원, 2015). 이러한 결과는 근로계약서 작성이 최저임금 준수 등 기본적인 기초 고용 질서를 유지하는 데 중요한 역할을 하고 있음을 보여준다.

그러나 청소년을 아르바이트로 고용하는 업소 가운데 절반 이상이 여전히 근로계약서 작성 등 노동 관련법을 지키지 않는 것으로 나타났다. 2016년에 실시한 청소년 근로권익 보호를 위한 관계기관(여성가족부, 고용노동부, 지방자치단체, 지역경찰) 합동 점검 결과에 근거하여 「근로기준법」을 지키지 않은 유형을 살펴보면, 근로계약서를 작성하지 않는 경우, 최저임금 미고지, 연장・야간 수당 미지급, 임금 미지급, 휴일・휴게시간 미부여 등의 순으로 나타났다.

자신의 소중한 노동을 통해 경제적인 소득과 진로 관련 경력을 쌓을 수 있는 아르바이트와 관련된 법 조항을 미리 확인하여 아르바이트생으로서의 권리를 스스로 지킬 수 있도록 해야 할 것이다. 또한 아르바이트 중 부당한 처우와 관련해서 근로인권 보호 등을 요청할 수 있는 온-오프 라인 기관을 알아 놓는 것이 도움이 될 것이다. 임금체불, 최저임금 미지급, 성희롱 등 부당한 대우를 받은 청소년은 여성가족부가 운영하는 청소년전화 1388(문자 #1388) 또는 고용노동부의 청소년근로권익센터(1644-3119, www.youthlabor.co.kr, 모바일앱)를 통해 무료상담 및 권리구제를 받을 수 있다.

〈활동 7-1〉

# 나의 경력관리 계획서 작성하기

## 활동목표

- 자신이 희망하는 직업에 필요한 경력관리 요소를 탐색한다.
- 필요한 경력관리 요소에 대한 자신의 현재 상황을 분석한다.
- 대학생활 4년 동안의 경력관리 계획서를 작성한다.

## 진행과정

| 활동주제 | 주요 내용 및 방법 | 시간 |
|---|---|---|
| 경력개발 요소 탐색하기 | • 자신이 희망하는 직업에 필요한 경력개발 요소를 탐색하여 작성한다. | 5분 |
| 현재 상황 분석하기 | • 자신에게 필요한 경력개발 요소에 대한 자신의 현재 상황을 확인한다.<br>• 자신의 부족한 경력개발을 위해 보완 계획을 수립한다. | 10분 |
| 경력개발 계획하기 | • 자신의 현재 상황을 분석한 표를 참고하여 대학생활 동안의 경력관리 계획서를 작성한다. | 10분 |
| 마무리 | • 다른 사람과 경력개발 계획을 비교한다. | 5분 |

## 유의점 및 특이사항

- 희망하는 직업에 필요한 경력을 스마트폰을 활용하여 꼼꼼하게 탐색하기
- 경력관리 계획은 수행 가능한 내용으로 수립하기
- 준비물: 활동지, 필기구

■ 희망 직업에 필요한 경력관리 요소 탐색

경력개발 계획을 수립하기 위해서는 먼저 내가 희망하는 미래의 직업을 예상해 보고 미래직업에 필요한 경력을 조사해 보는 것이 도움이 됩니다. 특히, 자신의 능력과 적성을 인지함으로써 실현 가능성이 높도록 설계해야 합니다. 이를 염두에 두고 대학생활 동안 자신의 진로목표 달성을 위해 갖추어야 할 경력관리 계획서를 작성해 봅시다.

| |
|---|
| 희망 직업명 : |

| 경력관리 요소(학점, 자격증, 외국어, 공모전, 아르바이트, 인턴십, 봉사활동 등) |
|---|
| 1. |
| 2. |
| 3. |
| 4. |
| 5. |
| 6. |
| 7. |
| 8. |
| 9. |
| 10. |

■ 나의 현재 상황 분석하기

자신이 희망하는 직업과 관련된 경력관리 요소를 탐색하였다면, 각 요소에 해당하는 자신의 현재 상태를 확인하고 보완 계획을 수립하여 봅시다.

[예시]

| 항목 | 요구사항 | 현재 상태 | 보완계획 |
|---|---|---|---|
| 학력 | 학사 이상 | 대학 재학 중 | |
| 학점 | 3.8 이상 | 3.2 | 남은 학기 학점 관리를 통하여 학점 상승 |
| 외국어 능력 | 토익 650 이상 | 관련 점수 없음 | 방학을 이용해 영어 학원 등록 |

| 항목 | | 요구사항 | 현재 상태 | 보완계획 |
|---|---|---|---|---|
| 학력 | | | | |
| 학점 | | | | |
| 외국어 능력 | | | | |
| 자격증 | 전공 관련 | | | |
| | 기타 | | | |
| 공모전 | | | | |
| 직장체험 및 인턴십 | | | | |
| 아르바이트 | | | | |
| 봉사활동 | | | | |
| 기타(　　　) | | | | |
| 기타(　　　) | | | | |
| 기타(　　　) | | | | |

■ 나의 대학생활 경력관리 계획서 작성

대학생활 경력관리과 관련한 자신의 현재 상황을 분석한 표를 참고하여 대학생활 4년 동안의 경력관리 계획서를 작성해 봅시다.

[예시]

| | 1학년 | 2학년 | 3학년 | 4학년 |
|---|---|---|---|---|
| 경력관리 방향 | 다양한 경험을 통해 나의 적성을 파악하자. | 학점관리에 집중하자. | 취업 목표를 정하고 정보를 수집하자. | 본격적인 취업준비에 돌입하자. |

| | 1학년 | 2학년 | 3학년 | 4학년 |
|---|---|---|---|---|
| 경력관리 방향 | | | | |
| 학점 관리 | | | | |
| 외국어 | | | | |
| 자격증 | | | | |
| 공모전 | | | | |
| 인턴십 및 청년취업 | | | | |
| 아르바이트 | | | | |
| 봉사활동 | | | | |
| 기타 | | | | |

## [참고자료 7-1]

### 아르바이트 관련 기초 노동 관련법 상식

#### 1. 임금 지급의 원칙

「근로기준법」 제43조(임금지급)

① 임금은 통화(通貨)로 직접 근로자에게 그 전액을 지급하여야 한다. 다만, 법령 또는 단체협약에 특별한 규정이 있는 경우에는 임금의 일부를 공제하거나 통화 이외의 것으로 지급할 수 있다.

② 임금은 매월 1회 이상 일정한 날짜를 정하여 지급하여야 한다

사용자는 근로자에게 급여를 지급할 때에 근로기준법이 정한 임금 지급의 원칙을 따라야 합니다. 임금은 반드시 아르바이트 청년에게 직접, 전액을 지급해야 합니다. 현금, 계좌이체 등 반드시 통화로 지급해야 하고, 현물로 지급할 수는 없습니다. 또한 매월 1회 이상 일정한 날짜를 정해서 지급해야 합니다.

#### 2. 최저임금

「최저임금법」 제6조(최저임금의 효력)

① 사용자는 최저임금의 적용을 받는 근로자에게 최저임금액 이상의 임금을 지급하여야 한다.

「최저임금법」 제6조에 따르면, 사용자는 아르바이트 청년에게 최저임금 이상의 임금을 지급해야 합니다. 2017년도 최저임금은 6,470원, 2018년도 최저임금 7,530원입니다.

#### 3. 유급휴일

「근로기준법」 제55조(휴일)

사용자는 근로자에게 1주일에 평균 1회 이상의 유급 휴일을 주어야 한다.

1주 15시간 이상 근로하고, 해당하는 주에 만근을 한 아르바이트 청년에게는 하루 이상의 유급휴일이 주어져야 합니다. 유급휴일에는 근로를 제공하지 않더라도 하루치 임금이 지급됩니다. (주 5일 미만으로 근로할 경우 근로시간에 비례해서 유급휴일 수당이 지급됩니다.)

### 4. 법정근로시간

「근로기준법」 제50조(근로시간)

① 1주 간의 근로시간은 휴게시간을 제외하고 40시간을 초과할 수 없다.

② 1일의 근로시간은 휴게시간을 제외하고 8시간을 초과할 수 없다.

사용자는 아르바이트 청년에게 1일 8시간, 1주 40시간을 초과하여 근로를 시킬 수 없습니다. 다만 당사자 간의 합의가 있을 경우 1주 12시간에 한해 연장근로를 수행할 수 있습니다.

### 5. 휴게시간

「근로기준법」 제54조(휴게)

① 사용자는 근로시간이 4시간인 경우에는 30분 이상, 8시간인 경우에는 1시간 이상의 휴게시간을 근로시간 도중에 주어야 한다.

② 휴게시간은 근로자가 자유롭게 이용할 수 있다.

사용자는 아르바이트 청년의 근로시간에 맞춰 법이 정하는 바에 따라 휴게시간을 주어야 합니다. 휴게시간은 근로자가 사업장을 벗어나는 등 자유롭게 쓸 수 있어야 합니다.

출처: 서울시 경제진흥본부 블로그.

**[참고자료 7-2]**

## 단시간 노동자 표준근로계약서

_________ (이하 "사업주"라 함)과(와) ________ (이하 "근로자"라 함)은 다음과 같이 근로계약을 체결한다.

1. 근로개시일: 년 월 일부터

※ 근로계약기간을 정하는 경우에는 " ○○년 ○○월 ○○일부터 ○○년 ○○월 ○○일까지" 등으로 기재

2. 근무 장소:

3. 업무의 내용:

4. 근로일 및 근로일별 근로시간

| | ( )요일 | ( )요일 | ( )요일 | ( )요일 | ( )요일 | ( )요일 |
|---|---|---|---|---|---|---|
| 근로시간 | 0시간 | 0시간 | 0시간 | 0시간 | 0시간 | 0시간 |
| 시업 | 00시 00분 | 00시 00분 | 00시 00분 | 00시 00분 | 00시 00분 | 00시 00분 |
| 종업 | 00시 00분 | 00시 00분 | 00시 00분 | 00시 00분 | 00시 00분 | 00시 00분 |
| 휴게 시간 | 00시 00분 ~00시 00분 | 00시 00분 ~00시 00분 | 00시 00분 ~00시 00분 | 00시 00분 ~00시 00분 | 00시 00분 ~00시 00분 | 00시 00분 ~00시 00분 |

◎ 주휴일 : 매주 ___ 요일

5. 임금:
- 시간(일, 월)급: ____________________원(해당사항에 ○표)
- 상여금 : 있음 ( ) ____________________원, 없음 ( )
- 기타급여(제수당 등): 있음: ____________________원(내역별 기재), 없음 ( )
- 초과근로에 대한 가산임금률: ____________________%

※ 단시간근로자와 사용자 사이에 근로하기로 정한 시간을 초과하여 근로하면 법정 근로시간 내라도 통상임금의 100분의 50% 이상의 가산임금 지급(2014. 9. 19. 시행)

- 임금지급일 : 매월(매주 또는 매일) _______일(휴일의 경우는 전일 지급)
- 지급방법 : 근로자에게 직접지급(　　), 근로자 명의 예금통장에 입금(　　)

6. 연차유급휴가: 통상근로자의 근로시간에 비례하여 연차유급휴가 부여

7. 사회보험 적용 여부(해당란에 체크)

☐ 고용보험 ☐ 산재보험 ☐ 국민연금 ☐ 건강보험

8. 근로계약서 교부

- "사업주"는 근로계약을 체결함과 동시에 본 계약서를 사본하여 "근로자"의 교부요구와 관계없이 "근로자"에게 교부함(「근로기준법」 제17조 이행)

9. 기 타

- 이 계약에 정함이 없는 사항은 근로기준법령에 의함

년　　월　　일

(사업주) 사업체명:　　　　　　(전화 :　　　　)
주　　소:
대 표 자:　　　　　　(서명)

(근로자) 주　소:
연락처:
성　명:　　　　　　(서명)

출처: 고용노동부.

## 참고문헌

김모곤, 김미호, 우종선(2013). 대학생활설계. 경기: 공동체.

류기형, 남미애, 박경일, 홍봉선, 강대선(2010). 자원봉사론. 경기: 양서원.

박현숙(2014). 대학생의 선택적 자원봉사활동 참여에 따른 도덕성과 직업가치관 형성. 단국대학교 대학원 박사학위논문.

손성일(2016). 해외봉사활동이 참여자의 세계시민의식함양 및 사회적 자본 축적에 미치는 영향 분석: WFK 해외봉사 프로그램을 중심으로. 한양대학교 공공정책대학원 석사학위논문.

엄경아, 류수영, 함석정, 최인영(2015). 취업과 진로설계. 서울: 지식인.

이은노(2014). 재능기부 참여의향 영향요인 연구. 서울대학교 행정대학원 석사학위논문.

통계청(2016). 경제활동 인구 연보.

황여정, 김정숙, 이수정, 변정현, 이미영, 안시영(2015). 청소년 아르바이트 실태조사 및 정책 방안 연구 II. 한국청소년개발원 연구보고서.

허성호(2012). 대학생 자원봉사활동이 자기개발 및 사회성개발에 미치는 영향. 중앙대학교 대학원 박사학위논문.

Covey, S. (1989). *The 7 Habits of highly effective people*. 김경섭 역(2017). 성공하는 사람들의 7가지 습관. 경기: 김영사.

# 제3부
# 직업탐색

## 학습개요

자신이 앞으로 살아갈 미래에 어떤 일을 할 것이며, 그 일을 잘 해나가기 위해 무엇을 준비해야 하는지를 고민하는 것은 가치있는 일이다. 이는 사회의 요구나 흥미에 부응하는 선호 분야에 대한 깊이 있는 탐색으로부터 시작되어야 한다. 그러나 동시에 변화하는 직업사회에서 요구하는 것이 무엇인지를 인식하고 그에 맞춰 준비해 나가는 노력이 이루어져야 한다.

이러한 필요성에 따라 제8장은 대학생이 자신의 직업흥미를 이해함으로써 전공 및 진로를 탐색하고 설계해 나가는 데 도움을 받을 수 있도록 구성하였다. 구체적으로 직업흥미가 무엇이며, 진로발달에 어떠한 영향을 미치는지 이해한 후, 개인의 마음속에 품고 있는 꿈에 대한 분석과 직업카드의 분류, 홀랜드(Holland)의 이론에 토대를 둔 직업흥미검사를 통해 자신의 직업흥미를 탐색해 나가는 과정을 담았다.

또한, 제9장은 국가 차원에서 산업현장의 요구를 토대로 특정 직무를 수행하기 위해 필요한 지식, 기술, 태도를 표준화하여 수립한 국가직무능력표준(National Competency Standards: NCS)을 소개하였다. 이를 토대로 모든 직장인에게 공통적으로 필요한 직업 기초능력과 특정 직무를 수행하는 데 필요한 역량을 구체적으로 알 수 있다. 따라서 NCS는 자신이 전공하고 있는 분야에 속하는 주된 직무 및 자신이 선호하는 직무 분야에 대한 탐색을 해 볼 수 있는 좋은 자료가 될 것이다. 또한, 기존의 채용 방식과 다른 NCS에 기반한 채용 과정을 소개하여 변화된 직업세계에 발맞춰 준비해 나갈 수 있도록 내용을 구성하였다.

## 제8장
# 직업흥미

### 학습목표

- 직업흥미의 개념과 탐색방법을 이해한다.
- 홀랜드(Holland) 검사를 통해 나의 직업흥미를 확인한다.
- 나의 직업흥미와 연계된 직업 및 전공 분야를 탐색한다.

지금 현재 자신이 하고 있는 일이 무엇이든지 그 일 속에서 재미와 흥미를 느끼고 있다면, 더 즐겁게 몰입할 수 있고 결과에 대한 만족도 커질 가능성이 높다. 반대로 자신이 하고 있는 일들을 왜 하고 있는지 알지 못하거나 그 가치를 발견하지 못한 채 참여하고 있다면, 시간이 지날수록 몸과 마음이 피곤해질 것이다. 이처럼 자기 자신이 순수한 마음으로 즐겁게 참여하거나 기꺼이 투자하고 싶은 분야, 즉 직업흥미를 발견하는 것은 현재를 즐기고 미래를 준비해 나가는 과정에서 매우 중요한 활동이 될 것이다.

# 1. 직업흥미의 의미

## 1) 직업흥미의 개념

홍미는 '어떤 일을 하고 싶다.' '하고 싶지 않다.'와 같이 개인의 마음과 관련된 특성이다(김인기, 2015). 다시 말해서 홍미란 어떤 종류의 활동 또는 사물에 대하여 특별한 관심이나 주의를 가지게 하는 개인의 일반화된 행동 중 하나라 할 수 있으며, 선천적으로 타고나기보다는 주변 환경에 의해 형성·변화되기도 한다.

직업과 관련된 개인의 홍미는 직업을 선택하는 과정에서 고려해야 할 중요한 요인 중 하나이다. 자신의 직업과 조직에 잘 맞는 사람들은 그렇지 않은 사람들보다 그 일에 대한 만족도가 더 높고, 직업을 계속 유지하고자 하여 직장에서 능률적인 사람으로 남게 되는 경향이 있다(Lowman, 1991). 이는 사람들마다 각자 좋아하고 싫어하는 패턴, 즉 홍미가 서로 다르기 때문이다.

이처럼 홍미는 직업을 선택할 때 적성과 함께 가장 많이 고려되고 있는 변인 중에 하나이다. 홍미가 없으면 일의 능률이 떨어지기 쉽고, 적성이 맞더라도 홍미가 없으면 일의 성공 가능성도 적어지기 때문이다(서일수 외, 2013). 따라서 좀 더 이른 시기에 자신의 홍미 분야를 발견하는 것은 진로를 탐색하고 계획해 나가는 과정에서 매우 중요한 일이라 할 수 있다.

**내가 진짜 좋아하는 일을 찾자**

강수진은 세계적인 춤꾼이다. 그녀의 실력은 국내외에서 알아준다. 독일 슈투트가르트발레단 수석무용수인, 34세의 그녀는 1999년 말 모 춤 전문지가 선정한 '20세기 한국의 대표적인 춤꾼 6명'에 들 뻔했다가 빠진 적이 있다. 당시 저명한 춤 평론가 9명은 "강수진은 역사적 평가를 하기엔 아직 어리다."는 이유를 들어 그녀에게 '베스트 6표'를 몰아주지 않았다. 이 정도로 강수진은 젊은 나이에 성공한 인생이다.

> 그녀는 연습광이다. 한 시즌에 토슈즈 150켤레를 닳아 없애는가 하면, 공연 전 연습을 할 때는 하루에 19시간을 춤 출 때도 있다. 주위에서 그녀를 지켜보는 사람들은 강 씨의 엄청난 연습량에 압도된다. 그리고 가냘픈 여성인 그녀가 어째서 세계적인 춤꾼인지 이해하게 된다. 그녀는 누가 뭐라고 해도 틀림없이 연습벌레이며, 독일 속담처럼 연습이 그를 대가로 만들었다.
>
> 그러나 그녀는 자신의 성공이 단지 연습의 결과라고 생각지 않는다. 그녀 자신이 꼽고 있는 제1의 성공요인은 단순하지만 강력한 한 마디에 들어 있다. "나는 춤추는 것을 좋아한다."라는 것이다. 좋아하기 때문에 강 씨는 하루 종일 춤을 추고 다음날 또 출 수 있는 것이다.
>
> 연습이 노력만 가지고 되는 것이라면, 그 일은 괴롭다. 노력이 미덕임에 틀림없다. 하지만 평생을 노력만 하고 살아야 하는 사람이 있다면, 그의 삶은 얼마나 팍팍하고 고단할 것인가? 묻지 않아도 뻔한 일 아닌가. 강씨의 경우 좋아서 하는 일이니까 어려움을 견디고 끔찍한 훈련도 마다하지 않는 것이다.
>
> 출처: 한국고용정보원(2011).

### 2) 직업흥미 탐색 방법

많은 사람들은 자신이 좋아하는 것을 직업으로 갖기 원하므로, 자신이 하고 있는 일에서 재미를 느끼는 사람일수록 직업에 대한 만족도가 높은 경향이 있다. 이런 점에서 직업을 탐색할 때 반드시 고려해 보아야 하는 것이 직업흥미이다. 직업흥미는 자신에 대한 깊은 관심, 예를 들어 어린 시절부터 마음에 품어 온 꿈이나 개인적으로 가치를 부여하는 것에 대한 탐색을 통해 확인할 수 있다. 또한, 직업카드 분류 활동이나 심리검사를 통해 좀 더 객관적으로 직업흥미를 평가할 수도 있다.

#### (1) 꿈 탐색

사람은 누구나 어릴 때부터 마음속에 품고 있는 다양한 꿈이 있다. 실현 가능성과 관계없이 마음껏 상상할 수 있는 나만의 꿈은 생각하는 것만으로도 행복을 느끼게 한다. 어떤 이들은 꿈이 막연하고 추상적이므로 지나치게 집중하지 않아야 한다고 하지만, 꿈은 자신이 원하는 것이 무엇인지를 발견할 수 있는 보물창고가 될 수 있다. 그러므로 어린 시절부터 지금까지 내가 꿈꿔 온 것들을 세심히 살펴보는 것도 홍미를 찾는 과정에서 의미있는 활동이 된다.

미국의 유명한 지질학자인 프레스톤 클라우드(P. Cloud)는 꿈을 돋보기로 종이를 태우는 과정에 비유했다(황매향 외, 2011). "꿈은 돋보기로 종이를 태우는 것에 비유할 수 있다. 초점을 맞추고 햇볕을 한곳에 모은 다음 종이가 탈 때까지 돋보기를 손에 꼭 쥐는 것처럼 우리의 꿈도 마찬가지이다. 꿈을 이루려면 굳은 신념을 끝까지 손에 쥐고 포기하면 안 된다."

이처럼 꿈에 의미를 부여하기 위해서는 자기 내면의 목소리에 귀 기울이는 것이 필요하며, 마음속에 있는 여러 가지 꿈 중에서 나에게 진정한 행복을 가져다줄 것이라 기대되는 자신만의 꿈이 무엇인지 신중하게 분석해 보아야 한다. 이런 과정 중에 나의 직업흥미에 대한 힌트를 얻을 수 있을 것이다.

### (2) 직업카드 분류하기

타일러(Tyler, 1961)는 사람들의 독특성을 도출해 내는 신뢰적인 방법으로 '직업카드 분류'를 디자인했다(한국고용정보원, 2008). 현재 시중에는 초등학생용, 대학생 및 성인용, 여성용 등의 다양한 카드가 판매되고 있다. 또한 한국고용정보원(2015)에서 학생들의 진로교육에 활용할 목적으로 발행한 60장의 청소년 직업카드와 150장의 일반 직업카드도 있다.

직업카드 분류 활동은 이 장의 주제인 직업흥미뿐 아니라 자신의 직업적성 및 직업가치관 등을 확인해 나가는 것에도 도움이 되는 검사 방법이다. 최근 진로교육 현장에서 활발하게 활용되면서 이미 공신력있는 표준화 검사와 유사할 정도로 신뢰할 만하고, 좀 더 다양하면서도 새로운 진로탐색 기회를 제공해 주는 질적 진로탐색검사라는 것이 입증되고 있다. 따라서 대학생은 직업카드 분류 활동을 통해 자기이해 수준을 높이고, 직업적 관심을 명확히 할 수 있는 지식과 기술을 제공받을 수 있으며, 진로에 대한 흥미를 확인할 수 있다. 무엇보다 분류 과정 자체에 재미있게 참여할 수 있다는 장점이 있다(김봉환, 정철영, 김병석, 2014; 이윤우, 2010).

[그림 8-1] 한국고용정보원(2015)의 직업카드

직업카드 분류 방법은 다음과 같다. 첫째, 직업명과 직업에 대한 간략한 설명이 수록된 일련의 카드를 하나씩 읽으며 '좋아함' '모르겠음' '싫어함' 등으로 직접 분류한다. 분류하는 과정 중 생소한 직업을 발견했다면, 분류 과정을 잠시 미루고 이에 대해 탐색할 수도 있다. 둘째, 그렇게 분류한 이유에 대해 집단 구성원 또는 교수자와 이야기한다(이윤우, 2010). 만약 카드분류 활동을 성실하고 솔직하게 수행했다면 자신이 좋아하는 직업과 싫어하는 직업의 목록을 가지게 될 것이다.

이러한 과정을 통해 분류된 직업의 목록들은 자신의 흥미를 확인하는 출발점이 된다(황매향 외, 2011).

### (3) 심리검사

직업흥미에 대해 좀 더 포괄적인 정보를 원한다면 대학생이 활용할 수 있는 홀랜드(Holland)의 적성탐색검사, 고용노동부의 직업선호도검사, 스트롱(Strong)의 직업흥미검사 등과 같이 표준화된 검사를 실시해 보는 것이 필요하다.

#### ① 홀랜드의 적성탐색검사

진로심리학자인 홀랜드는 1953년에 직업선호도검사(Vocational Preference Inventory: VPI)를 최초로 개발하였다. 이후 꾸준한 개정을 거쳐 현재 사용되고 있는 진로탐색검사(Self-Directed Search: SDS)로 발전되었다. 우리나라에서는 안창규(1996)가 홀랜드 이론을 토대로 문항을 개발하고 검사도구를 표준화하여 홀랜드 진로탐색검사(중·고등학생용)와 홀랜드 적성탐색검사(대학생 및 성인용)를 개발하였다. 이 검사도구들은 현재 학교와 여러 상담기관에서 광범위하게 사용되고 있다.

홀랜드의 진로탐색검사(중·고생용)는 직업적 성격유형 찾기, 활동, 성격, 유능감, 직업, 능력 평정 등의 여섯 가지 영역으로 구성되어 있고, 홀랜드 적성탐색검사(대학생 및 성인용)는 여기에 가치 영역이 하나 더 포함되어 일곱 가지 영역으로 구성되어 있다. 이 중 직업적 성격유형 찾기는 홀랜드 이론의 근간인 RIASEC*의 직

* RIASEC 이론은 실재적(Realistic: R), 탐구적(Investigative: I), 예술적(Artistic: A), 사회적(Social: S), 진취적(Enterprising: E), 관습적(Conventional: C) 유형의 첫 글자를 따서 부르기도 함.

업적 성격유형에 관한 일반적 · 포괄적인 이해를 제공해 준다. 이처럼 홀랜드의 검사는 기존의 직업적 흥미검사가 흥미 영역에만 관심을 두고 있었던 것과 달리 보다 포괄적 영역에 걸쳐 직업적 성격 유형을 찾아내고자 한 점에서 차별화된다(김계현 외, 2012).

홀랜드 이론에 토대를 둔 검사도구는 최근 대학생의 진로탐색 과정에서 활용도가 매우 높으므로, 다음 절에서 다시 구체적으로 설명하겠다.

### ② 고용노동부의 직업선호도검사

고용노동부에서 개발한 직업선호도검사는 다양한 분야에 대한 선호도를 측정하는 흥미검사, 일상생활 속에서 보이는 개인의 성향을 측정하는 성격검사, 개인의 생활특성을 측정하는 생활사검사 등의 세 가지 하위 검사로 구성되어 있다. 첫째,

청소년 대상 심리검사 | 성인 대상 심리검사

| 심리검사 명 | 검사시간 | 실시가능 | 검사안내 | 결과예시 | 검사실시 |
|---|---|---|---|---|---|
| 성인용 직업적성검사 | 90분 | 인터넷, 지필 | 안내보기 | 예시보기 | ✓검사실시 |
| 직업선호도검사 S형 | 25분 | 인터넷, 지필 | 안내보기 | 예시보기 | ✓검사실시 |
| 직업선호도검사 L형 | 60분 | 인터넷, 지필 | 안내보기 | 예시보기 | ✓검사실시 |
| 구직준비도검사 | 20분 | 인터넷, 지필 | 안내보기 | 예시보기 | ✓검사실시 |
| 창업적성검사 | 20분 | 인터넷, 지필 | 안내보기 | 예시보기 | ✓검사실시 |
| 직업전환검사 | 20분 | 인터넷, 지필 | 안내보기 | 예시보기 | ✓검사실시 |
| 직업가치관검사 | 20분 | 인터넷, 지필 | 안내보기 | 예시보기 | ✓검사실시 |
| 영업직무 기본역량검사 | 50분 | 인터넷, 지필 | 안내보기 | 예시보기 | ✓검사실시 |
| IT직무 기본역량검사 | 95분 | 인터넷, 지필 | 안내보기 | 예시보기 | ✓검사실시 |
| 준고령자 직업선호도검사 | 20분 | 인터넷 | 안내보기 | 예시보기 | ✓검사실시 |
| 대학생 진로준비도검사 | 20분 | 인터넷, 지필 | 안내보기 | 예시보기 | ✓검사실시 |
| 이주민 취업준비도 검사 | 60분 | 인터넷 | 안내보기 | 예시보기 | ✓검사실시 |
| 중장년 직업역량검사 | 25분 | 인터넷 | 안내보기 | 예시보기 | ✓검사실시 |

[그림 8-2] 고용노동부에서 제공되는 심리검사 종류

출처: 고용노동부.

흥미검사는 홀랜드의 직업적 성격유형 이론에 기초하여 개발된 하위검사이다. 따라서 RIASEC 요인을 토대로 개인의 흥미가 분석된다. 둘째, 성격검사는 5요인 구조 이론(Big 5 이론)에 기초하여 개발되었다. 따라서 Big 5의 하위 요인인 외향성(온정성, 사교성, 리더십, 적극성, 긍정성), 호감성(타인에 대한 믿음, 도덕성, 타인에 대한 배려, 수용성, 겸손, 휴머니즘), 성실성(유능성, 조직화 능력, 책임감, 목표지향, 자기통제력, 완벽성), 정서적 불안정성(불안, 분노, 우울, 자의식, 충동성, 스트레스 취약성), 경험에 대한 개방성(상상력, 문화, 정서, 경험추구, 지적호기심)이 높거나 낮은지에 대한 정보를 제공해 준다. 셋째, 생활사검사는 과거의 행동을 통해 미래 행동을 예측할 수 있다는 원리를 토대로 개발되었다. 이 검사는 대인관계지향, 독립심, 가족친화, 야망, 학업성취, 예술성, 운동선호, 종교성, 직무만족에 대한 8개의 하위요인으로 구성되어 있다.

현재 직업선호도 검사는 고용노동부의 워크넷 사이트(http://www.work.go.kr)에서 확인할 수 있다. 세 가지 하위 검사 중 흥미검사만으로 구성된 S형(Short form)과 세 가지 하위검사 모두를 포함하고 있는 L형(Long form)의 두 형태로 서비스되고 있다.

### ③ 스트롱의 직업흥미검사

스트롱의 직업흥미검사(Strong Vocational Interest Blank: SVIB)는 1927년에 제작된 이후로 계속 개정되어 오고 있다. 현재는 1994년에 개정된 직업흥미검사(Strong Interest Inventory: SII)와 2004년에 개정된 직업흥미검사(SII)가 함께 사용되고 있다(김계현 외, 2012). 미국에서 사용되고 있는 검사는 일반직업분류(General Occupational Theme scales: GOT), 기본흥미 척도(Basic Interest Scales: BIS), 직업 척도(Occupational Scales: OS), 개인특성 척도(Personal Style Scales: PSS)의 하위 척도로 이루어져 있다.

김정택, 김명준과 심혜숙(2004)에 의해 개발된 한국판 스트롱 직업흥미검사는 세분화된 직업흥미 탐색을 통한 개인의 흥미 영역 세분화에 초점을 두고 보다 구체적인 진로탐색 및 진학계획, 경력개발 등에 효과적으로 사용될 수 있도록 만들어졌다(김계현 외, 2012). 한국판 검사는 미국 SII의 네 가지 하위 척도 중 직업척도(OS)를 제외한 세 가지 하위 척도로 구성되어 있다.

하위 척도 중 일반직업분류(GOT)는 홀랜드의 RIASEC 이론을 토대로 개인의 흥미에 대한 포괄적인 전망을 제공한다. GOT의 하위 척도임과 동시에 상관이 높은 문항을 범주화하여 완성한 특정 활동과 주제에 대한 흥미들로 구성되어 있다.

〈표 8-1〉 일반직업분류(GOT)와 기본흥미 척도(BIS)

| 일반직업분류(GOT) | 기본흥미 척도(BIS) |
|---|---|
| 현장형(R) | 농업, 자연, 군사활동, 운동경기, 기계 관련 활동 |
| 탐구형(I) | 과학, 수학, 의학 |
| 예술형(A) | 음악/드라마, 미술, 응용미술, 글쓰기, 가정/가사 |
| 사회형(S) | 교육, 사회봉사, 의료봉사, 종교활동 |
| 진취형(E) | 대중연설, 법/정치, 상품유통, 판매, 조직관리 |
| 사무형(C) | 자료 관리, 컴퓨터 활용, 사무활동 |

스트롱 직업흥미검사의 세 번째 하위 척도인 개인특성 척도(PSS)에서는 일상생활 및 일의 세계와 관련된 광범위한 특성에 대해 개인이 어떤 것을 더 선호하고 편안하게 느끼는지를 확인할 수 있다. 즉, PSS는 일반적으로 개인이 어떻게 학습하고 일하고 놀고 생활하는지를 탐색하게 함으로써, 어떤 특정 환경과 자신과의 관계에 대해 평가해 볼 수 있는 틀을 제공한다. 결과적으로는 GOT와 BIS로 확인한 개인의 직업흥미에 대해 상당 부분 보완·설명해 준다(김계현 외, 2012).

〈표 8-2〉 개인특성 척도(PSS)

| 개인특성 척도(PSS) | 프로파일의 왼쪽에 위치 | 프로파일의 오른쪽에 위치 |
|---|---|---|
| 업무 유형<br>(work style) | 혼자서 일하는 것을 선호한다. 자료, 사물, 아이디어를 다루는 것을 좋아한다. 독립적인 행동을 하는 경향이 있다. | 함께 일하는 것을 선호한다. 조직이나 팀의 구성원으로 사람과 관련된 활동을 좋아한다. 다른 사람 돕는 것을 좋아한다. |

| | | |
|---|---|---|
| 학습유형(learning style) | 실제적인 학습활동을 선호한다. 경험을 통한 학습, 단기간의 교육과정을 좋아한다. | 학문적인 학습활동을 선호한다. 이론을 통한 학습, 장기간의 정규교육과정을 좋아한다. |
| 리더십 유형 (leadership style) | 다른 사람들을 지시하고 통솔하는 것이 불편하다. 감독자 입장보다 동료 입장에서 과업을 수행한다. 타인을 많이 배려한다. | 다른 사람들을 지시하고 통솔하는 것을 잘한다. 앞장서서 일을 잘 추진한다. 시작을 잘한다. 자기주장을 잘한다. |
| 모험심 유형(risk taking & adventure style) | 안정된 상황을 유지하려 한다. 조용하고 차분한 상대를 좋아한다. 모험보다는 안전을 선택한다. | 위험을 감수하고 도전하려 한다. 위기 상황에 대처를 잘한다. 안전보다 모험을 선택한다. |

요즈음에는 대학 내의 학생상담센터, 진로지원센터, 여대생커리어개발센터, 인력개발처 등과 같이 재학생의 진로를 지원하는 기관 또는 센터에서 직업흥미뿐 아

[그림 8-3] 학생상담센터 홈페이지 예시

출처: 동의대학교 학생상담센터 홈페이지.

니라 개인의 진로 관련 특성을 확인할 수 있는 다양한 검사와 전문적인 해석 및 상담 서비스를 활발하게 제공하고 있다.

또한, 〈표 8-3〉과 같이 온라인으로도 직업흥미를 검사할 수 있다. 고용노동부에서 개발한 직업선호도 검사의 경우 누구나 무료로 검사받을 수 있으나, 홀랜드 적성탐색검사와 스트롱 직업흥미검사는 유료로 인증코드를 제공받아 참여할 수 있다. 인터넷을 통한 심리검사의 경우 시간과 상황을 고려하여 편리하게 참여할 수 있고, 필요에 따라 전문 상담사와의 상담도 받을 수 있으므로 대학생 시기에 자신의 직업흥미를 탐색해 볼 수 있는 좋은 방법이 될 것이다.

〈표 8-3〉 인터넷 직업흥미검사 제공 사이트

| 직업흥미검사 | 서비스 제공기관 | 인터넷 주소 |
|---|---|---|
| 홀랜드 적성탐색검사 | 한국 가이던스 | www.guidance.co.kr |
| 고용노동부 직업선호도검사 | 고용노동부 워크넷 | www.work.go.kr |
| 스트롱 직업흥미검사 | 어쎄스타 | www.career4u.net |

이와 같이 간편한 방법으로 직업흥미를 탐색할 수 있으나, 다음 절에서 소개하는 홀랜드의 이론을 토대로 좀 더 신뢰할 수 있고 포괄적인 자신의 직업흥미를 이해하도록 해 보자.

## 2. 홀랜드의 직업흥미검사

홀랜드의 직업흥미검사는 미국의 진로심리학자인 홀랜드의 이론에 입각해서 제작된 검사이다. 홀랜드는 2차 세계대전 시기에 군대에 복무하면서 군인들이 소수의 유형으로 분류될 수 있다는 생각을 하게 되었고, 이후 상담자로서 다양한 사람들과의 만남을 통해 서로 다른 흥미를 느낀 사람들은 서로 다른 성격적 특성을 갖는다는 확신을 하게 되었다. 지속적인 연구와 개정 과정을 거친 홀랜드의 이론은 "직업적 흥미는 일반적으로 성격이라고 불리는 것의 일부이기 때문에, 개인의 직업적 흥미에 대한 설명은 곧 개인의 성격에 대한 설명이다."라는 가정을 기초로 하고 있다(김봉환 외, 2014).

따라서 홀랜드의 검사는 개인이 지각한 적성과 흥미를 측정하며, 여섯 가지 성격 유형과 그에 적합한 여섯 가지 기본적 직업환경을 제안하고 있다.

## 1) 홀랜드 이론의 가정

### (1) 기본 가정

홀랜드의 이론은 다음의 네 가지 기본 가정에 기초를 두고 있다.

첫째, 대부분의 사람들은 여섯 가지 성격유형, 즉 실재적(Realistic), 탐구적(Investigative), 예술적(Artistic), 사회적(Social), 진취적(Enterprising), 관습적(Conventional) 유형 중 하나로 분류될 수 있다. 이들 여섯 가지 유형의 첫 글자를 따서 홀랜드의 이론을 RIASEC 이론이라고 부르기도 한다.

둘째, 직업환경도 이와 같은 여섯 가지 유형으로 분류될 수 있는데, 각 유형에는 또 다른 하위 유형이 존재한다. 예를 들어, 교사는 사회형(S)이지만, 음악교사는 사회형-예술형(SA)으로, 과학교사는 사회형-탐구형(SI)으로 볼 수 있다(이 장의 끝부분에 제시한 [참고자료 8-1] 참조).

셋째, 사람들은 자신이 가지고 있는 능력과 기술을 발휘할 수 있고, 자신의 가치나 태도를 표현하고, 자신에게 맞는 역할을 수행할 수 있는 환경을 찾고자 한다. 즉, 탐구적인 사람은 아이디어를 다루고 논리적·분석적 능력이 활용되는 환경을 찾고자 하며, 사회적인 사람은 다른 사람과 함께 관계를 형성할 수 있는 환경을 찾고자 한다. 또한, 특정 환경의 직업은 그 환경에 적합한 유형의 사람을 찾기도 한다.

넷째, 개인의 행동, 특히 직무와 관련된 행동은 성격과 직업환경의 상호작용에 의해 결정된다. 다시 말해서, 진로선택, 근속기간, 직업전환, 직업적응, 성취, 직무

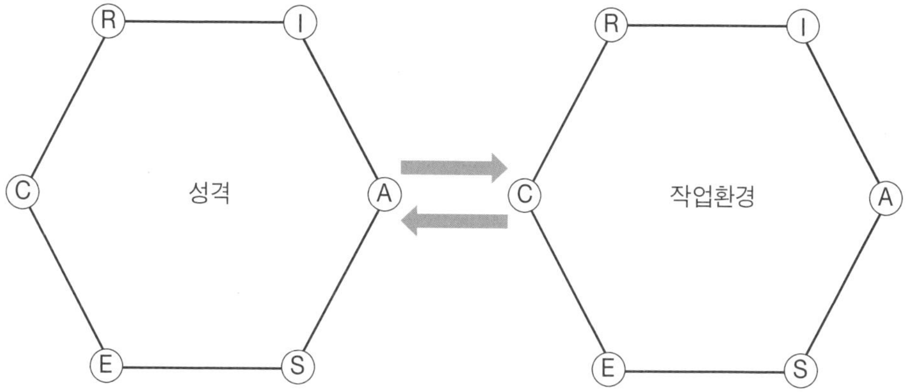


[그림 8-4] 홀랜드 이론의 성격 및 직업환경 유형

만족 등과 같은 특성은 성격과 직업환경의 상호작용에 의해 영향을 받는다. 예를 들어, S형의 성격을 가진 사람이 S형의 환경을 가진 직업을 선택할 가능성이 높고, 다른 유형의 직업보다 S형의 직업을 선택했을 때 직업적 적응이 더 잘 될 것이라 예측할 수 있다.

홀랜드는 이와 같은 가정에 의해 사람들의 성격 유형과 직업환경 유형을 여섯 가지로 분류하였으나, 여섯 가지 유형만으로 다양한 사람과 직업의 특성을 설명하는데 한계를 느꼈다. 따라서 이 유형을 조합한 형태로 분류하는 작업을 시도하였다. 예를 들어, RI(실재 · 탐구형), AS(예술 · 사회형), ESA(진취 · 사회 · 예술형) 등과 같이 6개 유형을 720개(6×5×4×3×2)의 유형으로 확장하였다(천성문 외, 2017; 한국고용정보원, 2008).

### (2) 부가적 가정

홀랜드는 앞서 언급한 네 가지 기본 가정 외에 다음과 같은 부가적인 가정을 제시하였다. 이 부가적 가정들은 홀랜드 이론의 구조를 설명하며, 네 가지 기본 가정을 지지한다(김봉환, 정철영, 김병석, 2009; 한국고용정보원, 2008).

① **일관성(Consistency)**

일관성이란 여섯 가지 성격이나 환경의 유형 중 서로 더 밀접하게 관련되는 유형이 있다는 것을 의미한다. [그림 8-1]에서 나타나듯이, 실재형(R)은 탐구형(I)이나 관습형(C)과 상대적으로 가깝고, 사회형(S)과는 가장 멀리 떨어져 있다. 즉, RI형은 RC형보다 일관성이 높다고 할 수 있으며, RS형은 가장 일관성이 낮다고 할 수 있다. 이처럼 육각형 모형에서 서로 인접할수록 높은 일관성을 나타내고, 멀리 떨어져 있을수록 낮은 일관성을 가짐을 의미한다.

② **변별성(Differentiation)**

변별성이란 성격이나 직업환경의 여섯 가지 유형 중 특정 유형으로 특성이 변별되는 정도를 일컫는다. 어떤 사람이나 환경은 다른 사람 또는 환경과 비교하여 더욱 뚜렷하게 구별되기도 하지만, 어떤 경우는 여섯 가지 유형의 특징을 고루 가지고 있어 뚜렷한 차별성이 없어 보이기도 한다. 변별성이 높은 사람은 일에 있어 경쟁력과 만족도가 높을 것이며, 사회적 · 교육적 행동에도 적절히 개입할 것이다. 그러나 변별성이 낮은 사람은 특성이 부각되지 않아 명확한 예측을 하기에 어려움이 따른다.

③ **정체성(Identity)**

정체성은 개인이나 환경의 정체성이 얼마나 명료하고 안정적인지를 나타내는 개념이다. 개인의 정체성은 한 개인이 가진 인생목표, 재능, 흥미, 관심 등에 대해 얼마나 명료하고 안정된 생각을 가지고 있느냐로 정의될 수 있고, 환경의 정체성은 어떤 직업환경이 얼마나 분명하고 일관적인 조직 목표나 직무, 보상체계를 갖추고 있느냐로 나타내어진다.

④ **일치성(Congruence)**

일치성이란 성격유형과 직업환경 유형이 유사하게 나타나는 정도를 나타내는 것으로 개인의 직업적 흥미가 직업환경과 어느 정도 일치하는지를 의미한다. 따라서 실재형의 사람이 실재형의 환경에서 일할 때에 일치성이 높다고 할 수 있으나, 실재형의 사람이 사회형의 환경에서 일할 때는 일치성이 낮다고 할 수 있다. 완벽한 조합은 성격과 환경의 유형이 일치하는 경우로, 이때 직업만족도가 높아진다. 다음으로 최선의 조합은 환경유형에 인접한 성격유형이며, 가장 좋지 못한 형태는 육각형의 반대 지점에 있는 환경유형과 성격유형의 조합이라 볼 수 있다.

### ⑤ 계측성(Calculus)

계측성은 성격유형과 직업환경 유형 사이의 상관은 거리와 관련성이 있음을 의미한다. 다시 말해서, 성격과 환경 유형 간의 유사성은 육각형 모형에 의해 이루어지는데, 육각형 모형에서의 성격유형과 환경유형 간의 거리는 이론적인 수치와 반비례한다고 할 수 있다. 즉, 육각형의 거리를 계산하여 수치가 클수록 유사성은 떨어진다. 예를 들어, R과 I는 유사성이 매우 높으나, R과 A는 중간 정도의 유사성을, R과 S는 매우 낮은 유사성을 지닌다고 볼 수 있다.

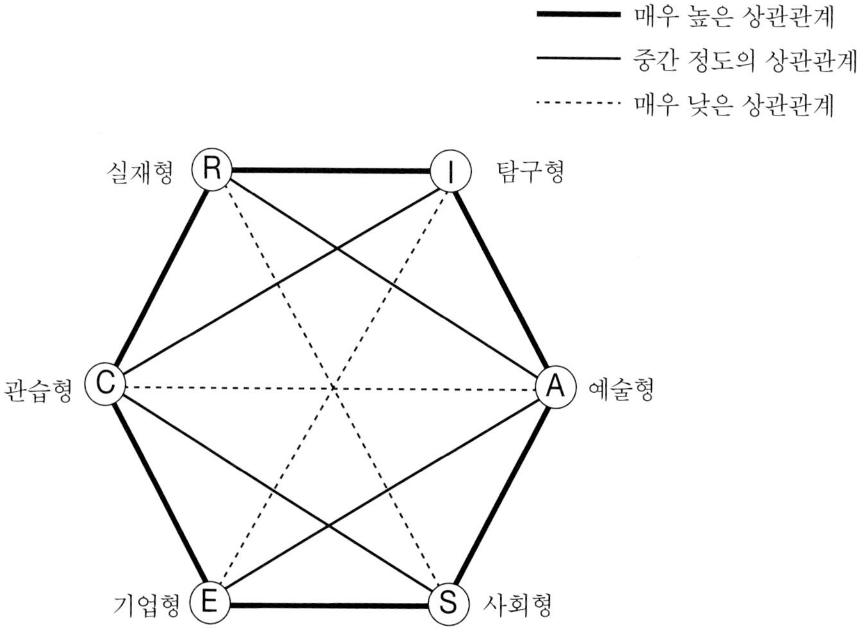


[그림 8-5] 홀랜드 이론의 유형 간 유사성 정도

## 2) 직업흥미 유형

홀랜드는 직업흥미를 보여 주는 개인의 성격적인 특성과 직업환경이 여섯 가지 유형으로 분류된다고 보았다. 각 유형에 해당되는 특성에는 좋아하는 것뿐만 아니라 싫어하는 것도 있다. 따라서 각 유형에 속하는 사람들은 어떤 종류의 활동들은 선호하고 다른 종류의 활동들은 회피하는 경향이 있다.

홀랜드 이론의 여섯 가지 유형에 대한 특성을 설명하면 다음과 같다(김봉환, 정철영, 김병석, 2009; 김인기, 2015; 리상섭 외, 2014; 서일수 외, 2013; 임경희 외, 2015; 한국고용정보원, 2011; Holland, 1992).

### (1) 실재적 유형(Realistic)

실재형의 사람은 행동하는 사람(doer)이다. 이들은 기계적 소질이 있는 반면에 사교 능력이 부족하고, 물질지향적 · 구체적 · 실용적이며, 기능성과 예측 가능성을 선호한다. 사교 능력이 부족하다 보니 가끔 자신에 대해서나 자신의 감정에 관하여 타인에게 말로 표현하기 어려워하기도 한다. 이러한 성격적 특성을 가진 실재형의 사람들은 현장에서 직접 신체적으로 하는 활동이나 기계를 조작하는 작업, 예를 들어 불도저, 크레인, 트랙터와 같은 중장비부터 엑스레이 촬영기나 현미경과 같은 정밀한 기계에 이르기까지, 다양한 공구나 기계를 다루는 업무 및 현장 기술 등과 관련된 직업에서 유능성을 발휘한다.

실재형 직업 현장의 특성은 군대와 같은 상황에서 잘 볼 수 있다. 인간 또는 아이디어를 지향하기보다 물질지향적이며, 장비기기 중심적인 활동, 즉 비행, 무기를 사용하는 전투, 기계 조작 등의 활동이 주로 이루어진다. 군인은 온정적 · 지지적으로 묘사되기보다 권위에 대한 복종, 엄격한 규율과 행동규칙을 준수해야 하고, 창의성보다 기능성을 발휘해야 하는 집단으로 표현된다.

이와 같이 실재적인 유형은 현실적, 물질적, 완고한, 단순한, 남성적, 직선적, 경직된, 비융통성 등으로 특징지어지며, 이에 속하는 대표적인 직업으로는 군인, 운동선수, 엔지니어, 건설기사, 자동차 관련 기술자, 조경기사 등이 있다.

〈표 8-5〉 실재형(R)의 특성

| 구분 | 특성 |
|---|---|
| 흥미특성 | 분명하고 질서정연하고 체계적인 것을 좋아하며, 연장이나 기계를 조작하는 활동 및 기술에 흥미가 있음 |
| 성격 | 현실적이고 신중한 성격 |
| 적성 | 기계적 능력 |
| 가치 | 눈에 보이는 성취에 대한 물질적 보상 |
| 자기 평가 | 사교적 재능보다 손 재능과 기계적 소질이 있다고 평가 |
| 타인 평가 | 겸손하고 솔직하지만 독단적이고 고집이 셈 |
| 선호 활동 | 기계나 도구 등의 조작 |
| 회피 활동 | 타인과의 상호작용 |
| 여가 선호 | 신체활동, 운동 |
| 직업특성 | 기계 조작·설계하기, 기구·기계 활용하기, 동물·식물 키우기, 제품 정비·수리하기, 신체 능력 활용하기 |
| 대표 직업 | 군인, 운동선수, 엔지니어, 건설기사, 자동차 관련 기술자, 조경기사, 소방관, 경찰관, 기계기사, 동물조련사, 요리사 등 |
| 관련 전공 | 공과계열, 농과계열, 수산·축산계열, 체육계열 |

### (2) 탐구적 유형(Investigative)

탐구형의 사람은 생각하는 사람(thinker)이다. 이들은 체계적이고 정확한 것을 선호하며 분석적이고 비판적인 경향이 있어 지식과 과정을 다루는 일에서 만족감을 느낀다. 그러나 대인관계에서 어려움을 느끼며, 리더십 기술이 부족한 경향이 있다. 때로는 다른 사람들이 보기에 차갑고 거리감을 느끼게 하기도 한다. 군대에 실재형의 사람이 많은 반면, 의사나 연구원 중에는 탐구형인 경우가 많다. 이들은 주위의 간섭 없이 독립적으로 일하기를 좋아하지만, 필요할 경우에는 같은 탐구형의 사람들과 연구팀을 구성하여 함께 일하기를 선호한다.

탐구형의 직업은 연구소나 병원과 같은 상황과 관련이 많지만, 그 외에도 여러 분야에서 찾아볼 수 있다. 마케팅 회사에서 주 소비 대상자의 요구를 조사하는 것,

식품 생산업체에서 음식과 영양의 관계를 연구하는 것, 교육 서비스 기관에서 사회적 동향과 학습자의 필요를 분석하는 것, 도시의 발전을 위해 도로의 교통 흐름이나 인구의 변화 추이를 지속적으로 확인하는 것 등과 같이 어느 곳이든 체계적이고 과학적인 방식으로 접근해야 하는 다양한 상황에서 탐구형의 사람 또는 직업환경을 볼 수 있다. 업무를 수행하는 과정에서 컴퓨터, 현미경, 망원경, 과학기구 등과 같이 도구를 사용한다는 점에서 실재형과 유사하지만, 실재형이 기계나 도구 자체에 초점을 두는 반면에 탐구형은 도구를 활용하여 정보나 데이터를 산출하는 것에 관심을 둔다는 점에서 다르다.

이와 같이 탐구형은 분석적, 비판적, 합리적, 정확한, 내성적, 독립적, 지적인 등의 특성으로 표현할 수 있으며, 이에 속하는 대표적인 직업으로는 과학자, 컴퓨터

**〈표 8-6〉 탐구적(I) 유형의 특성**

| | 특성 |
|---|---|
| 흥미특성 | 관찰적 · 상징적 · 체계적이며, 물리적 · 생물학적 · 문화적 현상의 창조적인 탐구를 수반하는 활동에 흥미가 있음 |
| 성격 | 분석적이고 지적인 성격 |
| 적성 | 학구적 능력 |
| 가치 | 지식의 개발과 습득 |
| 자기평가 | 대인관계 능력보다 학술적인 재능이 있다고 인식 |
| 타인평가 | 지적이고 현학적 · 독립적이며 내성적인 사람 |
| 선호활동 | 자연과 사회현상 탐구, 이해, 예측, 통제 |
| 회피활동 | 설득과 영업 활동 |
| 여가 선호 | 바둑, 책 읽기 |
| 직업 특성 | 연구 수행하기, 자료 수집하기, 보고서 작성하기, 통계 처리 및 활용하기, 특정 대상 분석하기, 실험하기 |
| 대표직업 | 과학자, 컴퓨터 분석가, 경제 관련 분석가, 언어학자, 심리학자, 물리학자, 생물학자, 인류학자, 의사, 연구원 등 |
| 관련 전공 | 자연계열, 의과계열, 공과계열 |

분석가, 경제 관련 분석가 등이 있다.

### (3) 예술적 유형(Artistic)

예술형의 사람은 창조하는 사람(creator)이다. 이들은 창의적이고 심미적인 활동을 선호하며, 새로운 아이디어를 통해 자신의 생각과 감정을 표현하고자 한다. 비교적 자유롭고 상상력이 풍부하여 자신을 표현할 수 있는 기회를 좋아하고, 작가나 음악가, 연극인과 같은 예술적인 창의성을 가지고 있다. 이 유형의 사람들은 매우 구조화된 상황이나 틀에 박힌 환경을 좋아하지 않는 경향이 있어서 현실에 순응하지 못하는 경우가 많다.

예술형의 직업은 글, 음악 등과 같은 예술적인 방법으로 예술품을 창작하는 활동과 연관된다. 예술형 직업현장은 미술관, 화랑, 음악 공연장, 인테리어 장식 사무실, 극단, 예술 사진 스튜디오, 방송국 등에서 많이 찾아볼 수 있다. 예술형의 사람들이 혼자 일하는 것을 좋아한다는 점에서 탐구형과 유사하지만, 탐구형의 사람들보다 자기표현에 대한 열망이 강하다는 점에서 다르다.

이처럼 예술적 유형은 직관적, 감정적, 충동적, 독창적, 비순응적, 민감성 등의 특성으로 표현되며, 이에 속하는 대표적인 직업으로는 배우, 예술가, 디자이너, 작가 등이 있다.

**〈표 8-7〉 예술적(A) 유형의 특성**

| | 특성 |
|---|---|
| 흥미특성 | 예술적 창조와 표현, 변화와 다양성을 선호하고 틀에 박힌 것을 싫어하며, 모호하고, 자유롭고, 상징적인 활동에 흥미가 있음 |
| 성격 | 경험에 대한 개방적인 성격 |
| 적성 | 예술적 능력 |
| 가치 | 아이디어, 정서, 감정의 창조적 표현 |
| 자기평가 | 사무적 재능보다 혁신적이고 지적인 재능이 있다고 평가 |
| 타인평가 | 혼란스럽고 유별나 보이며, 예민하지만 창조적인 사람 |

| | |
|---|---|
| 선호활동 | 문학, 음악, 미술활동 |
| 회피활동 | 틀에 박힌 일이나 규칙 |
| 여가 선호 | 여행, 변화 |
| 직업 특성 | 글쓰기, 춤추고 노래하기, 악기 연주하기, 옷 · 물건 등을 디자인하기, 연기하기 |
| 대표직업 | 배우, 음악가, 화가, 무용가, 디자이너, 작가, 시인, 카피라이터 등 |
| 관련 전공 | 예술계열, 문학계열 |

(4) 사회적 유형(Social)

사회적 유형의 사람은 도움을 주는 사람(helper)이다. 이들은 다른 사람들과 협력하여 일하는 것을 좋아하고, 다른 사람들의 문제에 관심을 갖고 해결하며, 교육하는 활동에서 즐거움을 느낀다. 대체로 친절하고 사교성이 있어 대인관계 및 의사소통 능력이 뛰어난 편이지만, 과학적이거나 분석적인 능력, 정확성 등에서 있어서는 부족한 편이다. 육성과 지원을 하되 리더십은 발휘하지 않는 것이 이 유형의 전형적인 특성이고, 부드러운 사람이라는 평을 받는 경우가 많다.

사회형의 사람들은 외적인 보상보다 다른 사람을 육성 · 후원하고, 미래 세대의 형성에 도움을 주는 등과 같은 활동에 더 가치를 부여한다. 따라서 상담가, 교사와 같이 다른 사람들과 어울려 일하는 것, 다른 사람을 돕는 것, 돌보고 이끌고 변화시키는 것, 교육시키는 것 등과 관련이 많으며, 다른 사람들에게 무엇인가를 설명하고, 다른 사람들을 즐겁게 해 주고, 어려움을 겪는 사람들의 문제를 해결하도록 돕고, 사람들 간의 이견을 좁혀 주는 업무 등에서 유능성을 발휘한다. 이들은 사교적인 재능이 있으며, 집단 토의를 주도하는 것 같이 자신의 사교적 가치를 발휘할 수 있는 상황을 좋아하지만, 기계를 작동시키는 일이나 규율과 규칙을 엄격하게 준수해야 하는 곳에서 일하는 것은 힘들어한다.

이와 같이 사회적 유형은 사교적, 외향적, 협조적, 따뜻한, 관대한, 친화적 등의 특성을 가지며, 이에 속하는 대표적인 직업으로는 교육자, 상담자, 사회복지사, 종교인 등이 있다.

〈표 8-8〉 사회적(S) 유형의 특성

| | 특성 |
|---|---|
| 흥미특성 | 타인의 문제를 듣고, 이해하고, 도와주고, 치료해주고, 봉사하는 활동에 흥미가 있음 |
| 성격 | 동정심과 참을성이 있는 성격 |
| 적성 | 대인지향적 능력 |
| 가치 | 타인의 복지와 사회적 서비스의 제공 |
| 자기평가 | 기계적 능력보다 대인관계적인 소질이 있다고 평가 |
| 타인평가 | 이해심 많고 사교적이고 동정적이며, 이타적인 사람 |
| 선호활동 | 상담, 교육, 봉사활동 |
| 회피활동 | 기계 기술적인 활동 |
| 여가 선호 | 잡담, 사회성, 돌보는 일 |
| 직업 특성 | 가르치기, 함께 공부하기, 봉사활동하기, 다른 사람 돕기 |
| 대표직업 | 교육자, 상담자, 사회복지사, 종교지도자, 성직자, 간호사 등 |
| 관련 전공 | 사범대학계열, 인문사회계열 |

### (5) 진취적 유형(Enterprising)

진취적 유형의 사람은 열정적인 설득자(persuader)이다. 이들은 특정 목표의 달성을 위해 다른 사람들에게 영향을 미치는 일에 관심이 많다. 성취지향적이고, 조직의 목표를 이루거나 경제적인 이익을 얻는 활동을 선호한다. 남보다 앞서 나가기를 좋아하며, 직장의 위계 구조에서 책임을 지는 직위에 올라가고자 하는 욕구가 강하다. 권력과 통제를 강조하기 때문에 통솔력과 지도력이 있으며, 말을 잘하고, 외향적 · 긍정적 · 열성적 성격을 가지고 있다. 이처럼 리더십은 뛰어난 편이지만, 과학적인 분석과 상징적이고 체계적인 활동은 미흡한 편이다.

진취형의 사람들은 각 개인의 위치가 분명하고, 권위나 권력의 위계가 잘 구조화된 체계에서 편안하게 일을 잘한다. 따라서 기업형의 직업은 판매업이나 정치, 매매업처럼 다른 사람이 나와 같은 견해를 갖도록 설득하는 일과 관련 있는 경우가 많다.

이와 같이 진취적 유형은 모험적, 자신감, 경쟁적, 의욕적, 열성적, 통솔하는, 극단적인 등의 특성을 가지며, 경영 관련직, 판매 및 영업직, 정치인, 법률가, 사업가 등에서 많이 보인다.

〈표 8-9〉 진취적(E) 유형의 특성

| | 특성 |
|---|---|
| 흥미특성 | 조직의 목적과 경제적인 이익을 얻기 위해 타인을 지도 · 계획 · 통제 · 관리하는 일과 그 결과로 얻어지는 명예, 인정, 권위에 대한 흥미가 있음 |
| 성격 | 대담하고 사교적인 성격 |
| 적성 | 경영과 영업 능력 |
| 가치 | 금전적 성취와 사업, 정치 영역에서의 권력 |
| 자기평가 | 과학적 능력보다 설득력과 영업력이 있다고 평가 |
| 타인평가 | 열정적 · 외향적이며, 모험적이지만 야심이 있는 사람 |
| 선호활동 | 설득, 지시, 지도 활동 |
| 회피활동 | 과학적 · 지적 · 추상적인 주제 |
| 여가 선호 | 경쟁, 수익성, 지도성 |
| 직업특성 | 토론하고 설득하기, 발표 · 연설하기, 제품 소개하고 판매하기, 법률 · 정치적 활동 참여하기, 회의 · 집단 등 이끌기 |
| 대표직업 | 경영 관련직, 판매직 및 영업직, 정치인, 판사, 변호사, 사업가, 언론인, 외교관, 국회의원, 외환딜러 등 |
| 관련 전공 | 경영계열, 법학계열 |

### (6) 관습적 유형(Conventional)

관습적 유형의 사람은 조직화하는 사람(organizer)이다. 이들은 정확하고 조심성이 있으며 책임감이 강하다. 체계적이고 관습적이기 때문에 기존에 수립된 체계에 적응 · 순응하여 규칙을 잘 따르며, 세밀하고 꼼꼼한 일에 능숙하다. 규칙적인 업무시간과 편안하게 실내에서 하는 일을 선호하며, 자신에게 맡겨진 일을 성실하게 수행해 나가는 편이다.

또한, 분명하고 구조화된 일을 선호하므로 서류를 작성하고 기록하는 등의 사무적인 일에 유능성이 있는 편이다. Lowman과 Schurman(1982)은 연방정부 내 조직 측, 병원, 방위조직, 사회사업 조직, 대규모 행정 규제 조직 본부, 문서 처리 부서에서 일을 하는 직원들을 대상으로 홀랜드 직업선호도검사를 실시하였다. 그 결과, 문서 처리 부서 직원들의 경우 관습형이 가장 높은 것으로 나타났다.

이처럼 관습적 유형은 일반적으로 체계적, 계획적, 효율적, 조직적, 보수적, 경직된, 사무적, 규칙적, 엄격한, 비융통성 등의 특징을 지니며, 회계사, 행정 및 사무원, 세무 관련직, 은행원, 비서, 공무원 등이 이 유형에 속한다.

〈표 8-10〉 관습적(C) 유형의 특성

| | 특성 |
|---|---|
| 흥미특성 | 정해진 원칙과 계획에 따라 자료를 기록 · 정리 · 조직하는 일을 좋아하고, 체계적인 작업환경에서 사무적 · 계산적 능력을 발휘하는 활동에 흥미가 있음 |
| 성격 | 현실적이고 성실한 성격 |
| 적성 | 사무적 능력 |
| 가치 | 책임감, 질서와 사회적 관습 중시 |
| 자기평가 | 예술적 재능보다 실무 능력이 있다고 평가 |
| 타인평가 | 안정을 추구하고 규율을 중시하는 유능한 사람 |
| 선호활동 | 규칙을 만들거나 따르는 활동 |
| 회피활동 | 명확하지 않은 모호한 과제 |
| 여가 선호 | 수집, 정리정돈 |
| 직업특성 | 문서 작성하기, 회계 처리하기, 정보 처리하기, 서류 작성 및 검토하기, 자료 분류 및 정리하기, 스케wnf 관리하기 |
| 대표직업 | 회계사, 행정 및 사무원, 세무 관련직, 은행원, 비서, 공무원, 경리사무원, 감사원, 사서, 법무사 등 |
| 관련 전공 | 상경계열, 행정계열 |

| | |
|---|---|
| 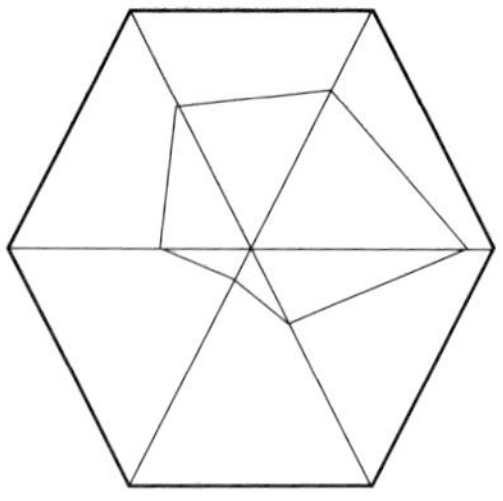 | 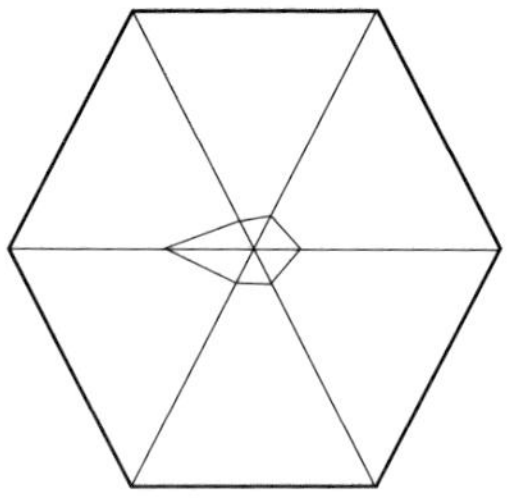 |
| 모양이 크고 한쪽으로 찌그러진 육각형<br>특정 분야에 뚜렷한 관심을 보이는 경우로서 흥미가 잘 발달되어 있고, 안정적인 흥미 경향을 보임 | 모양이 작고 한쪽으로 찌그러진 육각형<br>대체로 흥미 발달이 잘 이루어지지 않은 경우로서 특정 분야에 관심이 있으나 그 정도가 크지 않음 |
| 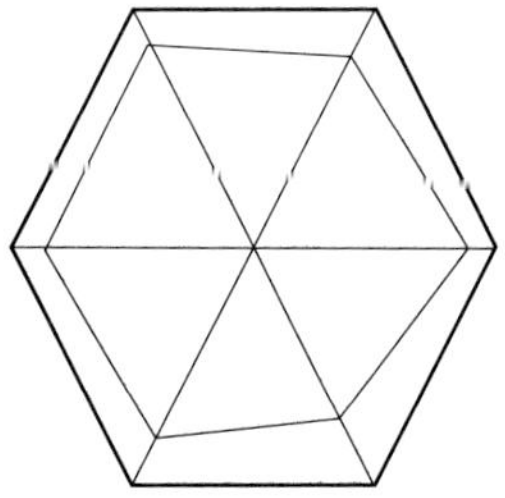 | 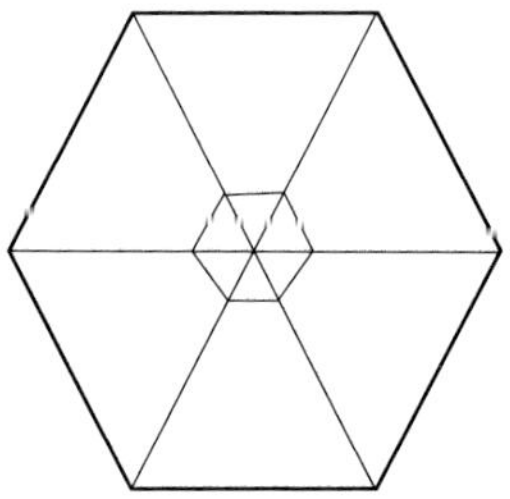 |
| 모양이 크고 정육각형에 가까운 육각형<br>관심 분야가 폭넓은 경우로 거의 모든 분야에 호기심이 있지만, 자신의 진정한 흥미 분야가 무엇인지 잘 모를 수 있음 | 모양이 작고 정육각형에 가까운 육각형<br>뚜렷한 관심 분야가 없고, 무엇에 관심이 있는지, 무엇을 잘할 수 있는지 등과 같은 자기 이해가 부족할 수 있음. 다양한 활동과 경험을 통한 자기탐색이 필요함 |
| 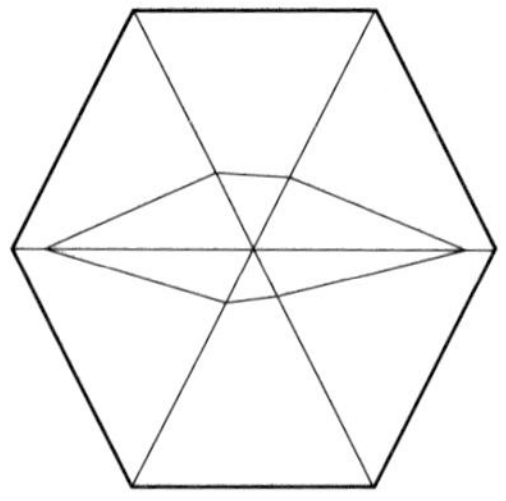 | 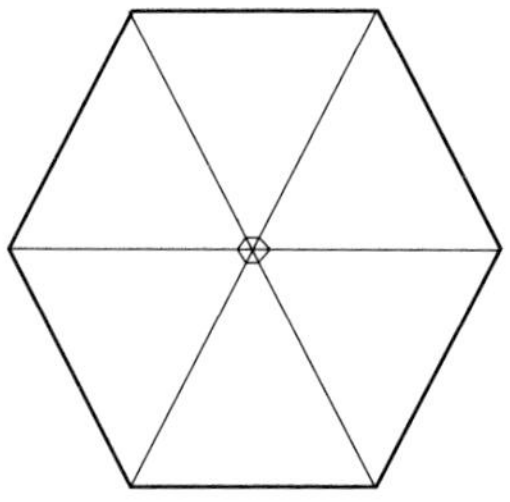 |
| 반대 유형이 발달된 육각형<br>상반되는 흥미 영역이 발달된 경우로 적성, 흥미, 직업가치관 등과 같은 다른 검사를 추가로 실시하여 분석할 필요가 있음 | 흥미 영역이 거의 발달되지 않은 육각형<br>자존감이 낮고 일에 대한 의욕이 부족한 경우로 자존감을 높이고, 취미, 직업 관련 경험, 여가 시간 등을 통해 자신에 대한 성찰을 해야 할 필요가 있음 |

**[그림 8-6] 직업흥미 육각형 모양 분석**

출처: 김인기(2015)에서 재구성.

지금까지 살펴본 여섯 가지 유형에 대한 정보는 홀랜드의 직업흥미검사 또는 선호도검사를 통해 확인할 수 있다. 이 검사를 통해 확인된 여섯 가지 유형별 점수를 선으로 연결하면 육각형 모양이 만들어지는데, 대부분의 경우 정육각형 형태의 결과를 보이지 않는다. 만약 정육각형에 가까운 모양이 확인되었다면, 거의 모든 분야에 유사한 흥미를 갖고 있다고 볼 수 있다. 반면, 모양이 심하게 일그러진 경우는 특정 분야에 대한 흥미가 매우 강한 편으로 분석할 수 있다(서일수 외, 2013).

다음은 김인기(2015)와 서일수 등(2013)이 소개하고 있는 흥미검사도구로, 홀랜드 이론을 토대로 비교적 간편하게 자신의 흥미를 확인해 볼 수 있는 자료이다. 자신에게 해당되는 것에 체크하고, 점수를 산출하여 자신의 직업흥미를 확인해 보자. 보다 정확하고 구체적인 정보를 확인하기 위해서는 반드시 심리검사 전문기관이나 인터넷 전문 사이트에서 제공하는 표준화된 검사를 활용하기 바란다.

■ 간편 직업흥미검사

여섯 개의 흥미 영역별로 제시된 A와 B의 내용을 잘 읽고, 다음의 방법대로 검사를 실시하세요.

- A: 자신과 비슷하거나 선호하는 활동에 체크하기
- B: 자신에게 해당되는 정도에 따라 번호 선택하기
  ① 아주 재미없다 ② 재미없다 ③ 그저 그렇다 ④ 재미있다 ⑤ 아주 재미있다.
- 점수 산출 방법: A에서 체크한 개수 + B에서 체크한 번호

| | 흥미 I | 흥미 II |
|---|---|---|
| A | _____ 나는 강건하다.<br>_____ 나는 순응적이다.<br>_____ 나는 물질주의적이다.<br>_____ 나는 완고하다.<br>_____ 나는 실재적이다.<br>_____ 나는 현실적이다.<br>_____ 나는 엄격하다.<br>_____ 나는 안정적인 것을 좋아한다.<br>_____ 나는 말이 없고 무뚝뚝하다.<br>_____ 나는 검소하다. | _____ 나는 비판적이다.<br>_____ 나는 호기심이 많다.<br>_____ 나는 창의적이다.<br>_____ 나는 독립심이 강하다.<br>_____ 나는 지적이다.<br>_____ 나는 논리적이다.<br>_____ 나는 수학적 풀이를 좋아한다.<br>_____ 나는 방법적인 사고를 한다.<br>_____ 나는 합리적이다.<br>_____ 나는 과학적이다. |
| B | _____ 동물이나 기계 도구를 사용하여 일하기, 물건을 수선하거나 만드는 일 | _____ 수학 · 물리학 · 생물학과 같은 분야에서 연구, 추상적인 문제 풀기, 분석적인 사고, 복잡한 원리나 방법 이해하기 |
| 점수(A + B): | | 점수(A + B): |

| | 흥미 III | 흥미 IV |
|---|---|---|
| A | _____ 나는 창의적이다.<br>_____ 나는 비우호적이다.<br>_____ 나는 정서적이다.<br>_____ 나는 표현력이 있다.<br>_____ 나는 비현실적이다.<br>_____ 나는 독립적이다.<br>_____ 나는 혁신적이다.<br>_____ 나는 통찰력이 있다.<br>_____ 나는 자유분방하다.<br>_____ 나는 예민하다. | _____ 나는 수용적이다.<br>_____ 나는 남을 배려한다.<br>_____ 나는 공감적이다.<br>_____ 나는 우호적이다.<br>_____ 나는 남에게 도움을 준다.<br>_____ 나는 친절하다.<br>_____ 나는 설득력이 있다.<br>_____ 나는 책임감이 있다.<br>_____ 나는 가르치는 것을 좋아한다.<br>_____ 나는 이해심이 많다. |
| B | _____ 자신을 표현하기, 예술적인 창의성, 변화와 다양성, 상상력이 풍부하고 변화를 선호하는 일 | _____ 다른 사람과 함께 일하기, 다른 사람들의 복지에 대한 관심, 사람들을 교육하거나 치료하는 일 |
| 점수(A + B): | | 점수(A + B): |

| | 흥미 V | 흥미 VI |
|---|---|---|
| A | _____ 나는 야망이 있다.<br>_____ 나는 매사에 분명하다.<br>_____ 나는 자기주장이 강하다.<br>_____ 나는 매사에 확신한다.<br>_____ 나는 결정을 잘한다.<br>_____ 나는 지배력이 있다.<br>_____ 나는 열성적이다.<br>_____ 나는 타인에 영향력이 있다.<br>_____ 나는 설득력이 있다.<br>_____ 나는 생산적 사고를 한다. | _____ 나는 조직화된 것을 좋아한다.<br>_____ 나는 책임질 수 있다.<br>_____ 나는 효율적이다.<br>_____ 나는 질서정연하다.<br>_____ 나는 순응하는 것이 편하다.<br>_____ 나는 실재적인 성격이다.<br>_____ 나는 정확한 것을 좋아한다.<br>_____ 나는 체계적이다.<br>_____ 나는 보수적이다.<br>_____ 나는 잘 통제되는 편이다. |
| B | _____ 타인을 지도 · 통제 · 설득, 권력 · 지위 · 성취에 대한 야망과 열정, 판매업 · 매매업 · 정치 등 활동적인 일 | _____ 자료의 체계적인 정리, 자신에게 기대되는 것이 무엇인지, 정해진 일이 무엇인지 정확히 구조화된 일 |
| 점수(A + B): | | 점수(A + B): |

결과

| 영역 | 흥미 I | 흥미 II | 흥미 III | 흥미 IV | 흥미 V | 흥미 VI |
|---|---|---|---|---|---|---|
| | 실재형(R) | 탐구형(I) | 예술형(A) | 사회형(S) | 진취형(E) | 관습형(C) |
| 점수 | | | | | | |
| 나의 흥미 유형 | | | | | | |

〈활동 8-1〉

# 직업흥미 분석

## 활동목표

- 평소 생활 속에서 느껴온 자신의 흥미를 발견한다.
- 홀랜드 검사도구를 이용하여 직업흥미검사를 실시한다.
- RIASEC 이론을 토대로 자신의 직업흥미 유형을 이해한다.
- 자신의 직업흥미에 적합한 전공과 직업을 탐색한다.

## 진행과정

| 활동주제 | 주요 내용 및 방법 | 시간 |
|---|---|---|
| 생활 속 흥미 탐색 | • 평소의 생활과 관련된 간단한 질문에 답하면서 개인의 흥미를 탐색한다. | 5분 |
| 홀랜드 검사를 활용한 진로탐색 | • RIASEC 이론을 토대로 자신의 직업흥미검사의 결과를 분석한다.<br>• 자신의 직업흥미와 연관된 직업 및 전공을 탐색한다. | 20분 |
| 마무리 | • 직업흥미를 활용한 다양한 진로탐색 방법을 논의한다. | 5분 |

## 유의점 및 특이사항

- 수업에 참여하기 전 대학 내의 심리검사센터나 인터넷 사이트를 통해 홀랜드 적성탐색검사 실시하기
- 평상시의 생활이나 생각을 통해 흥미를 탐색해 볼 수 있도록 편안한 시간 갖기
- 검사 결과를 자신의 진로탐색과 연계하기
- 준비물: 홀랜드의 진로탐색검사, 컴퓨터용 사인펜

■ 나의 흥미 탐색

아래의 질문에 답하면서, 자신의 흥미를 탐색해 봅시다.

| | |
|---|---|
| 나의 취미활동은 무엇인가? | |
| 시간 가는 줄 모르고 몰입했던 경험이 있는가? 어떤 상황이었나? | |
| 지금 시간과 돈의 여유가 주어진다면, 무엇을 하고 싶은가? | |
| 돈이나 상황에 구애받지 않고 살 수 있다면, 앞으로 어떤 일을 하면서 살고 싶은가? | |
| 위의 사례들을 종합하면, 나는 어떤 것에 흥미를 느끼는 것 같은가? | |

■ 직업흥미 분석

1. 홀랜드 검사를 통해 확인된 나의 직업흥미 결과를 다음의 육각형에 그려 봅시다.

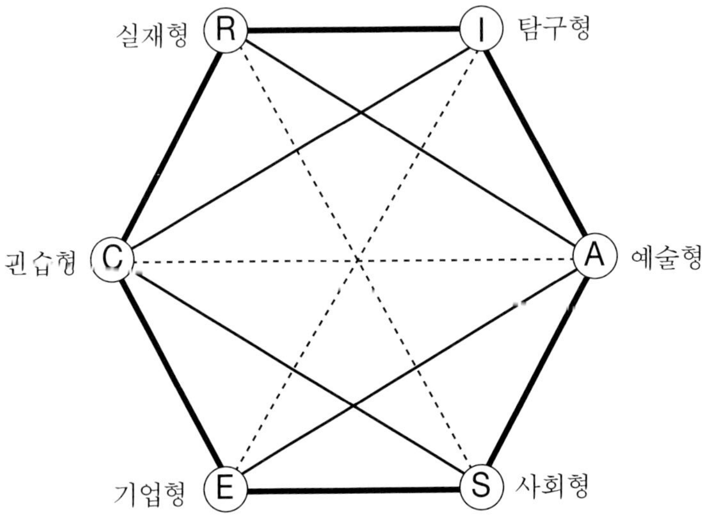


2. 내가 선호하는 직업흥미 유형의 특성을 분석해 봅시다.

| | |
|---|---|
| 강점 | |
| 약점 | |
| 대표적인 직업 | |
| 대표적인 직업<br>(전공) | |

## [참고자료 8-1] 간편진로코드 분류표

| | R(실재형) | I(탐구형) | A(예술형) | S(사회형) | E(진취형) | C(관습형) |
|---|---|---|---|---|---|---|
| R<br>(실재형) | RR | RI | RA | RS | RE | RC |
| | 군장교<br>엔지니어<br>요리사<br>조경사<br>환경영향평가사 | 공정관리기사<br>방송기술자<br>컴퓨터기술자<br>항공기조종사<br>자동차제도사 | 건축가<br>산업디자이너<br>의류디스플레이어<br>플라워디자이너<br>오디어엔지니어 | 동물사육사<br>물리치료사<br>안경사<br>호텔조리사<br>농업교사 | 건축기사<br>기관사<br>토목기사<br>시스템오퍼레이터<br>정보통신기사 | 금형제작원<br>물류관리사<br>음향조정사<br>항공측량사<br>방사선기사 |
| I<br>(탐구형) | IR | II | IA | IS | IE | IC |
| | 게임프로그래머<br>반도체공학자<br>생명공학연구원<br>의사<br>화공학자 | 소프트웨어기술자<br>언어치료사<br>와인감별사<br>치위생사<br>제품개발원 | 감정평가사<br>그래픽예술가<br>발명가<br>웹플래너<br>민속학자 | 내과의사<br>심리치료사<br>프로바둑기사<br>한의사<br>향수제조가 | 경영컨설턴트<br>법학자<br>애널리스트<br>인공지능전문가<br>체제분석가 | 기업분석가<br>사회조사분석가<br>의사<br>컴퓨터GIS전문가<br>화학자 |
| A<br>(예술형) | AR | AI | AA | AS | AE | AC |
| | 공간배치가<br>모형제작가<br>의상가<br>캐드캠디자이너<br>특수효과기사 | 건축가<br>삽화가<br>시각디자이너<br>어문학교수<br>컴퓨터디자이너 | 그래픽디자이너<br>문학가<br>시나리오작가<br>이벤트 PD<br>푸드스타일리스트 | 예능교사<br>동화작가<br>북디자이너<br>웹자키<br>이미지컨설턴트 | 게임개발자<br>광고디자이너<br>스타일리스트<br>애니메이터<br>칼럼니스트 | 디스플레이어<br>보석감정사<br>영상편집가<br>제품디자이너<br>텍스타일디자이너 |
| S<br>(사회형) | SR | SI | SA | SS | SE | SC |
| | 기술교사<br>생활체육지도자<br>조리사<br>피부관리사<br>한식조리기능사 | 교육학자<br>상담심리학자<br>재활치료사<br>텔레커뮤니케이터<br>다이어트플래너 | 결혼상담사<br>목사<br>보육교사<br>중등교사<br>청소년지도사 | 간호사<br>분장사<br>사회복지사<br>식이요법사<br>이벤트업종사자 | 대학교수<br>방송프로듀서<br>상품중개인<br>심리학자<br>특수아동교사 | 교통안전연구원<br>레포츠지도사<br>수화통역사<br>승무원<br>초등교사 |
| E<br>(기업형) | ER | EI | EA | ES | EE | EC |
| | 공인주택관리사<br>머천다이저<br>손해사정인<br>자동차딜러<br>제조공장관리인 | 기업진단사<br>바이어<br>산업조직심리학자<br>영업소장<br>호텔사무원 | TV아나운서<br>경매사<br>공인기획자<br>사진기사<br>선물딜러 | 기자<br>동시통역사<br>방송PD<br>생활설계사<br>스포츠마케터 | 검사<br>공인노무사<br>기업인<br>딜러<br>쇼호스트 | 국제변호사<br>금융컨설턴트<br>주식투자가<br>펀드매니저<br>홍보사무원 |
| C<br>(관습형) | CR | CI | CA | CS | CE | CC |
| | 신용분석가<br>외주사무원<br>초음파검사기사<br>특허법률사무원<br>속기사 | 보험상품개발원<br>정보전문가<br>증권투자분석가<br>컴퓨터안전전문가<br>투자분석원 | 도서관사서<br>안전관리사<br>웹에디터<br>인사사무원<br>평가감정원 | 고객지원분석가<br>법률행정사무원<br>변리사<br>재정분석가<br>증권사무원 | 감정평가사<br>관세사<br>백화점물품관리사<br>세무사<br>여행승무원 | 공인회계사<br>법무사<br>보안전문가<br>은행원<br>통계사무원 |

※출처: 한국고용정보원(2011).

## 참고문헌

김계현, 황매향, 선혜연, 김영빈(2012). 상담과 심리검사. 서울: 학지사.

김봉환, 강은희, 강혜영, 공윤정, 김영빈, 김희수, 선혜연, 손은령, 송재홍, 유현실, 이제경, 임은미, 황매향(2014). 진로상담. 서울: 학지사.

김봉환, 정철영, 김병석(2009). 진로상담. 서울: 학지사.

김인기(2015). 진로탐색과 미래설계. 경기: 양서원.

김정택, 김명준, 심혜숙(2004). 한국 스트롱 직업흥미검사 표준화 연구. 상담 및 심리치료, 16(3), 383-405.

리상섭, 김인숙, 박제일, 석기용, 김창환(2014). 직업 · 진로설계. 경기: 양서원.

서일수, 김노규, 김지혜, 이정배(2013). 진로개발과 직업세계. 서울: 한빛아카데미.

안창규(1996). 진로탐색검사의 표준화를 위한 연구. 상담 및 심리치료, 8(1), 169-200.

이윤우(2010). 여자대학생의 진로탐색활동을 위한 직업카드 개발. 건국대학교 박사학위논문.

임경희, 박미진, 정민선, 한수미, 이종범(2015). 직업능력기초향상을 위한 자기개발과 진로설계. 서울: 학지사.

천성문, 김미옥, 함경애, 박명숙, 문애경(2017). 대학생을 위한 진로코칭. 서울: 학지사.

한국고용정보원(2008). 직업선호도 검사 개정 연구보고서(1차년도)

한국고용정보원(2011). 대학생을 위한 직업지도 프로그램 CDP-C 직업궁합.

한국고용정보원(2015). 청소년 직업카드. 서울: 매일경제 출판.

황매향, 김연진, 이승구, 전방연(2011). 진로탐색과 생애설계. 서울: 학지사.

Lowman, R., & Schurman, S.(1982). Psychometric characteristics of a vocational preference inventory short form. *Educational and Psychological Measurement, 42*(2), 601-613.

Lowman, R. L.(1991). *The clinical practice of career assessment: Interests, abilities, and personality*. Washington, DC: American Psychological Association.

Tyler, L. E.(1961). Research explorations in the realm of choice. *Journal of Counseling Psychology, 8*(3), 195-201.

고용노동부 워크넷 http://www.work.go.kr(2017. 10. 13. 인출)

동의대학교 학생상담센터 http://counsel.deu.ac.kr(2017. 10. 13. 인출)

## 제9장

# NCS 기반 직무능력

### 학습목표

- NCS의 도입목적을 안다.
- NCS를 통해 선호직무를 수행하기 필요로 하는 직무능력을 탐색한다.
- NCS를 활용하여 자신의 직무능력을 진단한다.
- NCS에 기반한 능력중심 채용과정의 특성을 안다.

자신이 원하는 진로에 성공적으로 진입하기 위해서는 우리 사회와 기업에서 요구하는 역량이 무엇인지를 제대로 이해할 필요가 있다. 즉, 자신이 진입하고자 하는 기업이나 사회에서 요구하는 능력 및 기대 수준에 비추어 볼 때 자신이 갖추고 있는 능력이 어느 정도인지를 스스로 분석하고 객관적으로 인식할 수 있어야 한다.

이를 위해 산업현장의 요구를 반영하여 직무능력을 구성한 국가직무능력표준(National Competency Standards: NCS)을 활용할 수 있다. 이 장에서는 NCS에 대한 이해를 토대로 대학생 시기에 함양해야 할 직무능력이 무엇인지 이해하고, 자신의 전공과 관련된 직무를 수행하기 위해 구체적으로 어떤 직무능력을 함양해야 하는지도 탐색한다. 이러한 탐색 과정은 오늘날의 직업세계에서 요구하는 직무능력을 구체적으로 준비해 나가기 위한 밑바탕이 될 것이다.

# 1. NCS의 이해

## 1) NCS의 의미

국가직무능력표준(National Competency Standards: NCS)은 산업현장에서 직무를 수행하기 위해 요구되는 지식 · 기술 · 태도 등의 내용을 국가가 산업 부문별 · 수준별로 체계화하여 표준화한 것이다. 즉, 근로자가 산업체에서 수행하게 될 직무 내용과 직무 수준 그리고 성공적인 수행을 위해 실제적으로 필요한 능력을 산업계 주도하에 체계적으로 분석하여 제시한 것이다(김봄이, 주휘정, 2014). 따라서 NCS는

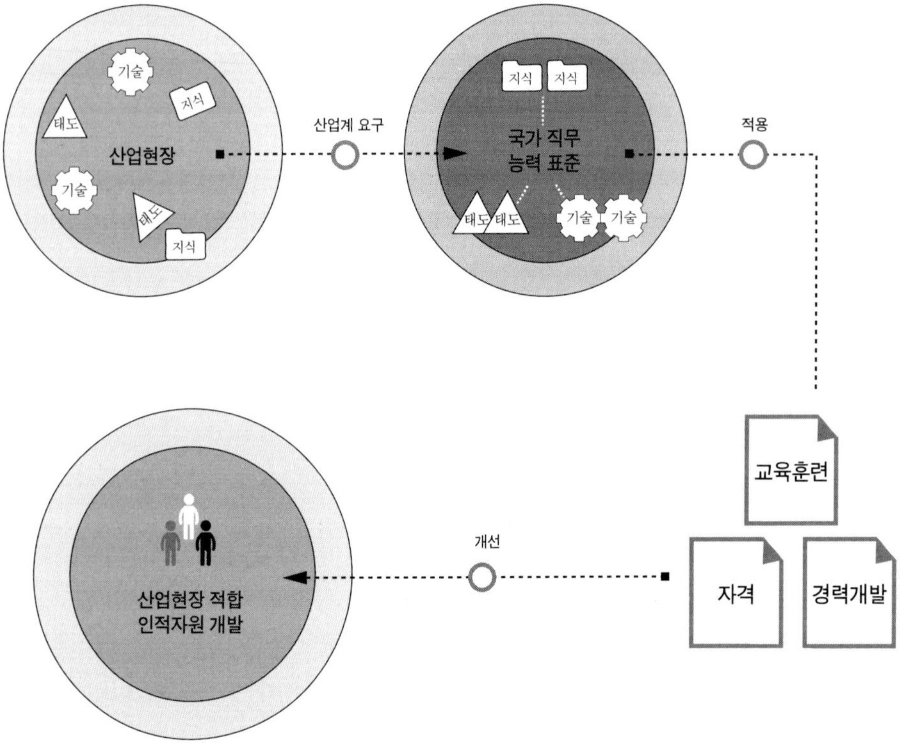


[그림 9-1] NCS 체계도

출처: 국가직무능력표준.

특정 직무 또는 직업에 필요한 능력을 담고 있는 산업현장의 실무 지침서인 일종의 직무능력 사전이라고 할 수 있다.

정부는 NCS를 통해 산업현장 직무 중심의 인적자원을 개발하고, 능력 중심 사회 구현을 위한 핵심 인프라를 구축하며, 궁극적으로는 고용과 평생직업 능력 개발 연계를 통한 국가 경쟁력을 향상시키고자 하는 목표를 가지고 있다. 따라서 공공기관 및 일반 기업, 국가자격시험, 교육훈련 과정의 개발 등에서 이를 적극적으로 활용하고 있다.

〈표 9-1〉 NCS 활용 범위

| | 기업체 | 교육훈련기관 | 자격시험기관 |
|---|---|---|---|
| 활용 범위 | • 현장 수요 기반의 인력 채용<br>• 인사관리 기준<br>• 근로자의 경력 개발<br>• 직무기술서 | • 직업교육 훈련과정 개발<br>• 교수 계획 및 매체, 교재 개발<br>• 훈련기준 개발 | • 자격 종목의 신설 · 통합 · 폐지<br>• 출제 기준 개발 및 개정<br>• 시험 문항 및 평가 방법 |

한편, NCS에 대한 홍보, 관리 및 활용을 위해 통합사이트(http://www.ncs.go.kr)가 개발 · 운영되고 있다. NCS 통합사이트에서는 NCS의 기본적인 의미뿐 아니라 NCS에 포함된 직무능력에 대한 정보를 제공하고 있다. 또한, 개인이 NCS에 기반하여 경력을 개발할 수 있도록 관심 있는 직무의 경력개발 경로를 찾아보거나 자신의 직무능력을 진단해 볼 수 있으며, 교육과정 및 훈련 과정에 대한 설계를 할 때 지원해 주고 있다.

### 2) NCS의 직무능력 유형

직업생활을 성공적으로 수행하기 위해서는 일 또는 직무와 관련된 다양한 능력이 요구되는데, 이를 직무능력이라 한다. 일반적으로 직무능력은 직업생활을 해나감에 있어 주어진 직무를 성공적으로 수행하는 데 요구되는 능력의 총체로 정의되며, 직업기초능력과 직무수행능력으로 구성되어 있다. 직업기초능력은 대부분의 직종에서 직무를 수행하는 데 공통적으로 요구되는 능력(job general skills)이며, 직무수행능력은 직업기초능력과는 달리 특정 직종 또는 직업에서 직무를 성공적으로 수행하기 위해 요구되는 전문적인 능력(job specific skills)을 뜻한다(이동임, 김현수, 김덕기, 2000).

이와 유사하게, NCS에서도 직장인이 특정 직무를 수행할 때 '꼭 필요한 능력(on-spec)'으로 직무능력을 규정하고 있다. 이러한 직무능력은 직업인으로서 기본적으로 갖추어야 할 공통 능력인 직업기초능력과 해당 직무를 수행하는 데 필요한 역량(지식, 기술, 태도)인 직무수행능력으로 구성되어 있다.

### (1) 직업기초능력

NCS에서는 모든 직장인에게 공통적으로 필요한 직업기초능력을 10개로 제안하고 있다. 이는 의사소통능력, 수리능력, 문제해결능력, 자기개발능력, 자원관리능력, 대인관계능력, 정보능력, 기술능력, 조직이해능력, 직업윤리이다. 각 능력은 작게는 2개, 많게는 5개까지의 하위 능력을 가지고 있다(〈표 9-2〉 참조).

〈표 9-2〉 NCS 기반 직업기초능력

| 영역 | 정의 | 하위 능력 |
|---|---|---|
| 의사소통능력 | 업무를 수행함에 있어 글과 말을 읽고 들음으로써 다른 사람이 뜻한 바를 파악하고, 자기가 뜻한 바를 글과 말을 통해 정확하게 쓰거나 말하는 능력 | 문서이해능력, 문서작성능력, 경청능력, 의사표현능력, 기초외국어능력 |
| 수리능력 | 업무를 수행함에 있어 사칙연산, 통계, 확률의 의미를 정확하게 이해하고 이를 업무에 적용하는 능력 | 기초연산능력, 기초통계능력, 도표분석능력, 도표작성능력 |
| 문제해결능력 | 업무를 수행함에 있어 문제 상황이 발생하였을 경우, 창조적이고 논리적인 사고를 통하여 이를 올바르게 인식하고 적절히 해결하는 능력 | 사고력, 문제처리능력 |
| 자기개발능력 | 업무를 추진하는 데 스스로를 관리하고 개발하는 능력 | 자아인식능력, 자기관리능력, 경력개발능력 |

| | | |
|---|---|---|
| 자원관리 능력 | 업무를 수행하는 데 시간, 자본, 재료 및 시설, 인적 자원 등의 자원 가운데 무엇이 얼마나 필요한지를 확인하고, 이용 가능한 자원을 최대한 수집하여 실제 업무에 어떻게 활용할 것인지를 계획하고, 계획대로 업무 수행에 이를 할당하는 능력 | 시간자원관리능력, 예산자원관리능력, 물적자원관리능력, 인적자원관리능력 |
| 대인관계 능력 | 업무를 수행함에 있어 접촉하게 되는 사람들과 문제를 일으키지 않고 원만하게 지내는 능력 | 팀워크능력, 리더십능력, 갈등관리능력, 협상능력, 고객서비스능력 |
| 정보능력 | 업무와 관련된 정보를 수집하고, 이를 분석하여 의미 있는 정보를 찾아내며, 의미 있는 정보를 업무 수행에 적합하도록 조직하고, 조직된 정보를 관리하며, 업무 수행에 이러한 정보를 활용하고, 이러한 과정에 컴퓨터를 사용하는 능력 | 컴퓨터활용능력, 정보처리능력 |
| 기술능력 | 업무를 수행함에 있어 도구, 장비 등을 포함하여 필요한 기술에는 어떠한 것들이 있는지 이해하고, 실제로 업무를 수행함에 있어 적절한 기술을 선택하여 적용하는 능력 | 기술이해능력, 기술선택능력, 기술적용능력 |
| 조직이해 능력 | 업무를 원활하게 수행하기 위해 국제적인 추세를 포함하여 조직의 체제와 경영에 대해 이해하는 능력 | 국제감각, 조직체계이해능력, 경영이해능력, 업무이해능력 |
| 직업윤리 | 업무를 수행함에 있어 원만한 직업 생활을 위해 필요한 태도, 매너, 올바른 직업관 | 근로윤리, 공동체윤리 |

출처: 국가직무능력표준.

### (2) 직무수행능력

직무수행능력은 해당 직무를 수행하는 데 필요한 역량(지식, 기술, 태도)을 의미한다. 직무수행능력을 도출하기 위해 NCS는 직무를 대분류, 중분류, 소분류, 세분류로 체계화하였다. 직무의 분류체계는 한국고용직업분류(Korean Employment Classification of Occupations: KECO)를 참조하여 개발한 것이다.

이를 통해 개발된 대분류는 사업관리, 경영 · 회계 · 사무, 금융 · 보험, 교육 · 자연 · 사회과학 등과 같이 직능유형이 비슷한 분야로 구성되어 있으며, 중분류는 대분류 내에서 직능유형, 산업체의 특성, 경력개발 경로가 유사한 분야이다. 또한, 소분류는 중분류 중에서 직능유형이 유사한 분야이며, 세분류는 소분류 내에서 직능유형이 유사한 분야이면서 동시에 KECO의 직업 중 대표 직무에 해당된다.

또한, NCS는 각자의 직무능력을 수준별로 1에서 최고 수준인 8까지 점수화할 수 있는 체계를 갖추고 있다. 1단계로 갈수록 일반지식에 대한 요구 수준이 낮고 단순한 과업을 수행하는 직무에 해당되며, 8단계로 갈수록 전문적인 지식을 요구하고, 업무 전반에 대한 권한과 책임이 많이 부여되는 직무에 해당된다.

〈표 9-3〉 NCS의 8단계 수준체계

| 수준 | 정의 |
|---|---|
| 8 | • 해당 분야에 대한 최고도의 이론·지식을 활용하여 새로운 이론을 창조할 수 있음<br>• 최고도의 숙련으로 광범위한 기술적 작업을 수행할 수 있음<br>• 조직 및 업무 전반에 대한 권한과 책임이 부여됨 |
| 7 | • 해당 분야의 전문화된 이론 및 지식을 활용하여 고도의 숙련으로 광범위한 작업을 수행할 수 있음<br>• 타인의 결과에 대하여 의무와 책임이 필요 |
| 6 | • 독립적인 권한 내에서 해당 분야의 이론 및 지식을 자유롭게 활용함<br>• 일반적인 숙련으로 다양한 과업을 수행할 수 있음<br>• 타인에게 해당 분야의 지식 및 노하우를 전달할 수 있음 |
| 5 | • 포괄적인 권한 내에서 해당 분야의 이론 및 지식을 사용하여 매우 복잡하고 비일상적인 과업을 수행할 수 있음<br>• 타인에게 해당 분야의 지식을 전달할 수 있음 |
| 4 | • 일반적인 권한 내에서 해당 분야의 이론 및 지식을 제한적으로 사용함<br>• 복잡하고 다양한 과업을 수행함 |
| 3 | • 제한된 권한 내에서 해당 분야의 기초이론 및 일반지식을 사용하여 다소 복잡한 과업을 수행함 |
| 2 | • 일반적인 지시 및 감독하에 해당 분야의 일반 지식을 사용하여 절차화되고 일상적인 과업을 수행함 |
| 1 | • 구체적인 지시 및 철저한 감독 하에 문자이해, 계산능력 등 기초적인 일반지식을 사용하여 단순하고 반복적인 과업을 수행함 |

출처: 국가직무능력표준.

### 3) NCS의 구성

앞에서 언급했듯이, 직무는 NCS 분류의 세분류를 의미하고, 원칙상 세분류 단위에서 개별 직무의 표준이 개발된다. 각각의 직무는 이를 수행하는 데 필요한 역량(지식, 기술, 태도)의 기본단위인 능력단위로 구성된다. 취업을 준비하는 경우라면, 능력단위에 대한 이해가 매우 중요하다. 능력단위는 NCS의 세분류를 구성하는 기본단위로서 능력단위분류번호, 능력단위명칭, 능력단위정의, 능력단위요소, 수행준거, 지식 · 기술 · 태도, 적용범위 및 작업상황, 평가지침, 직업기초능력으로 이루어져 있다.

이에 대한 실제적 예시는 다음 절의 'NCS 기반 직무능력 탐색' 부분을 참조하기 바란다.

〈표 9-4〉 NCS의 능력단위 구성

| 구성 항목 | 내용 |
|---|---|
| 능력단위분류번호 | • 능력단위를 구분하기 위하여 부여되는 일련번호로서 14자리로 표현 |
| 능력단위명칭 | • 능력단위의 명칭을 기입한 것 |
| 능력단위정의 | • 능력단위의 목적, 업무수행 및 활용범위를 개략적으로 기술 |
| 능력단위요소 | • 능력단위를 구성하는 중요한 핵심 하위능력을 기술 |
| 수행준거 | • 능력단위요소별로 성취여부를 판단하기 위하여 개인이 도달해야 하는 수행의 기준을 제시 |
| 지식 · 기술 · 태도 | • 능력단위요소를 수행하는 데 필요한 지식·기술·태도 |
| 적용범위 및 작업상황 | • 능력단위를 수행하는데 있어 관련되는 범위와 물리적 · 환경적 조건<br>• 능력단위를 수행하는 데 있어 관련되는 자료, 서류, 장비, 도구, 재료 |
| 평가지침 | • 능력단위의 성취 여부를 평가하는 방법과 평가 시 고려 사항 |
| 직업기초능력 | • 직업인으로서 기본적으로 갖추어야 할 공통능력 |

출처: 국가직무능력표준.

## 2. NCS의 활용

2017년 현재, NCS는 대분류 24개, 중분류 80개, 소분류 238개, 세분류 887개로 구성되어 있다. 세분류를 원칙으로 직무를 개발하고 있으나, 현재 모든 직무의 표준이 완성된 것은 아니며, 완성된 직무표준이라 할지라도 산업체의 변화에 따라 지속적으로 수정 · 보완이 이루어지고 있다. 따라서 자신이 선호하는 직업의 직무능력표준이 아직 개발되지 않은 상태라면 활용에 한계가 있을 수 있으며, 개발이 완성된 후 최근 일부 수정이 이루어졌을 수도 있음을 기억해야 할 것이다.

### 1) NCS 기반 직무능력 탐색

NCS를 기반으로 하여 자신이 선호하는 직무의 필요 능력을 탐색하기 위해서는 먼저 명확한 진로 설정과 준비를 바탕으로 자신의 꿈과 적성에 맞는 직무를 찾아야 한다. 그런 후, 그 직무를 수행하기 위해 필요로 하는 능력이 무엇인지, 어떻게 그 능력을 개발할 수 있는지 NCS를 통해 확인한다. 개발이 완료된 NCS에 대한 정보는 NCS 통합사이트(www.ncs.go.kr)를 통해 확인할 수 있으므로, 직무능력 탐색의 과정에 활용하면 도움이 될 것이다.

여기서는 '청소년활동'을 주요직무로 수행하는 직업을 선택한 사람을 예시로 작성해 보았다. 즉, 다양한 자기탐색을 통해 청소년활동이라는 직무를 수행하려고 결심한 후, NCS를 통해 직무능력을 확인하는 과정을 예로 들어 NCS 기반 직무탐색을 수행하는 방법을 소개하고자 한다. 이 과정에서 도출된 정보는 모두 NCS 통합사이트를 통해 확인한 것이다.

#### (1) 직무의 체계 확인

먼저, NCS 통합사이트의 메뉴 중 'NCS 및 학습모듈 검색'을 통해 '청소년활동' 직무의 체계를 확인한다. 이 때, 청소년활동에 대한 NCS 관련 정보가 전혀 없다면 키워드검색을 활용하고, 대분류-중분류-세분류에 대한 정보를 알고 있다면 분야별 검색을, 구체적인 코드번호를 알고 있다면 코드검색을 활용한다.

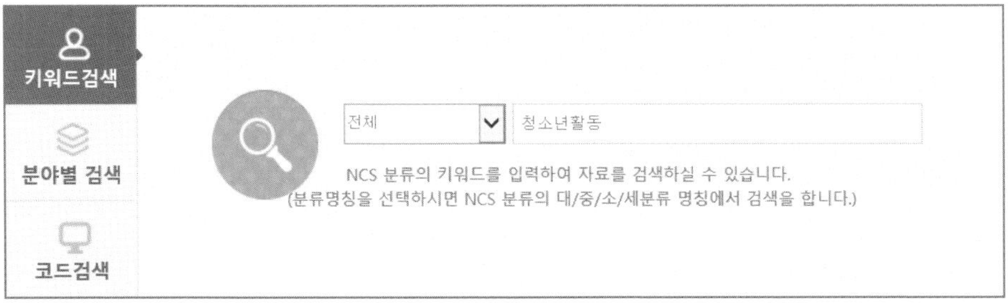


[그림 9-3] NCS 및 학습모듈 검색 방법

이 방법을 통해 '청소년활동'의 대분류는 '사회복지 · 종교', 중분류는 '상담', 소분류는 '청소년지도'이며, 세분류가 '청소년활동'임을 확인할 수 있다. '청소년활동'의 경우, 2016년에 개발 완료된 NCS가 첨부파일로 제공되고 있었다.

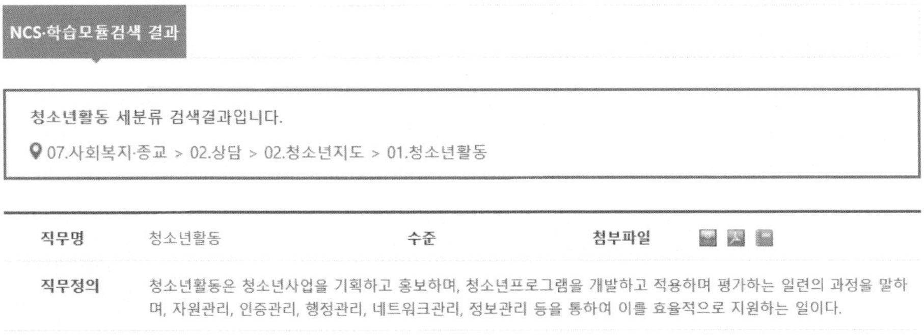


[그림 9-4] NCS 및 학습모듈 검색 결과

### (2) 직무의 정의 확인

선호직무에 대한 체계를 확인한 후에는 해당 직무에 대한 정의가 무엇인지 확인해야 한다. 이를 통해 자신이 선호하는 직무에 대한 정체성을 명확히 가질 수 있다.

NCS에서 정립한 '청소년활동'의 직무 정의는 다음과 같다.

청소년활동이란 청소년 사업을 기획하고 홍보하며, 청소년프로그램을 개발하고 적용하며 평가하는 일련의 과정을 말하며, 자원관리, 인증관리, 행정관리, 네트워크관리, 정보관리 등을 통하여 이를 효율적으로 지원하는 직종이다.

### (3) 직무수행능력 확인

직무수행능력의 확인은 NCS의 구성요소 중 '능력단위'를 통해 확인할 수 있다. '청소년활동' 직무는 27개의 능력단위가 있었다. 각각의 능력단위별로 핵심 하위능력인 능력단위요소와 능력단위를 수행하기 위해 요구되는 수준이 1~8단계로 제시되어 있었다. 그 결과, '청소년활동' 직무는 27개의 능력단위, 78개의 능력단위요소로 이루어져 있으며, 이 직무들은 3~7수준의 직무수행수준을 요구하고 있음을 알 수 있다.

### (4) 직무능력을 수행하기 위한 역량 확인

NCS에서는 각 직무능력을 수행하기 위해 필요한 역량을 지식, 기술, 태도로 구체화하여 능력단위별로 제시하고 있다. '청소년활동'의 27개의 능력단위 중에서 제시되어 있었다. 지면 관계상 첫 번째 능력단위인 '사업기획'에 대한 부분만 소개하고자 한다. '사업기획'은 전년도 사업성과 분석하기, 상황 분석하기, 사업방향 결정하기, 사업계획서 작성하기 등의 네 가지 능력단위요소로 구성되어 있다.

[그림 9-5]는 NCS 기반 '청소년활동' 직무의 첫 번째 능력단위인 '사업기획'의 첫 번째 능력단위요소, 즉 '전년도 사업성과 분석하기'의 역량에 대한 내용이다.

### (5) 직업기초능력 확인

직업기초능력은 모든 직장인에게 공통적으로 필요한 직무능력이므로, 모든 직무에서 공통적으로 필요한 능력이라 볼 수 있다. 그러나 특정 직무와 좀 더 연관성이 높은 직업기초능력이 존재한다. 이러한 관점에서 NCS에서는 각 직무의 능력단위와 좀 더 연관성이 높은 직업기초능력을 구분하여 제시하고 있다.

NCS에 기반한 '청소년활동' 직무의 첫 번째 능력단위인 '사업기획'과 연관성이 높

〈표 9-5〉 '청소년활동' 직무의 능력단위

| 순번 | 능력단위 | 수준 | 능력단위요소 |
|---|---|---|---|
| 1 | 사업기획 | 7 | 전년도 사업성과 분석하기, 상황 분석하기, 사업방향 결정하기, 사업계획서 작성하기 |
| 2 | 청소년프로그램 기획 및 설계 | 4 | 자료 조사 · 분석하기, 기획회의하기 |
| 3 | 청소년프로그램 마케팅 | 4 | 마케팅 요구 분석하기, 마케팅 기획안 작성하기 |
| 4 | 청소년프로그램 계획안 및 매뉴얼 작성 | 4 | 프로그램 운영계획안 작성하기, 프로그램 매뉴얼 작성하기 |
| 5 | 청소년프로그램교육 | 4 | 교육자료 작성하기, 지도자 교육 진행하기 |
| 6 | 청소년프로그램준비 | 4 | 참여자 모집 · 확인하기, 프로그램 공간과 기자재 확보하기 |
| 7 | 청소년프로그램실행 | 4 | 프로그램 실행 준비하기, 프로그램 실행하기 |
| 8 | 청소년프로그램평가계획 및 도구개발 | 5 | 평가계획 수립하기, 평가도구 개발하기 |
| 9 | 청소년프로그램 평가실시 및 사후관리 | 4 | 평가 실시하기, 평가보고서 작성하기, 프로그램 사후관리하기 |
| 10 | 자원봉사활동 계획 및 모집 | 4 | 자원봉사활동 운영계획 수립하기, 자원인력 모집 · 교육 · 운영하기 |
| 11 | 자원봉사활동슈퍼비전 및 평가 | 5 | 자원인력 슈퍼비전하기, 자원봉사활동 평가관리하기 |
| 12 | 청소년활동 인증 프로그램 기획 및 작성 | 4 | 인증프로그램 기획하기, 기준요소별 프로그램 작성하기 |
| 13 | 청소년활동 인증 프로그램 운영 | 3 | 인증프로그램 운영 준비하기, 인증프로그램 운영하기 |
| 14 | 청소년활동 인증프로그램 기획 및 작성 | 4 | 인증프로그램 평가하기, 인증프로그램 사후관리하기 |
| 15 | 청소년자치활동 계획 및 교육모집 | 4 | 청소년자치활동 사업계획 수립하기, 청소년지도인력 교육하기, 청소년참여자 모집하기 |
| 16 | 청소년자치활동 지원 및 평가 | 3 | 청소년자치활동 지원하기, 청소년자치활동 평가하기 |
| 17 | 청소년생활지도사례분석 및 계획 | 4 | 생활지도사례 분석하기, 생활지도 계획하기 |
| 18 | 청소년생활지도 실행 및 활용관리 | 4 | 생활지도 실행하기, 지원체계 활용하기, 생활지도 관리하기 |
| 19 | 청소년기관행정지원 | 6 | 행정업무 지원하기, 시설관리업무 지원하기, 기관운영위원회 관리하기, 기관평가 수행하기, 기관 진단 · 보완하기 |
| 20 | 네트워크 구축 · 운영 | 6 | 사업계획 수립하기, 지역자원 파악하기, 연계자원 조성하기<br>네트워크 운영 · 관리하기, 네트워크 평가하기 |
| 21 | 청소년활동정보관리 | 4 | 청소년활동정보 수집 · 정리하기, 청소년활동정보 활용하기, 청소년활동정보 사후관리하기 |
| 22 | 청소년활동 안전계획 수립 및 교육 | 4 | 안전관리계획 수립하기, 안전관리조직 편성하기, 안전교육하기 |
| 23 | 청소년활동 안전 · 위생 점검 및 관리 | 4 | 안전점검하기, 위생점검하기, 안전보험 관리하기, 안전사고 발생 시 대처하기 |
| 24 | 교육훈련 | 6 | 교육훈련 요구 분석하기, 교육훈련 계획하기, 교육훈련 실행하기, 교육훈련 결과 평가하기 |
| 25 | 청소년권익증진활동지원 | 5 | 청소년 관련 이슈 선정하기, 실천전략 수립하기, 연대협력 구축하기, 청소년권익증진활동 실천하기, 청소년권익증진활동 평가하기 |
| 26 | 청소년현장실습지도 | 5 | 현장실습지도 계획수립하기, 실습생 선발 · 교육하기, 현장실습 지도하기, 현장실습 결과 평가하기 |
| 27 | 청소년조사연구 | 7 | 청소년 특성 연구하기, 청소년사업 분석하기, 청소년유관정책 파악하기, 연구결과 활용하기 |

| |
|---|
| 분류번호 : 0702020101_13v1 |
| 능력단위 명칭 : 사업기획 |
| 능력단위 정의 : 사업기획이란 청소년지도사가 전년도 사업결과보고서를 바탕으로 문제점과 현황을 파악하고 기관의 당해 연도 사업계획을 수립하는 능력이다. |

| 능력단위요소 | 수 행 준 거 |
|---|---|
| 0702020101_13v1.1<br>전년도 사업성과 분석하기 | 1.1 전년도 사업결과보고서에 근거한 문제점을 파악하여 개선사항을 도출할 수 있다.<br>1.2 소요예산 대비하여 수익률을 분석할 수 있다.<br>1.3 설문결과 분석 자료를 토대로 만족도를 파악할 수 있다.<br>1.4 사전·사후평가를 근거로 사업의 효과성을 분석할 수 있다. |
| | 【지 식】<br>○ 자료 분석기법<br>○ 연구 방법론<br>○ 예산관리 규정<br>○ 조직 내 인적·물적 자원 현황<br>【기 술】<br>○ 컴퓨터 활용 기술<br>○ 수익률 분석 능력<br>○ 통계패키지 활용 기술<br>【태 도】<br>○ 객관적인 자료 분석 노력<br>○ 운영자의 관점에서 양적인 실적과 질적인 실적을 평가하려는 노력<br>○ 청소년의 관점에서 생각해보려는 노력 |

[그림 9-5] NCS 기반 '청소년활동' 직무의 필요 역량

은 직업기초능력은 의사소통능력, 문제해결능력, 자원관리능력, 대인관계능력, 조직이해능력인 것으로 확인되었다.

〈표 9-6〉 '청소년활동' 직무의 '사업기획'과 연관성이 높은 직업기초능력

| 순번 | 주요 영역 | 하위 영역 |
|---|---|---|
| 1 | 의사소통능력 | 문서이해능력, 문서작성능력, 경청능력, 의사표현 능력, 기초외국어 능력 |
| 2 | 문제해결능력 | 사고력, 문제처리능력 |
| 3 | 자원관리능력 | 시간자원관리능력, 예산지원관리능력, 물적자원관리능력, 인적자원관리능력 |

| | | |
|---|---|---|
| 4 | 대인관계능력 | 팀워크능력, 리더십능력, 갈등관리능력, 협상능력, 고객서비스능력 |
| 5 | 조직이해능력 | 국제감각, 조직체제이해능력, 경영이해능력, 업무이해능력 |

### (6) 직무능력진단

NCS 통합사이트에서는 NCS의 개발이 완료된 직무를 중심으로, 해당 직무를 수행하기 위해 필요로 하는 직무역량을 개인이 어느 정도 소유하고 있는지 진단해 볼 수 있다. 따라서 NCS를 기반으로 선호직무에 대한 탐색을 한 후에는 자신의 역량을 진단해 보는 것이 좋다. 이를 통해 현재 자신의 직무능력을 확인할 수 있을 뿐 아니라 향후 개발해 나가야 할 직무능력도 확인할 수 있다.

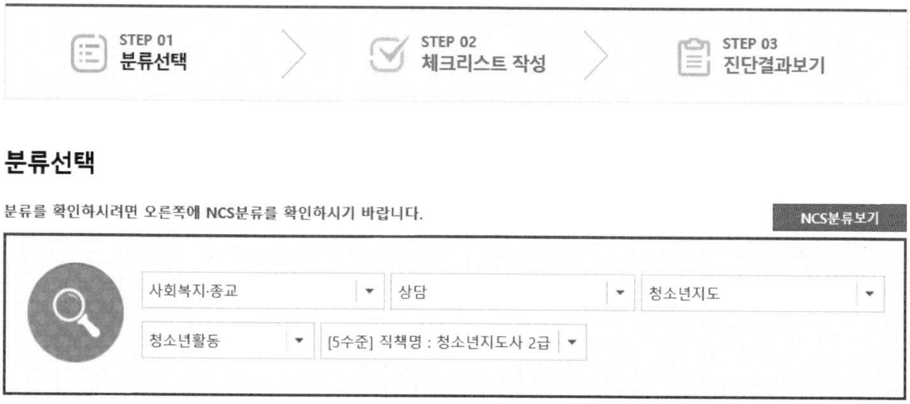


[그림 9-6] 직무능력진단

이상의 예시를 참조로 하여, 각자 자신의 선호작업을 선택한 후 NCS를 기반으로 한 직무능력을 확인해 보자.

## 2) NCS 기반 능력중심 채용

최근 채용시장의 과열된 스펙 쌓기 열풍은 수그러들지 않고 있는 실정이다. 이러한 스펙 초월 채용 시스템을 보완하기 위해 도입된 것이 능력중심 채용 시스템이다.

### (1) NCS 기반 능력중심 채용의 의미

NCS에 기반한 능력중심 채용은 '불필요한 스펙(over-spec)이 아니라 일을 할 수 있는, 즉 해당 직무에 맞는 스펙(on-spec)을 갖춘 인재를 NCS 기반의 평가도구를 활용하여 선발하는 채용 방식'이다. 이는 직무수행에 필요한 능력을 쉽고 체계적으로 평가하여 선발에 활용함으로써 불필요한 스펙 쌓기에 몰입하는 잘못된 채용 문화를 개선하고 능력중심의 사회 여건을 조성하기 위해 도입한 것이라 볼 수 있다(정미경 외, 2016).

NCS 기반 능력중심 채용에 대한 준비 사항은 다음과 같다. 첫째, 명확한 진로 설정 및 준비를 한다. 명확한 진로 설정과 준비를 바탕으로 본인의 꿈과 적성에 맞는 직무를 먼저 찾은 후 직무수행에 필요한 능력이 무엇인지, 어떻게 그 능력을 개발할 수 있는지 NCS를 통해 확인해야 한다. 둘째, 직무별 요구능력을 확인해야 한다. NCS에 기반하여 취업을 희망하는 직무의 요구능력을 확인한 후, 기업의 채용공고를 통해 직무별 필요능력(지식, 기술, 태도 등)을 직시하고, 그 직무에 수행할 준비가 되었는지 자가진단을 해 본다. 셋째, 채용 과정에서 직면하게 될 NCS에 기반한 평가를 위한 준비를 해야 한다. NCS 기반 평가는 직업기초능력과 직무수행능력을 평가하는 시험이다. 따라서 희망 직무의 요구능력을 파악한 뒤에는 반드시 필요한 직업기초능력과 직무수행능력을 함양하는 것이 필요하다(김인기, 이향정, 2017).

### (2) NCS 기반 채용 절차

NCS 기반 능력중심 채용의 기본 원리는 해당 직무에서 요구하는 실제적 관점의 능력요소를 개별 채용 절차에서 검증하는 것이다. 따라서 기존의 채용 방식보다 선발 대상 직무를 구체화하고, 직업기초능력과 직무수행능력을 강조하고, 직무능력 중심으로 선발하는 과정을 거친다.

〈표 9-7〉 기존 채용 방식과 NCS 기반 능력중심 채용 방식의 비교

| 채용 단계 | 기존 채용 | NCS 기반 능력중심 채용 |
|---|---|---|
| 서류 | • 학력, 가족사항, 불필요한 스펙 등 기재<br>• 성장과정, 지원동기 등 일률적인 자기소개서 | • 직무 관련성이 높은 사항 기재<br>• 교내외 활동, 인턴 근무 경험, 직무 관련 자격증 등<br>• 해당 직무에서 갖추어야 하는 능력과 관련된 경험 등 |
| 필기 | • 인성 및 일반적 인지 능력(언어, 수리 능력 등에 대한 지필검사 시행)<br>• 전공 필기시험 | • 직무별 능력 중 지필평가 가능한 능력 평가(예: 일반사무의 경우 사무행정 능력을, 정보기술운영의 경우 IT 시스템 관리 능력을 평가) |
| 면접 | • 단편적 질문, 직무수행과 무관한 내용<br>• 비체계적인 면접 진행 | • 경험면접: 직무능력과 관련된 경험<br>• 상황면접: 업무 수행 과정에서 발생 가능한 상황에 대한 대처 방법<br>• 특정 직무 관련 주제에 대한 의견(PT) 등 구조화된 면접 진행 |

출처: 고용노동부 직업능력평가과(2015a).

NCS 기반 능력중심 채용 과정은 NCS 기반 채용공고, NCS 기반 서류전형, NCS 기반 필기평가, NCS 기반 면접평가로 이루어진다. 최종 결정은 서류부터 면접까지 점수의 총점으로 합격 여부를 결정한다.

#### ① NCS 기반 채용공고

일반적인 채용공고문은 채용계획 및 지원방법을 알리는 데 목적이 있으므로 채용 분야 및 인원, 응시자격, 우대사항, 채용 절차 및 추진 일정, 유의사항 등의 내용을 담고 있다. 이와 달리 NCS 기반 채용공고문은 지원자가 직무를 이해하고 자신의 적합성을 판단할 수 있도록 직무의 내용 및 직무수행에 필요한 인적 요건에 대해 명시하고 있다. 구체적으로 채용 분야, 분류체계, 대분류 · 중분류 · 소분류 · 세분류 및 NCS 분류 코드, 능력단위 및 NCS 분류 코드, 직무수행 내용, 필요지식

(knowledge), 필요기술(skill), 직무수행태도(attitude), 직업기초능력, 참고 사이트 등의 내용을 담고 있다. 따라서 지원자는 채용공고문의 내용을 잘 읽고 채용 직무별 직무기술서(또는 채용공고문)를 반드시 확인해야 한다.

**1. 인적 사항**

* 인적 사항은 필수항목으로 반드시 모든 항목을 기입해주십시오.

| 지원구분 | 신입 ( ) 경력 ( ) | 지원분야 | | 접수번호 | |
|---|---|---|---|---|---|
| 성명 | (한글) | 생년월일 | (월/일) | | |
| 현주소 | | | | | |
| 연락처 | (본인휴대폰) | 전자우편 | | | |
| | (비상연락처) | | | | |

**2. 교육 사항 (모집대상 직무와 연관이 있는 교육활동을 제시)**

* 학교교육을 통하여 입사 지원 분야와 연관된 이수 교육과정을 기술해주십시오.

| 학교교육 | | |
|---|---|---|
| • 귀하는 지원 분야의 해당 직무와 연관된 교육과정을 이수 하였는가? | 예( ) | 아니오( ) |
| • 귀하는 지원 분야의 행당 직무와 연관된 교육과정 이외의 교육활동한 이력이 있는가? | 예( ) | 아니오( ) |
| • 귀하는 지원 분야의 해당 직무와 연관된 현장실습 또는 인턴 이력이 있는가? | 예( ) | 아니오( ) |

* '예'라고 응답한 항목에 해당하는 내용을 아래에 기입해 주십시오.(관련 서류 첨부)

| | |
|---|---|
| 과육과정(과목명) | |
| 교육활동 | |
| 현장실습 및 인턴 | |
| 기타 | |

**4. 경력사항 (지원하는 직무와 연관성 있는 경력사항을 제시토록 안내)**

* 경력은 금전적 보수를 받고 일정기간 동안 일했던 이력을 의미합니다. 아래의 지시에 따라 해당되는 내용을 기입해주십시오.

| | | |
|---|---|---|
| • 기업조직에서 지원 분야와 관련 직무 수행 경험이 있습니까? | 예( ) | 아니오( ) |
| • 기업조직과 관계없이 관련 직무수행경험이 있습니까? | 예( ) | 아니오( ) |

* '예'라고 응답한 항목에 해당하는 사항을 아래에 기입해 주십시오.

| 근무기간 | 기관명 | 직위/역할 | 담당업무 |
|---|---|---|---|
| | | | |

* 그 외, 경력 사항은 아래에 기입해 주십시오

| 근무기간 | 기관명 | 직위/역할 | 담당업무 |
|---|---|---|---|
| | | | |

* 자세한 경력 사항은 경력기술서에 작성해주시기 바랍니다.

**5. 직무관련 기타 활동**

* 직무관련 기타 활동은 직업 외적인(금전적 보수를 받지 않고 수행한) 활동을 의미하며, 산학, 팀 프로젝트, 연구회, 동아리/동호회, 온라인 커뮤니티, 재능기부 활동 등이 포함될 수 있습니다. 아래의 지시에 따라 해당되는 내용을 기입해주십시오.

| | | |
|---|---|---|
| • [경영기획(능력단위)] 관련 활동들을 수행한 경험이 있습니까? | 예( ) | 아니오( ) |
| • [홍보] 관련 활동들을 수행한 경험이 있습니까? | 예( ) | 아니오( ) |

* '예'라고 응답한 항목에 해당하는 내용을 아래에 기입해 주십시오.

| 활동기간 | 소속조직 | 주요역할 | 활동주요내용 |
|---|---|---|---|
| | | | |

* 자세한 직무관련 기타 활동 사항은 경험기술서에 작성해주시기 바랍니다.

[그림 9-7] NCS 기반 입사지원서 예시

출처: 고용노동부 직업능력평가과(2015a).

### ② NCS 기반 서류전형

NCS에 기반한 능력중심 채용 과정에서 서류전형은 NCS 기반 입사지원서, NCS 기반 직무능력소개서, NCS 기반 자기소개서 등을 중심으로 이루어진다. 이 중 NCS 기반 입사지원서는 지원자 식별 및 관리를 위한 최소한의 정보, NCS 교육 및 훈련 사항, NCS 관련 자격 사항, NCS 관련 경력과 직무 관련 사항에 대한 정보를 수록할 수 있도록 되어 있다.

NCS 기반 직무능력소개서에는 경험기술서와 경력기술서를 쓰도록 되어 있다. 경험기술서에서는 입사지원서에 기술한 직무 관련 경험의 내용을 상세히 기술하고, 본인이 수행한 활동 내용, 조직이나 활동에서의 역할 및 활동의 결과 등을 작성한다. 또한, 경력기술서에는 입사지원서에 기술한 직무 관련 경력 내용을 상세히 기술하고, 직무와 관련된 활동, 경험, 수행 내용 및 역할, 구체적 행동 및 주요성과 등을 기록한다. NCS 기반 자기소개서는 지원하는 조직 및 직무에 토대를 둔 지원 동기를 상세히 기록하고, 핵심가치나 인재상을 토대로 조직 적합성이 드러나도록, 또한 직무역량을 토대로 직무 적합성이 드러나도록 작성한다.

### ③ NCS 기반 필기평가

대부분의 기업체에서 NCS에 기반한 필기평가를 수행할 때는 NCS 기반 직업기초능력과 직무수행능력에 대해 필기검사를 실시한다. 이때 직업기초능력은 NCS의 직업기초능력 10개 영역 모두를 평가하는 것이 아니라, 해당 기관의 인재상이나 핵심가치 등과의 맵핑을 통해 반드시 필요한 핵심영역을 도출한 후 그에 대해서만 평가한다.

### 의사소통능력 문항 예시

○○유기농 식품 매장에 근무하는 K씨에게 계란 알레르기가 있는 고객이 제품에 대해 문의를 해 왔다. K씨가 제품에 부착된 다음 설명서를 참조하여 고객에게 반드시 안내해야 할 말로 가장 적절한 것은?

- 제품명: 든든한 현미국수
- 식품의 유형: 면-국수류, 스프-복합조미식품
- 내용량: 95kg(면 85kg, 스프 10g)
- 원재료 및 함량:
  - 면: 무농약 현미 98%(국내산), 정제염
  - 스프: 멸치 20%(국내산), 고춧가루, 정제소금, 마늘분말, 생강분말, 표고분말, 간장분말, 된장분말, 양파분말, 새우분말, 건미역, 건당근, 건파, 김, 대두유
- 보관장소: 직사광선을 피하고 서늘한 곳에 보관
- 이 제품은 계란, 메밀, 땅콩, 밀가루, 돼지고기를 이용한 제품과 같은 제조시설에서 제조하였습니다.
- 본 제품은 공정거래위원회 고시 소비분쟁해결 기준에 의거 교환 또는 보상받을 수 있습니다.
- 부정불량식품신고는 국번없이 1399

① 조리하실 때 계란만 넣지 않으시면 문제가 없을 것입니다.

② 제품을 조리하실 때 집에서 따로 육수를 우려서 사용하시는 것이 좋겠습니다.

③ 이 제품은 무농약 현미로 만들어져 있기 때문에 알레르기 체질 개선에 효과가 있습니다.

④ 이 제품은 계란이 들어가는 식품을 제조하는 시설에서 생산되었다는 점을 참고하시기 바랍니다.

출처: 고용노동부, 한국산업인력공단(2015).

NCS 기반 필기평가에서는 직무수행능력은 직무능력 검사, 직무 적합도 검사 등과 같은 검사도구를 활용하기도 하지만, 입사지원서의 내용을 토대로 한 정량적 평가를 실시하기도 한다. 또한, 기관이나 직무의 특성에 따라 다른 평가영역이 추가

되기도 한다.

**직무수행능력 평가문항 예시**

자동차 부품 회사 해외영업팀 사원 Y는 아래 기사와 관련된 회의자료를 준비해야 한다. 해외영업팀 팀장은 사원 Y에게 미국에 자동차 부품 수출을 확대하기 위해 확인이 필요한 국가표준에 대한 자료를 요청하였다. 어떤 자료가 가장 적절한가?

○일보 제 12333호 | 2015년 00월 00일 화요일 안내전화 : 02-000-0000 | http://www.ORP.com

**한•미 FTA, 4년차 효과?**

**한국산 자동차 부품, 미국 수출 대폭 확대**

한미 FTA 4년 차를 맞아 한국의 자동차 부품 업계가 꿈틀거리고 있다. 관련 업계 관계자에 따르면 금년 자동차 부품 관련 항목의 미국 수출 규모는 작년에 비해 최대 5~6배 성장할 것으로 예측된다고 하였다. 미국으로 수출 확대 가능성을 염두하여 발빠른 투자를 검토하고 있는 미국 기업도 있다. 이 회사는 한국 자동차 부품 업체 중 OEM 납품 경력이 있는 한국 기업을 물색 중인 것으로 밝혀졌다.

이◇◇기자 LEE9327@ORP.com

① BS ② GB ③ JIS ④ ANSI

출처: 고용노동부, 한국산업인력공단(2015).

④ **NCS 기반 면접평가**

면접평가는 필기평가 방식과 동일하게 NCS 내의 직업기초능력과 직무수행능력을 기반으로 한다. 면접의 경우 경험면접, 상황면접, 발표면접, 토론면접 등이 선택적으로 활용되고 있다. 경험면접은 특정 역량의 발휘가 요구되는 상황을 제시하고, 그러한 상황에서 어떻게 행동했는지를 말하도록 하는 면접방식이다. 상황면접은 직무수행 시 접할 수 있는 딜레마적인 상황을 제시하고 어떻게 행동할 것인지를 말하도록 하는 평가방식이다. 발표면접은 특정 주제와 관련된 지원자의 발표와 질의응답을 통해 지원자의 역량을 평가하도록 하는 면접방식이다. 토론면접은 상호 갈등적 요소를 가진 토의과제를 제시한 후, 의견수렴 과정에서 지원자 간 상호 작용 과정을 관찰하여 지원자의 역량을 평가하는 방식이다(장주희, 주휘정, 장원섭, 2015).

**Case 1.**

| 대분류 | 중분류 | 소분류 | 세분류 |
|---|---|---|---|
| 02.경영회계사무 | 01.기획사무 | 1.경영기획 | 01.경영기획 |

| 평가영역 | | 면접문항 (수행준거) |
|---|---|---|
| 능력단위 | 능력단위요소 | |
| 사업별 투자관리 하기 | 사업별 투자계획 수립하기 | 사업의 방향에 따라 사업별 투자전략을 설명하시오 |
| | | 사업별 투자환경을 분석하여 투자에 대한 강점과 약점을 파악할 수 있습니까? |
| | | 사업별 투자목적에 맞는 투자계획서를 작성하고, 제반 여건에 따른 효율적인 투자일정을 계획할 수 있습니까? |
| | | 투자사업 규모에 따라 최소의 비용으로 투자할 수 있습니까? |

**Case 2. 상황면접 평가 Sample**

| | | |
|---|---|---|
| 상황 제시 | 배경 정보 | 인천공항 여객터미널 내에는 다양한 용도의 시설(사무실, 통신실, 식당, 전산실, 창고, 면세점 등)이 설치되어 있습니다.<br>금년도에는 소방배관의 누수가 잦아 메인 배관을 교체하는 공사를 추진하고 있으며 당신은 이번 공사의 담당자입니다. |
| | 구체적 문제 상황 | 주간에는 공항운영이 이루어지는 관계로 주로 야간에만 배관 교체 공사를 수행하던 중, 시공하는 기능공의 실수로 배관 연결 부위를 잘못 건드려 고압배관의 소화수가 누출되는 사고가 발생했으며, 이로 인해 인근 시설물에는 누수에 의한 피해가 발생하였습니다. |
| 문제 제시 | 기본 지식 문항 | 1. 일반적인 소방배관의 배관연결(이음)방식과 배관의 이탈(누수)이 발생하는 원인에 대해 설명하시오 |
| | 추가 대응 문항 | 2. 담당자로서 본 사고를 현장에서 긴급히 처리하는 프로세스를 제시하고, 보수완료 후 사후적 조치가 필요한 부분 및 재발방지 방안에 대하여 설명하시오. |

[그림 9-8] 상황면접 문항의 예시

출처: 고용노동부 직업능력평가과(2015b).

〈활동 9-1〉

# NCS 기반 선호직무의 필요 능력 탐색하기

## 활동목표

- NCS를 활용하여 선호직무의 체계를 이해한다.
- NCS 통합 사이트를 통해 선호직무에서 필요로 하는 직무능력을 탐색한다.
- 자신의 직무능력을 진단한다.

## 진행과정

| 활동주제 | 주요 내용 및 방법 | 시간 |
|---|---|---|
| 선호직무 선택 | • NCS 통합사이트의 개발 목적, 주요 메뉴를 확인한다.<br>• NCS를 기반으로 탐색할 선호직무를 결정한다. | 5분 |
| NCS 기반 직무 능력 탐색하기 | • 직무의 체계를 확인한다.<br>• 직무의 정의를 확인한다.<br>• 직무수행능력을 확인한다.<br>• 직무능력을 진단한다. | 30분 |
| 마무리 | • 선호직무를 수행하기 위해 함양해야 할 직무능력이 무엇이며, 어떻게 함양해 나갈 것인지 다짐한다. | 5분 |

## 유의점 및 특이사항

- NCS 통합사이트를 적극적으로 활용하기
- 인터넷을 원활히 활용할 수 있는 학습 여건 조성하기
- 준비물: 컴퓨터 또는 스마트폰, 필기구

## ■ NCS 기반 선호직무 탐색

NCS를 토대로 자신이 선호하는 직무에서 필요로 하는 직무능력이 무엇인지 탐색해 봅시다. 다음의 순서에 따라 정보를 탐색하고, 그 결과를 기록해 봅시다.

1. 선호 직무 결정: NCS를 기반으로 탐색할 선호직무는 무엇인가요?

| |
|---|
| 직무명 :<br><br>직무의 특성: |

2. 직무의 체계: 선호직무의 대분류, 중분류, 소분류는 어떠한가요?

| |
|---|
| |

3. 직무의 정의: 선호직무의 정의는 무엇인가요?

| |
|---|
| NCS 기반 직무의 정의:<br><br>자신이 기존에 알던 정의와 다른 점: |

4. 직무수행능력: 선호직무의 능력단위는 어떻게 구성되어 있나요? 상위 능력단위 5가지만 작성해 봅시다.

| 순번 | 능력단위 | 수준 | 능력단위요소 |
|---|---|---|---|
| 1 | | | |
| 2 | | | |
| 3 | | | |
| 4 | | | |
| 5 | | | |

5. 직무능력 진단: NCS 통합사이트를 통해 자신의 선호직업에 대한 직무능력을 진단한 후, 그 결과를 약술하세요.

| | 직업기초능력 | 직무수행능력 |
|---|---|---|
| 강점 직무 | | |
| 약점 직무 | | |

6. 직무능력 개발: 자신의 약점 직무능력을 보완하여 개발하기 위한 방법을 계획해 봅시다.

| |
|---|
| |

## 참고문헌

고용노동부 직업능력평가과(2015a). NCS 기반 능력중심채용: 능력중심사회의 베이스가 되다.

고용노동부 직업능력평가과(2015b). NCS 기반 능력중심채용: NCS 기반 면접전형 이해.

고용노동부, 한국산업인력공단(2015). NCS 기반 능력중심 채용 가이드북.

김봄이, 주휘정(2014). NCS를 활용한 공공기관의 직무역량모델 개발: 2개 공공기관의 사례. 서울: 한국직업능력개발원.

김인기, 이향정(2017). 성공취업진로. 경기: 양서원.

이동임, 김현수, 김덕기(2000). 직업능력인증제 운영방안. 서울: 한국직업능력개발원.

장주희, 주휘정, 장원섭(2015). 청년층 고용확대를 위한 직무역량 중심 채용시스템 연구. 서울: 한국직업능력개발원.

정미경, 문은식, 박선환, 우지영(2016). 진로탐색과 취업전략. 경기: 공동체.

국가직무능력표준 http://www.ncs.go.kr(2017. 10. 18. 인출)

# 제4부
# 대학생의 행복

제10장 인간관계와 의사소통

제11장 스트레스 대처

## 학습개요

고등학교를 다닐 때 우리는 한 교실에서 친구들과 밥을 먹었다. 그러나 대학교에 오면 계속 있을 수 있는 교실도 없고, 점심시간이 따로 없고, 급식도 없다. 이제부터 내가 누구와 언제 어디서 무엇을 먹을지 결정해야 한다. 이러한 결정은 점심의 문제에 국한되지 않는다. 대학생은 조별 과제를 할 때에도, 학과 모임이 있을 때에도, 미팅을 나갈 때에도, 공모전에 출품을 할 때에도 사람을 만나야 하고, 함께 의논하고 결정해야 할 일이 하루에도 몇 가지나 된다. 이렇게 인간관계가 활발하고 의미 있다고 해서 항상 좋은 것만은 아니다. 많은 대학생들이 인간관계에 대해 걱정하고, 다양한 갈등을 경험하고, 인간관계에서 오는 피로감을 호소한다. 열등감, 배신감 등 인간관계에서 느끼는 정서적 문제, 피상적인 인간관계, 고립감, 이성관계의 갈등, 실연으로 인한 심리적 고통, 부모의 간섭과 통제의 문제, 부모 간의 갈등과 불화 등 다양한 갈등을 경험한다. 그러나 위기는 곧 기회이다. 대학은 비교적 안전하게 인간관계를 배우고 익힐 수 있는 곳이며, 이러한 인간관계의 경험은 이후 자신의 삶에서 성장의 원동력이 될 것이다.

그러므로 대학생의 행복을 이해하기 위해 제4부에서는 대학이라는 사회 속에서 대학생의 삶을 구체적으로 검토한다. 제10장에서는 인간관계에 대해 알아보고 건강한 만남을 통해 서로 성장할 수 있는 방법을 찾아보았다. 특히, 서로 다른 가치와 성격을 가진 고유한 인간이 함께 살아하기 위해서는 의사소통이 필수적인데, 효과적인 의사소통의 기술을 학습함으로써 건강한 사회생활의 기초를 다지고자 한다.

제11장은 대학생활에서 경험하는 다양한 스트레스에 대해 살펴보았다. 인간에게 스트레스는 과연 해롭기만 한 것일까? 스트레스의 본질을 알아보고 스트레스 요인은 무엇인지, 스트레스에 대한 반응은 어떻게 나타날 수 있는지를 알아보았다. 사람들은 누구나 인생의 여러 시기에 다양한 스트레스를 경험한다. 특히 대학생은 어떤 종류의 스트레스를 받는지, 스트레스에 대처하는 적응적 대처방식과 부적응적 대처방식을 알아보고, 자신의 스트레스 대처방법을 검토하고 개발할 수 있도록 안내한다.

제10장

# 인간관계와 의사소통

**학습목표**

- 인간관계의 중요성을 이해하고 자신의 인간관계를 점검한다.
- 대학생의 가족관계, 친구관계, 이성관계의 역동을 파악한다.
- 서로 존중하면서 메시지를 잘 전달할 수 있는 의사소통의 기술을 익힌다.

이 장에서는 대학생의 행복한 생활을 위하여, 나아가 이후 자신의 건강한 심리적 발달을 위하여 대학생의 건강한 인간관계에 대해 생각해 본다. 먼저, 인간관계 발달에 대한 관점을 살펴보고, 인간관계 형성에 영향을 미치는 요인들을 검토해 본다. 또한, 대학생의 인간관계의 구체적 영역인 가족관계, 친구관계, 이성관계에 대해 알아본다. 그리고 이 많은 인간관계를 성공적으로 만들어 갈 의사소통의 유형과 의사소통 방법 등에 대해 탐색한다.

## 1. 인간관계의 이해

아리스토텔레스는 『니코마코스 윤리학』에서 “존재하는 모든 것은 그 목적을 지녔는데, 인간의 궁극적인 목적은 행복(eudaimonia)이다."라고 이야기하고 있다. 여기서 행복(eudaimonia)은 'eu(좋은)+daimon(영혼)'이라는 의미하는데, 이러한 행복은 '부모, 자식, 아내, 친구, 동료 시민들과의 결합 속에서 살아가는' 삶의 형식을 통해서 구현된다고 하였다. 즉, 인간관계 속에서 행복이 구현된다는 것이다.

그렇다면 '관계를 맺는다'는 것이 무엇일까? 생텍쥐페리의 『어린왕자』의 여우는 '길들이다'라는 표현을 한다. 이 단어는 인간이 서로에게 길들여져서 서로에게 특별한 관계가 되어 가는 과정을 표현하기에 참 적합하다. 필자가 좋아하는 노래가사가 있다. "나는 네 곁에 있을 때 나와 가장 가까운 내가 돼. 정직하게 날 살게 해줘서 고마워. 힘들고 복잡한 세상 나의 편이 되어줄 한사람. 나만은 널 아프게 하지 않을게."(〈사랑할 수 있을 때〉, 임정균 작사, 바비킴 작곡) 다시 읽어 보아도 참 멋진 인간관계라는 생각이 든다. 우리는 서로에게 길들여져 친밀해지고 싶지만, 나 자신이 사라져 버릴까 봐 두려워한다. 그러나 건강한 인간관계는 서로에게 편이 되어 줌과 동시에 온전히 고유한 나 자신이 되는 것을 서로에게 허용하는 것이다. 이처럼, 인간과 인간 사이의 원만한 조화나 화합을 통해 보다 나은 상태를 유지하기 위한 과정과 내용을 인간관계라고 정의할 수 있다(이영실, 임정문, 유영달, 2011).

대학생이 경험하는 스트레스에 관한 연구(박영신, 김의철, 김묘성, 2002)에 따르면 '인간관계'(28.6%)가 가장 높고, 그 다음으로 '학업'(26.3%)이 높았다. 여기서 인간관계 스트레스는 가족관계와 친구관계로 인한 스트레스를 의미한다. 인간관계 문제는 최근 우리 사회의 문제로 부각되고 있는 고독사, 무연고 사망자 문제를 보아도 먼 나라 이야기가 아님을 알 수 있다. 강기철과 손종윤(2017)은 우리나라에서 고독사가 매일 3.4명, 남자가 여자보다 3배 이상의 비율로, 특히 취약한 연령대는 50대 남성임을 밝혔다. 주목할 것은, 서울시복지재단의 실태조사에 따르면, 2013년 20대와 30대 고독사가 328건으로 집계되었다. 이러한 원인은 각자도생(各自圖生)이라는 사회적 분위기 속에서 청년들이 더 이상 다른 사람과 함께 물질적 · 시간적 · 심리적 에너지를 나눌 수 없음을 의미한다. 1인가구가 늘고 혼밥인구가 늘어나면서 우리는 청년 시절부터 인간관계를 포기하고 있다.

이러한 사회적 분위기와 실태조사를 보면서 낙담해야 할 것인가? 그렇지 않다.

청년들은 이러한 사회적 분위기에 맞서 다양한 자생적 모임을 만들고 있고, 다양한 방식으로 함께 어울리는 '소셜문화'를 만들어 가고 있다. 대표적인 예로 '소셜다이닝'이 있는데, 혼자 끼니를 해결하던 사람들이 건강한 식생활을 위해 모임을 갖고 음식을 먹으면서 다양한 문화를 공유하는 것이다. 어떤 식으로든 만남은 이루어지고 인간관계는 지속되고 있다.

## 1) 인간관계의 형성과 발달에 관한 모형

우리는 살아가면서 다양한 사람들을 만나게 되는데, 어떻게 시작하게 되었을까? 어떤 만남은 피상적인 관계로 끝이 나지만 어떤 관계는 친밀한 관계로 발달하게 된다. 시간이 지나면서 관계가 생기기도 하지만, 관계가 소원해졌다가 또 어떤 계기로 친밀해졌다가를 반복하게 되고 관계가 종료되기도 한다. 이처럼 모든 관계는 계속적으로 변화한다. 변화하는 인간관계를 이해하기 위해 인간관계가 어떻게 형성·유지·발달하는지에 대한 관계 역동에 대한 모형이 있다.

### (1) 발달적 관점

인간관계에 대해 가장 잘 알려진 모형은 Knapp이 개발한 모형인데, 관계의 시작과 끝을 10단계로 나누고, 크게 '가까워지기, 멀어지기'의 시기로 구분하고 있다. [그림 10-1]에 제시한 관계발달 단계 모형을 바탕으로 오래된 친구, 연인, 그 밖에 지속하고 있는 관계들에 생각해 보자.

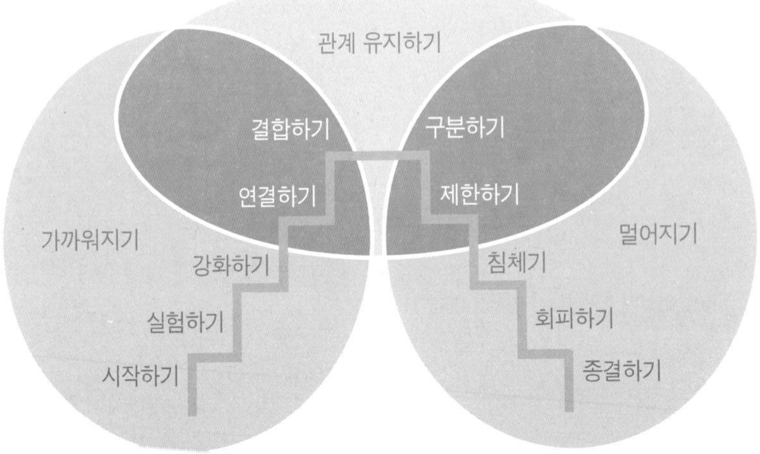


[그림 10-1] 관계발달의 단계

출처: Adler & Proctor (2014).

① **시작하기**

관계의 첫 시작에는 대개 간단하고 관습에 따라 의사소통이 이루어진다. 악수를 하거나 그날의 뉴스와 날씨 같은 무난한 주제에 대해 이야기하면서 상대방에게 호감이 있고 내가 괜찮은 사람인 것을 드러낸다. 여우는 어린 왕자에게 사람들이 모든 것을 돈을 주고 사지만, 친구는 돈을 주고 살 수가 없기 때문에 노력이 필요하다고 한다. 그리고 말없이 오랜 시간을 들여 친구가 가까이 다가올 때까지 자신의 옆을 내어줄 것을 말한다. 친구가 되고 싶은 사람을 발견하면 '내가 친구가 되고 싶다'고 나의 생각과 느낌을 정확하게 전달해야 한다. 그리고 친구가 마음을 열고 나와의 관계를 시작하기까지 여유를 줄 필요가 있다.

② **실험하기**

관계를 시작한 뒤 그 사람과의 관계를 더 발전시킬지 결정하기 위해 서로에 대한 정보를 얻음으로써 상대방을 알아가는 과정이다. 가벼운 대화로 공통점을 찾거나 관계를 이어갈 수 있는 단서들을 만나게 된다.

③ **강화하기**

진정한 관계는 강화하기 단계에서 발달하기 시작하는데, 상대방에 대한 감정표현이 많아지고 도움 구하기, 부탁 들어주기, 장난하기, 상대방의 친구들과 친해지기, 취미 공유하기, 함께 여행가기 등 다양한 활동을 하게 된다. 사람들이 사랑에 빠지기 전에 호감을 느끼고 둘 사이의 관계를 성장시키는 단계일 것이다.

④ **연결하기**

관계가 안정되면서 두 사람이 '우리'라는 정체감을 갖게 된다. 나 개인의 정체성을 뒤로하고 우리 관계가 우선되는 시기로 서로에게 몰입해 있고, 다른 사람들도 이들을 함께 묶어서 생각하기 시작한다. 말투도 비슷해지고 좋아하는 것도 비슷해지고 공유하는 것도 많아지게 된다.

⑤ **결합하기**

서로가 사귀고 있음을 공식적으로 표현하는 단계로 동거, 약혼, 결혼과 같은 공식적인 입증이 이루어지게 되는데, 연인이라면 하나로 합쳐지는 두 사람 관계의 목표처럼 보이는 종착역이다. 그러나 결합하기는 새로운 단계로 나아가는 전환점이 될 수 있고, 새로운 상황에서 새롭게 관계에 몰두하는 과제가 주어진다.

⑥ **구분하기**

관계에서 피할 수 없는 스트레스가 생길 때 구분하기가 나타난다. 자신의 독립성에 대한 의문과 고유한 정체성에 대한 탐구가 일어나면서 관계에 관한 변화를 시도한다. 관계를 유지하는 동안 나타나는 정상적인 과정으로 관계에 몰입하면서 동시에 개인적인 고유함을 찾는 것이 이 시기의 과제이다.

⑦ **제한하기**

서로 의견이 다를 때 함께 논의하지 않고 혼자 주춤하게 되어 뒤로 물러나는 시기이다. 서로의 의사소통이 양적 · 질적으로 감소하고 서로에 대한 관심과 몰입이 줄어든다. 자율성과 연결성의 균형을 조절하는 중이라고 볼 수 있는데, 연결된 영역이 줄어들수록 구분이 분명해지고 관계에 문제가 생길 수 있다.

**⑧ 침체기**

제한하기가 계속되면 상대방에 대한 별다른 감정 없이 익숙한 방식으로 대하고 관계가 텅 빈 느낌이 든다. 애정 없이 일상적인 삶의 연속, 같은 방식의 대화, 더 이상 함께 있어도 흥분된 마음이 사라지는 시기이다. 부부관계라면 권태기에 해당될 수도 있고, 관계에 새로운 변화가 필요하다는 신호일 수 있다.

**⑨ 회피하기**

침체기가 오래되어 물리적으로도 함께 하지 않는 시기이다. 침체기에 도달했을 때 그들의 문제에 직접적으로 직면하고 해결하기 위해 노력한다면 다시 관계를 유지할 수 있겠지만, 문제를 회피하고 서로에게 관여하지 않으려고 하면 다음 단계인 종결로 나아가게 된다.

**⑩ 종결하기**

세상 모든 일에 시작이 있고 끝이 있다. 관계도 그러하다. 어떤 관계는 단호한 선언으로, 어떤 관계는 달랑 서류 한 장으로, 어떤 관계는 이러한 형식도 없이 이루어진다. 관계의 종결이 항상 관계의 모든 순서를 밟고 일어나지 않을 수 있지만, 관계의 종결에는 많은 정서가 개입되어 있다. 어차피 겪어야 할 종결이라면 다른 단계들처럼 좋은 종결을 위해 노력할 필요가 있다.

지금 여러분은 친밀한 사람과 어떤 단계에 와 있는가? Knapp는 일반적으로 관계가 발전하거나 쇠퇴하는 것을 순차적으로 설명하고 있지만, 실제 관계들은 동시에 여러 단계의 특징을 보이기도 하고 혼재할 가능성이 있다. 이처럼 '가까워지기'와 '멀어지기'가 동시에 나타나는 경우는 다음의 변증법적 관점으로 설명할 수 있다.

### (2) 변증법적 관점

새로운 관계든 오래된 관계든 모든 관계에서 사람은 본질적으로 양립 불가능한 목표들을 달성하려고 한다. 따라서 반대되는 욕구가 동시에 존재하기 때문에 변증법적 긴장이 발생하고 관계 속에서 갈등이 일어난다. 이 중 핵심적인 세 가지 변증법적 긴장을 알아보자(정태연, 2015).

#### ① 연결성 대 자율성

친구들과 함께 밥을 먹기 위해 서로 시간과 장소를 조율할 것인가? 아니면 혼자 원하는 시간에 좋아하는 것으로 먹을 것인가? 이처럼 의존과 독립의 욕구는 우리를 양극단에서 잡아당긴다. 인간관계는 끊임없는 줄다리와 같다. 너무 멀어져도 안 되고 너무 가까이 있어도 안 된다. 사랑받고 사랑하고 싶지만 구속당하고 싶지 않다. 여러분은 자신의 연결성 대 자율성 긴장을 어떻게 해결하는가? 예를 들어 보자. 나는 시험 기간이 끝나서 함께 있고 싶어서 연락을 자주하지만, 갓 취직한 남자친구는 연락이 잘되지 않는다. 나는 연결성의 욕구를 충족하려 하고 남자친구는 독립의 욕구를 충족하려하니 둘 사이에 팽팽한 긴장감이 돌 수밖에 없다. 그럴 때 조정과 합의를 통해 규칙을 만들고 긴장감을 줄여야 한다.

#### ② 개방 대 사생활

친하다면 서로의 사생활을 얼마나 공개해야 할까? 아마도 많은 친구들이 친해지면 가족 이야기도 하고, 과거의 어려움, 현재의 불안함, 미래에 대한 걱정 등 많은 부분을 공유하게 될 것이다. 그러나 대부분 친밀한 관계에서도 서로의 프라이버시를 지켜 줘야 한다고 생각한다. 적정한 수준이 어디일까? 이정하 시인의 〈고슴도치 사랑〉이 떠오른다. 어느 추운 겨울날 고슴도치 부부는 서로를 껴안으려고 하니 가시가 서로를 찌르고 너무 떨어지면 온기가 느껴지지 않으니 적당한 거리를 찾아 서로 온기를 나누었다고 한다. 칼릴 지브란의 〈사랑을 지켜 가는 아름다운 간격〉에서 "함께 있되 거리를 두라. 그래서 바람이 너희 사이에서 춤추게 하라. … 사원의 기둥들도 서로 떨어져 있고, 참나무와 삼나무는 서로의 그늘 속에선 자랄 수 없다."

라고 하였다. 사랑과 함께 마음에 새겨 둘 말이다.

③ 예측 가능성 대 참신성

서로에 대해서 많이 알수록 상대방에 대해 예측할 수가 있다. 비 오는 날은 어떤 커피를 마시는지, 아침에 일어나서 하는 사소한 습관, 스트레스에 대처하는 방법 등 우리는 그 사람의 일상을 예측할 수 있고, 그만큼 관계가 안정된다. 그러나 지나친 안정감은 지루함으로 발전할 수 있고 참신성이 떨어진다. 사람마다 안정과 참신성의 중요도가 다를 것이다. 그러므로 상대방과 함께 우리가 원하는 정도와 방식에 대해서 의논하고 서로를 맞춰 가야 한다.

## 2) 인간관계 형성에 영향을 미치는 요인

대학생이 되어 이제 친밀한 관계를 만들어 가는 것이 인생의 중요한 과업임을 인식하였다면, 다른 사람과 더 친밀한 관계가 되기 위해서 사회심리학자들이 연구한 결과들을 검토해 보자. '사람들은 어떤 사람에게 더 끌리는가? 내가 왜 자꾸 저 사람에게 관심이 생길까?' 혹은 수업시간, 동아리 모임에서 관심 있는 사람이 있다면 '그 사람과 친밀한 관계가 되려면 어떤 방법이 있을까?' 이러한 질문에 답이 될 수 있는 요인들을 검토해 보자.

### (1) 반복 접촉

누군가와 친해진다는 것은 서로에 대해 알 수 있는 기회가 많았다는 것이다. 즉, 직접 대면하든지 인터넷으로 접촉했든지 자주 만났다는 것이다. 단순히 혹은 의미 있게 자주 접촉하는 것은 친밀한 관계로 발전할 수 있는 전제가 된다. 논란의 여지가 있지만 'Out of sight, out of mind.'라는 속담이 맞을 때가 있다. 남자친구가 입대한 후 연인들이 헤어질 것을 염려하는 것은 어쩌면 당연할 것이다. 어떤 사람과 도서관에서 부딪히고, 카페에서 옆 테이블에 앉았고, 조별 과제에서 한 팀이 되고, 같은 버스를 타고 등교한다면, 우리는 그렇지 않은 사람보다 그 사람을 친밀하게 느낄 것이다. 물론 첫인상이 좋다면 금상첨화일 것이다.

### (2) 유사성

사람들은 인생태도나 가치관, 의식구조뿐 아니라 정치적 성향, 좋아하는 스포츠팀, 좋아하는 노래 등 비슷한 점이 많은 사람들과 더 친하다. '유유상종'이라는 말이 있다. 우리는 흔히 친구, 배우자를 선택할 때 나와 비슷한 배경을 가진 사람들을 선택하는 경향이 있다(강문희, 이광자, 박경, 1999). 서로 비슷한 사람들은 상대방을 이해하기 쉽고, 만남에 대한 심리적 부담감이 감소하고 타인에 대해 긍정적 기대를 가지게 되고, 공통적인 활동이 많아 접촉이 많아지며, 서로의 생각과 태도에 대해 공감이 일어날 확률이 높기 때문에 더 서로에게 끌릴 가능성이 많다. 내 친구가 같은 노래를 듣고, 같은 커피 향을 좋아하고, 같은 야구팀을 응원한다면, 우리는 서로 좋아하게 될 것이다.

### (3) 근접성

물리적으로 근접한 위치에 있으면 반복 접촉의 가능성이 높다. '이웃사촌'이라는 개념이 딱 맞는 개념이다. 가까이 사는 사람은 큰 노력 없이 쉽게 접촉할 수 있고, 유사한 경우가 많아 공감대가 넓을 것이다. Bossard(1932: 한덕웅 외, 2005에서 재인용)는 거리가 멀면 멀수록 결혼 성공률이 낮아진다는 점도 발견했다. 이러한 결과를 두고 Bossard는 "큐피트는 화살을 갖고 있지만 멀리 날아가지는 못한다."는 유명한 말을 남겼다. 내가 좋아하는 친구들이 모두 외국에 있어 볼 수 없다고 생각하면 그야말로 힘 빠지는 일이 아닐 수 없다.

### (4) 좋은 특성

이성을 만나면 흔히들 이상형을 묻곤 한다. 어떤 친구들은 말이 통한다거나, 가치관이 비슷하다는 등 상호작용적 특성을 이야기하는데, 이러한 것들은 많은 상호작용 후에 알 수 있는 것들이다. 대체로는 '키가 크다.' '유머가 있다.' '영어회화가 능통하다.' 등 다양한 상대방의 개인적 특성을 이야기한다. 상대방에 대한 호감에 영향을 주는 개인적인 특성은 신체적 매력, 성격, 능력 등으로 대표될 수 있다.

**① 신체적 매력**

사람들을 처음 만날 때 가장 정보를 많이 주는 것이 시각적 정보이다. 그러므로 신체적 매력은 특히 이성 간의 매력에 큰 영향을 미친다. 외모의 경우, 많은 사람들은 대부분의 아름다운 여성이나 잘생긴 남성이 인간성도 좋다고 믿는다(이철우, 2008). 잘난 사람과 있을 때 사람들은 자신이 더 좋은 평가를 받는다고 생각하기 때문이다. 그렇다면 모두 성형수술을 고려해야 하는가?

**② 성격**

다행히도, 37개국 사람들을 대상으로 한 비교문화적 연구의 결과는 친절함과 이해심과 같은 성격적 특성들이 신체적 매력보다 더 중요함을 보여 준다(이민규, 2004). 신체적 매력은 만남의 초기에 중요한 요인이 될지 모르지만, 장기적으로 유지되어야 하는 관계에서는 성실성, 친절함, 의사소통 능력과 같은 성격적 요인이 더 중요할 것이다. 미국 대학생은 정서적으로 안정되고, 편안하고 친절하고, 재미있고, 유머감각이 좋은 상대에게 높은 점수를 주었다(이철우, 2008에서 재인용). 성격을 생각하면, 자기와 비슷한 성격을 가진 사람을 좋아하는 유사설이나 자기와 성격이 다른 사람에게 더 호감을 느끼는 상보설을 떠올릴 수 있는데, 대체로 성실하고 정직하고 명랑한 사람에게 호감을 가진다는 것을 알 수 있다.

**③ 능력**

성격과 구분되는 또 다른 개인적 특성으로 능력이 있다. 대부분의 사람들은 일반적으로 유능한 사람을 좋아하기 마련이다. 조별 과제에서 PPT 작성을 잘하는 사람, 자료를 잘 정리하는 사람, 발표를 잘하는 사람 등 유능한 사람에게 끌리는 것은 당연하다. 흥미로운 점은, 유능한 사람이 약간의 실수를 했을 때 그 사람을 더 인간적으로 보이게 만들어 호감이 높아진다는 것이다.

### (5) 상호적 매력

사람은 보통 자신을 좋아해 주는 사람을 좋아한다. 상호적 매력은 특히 관계의 초기에 매우 큰 위력을 발휘한다. 누군가에게 인정받는 것은 긍정적인 경험이므로 상대방을 좋아할 가능성이 높다. 물론 그 사람이 여러분에게서 뭔가를 얻어내기 위해 여러분을 좋아하는 척했다면 다시는 그 사람이 보고 싶지 않을 것이다. 누군가를 진심으로 대한다면, 우리는 자신을 좋아해 주는 사람과 친밀해진다.

## 3) 인간관계의 발달기제

수없이 많은 사람들 중에 누군가를 만나 인간관계를 형성한다. '인간관계를 형성한 다음 인간관계를 발전해 가는 데 중요한 요인은 무엇인가?' 자기 공개와 타인과 피드백을 주고받는 정도에 따라 인간관계의 발달이 이루어진다. '나의 인간관계는 어떠한가? 나는 다른 사람과 함께 있을 때 나의 모습을 잘 드러내는가? 다른 사람은 내 생각이나 감정을 잘 아는가?' 인간관계를 심화시키는 중요한 요인으로 자기 공개(self-disclosure)를 들 수 있다. 타인에게 이해받기 위해서 우리는 자신의 생각이나 감정을 노출해야만 한다. 아는 만큼 사랑하게 된다는 통설을 볼 때 타인에게 나를 노출하는 것이 관계의 기본이 될 것이다.

그리고 내가 공개한 것들에 대해 타인이 진실한 피드백을 해 주는 경우, 우리는 자신에 대한 이해가 깊어지고 자기 정체성을 찾아가는 데 도움이 된다. 타인의 반응으로 나의 모습을 비춰 보면, 오히려 자신에 대한 통찰이 깊어질 수 있다. 자기 공개와 피드백의 측면에서 인간관계를 진단해 볼 수 있는 방법으로 '조하리의 창(Johari's window of mind)'이 있다(권석만, 1997).

우선 다음의 물음에 대해서 답하면서 자신의 인간관계를 살펴보도록 하자. 첫째, '나는 다른 사람에게 나에 대한 이야기를 잘하는가? 나를 잘 드러내 보이는가? 나의 속마음을 잘 내보이는가?' 이는 신뢰, 노출과 관련된 말하기 영역이라고 볼 수 있다. 둘째, '다른 사람이 나에 대해 어떤 생각을 가지고 있는지 알려고 노력하는가? 나는 다른 사람이 나에 관해서 하는 말에 귀를 기울이는가? 다른 사람이 어떻게 나를 평가하는지 잘 알고 있는가?' 이는 존중과 수용에 해당되는 듣기 영역이라고 볼 수 있다. 두 물음에 대해서 자신의 점수를 부여하고 이를 각각 자기공개의 정도와 피드백을 얻는 정도에 위치하여 상하로 선을 그으면 사각형은 4개의 영역으로 분할되고, 이것이 나의 '마음의 창'이 된다.

조하리의 창은 [그림 10-2]와 같이 4개의 영역으로 구분되고, 어느 영역이 가장 넓은가에 따라 네 가지 유형으로 구분된다. 4개의 영역은 공개적 영역, 맹목의 영역, 숨겨진 영역, 미지의 영역으로 나누어진다. 첫째, 공개적 영역은 나도 알고 있고 타인도 알고 있는 나에 관한 부분이다. 친한 친구들은 나의 키가 얼마이고, 이번 학기 학점이 얼마인지 알고 있다. 둘째, 맹목의 영역은 나는 모르지만 다른 사람은 알고 있는 부분이다. 타인들에게서 더 잘 관찰되는 말버릇이나 독특한 습관인데, 친구가 이야기해 주지 않으면 자각하기 어려운 부분이다. 셋째, 숨겨진 영역은 나는 알고 있지만 다른 사람에게 알려지지 않은 정보를 의미한다. 굳이 이야기하지 않으면 알 수 없는 과거사와 나의 약점 등이 될 수 있다. 넷째, 미지의 영역은 나도 모르고 타인도 알지 못하는 나의 부분이다. 무의식에 해당되는 부분이기도 하고,

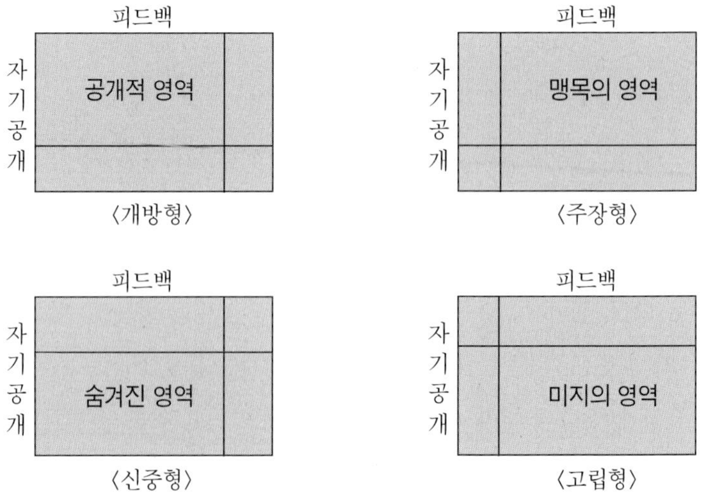


**[그림 10-2] 조하리의 창을 통한 인간관계 유형**

출처: 권석만(1997).

지속적인 관찰이 아니면 대체로 의식되기 힘든 부분이다. 개인이 타인과의 관계에서 드러내는 자기공개와 피드백의 정도에 따라 마음의 창의 크기가 달라지는데 어떤 영역이 가장 넓은가에 따라 [그림 10-2]와 같이 개방형, 주장형, 신중형, 고립형으로 나눌 수 있다.

### (1) 개방형

공개적 영역이 가장 넓은 사람이다. 이들은 대체로 인간관계가 원만한 사람들이다. 이들은 적절하게 자기표현을 할 수 있으며 다른 사람의 말도 잘 경청하여 다른 사람에게 호감을 줄 수 있다. 따라서 개방형의 사람들은 효과적인 의사소통을 하며 생산적인 인간관계를 맺는다. 최근 자기 공개와 피드백이 SNS 상에서 빈번하게 하는 경향이 있는데, 인터넷 상이든 오프라인 만남이든 내가 개방한 나의 정보와 댓글에 대해서 책임을 질 수 있어야 한다.

### (2) 주장형

맹목의 영역이 넓은 사람이다. 이들은 자신의 기분이나 의견을 표현하는 데 어려움이 없다. 다만 자신에게 집중되어 있어 타인의 반응에 무관심하며, 때로는 독단적 · 독선적인 모습으로 비춰질 수 있다. 주장형의 사람들은 자신의 생각이나 의견을 주장하기 전에 타인의 말을 경청하는 노력이 필요하다.

### (3) 신중형

숨겨진 영역이 넓은 사람이다. 이들은 다른 사람에 대해 수용적이며 속이 깊고 신중하다. 다른 사람의 이야기를 잘 경청하지만 자신의 이야기를 하지 않아 속을 모르는 사람이라는 평가를 받고, 대체로 사회 적응적이지만 내면적으로 고독감을 느끼기 쉽다. 신중형의 사람들은 자기개방을 통해 좀 더 넓고 깊은 교류가 필요하다.

### (4) 고립형

미지의 영역이 많은 사람이다. 이들은 인간관계에 소극적이어서 혼자 있는 것을 좋아하고 타인과 접촉하는 것을 불편해하거나 무관심하다. 고립형의 사람들은 고집이 세고 주관이 지나치게 강하거나 심리적 고민이 많을 수 있으므로 좀 더 적극적이고 긍정적인 태도로 타인과의 교류를 늘려 가는 것이 필요하다.

## 2. 대학생의 인간관계

혼자가 편한 20대가 늘어나고 있다. 관계에서 권태기를 느끼는 20대를 일컬어 '관태기'라고 한다. 1인 가구가 증가하고, 혼밥 · 혼술처럼 혼자 즐기는 문화가 대두되면서 혼자 생활하는 데 익숙해지는 젊은 층이 많아졌다. 중앙일보 조사연구팀에서 20대 성인남녀 1,000명을 대상으로 '인맥 관리의 피로감'에 대해 설문한 결과, 10명 중 7명이 인맥관리는 피곤한 것으로 응답하였으며, 피로감을 매우 많이 느끼는 응답자도 15.1%에 달했다(http://hikostat.tistory.kr/3087). 이러한 피로감 때문인지 여가활동을 혼자 하는 비율이 계속 늘어나고 있으며, 이들에게서는 새로운 인간관계에 소극적인 측면을 볼 수 있다. 10명 중 8명(79.9%)이 혼자만의 시간 동안 편안함 · 자유로움 · 안정감 · 즐거움 등 긍정적인 감정을 느낀다고 응답했다. 왜 이들은 일명 관태기를 겪을까? 취업난과 학업 부담, 아르바이트 등으로 삶의 여유가 없는 것이 하나의 원인이고, SNS가 급속이 늘어나면서 면대면의 관계가 줄어든 것이 또 다른 원인이 될 것이다.

이러한 현상을 어떻게 바라보아야 할까? 『인구절벽에 관한 책』에서 한국의 소비지출이 2010~2018년에 정점을 찍고, 소비가 가장 왕성한 이 연령대가 줄어드는 2018년부터 우리 경제에 인구절벽이 영향을 미치게 될 것이라고 경고한다(최주언 역, 2017). 이러한 시점에서 20대가 '관태기'를 겪는다는 것은 사회적 위협이라 볼 수 있다. 물론 사회적 상황과 제도적 개선 없이 이들에게 책임을 물을 수 없다. 그러나, 주목할 점은 이러한 현상의 가장 큰 피해자가 바로 여러분인 20대 청년이 될 것이라는 점이다.

한편, 대학생의 중요한 인생 과제 중의 하나가 친밀감 획득이다. 인간의 심리 사회적 발달이론으로 유명한 에릭슨은 인간의 전 생애 발달을 주장하면서 인간의 발달을 8단계로 나누고 각 단계별로 극복해야 할 심리사회적 위기와 발달과업을 제시하였다. 에릭슨의 발달단계에서 대학생은 성인 초기(Young Adulthood: 19~40세)에 해당된다. 이 시기의 개인은 부모로부터 독립하여 배우자를 찾고, 직업을 선택하여 책임감 있는 성숙한 성인으로서 기능하게 되는데, 이 시기의 발달과업은 친밀감이다. 즉, 타인과의 관계에서 친밀감을 형성하여 동성과 이성 간의 인간관계, 소속감, 공동체 의식 등을 만들어 가게 된다. 이 시기의 과도하거나 형식적인 인간관계는 심리적 고립감을 가져오고, 개인의 심리적 발달에도 영향을 미친다. 지금 당장 피곤하고 어렵다고 인간관계에 관심을 갖지 않고 고립된다면 이후의 삶에서 인간관계를 통해 접할 수 있는 다양한 행복의 영역에 진입하지 못할 수 있다. 형제자매가 적어서 자연적 인간관계가 줄어들고, 경쟁사회에서 친구를 만드는 것이 불가능해 보이겠지만, 대학생 시기가 인간관계를 만들고 관계를 통해 성장할 수 있는 최적의 시기임을 기억하자. 대학생 시기에 만나게 되는 친구, 연인, 가족을 비롯한 사회적 관계에 대해 검토해 보자.

시작하기 전에 〈활동 10-1〉에 제시한 자신의 현재 인간관계에 대한 다이어그램을 그려 보자. 현재의 인간관계에 대해 만족하는가? 지금의 인간관계에서 새로운 목표를 갖는다면 어떤 노력을 할 수 있을까?

### 1) 가족 관계

나의 인간관계 다이어그램에서 대부분 부모님을 먼저 그렸을 것이다. 부모님이 나를 낳아주셨을 때부터 부모-자녀 관계는 지속되었지만, 대학생이 되면 부모-자녀 관계가 새로운 국면에 도달한다. 부부는 선택에 의해 가정을 꾸리게 되지만, 부모-자녀의 관계는 원하든 원하지 않든 주어진 일차적 관계이다. 부모는 자녀가 세상에서 처음 만나는 사람이자 사회적 환경으로, 자녀의 성격, 가치관, 태도, 행동에 이르기까지 중요한 영향을 미친다. 형제·자매 관계 또한 한 개인에게 매우 중요한 가족관계라고 할 수 있다. 이렇듯 가족은 자손을 낳아 기르고, 인간의 생존을 위한 의식주의 제공과 함께 기본적인 욕구를 충족하는 곳이고, 나아가 인간의 기본적인 성격이 형성되는 가장 강력한 정서적 지원을 한다.

(1) 애착과 대인관계 특성

부모와 자식관계를 가장 잘 표현하는 개념은 애착이다. 애착(attachment)이란 한 인간이 가까운 사람들과 맺고 있는 강하고 지속적인 정서적 유대로, 영아-양육자 상호작용과 사회적 발달 사이의 관련성을 이해하기 위해 제시한 개념이다(Bowlby, 1973). Bowlby(1973)는 애착관계의 특성을 내적 작동모델(internal working model)이라 부르며, 인간의 발달을 설명하는 핵심 개념으로 제시하였다. 아동기에 형성된 애작체계는 성인기의 사회적 관계에 중요한 영향을 미치면서 지속되는데, 우정·혈연관계·이성관계·치료적 관계처럼 안전감과 안정감을 유발하는 밀접하고 친밀한 관계에 의해 활성화된다(장휘숙, 2003에서 재인용).

내적 작동모델의 특성은 다음의 두 가지 질문에 대한 대답을 반영한다. 첫째, 나는 가치있고 사랑받을 만한 사람인가? 둘째, 다른 사람들은 믿을 만한가? Bowlby(1979)에 따르면 만약 주 양육자가 아동의 편안함, 안전, 독립적인 탐색에의 욕구를 일관성 있게 파악하여 적절히 반응한다면, 그 아동은 자신과 타인에 대해 긍정적인 모델을 형성하게 된다. 반대로, 양육자가 아동이 보호받고 편안하고자 하는 욕구를 무시하고, 아동이 환경을 독립적으로 탐색하고자 하는 욕구를 거부한다면, 그 아동은 자신이 무능하고 가치 없다는 작동모델과 타인에 대해서도 신뢰할 수 없고 부정적인 작동모델을 갖게 될 것이다. 〈표 10-1〉은 애착유형을 알아볼 수 있는 질문들을 제시하고 있다.

Batholomew와 Horowitz(1991)는 이를 바탕으로 성인의 애착유형을 구분하였다. 자아-모델과 타인-모델의 두 차원이 정적 혹은 부적으로 이분될 수 있는 특징을 사용하여, 자기긍정-타인긍정의 안정형(secure type), 자기부정-타인긍정의 집착형(preoccupied type), 자기긍정-타인부정의 거부형(dismissing-avoidant type), 자기부정-타인부정의 두려움형(fealful-avoidant type) 등의 네 가지로 구분하였다. 각각의 애착유형별로 대인관계의 특징을 살펴보면 다음과 같다.

〈표 10-1〉 애착유형 질문

| | |
|---|---|
| A | • 내가 사귀는 사람들과 정서적으로 가까워지는 것은 비교적 쉬운 일이다.<br>• 내가 그들에게 의존하고 그들이 나에게 의존할 때 나는 편안함을 느낀다.<br>• 나는 혼자가 되거나 혹은 그들이 나를 받아들이지 않을 것을 걱정하지 않는다. |
| B | • 나는 사귀는 사람들과 정서적으로 완전히 친밀해지기를 원한다.<br>• 그러나 나는 자주 내가 가까워지고 싶은 만큼 그들이 나와 가까워지는 것을 원치 않는다는 것을 발견한다.<br>• 나는 그들과 가까운 관계를 형성하지 못하면 불편하고, 때때로 내가 그들을 가치있게 여기는 만큼 그들이 나를 가치있게 여기지 않을까 봐 걱정한다. |
| C | • 나는 사귀는 사람들과 가까운 정서적 관계를 형성하지 않아야만 편안한다.<br>• 내 자신이 독립적이고 자립적이라고 느끼는 것은 나에게 대단히 중요한 일이다.<br>• 내가 사귀는 사람들에게 의존하거나 그들이 나에게 의존하는 것을 나는 좋아하지 않는다. |
| D | • 나는 사귀는 사람들과 가까워지면 다소 불편해진다.<br>• 정서적으로 그들과 가까운 관계를 원하지만, 내가 그들을 완전히 믿거나 혹은 그들에게 의존하는 것은 어렵다.<br>• 때때로 나는 사귀는 사람들과 지나치게 가까워지게 되면 상처받을까 봐 걱정된다. |

① **안정형**(A)

이들은 따뜻하고 반응적인 부모의 양육에서 기인하며, 높은 자아존중감과 친밀한 관계에 편안함을 느끼는 경향이 있다. 자취를 하거나 기숙사에 있어 부모와 떨어져 있어도 혼자라는 생각이 들지 않고, 자주 연락하며 심리적 유대감이 높다. 친구관계도 친한 친구, 알고 지내는 친구, 낯선 친구의 구분이 안정적이어서 관계에서 느끼는 혼란이 적고, 관계 때문에 일을 실패하는 경우가 적다.

② **집착형**(B)

이들은 비일관적이고 민감하지 못한 부모의 양육을 경험한 개인들이 보이는 유형이다. 자신이 사랑받을 가치가 없다고 느끼기 때문에 타인에게 끊임없이 인정을 받고 싶어하며, 과도하게 의존적인 성향을 보이는 특징이 있다. 단짝친구를 늘 갈구하고, 그 친구가 자신을 어떻게 대하는지에 따라 자신의 기분이 영향을 받는다.

연인관계에서도 상대방에게 과도하게 몰입하여 연애를 시작하는 시점과 끝나는 시점, 어쩌면 연애 기간 내내 연애가 우선이므로 공부, 동성 친구관계 등 모든 것에서 멀어진다.

③ **거부형**(C)

타인에 대한 부정적인 상을 가진 거부형과 두려움형은 부모가 거부적이고, 심리적으로 아동과의 거리가 먼 상태로 양육한 데서 기인한다. 거부형은 긍정적인 자아상을 유지하고 있어 친밀한 관계를 회피하는 경향이 있고, 독립성과 자율성에 더 큰 가치를 두고 있기 때문에 보다 성취 지향적인 특성을 보인다. 대학에서 흔히 보이는 나홀로족에 해당할 수 있으며, 이들은 자신은 문제가 없다고 생각하고, 주로 상대방이 관계에서의 어려움을 제기하면 그것 때문에 피곤해하고 또 사람들과 멀어지는 것을 반복한다.

④ **두려움형**(D)

이들은 사람들과의 접촉과 친밀감을 원하지만, 타인에 대한 깊은 불신과 자신이 타인으로부터 거부당할 것에 대한 두려움으로 인해 대인관계를 회피한다. 따라서 자신이 사랑받을 가치가 없다고 느끼며, 상대방과의 관계에서 자신을 돌보지 않으며, 타인이 지지적이지 않다고 생각한다. 늘 인간관계에 기웃거리지만, 인간관계에서 기쁨을 누리기보다 언제나 불안하고 초조하다. 이런 친구들과 함께 있으면 같이 있는 사람도 불편함을 느끼기 쉽다. 친해졌다고 생각하면 나와 거리를 두고, 바빠서 연락을 좀 못하게 되면 의리가 없다는 등 친구 간의 적당한 거리를 찾기가 힘들다. 〈표 10-2〉는 애착유형별 부모의 양육태도와 대인관계 특성을 보여 준다.

〈표 10-2〉 애착유형별 부모의 양육태도 및 대인관계 특성

| 애착유형 | 부모의 양육태도 | 대인관계 특성 |
|---|---|---|
| A<br>안정형 | 따뜻하고 반응적 태도 | • 높은 자아존중감을 바탕<br>• 친밀한 대인관계를 편안해 함<br>• 스트레스 상황에서 타인에게 도움을 구함<br>• 불안 · 우울이 낮고, 정서적으로 안정 |
| B<br>집착형 | 민감성 부족하고 비일관적 태도 | • 자신이 사랑받을 가치가 없다고 느낌<br>• 타인에게 끊임없이 인정받고 싶어 하며 과도하게 의존<br>• 자신의 높은 불안을 강조하여 타인의 관심과 애정을 구함 |
| C<br>거부형 | 심리적으로 아동과 거리를 두는 거부적 태도 | • 타인과의 관계 맺기를 귀찮아함<br>• 서로 간의 독립심과 자립심을 강조<br>• 자기 확신을 위협받지 않으려고 자신의 약점을 부정하고 장점을 과대 지각함<br>• 타인에 대한 거부와 비난하는 태도 |
| D<br>두려움형 | 비일관적이고 자녀의 자율성과 독립성을 허용하지 않는 태도 | • 사람들과의 친밀한 대인관계를 원하지만, 타인에 대한 깊은 불신과 거부당할 것에 대한 두려움으로 관계를 회피<br>• 자신이 사랑받을 가치가 없다고 생각하고 타인도 나에게 지지적이지 않다고 생각함<br>• 부적절하고 쉽게 분노하고 우울과 불안이 높음 |

### (2) 부모의 양육태도

자녀의 인생태도와 인간관계에 미치는 부모의 영향을 종합적으로 말하면 '양육태도'라고 할 수 있다. 흔히들 '자녀의 잘못된 행동 뒤에 문제 부모가 있다.'고 부모 책임을 거론한다. 대학생인 우리가 부모의 양육태도를 검토하는 것은 지금의 내 상황에 대한 부모 탓을 하기 위해서가 아니다. 부모도 태어날 때부터 부모로 태어난 것이 아니다. 우리가 지금 부모에게서 받은 영향력을 이해하고, 어릴 때는 선택의 여지없이 영향을 받았다면, 이제는 부모의 영향을 선택할 수 있음을 자각하고, 점차 부모로부터 심리적으로 독립하는 인생의 과제를 달성하기 위해서 양육태도에 대해 알아야 한다. 또한 곧 내가 부모가 되었을 때를 준비한다면 나의 건강한 가정생활을 이루는 데 밑거름이 될 것이다.

Olson & Olson(2000)은 부모의 양육태도를 가족체계의 틀에 맞추어 설명하고, '관여하지 않는 유형'을 추가하여 다섯 가지 유형으로 설명하고 있다(김진숙, 김지은, 연미희, 이인수, 2014).

**① 민주적인 양육태도**

민주적인 부모는 균형있는 가족체계를 가지고 있어 가족 간의 적절한 결속력과 적절한 융통성을 가지고 서로에게 적응하는 특성을 가지고 있다. 부모는 분명한 규칙과 기대를 설정하지만 자녀들과 함께 의논하는 소통방식을 가지고 있다.

**② 권위적인 양육태도**

엄격한 규칙과 기대감을 가진 부모는 자녀에게 강요하는 태도를 지니고 자녀가 순종하기를 요구한다. 이러한 부모의 양육태도는 자녀의 융통성을 인정하지 않고 부모가 요구하는 밀착된 결속력을 이룬 가정이 되기 위해 자녀의 성장과 독립이 희생될 수 있다. 요즘 말하는 타이거 맘의 양육태도일 수 있는데, 청소년기의 반항이 우려된다.

**③ 허용적인 양육태도**

혼란스럽게 밀착된 가족에서 보이는 양육태도이다. 부모가 중심이 없고 부모의 문제와 자녀의 문제가 구분되지 않고 함께 문제를 해결하도록 강요하기 때문에 자녀는 유년기를 빼앗기게 된다. 청소년들이 부모의 말 중에서 가장 무서운 말이 "네가 원하는 데로 해라. 나는 너를 믿는다."는 말이라고 한다. 자녀는 아직 삶의 경험이 적어 부모의 신중한 조언이 필요한데, 부모가 자신의 책임을 뒤로 한 채 자녀에게 책임을 전가하는 것일 수 있다.

**④ 거부하는 양육태도**

부모가 자녀에게 일정한 거리를 두고 최소한의 상호작용을 하면서 자녀에 대해 무관심하다. 이럴 때 자녀는 부모로부터 사랑과 보호를 받고 있다는 느낌을 갖기 어렵고 미성숙하거나 심리적인 문제를 가질 수 있다.

#### ⑤ 방임적인 양육태도

부모가 자녀에게 관여하지 않으며, 부모의 활동에 방해가 되지 않는 한 자녀가 마음대로 행동하도록 내버려 두는 경향이 있다. 융통성이 있다는 것이 오히려 일정한 규칙이 없고, 기대도 불분명하게 방임되어 친밀한 관계를 맺는 것이 어렵다.

### (3) 부모-자녀 관계의 갈등

세상의 모든 관계 속에는 갈등이 존재하지만, 유독 부모-자녀 관계에서 발생하는 갈등은 더 비극적이다. 다른 관계는 관계를 종료할 수 있다는 전제가 자연스럽지만 부모-자녀 관계는 천륜이라 하지 않는가? 관계의 시작도 관계의 끝도 삶과 죽음이라는 이슈 외에 그 어떤 것도 끼어 들 수 없게 생각되기 때문에 관계가 절대적으로 느껴진다. 이러한 관계에서 갈등이 생긴다는 것은 아군과 적군이 구분되지 않는 싸움을 하는 것이고, 결국 모두가 패하는 싸움일 것이다.

평범한 대학생은 학업, 진로의 문제를 걱정하지만, 우울증을 앓거나 자살을 생각하는 심리적 어려움이 큰 학생들의 호소 문제는 가족문제인 경우가 많다. 친족 간의 폭행, 살인 등 용서할 수 없는 문제들이 매번 신문기사에 나지만, 그렇다고 모두 인연을 끊고 살 것인가? 부모-자녀 관계의 해법은 누가 누구를 용서하는 것이 아니라 이해와 독립이다.

우리나라에서는 자녀가 대학생이 되면 부모는 가족의 당면문제에 대학생인 자녀를 초대한다. 대학 가기위해 공부해야 한다는 이유로 가정의 모든 역할에서 물러나 있던 청소년에게 가족은 새로운 기대를 하게 된다. 집안일을 분배하고, 성인이 된 자녀에게 가정의 경제적 어려움을 호소하고, 부부 사이의 문제를 자녀에게 털어놓기도 한다. 새로운 관계 정립을 위해서 갈등과 재협상은 필수적이다. 오히려 관계가 변했는데 갈등이 없다면 그건 서로를 위해 꾹꾹 참으면서 갈등을 회피하고 각자 심리적으로 고통을 감수하면서 가짜 평화를 지속하고 있는 것일지 모른다.

부모-자녀 관계의 일반적인 갈등은 세대 차이로 인한 갈등, 부모의 권위에 대한 갈등이 있다. 현대사회의 변화 속도를 감안할 때 부모와 자녀가 살고 있는 사회가 같은 나라라고 할 수 있을까 싶다. 고성장시대를 살아온 부모는 열심히 성실하게 노력하면 사회적 부를 획득할 수 있었으므로 자녀 또한 최선을 다하기를 기대한다. 그러나 2017년 현재 우리나라는 저성장시대에 접어들었고, 대학생들이 접하는 사회는 부모가 살아온 사회와 다른 양상을 보이고 있다. 부모와 자녀는 서로가 처해진 상황을 최대한 존중하고 서로에 대해 배워 가며 과거와 미래가 아닌 현재에 살아야 할 것이다.

한편, 부모들은 오랫동안 사회로부터 자녀양육에 대한 책임을 부여받았기 때문에 부모로서의 권위를 내려놓을 수가 없다. 어떤 식으로든 부모역할을 해야 한다고 생각하기 때문에 통제하고 간섭하는 것을 통해 관계를 지속하려고 한다. 자녀의 입장에서는 성인이 된 자신을 독립된 인격체로 대해 주지 않는 것 같아서 부모의 권위에 도전하게 된다. 대학생 자녀와의 관계에서 부모가 자기 스스로에게 권위를 세우는 것은 모순일 수 있다. 자녀가 부모의 권위를 인정할 때 부모에게 권위가 생기는 것이다. 한 인간으로 볼 때 대학생 시기의 부모는 갱년기에 접어들거나 사회적으로 위축감을 느끼는 중년의 위기를 맞게 된다. 부모가 자녀의 사춘기를 잘 버텨주었으니 이제는 대학생이 된 자녀가 부모님가 중년의 위기를 잘 극복할 수 있도록 부모를 존경하고 좋은 관계 발달을 위해 노력할 시점이다.

마지막으로, 한 인간의 심리적 발달에서 중요한 자아분화의 개념을 통해 부모-자녀 관계를 되짚어 보자. 가족 상담의 아버지라고 불리는 보웬은 개인이 성장 · 발달하기 위해서는 가족이라는 감정의 덩어리로부터 자신을 구별해 내는 분화가 필요하다고 하였다(김유숙, 2005). 자아의 분화(differentiation of self)란 아동이 어머니와의 융합에서 서서히 벗어나서 자기 자신의 정체성을 형성하고 정서적 자주성을 향해 나아가는 과정이다.

자아분화가 잘된 사람은 자신의 느낌과 사고를 잘 구분하고, 가족관계에서 개성화와 연관성이 균형을 이루어 가족체계의 정서로부터 분화되어 있다. 가족의 조화를 위해 또는 강요에 의해 자기를 희생하지 않는 자아정체감을 가지고 독립성과 자율성과 강한 적응력을 갖는다. 또한 자신과 타인과의 감정을 이해할 수 있으며 객관성과 감정적 거리를 유지할 수 있고, 타인의 인정을 필요로 하지만 인정을 받기 위해 자기 신념 및 가치와 주장을 굽히지 않는다.

반면에 미분화된 사람은 느낌으로부터 사고를 구별하기 어렵고 자기 의견을 가지기 어렵다. 객관적인 사고를 거의 할 수 없으며 융통성이 없고, 자신을 위해 타인에게 정서적으로 의지한다. 또 이들은 미분화된 가족 자아 상태로 뒤엉키고 혼합된 감정 일체 상태에 있어 자율적인 정체감을 가지기 어렵다.

자아분화가 낮은 부모는 부부의 정서적 문제를 해결하는 데 자녀를 초대한다. 보웬은 이를 삼각관계라고 불렀는데, 삼각관계를 보이는 가족은 가족관계나 대인관계에서의 문제를 직면하지 못하고 회피하기 때문에 문제의 근본적 해결을 불가능하게 하며, 나아가 자녀, 배우자 등 가족 구성원들에게 만성적인 기능적 손상을 입힌다.

부모-자녀 관계를 검토하면서 다시 강조하자면, 대학생인 여러분은 이제 부모-자녀 관계를 긍정적으로 변화시킬 수 있는 기회를 맞이하였다는 것이다. 가족의 변화는 부모가 바뀌고 자녀가 바뀌는 것이 아니라 부모와 자녀의 상호작용, 즉 의사소통을 통한 변화라고 할 것이다. '행복한 가정은 미리 맛보는 천국'이라 하였다. 이런 천국을 포기할 것인가? 포기하지 않는다면 먼저 '나는 가족관계에서 더 이상 나에게 도움이 되지 않는 영향력은 받지 않겠다.'고 정서적 독립을 선언하는 것이다. 그리고 무엇이 어떻게 나에게 영향을 끼쳤는지를 잘 탐색해서, 이제 내가 어떤 영향력은 계속 받고 어떤 것은 안 받을 것인지를 선택할 수 있다. 가족관계를 끊을 수 없지만, 나쁜 영향력은 끊을 수 있다.

### 2) 친구관계

100세 시대가 도래하는 시점에서 친구의 중요성은 더욱 커지고 있다. 서로 잘 알고 친밀한 관계가 되어 서로의 마음속에 친구로 자리매김하기까지 오랜 시간이 걸리지만, 우리는 친구가 필요하다. 우정은 가족에게서 느낄 수 없는 새로운 정서적 경험을 하게 한다. 친구 간의 우정인 '필리아(philia)'는 서로 상대방에게서 기쁨을 맛보며 서로 유익을 주는 인간관계 전체를 의미한다고 볼 수 있다(배상식, 2006). 친구란 우선 도움을 요청할 때 도와주며, 서로 많은 것을 공유하는데 사적인 생각 · 감정 · 비밀 · 심리적인 문제 등을 나누고, 함께 즐거운 활동을 하는 지속적인 관계라고 할 수 있다. 특히 우정을 생각하면 가장 먼저 떠오르는 것은 신뢰이다. 서로 존중하고 신뢰하는 관계 속에서 우정이 자라난다.

우리나라의 대학생들은 친구관계를 얼마나 중요하게 생각하고 있을까? 한 대학교의 신입생 2,410명을 대상으로 한 설문조사에서, 중요한 삶의 가치에 대한 질문 1위가 '높고 원만한 인격'으로 24.0%였으며, 2위가 '변함없이 아름다운 우정'으로 14.3%로 답하였다. 이어서 '건강하게 장수하는 것' '풍족한 물질생활' '넓고 깊은 학식' '뛰어난 창조활동' '열정적인 이성 간의 사랑'의 순이었다(이재식, 김태희, 2001). 이성 간의 사랑보다 우정이 훨씬 높은 가치를 가진 것으로 조사된 것을 보면 대학생들의 삶에서 친구의 중요성을 엿볼 수 있다.

대학생의 동성친구와 이성친구 간의 우정에 대한 일 연구에 따르면, 우리나라 대학생들은 성별에 관계없이 이성친구보다는 동성친구에게 더 큰 만족을 느끼고 있고, 동성친구보다는 이성친구 앞에서 더 체면을 차리고, 눈치를 보며, 의례적인 행동을 하고, 곤란할 때 핑계를 대는 경우가 많아 동성친구가 더 허물없이 지내는 친구 사이임을 보여 주었다. 동성친구가 의리를 지키거나, 서로가 곤경에 처한 경우 기꺼이 발 벗고 나서서 도울 수 있는 진정한 친구로서의 가능성이 높음을 보여 주었다. 재미있는 결과는, 남성은 이성친구와 동성친구에서 비슷한 만족감을 얻는 반면, 여성은 동성친구에서 더 만족감을 얻는 것으로 드러났다(이경언, 2002).

여러분도 이쯤 되면 친구들의 얼굴이 하나 둘 떠오를 것이다. 여러분의 대인관계 지도에 나타난 친구는 누구인가? 잠시 잊었지만 다시 연락하고 싶은 친구가 떠올랐는가? 다음 우정의 규칙을 살펴보면 여러분이 무엇을 해야 할지 알 수 있다.

### (1) 우정의 규칙

어릴 때부터 누가 가르쳐 주지 않아도 수많은 친구를 만나고, 같이 놀고, 싸우고, 헤어지고, 화해하고, 유지하기를 반복해 왔다. 그런데 우정에도 규칙이 있다고 한다. 한 연구에 따르면(Baumgardner & Crothers, 2009), 영국, 이탈리아, 홍콩, 일본의 국민에게 우정의 규칙을 선택하게 한 결과, 여러 문화권에서 공통적으로 선택된 우정의 규칙은 〈표 10-3〉과 같다.

〈표 10-3〉 우정의 규칙

| | |
|---|---|
| 지원해 주기 | • 도움이 필요할 때 자원해서 도와주기<br>• 정서적인 지원을 해 주기<br>• 그 자리에 없는 친구를 변호해 주기 |
| 신뢰할 수 있고 막역한 친구가 되어 주기 | • 친구의 사생활을 존중해 주기<br>• 친구를 믿고 친구에게 비밀을 털어놓기<br>• 비밀을 지켜 주기<br>• 여러 사람 앞에서 친구 간에 비평을 하지 않기<br>• 친구에게 사적인 감정이나 문제를 털어놓기 |
| 즐거움과 유머의 원천이 되어주기 | • 함께 있을 때 서로를 기분 좋게 해 주기<br>• 동반자가 되어 주기<br>• 농담을 주고 받기<br>• 성공 소식을 함께 나누기 |
| 관용과 포용을 베풀기 | • 친구의 다른 관계에 대해 질투하거나 비평하지 않기<br>• 친구의 친구들을 관용적으로 대하기<br>• 개인적인 충고를 구하기<br>• 잔소리하지 않기 |

출처: Baumgardner & Crothers (2009).

### (2) 집단따돌림

친구관계를 생각하면 최근 이슈가 되는 집단따돌림의 문제가 떠오른다. 최근 한 연구(박미숙, 오청욱, 강혜경, 2017)에 따르면, 대학생의 대학생활 적응은 집단따돌림 피해 경험과 유의한 상관관계가 있는 것으로 드러나, 대학생의 집단따돌림 현상을 짐작해 볼 수 있다. 최근 대학 공부 방식이 문제해결식 팀별 과제의 형태가 많아짐에 따라 대학생의 집단따돌림 문제가 종종 이슈가 되고 있다.

집단따돌림은 1990년대 후반부터 흔히 '왕따'라는 은어로 등장하는데, 왕따는 "두 명 이상이 집단을 이루어 특정인을 그가 속해 있는 집단 속에서 소외시킴으로써 구성원으로서의 역할수행에 제약을 가하거나 인격적으로 무시 혹은 음해하는 언어적 · 신체적 행위 일체"(청소년 대화의 광장, 1997)를 말한다. 다수로 구성된 집단이 소수의 대상을 정서적으로 소외 · 배제시키거나 신체적으로 고통을 주는 행위 모두를 포함하는 개념이다. 이러한 집단따돌림은 신체적 · 언어적인 폭력과 달리 또래로부터의 승인이 중요하게 작용하는 아동 · 청소년에게 가장 미묘하고 은밀하게 이루어지는 사회적 · 관계적 폭력으로, 피해 학생들이 느끼는 주관적인 고통과 심각성이 가장 큰 학교폭력의 형태로 알려져 있다(김혜원, 2013).

청소년폭력예방재단(2014)의 조사에 따르면, 초 · 중 · 고등학생들의 14.8%가 집단따돌림에 노출되어 있는 것으로 나타나 아동 · 청소년 성장에 큰 걸림돌이 되고 있음을 짐작해 볼 수 있다. 김순구와 김옥숙(2004)은 5명의 집단따돌림 피해 중학생들을 대상으로 집단따돌림 극복 실패 과정에 대하여 근거이론을 통해 분석하고, 지지 체계의 결여와 소극적 대처, 체념을 집단따돌림을 극복하지 못하게 하는 요인으로 도출하였다. 현재 대학생들은 이러한 청소년기 집단따돌림 현상을 경험한 세대이다.

모든 상처가 딱지를 남기듯이 따돌림도 딱지가 남겠지만, 이를 통해 자신의 성장 기회로 삼을 수 있다. 아동 · 청소년기에 집단따돌림을 경험한 9명 대학생들의 집단따돌림 피해 경험과 그 경험이 피해자들의 삶에 미친 영향은 무엇인지 탐색한 결과, 대학생의 아동 · 청소년기 집단따돌림 피해 경험 전체를 아우르는 핵심 범주는 '따돌림으로 인한 상처를 통해 진정한 나를 찾아가기'로 나타났으며, 하위 범주는 '이유는 내가 그 애들과 달랐기 때문' '내 인생의 밑바닥을 봄' '상처를 인정하고 한 발 내딛기' '디딤돌로 삼아 더 멀리 바라보기'로 나타났다(구정하, 김희정, 2016). 서영석, 안하얀, 이채리와 최정윤(2015)은 집단따돌림으로 인한 외상을 극복한 중 · 고등학생 및 대학생 17명을 대상으로 집단따돌림 극복 과정에 영향을 미친 요인을 분석한 결과, 혼자 버텨 내기, 주변에 털어놓기, 관계의 벽 허물기, 내면의 힘 기르기, 스스로 북돋워 주기, 더 넓은 세상 경험하기, 성찰하기 등의 과정을 통해 피해 경험을 극복해 가는 것으로 나타났다.

### 3) 이성관계

사랑은 인간관계에서 경험할 수 있는 가장 행복하고 고귀한 감정이다. 사랑이 이루어지면 세상을 다 얻은 것과 같은 천국의 기쁨과 즐거움이 있지만, 사랑이 끝나면 슬픔과 불행으로 지옥처럼 느껴지기도 한다. 이성관계의 마지막은 많은 동화의 끝처럼 '결혼해서 행복하게 살았습니다'에 한정되지 않는다. 사랑을 통해 상대방에게 중요한 타인이 되는 것도 중요하지만 사귀는 동안 자신의 진정한 감정을 알아가는 기회가 되고, 서로의 인격을 존중하면서 공동의 목표를 가지고 협동하는 것을 배울 수 있는 기회가 된다. 즉, 자아정체성의 형성이라는 관점에서도 소중한 경험이 된다.

요즘 대학생들이 연애를 포기한다고 한다. 문학작품과 영화에는 목숨을 걸고 사랑하는 장면이 나오지만, 지금은 사랑이 사치처럼 느껴지고, 호르몬의 작용 그 이상도 이하도 아니라고 한다. 이처럼 사랑이 시대와 문화에 따라 너무 다양한 모습을 가지고 있고, 사랑이 시작될 때부터 끝날 때까지의 모습도 카멜레온처럼 종잡을 수가 없어서 사랑을 기다리는 사람들의 기대와 희망 또한 제각각이다. 인생의 많은 질문들처럼 사랑 또한 정답이 없겠지만, 여기서는 대표적인 이론을 바탕으로 사랑에 관해 이야기하고자 한다.

#### (1) 사랑의 유형

세상에 존재하는 사랑의 형태가 워낙 다양해서 학자들은 사랑을 분류하고자 했다. Lee(1973)는 사랑이야기 카드분류법을 개발하여 사랑의 유형론을 만들어 냈는데 사랑이란 자연스럽게 발생하는 것이 아니라 학습되는 것이라고 보고 사랑을 1차 유형과 2차 유형으로 구분하였다(유영달 외, 2013에서 재인용). 1차 유형에는 낭만적 사랑 · 유희적 사랑 · 우애적 사랑이 있으며, 2차 유형은 1차 유형이 조합되어 소유적 사랑 · 논리적 사랑 · 이타적 사랑이 있다.

낭만적 사랑(Eros)은 에로스의 화살을 맞으면 즉시 사랑에 빠지는 사랑이다. 강한 정서적 감정에 휩싸이는 특성을 가지고 있고 첫눈에 반하여 사랑에 빠지는 로미오와 줄리엣의 경우가 이 유형에 해당된다. 유희적 사랑(Rudus)은 사랑을 일종의 게임이나 오락으로 생각하며 한 사람과 긴밀하고 지속적인 관계를 갖는 것을 원하지 않는다. 흔히 바람둥이라 부르는 사람들이 해당되는데, 이들은 성장하면서 좌절을 경험해서 진정으로 친밀해지는 것을 두려워하는 것일 수도 있다. 우애적 사랑(Storge)은 처음에 친구였다가 시간이 흐르면서 서서히 무르익은 사랑의 감정을 느끼는 관계이다. 안정적이고 우호적인 성장 과정에서 정서적으로 안정되어 신뢰감을 바탕으로 사랑의 감정을 키워 가는 유형이다.

2차 유형의 소유적 사랑(Mania)은 질투와 소유욕이 강하고 사랑의 감정에 잡혀 있고 상대방에게 집착한다. 관계에서 오는 순수한 즐거움은 없고 오직 사랑하는 사람에게 사랑을 확인하고 싶어 한다. 논리적 사랑(Pragma)은 실용적 · 현실적인 사람으로 현명한 사랑을 추구한다. 상대방의 능력, 경제력, 학벌, 성격, 외모 등을 판단하여 자신에게 적합한 사람을 선택하므로 중매를 좋아할 수 있다. 이타적 사랑(Agape)은 상대방을 위해서 자신을 희생하고 헌신하기를 좋아하는 타인 중심적인 특징을 가진다. 고난을 이겨 내고 사랑을 지켜 내는 의지의 표출이다.

여러분은 어떤 사랑을 하고 있는가? 혹은 희망하는가? 한 연구에 따르면, 남성은 유희적 사랑과 낭만적 사랑에 더 높은 점수를 받고, 여성은 소유적 사랑, 우애적 사랑, 논리적 사랑의 요인에 더 높은 점수를 받았다(Morrow, Dlark, & Brock, 1995: 유영달 외, 2013에서 재인용). 자신의 사랑이 한 유형으로 국한될 수도 없겠지만, 상대방에 따라 유형이 달리 경험될 것이므로 단순히 사랑을 유형으로만 이해하는 것은 한계가 있어 보인다.

스턴버그(Sternberg)는 사랑 개념의 구조와 과정을 묘사하는 종합적인 모형을 제시하였다. 스턴버그에 따르면, 사랑은 친밀감, 열정, 책임감이라는 세 요소로 구성되어 있으며([그림 10-4] 참조), 이러한 세 요소의 균형 상태에 따라 다양한 유형의 사랑을 나눌 수 있다. 세 요소가 모두 균형 있게 발달했을 때 성숙한 사랑에 이를 수 있다.

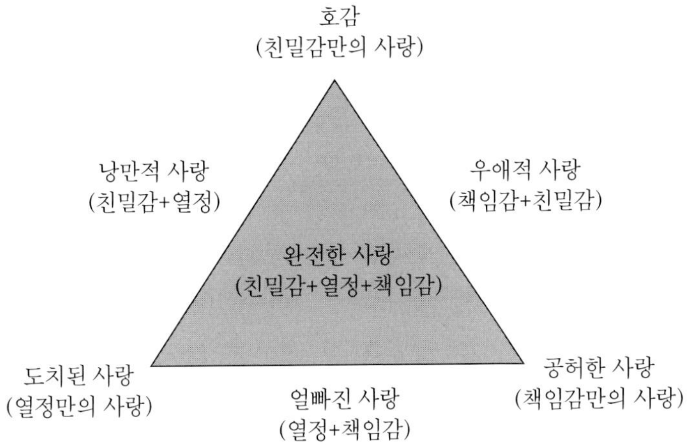


**[그림 10-4] Sternberg의 사랑의 요소와 사랑의 유형**

출처: 유영달 외(2013).

친밀감(intimacy) 요소는 사랑하는 관계에서 가깝게 연결되어 있으며 결합되어 있다는 느낌을 일컫는다. 이러한 친밀감은 사랑의 기초가 되는데, 자신을 끊임없이 노출하고 서로를 알아 가려는 노력을 통해 발전한다. 이들은 사랑하는 이와 함께 행복을 경험하고 서로를 이해하고 정서적 지지를 주고 받는다. 사랑하는 사람과 의사소통하고 자신의 삶에서 사랑하는 사람을 소중히 여기고 함께 잘 살기를 소망한다. 열정(passion) 요소는 사랑하는 관계에서 낭만, 신체적 매력, 성적 몰입과 같은 것들로 이끄는 욕망을 말한다. 많은 관계에서 성적 욕구가 열정의 주요 부분을 차지하지만, 자아 존중감, 타인에 대한 지배와 복종, 자아실현 같은 욕구들이 열정이라는 경험에 기여하기도 한다. 책임감(commitment)은 어떤 사람을 사랑하기로 하는 결심과 그 사랑을 지속시키겠다는 헌신을 말한다. 사랑의 반지를 나누고 결혼식을 하며 서로에 대한 구속을 사람들에게 알린다. 이 세 요소의 변화 수준은 개인마다 다르고 일생을 통해 변화할 수 있다.

Sternberg가 이 세 요소들을 결합하여 만든 8가지 사랑의 유형은 다음과 같다(유영달 외, 2013).

**① 친밀감 요소만 있는 경우: 호감**

사랑에서 열정과 책임감 요소가 결여된 채 친밀감 요소만이 경험될 때 나타난다. 일시적으로 좋아함을 느끼는 단순한 감정이 아니라 진실한 친구의 관계에서 느끼는 친밀감과 결합되어 있다는 느낌이다.

**② 열정 요소만 있는 경우: 도취된 사랑**

첫눈에 빠진 사랑, 또는 상대를 있는 그대로가 아니라 이상화하는 사랑이다. 친밀감과 책임감의 요소가 결여된 열정적인 흥분만으로 이루어진 사랑이다. 도취된 사랑은 가슴이 두근거리고 호르몬이 분비되어 성적 욕망을 일으키는데, 계속적으로 유지되기 어렵다. 도취 상태는 그 관계가 성숙되지 않았을 때나 관계에 어려움이 없을 때만 지속된다. 도취 상태의 가장 좋은 치료법은 상대방의 실체를 알게 해서 '꿈'에서 깨야 한다. 도취된 사랑에 빠지면, 다른 일을 경험하고 몰두해야 할 시간과 정력, 동기 등을 잃게 된다.

**③ 책임감 요소만 있는 경우: 공허한 사랑**

친밀감이나 열정이 전혀 없이 상대방에게 헌신하겠다고 결심하는 사랑이다. 주로 장기간 관계의 마지막에 나타날 수 있는데, 상대방이 친밀감이나 열정을 느끼고 있더라도 관계를 회복하기가 어렵다.

**④ 친밀감과 열정 요소의 결합: 낭만적 사랑**

낭만적 사랑은 육체적 매력과 다른 매력들로 인해 친밀감을 느끼는 사랑이지만 미래에 대한 책임감 있는 행동은 결여된 사랑이다. 낭만적 사랑에서 인지적으로 서로에 대한 책임감이 높아지면 성숙한 사랑이 될 수도 있지만 일시적인 낭만적 사랑에서 사랑이 끝날 수도 있다.

**⑤ 친밀감과 책임감 요소의 결합: 우애적 사랑**

열정의 주된 원천인 육체적 매력이 약해졌지만 친밀감과 책임감이 존재하는 사랑의 유형이다. 어쩌면 대부분의 낭만적 사랑은 우애적 사랑으로 변하면서 사랑이 지속될지도 모른다. 두 사람의 사랑의 형태가 같이 변하면 좋지만, 한 사람은 우애적 사랑으로 만족하는데, 상대방이 계속 열정적이기를 원하면 관계에 소홀하기 쉬워서 갈등이 일어날 수도 있다.

**⑥ 열정과 헌신 요소의 결합: 얼빠진 사랑**

만나자 마자 사랑에 빠져 결혼에 골인하는 사랑의 유형이다. 소설과 영화에 자주 등장하지만, 구체적 삶의 일상이 빠져 있어서 친밀감이 어떻게 생성되고 발전하게 되는지 보여 주지 못한다. 열정이 식어 갈 때 헌신으로만 관계를 지탱할 수 있을 것인가? 대부분은 누가 누구를 속였는지 모르지만, 그들은 서로에게 혹은 자신에게 속았다고 생각한다. 서로를 알아 가고 맞추어 가는 다양한 노력으로 친밀감을 만들어 가는 과정이 결여된 사랑은 허물어지기 쉽다.

**⑦ 친밀감과 열정과 헌신 요소의 결합: 성숙한 사랑**

많은 사람들이 이상적으로 생각하는 성숙하고 완전한 사랑은 사랑의 세 요소가 모두 존재할 때 생긴다. 낭만적인 사랑에서 모두 성숙한 사랑으로 발전하기를 기대하지만, 어쩌면 성숙한 사랑을 얻기도 어렵지만 그것을 지키기는 더욱 어렵다.

**⑧ 모든 요소의 부재: 사랑이 아닌 것**

사랑이 아닌 상태는 사랑의 세 요소가 부재한 상태이다. 우리가 경험하는 다수의 단편적인 대인관계로, 우정도 사랑도 아닌 방식의 만남들이다. 최근 인터넷상에서 만나는 대부분의 인간관계에서 인맥 다이어트를 하는 사람들이 있음을 보면 인터넷상의 인간관계의 한계를 볼 수 있다.

지금 여러분의 사랑과 우정은 어떠한 상태인가? 사랑의 삼각형 이론은 연인이나 친구관계, 배우자 관계 등에서 서로가 가진 사랑의 요소를 확인하고 서로가 원하는 사랑으로 발전하기 위해 어떤 노력을 할 것인지를 알려 준다.

### (2) 사랑의 시작과 끝

사랑에 관한 대표적인 영화 한 장면이 있다. "어떻게 사랑이 변하니?" 이 물음에 답이라도 하듯이, "사랑은 움직이는 거야."라는 광고문구가 우리 사회를 강타한 적이 있다. '검은 머리 파뿌리 될 때까지' 혹은 '죽음이 우리는 갈라놓을 때까지' 사랑이 변하지 말았으면 하는 희망에 찬물을 끼얹는 것 같지만, 한편으로는 속 시원한 면도 있다. 어쩌면 세상 모든 것이 변하는데 사랑이 변하지 않는 것이 더 이상할지도 모른다.

헬렌 피셔는 사랑을 뇌의 작용이라고 설명하면서 갈망 단계, 끌림 단계, 애착 단계 3단계로 사랑의 단계를 설명하였다(정명진, 2005). 갈망 단계에서는 서로 신체적으로 비이성적으로 이끌린다. 끌림 단계에서는 잠재적인 배우자에게 점차 친밀해지면서 서로에 대한 생각에 사로잡히게 된다. 애착 단계는 이를 넘어서서 서로 친밀감을 계속 유지하여 결혼하게 되는 단계이다. 그러나 대부분의 사람들이 갈망 단계와 끌림 단계를 반복하면서 만남과 이별을 반복하게 된다. 어떻게 하면 끌림 단계에서 애착 단계로 넘어가서 유지할 수 있을까? 세상 모든 것의 성공 비결처럼 지식과 노력이 필요하다. 예를 들어, 여기 이혼하려고 찾아온 토끼와 사자가 부부가 있다. 아무리 노력을 해도 자신들은 맞지 않는 것 같다고 한다. 토끼는 사자가 마련해 주는 피 흐르는 고기를 꾸역꾸역 먹어서 소화가 되지 않고, 사자는 풀만 먹고는 못 살아서 거짓말을 하고 매일 혼자 다시 고기를 먹으러 나갔다는 것이다. 여러분은 어떻게 문제에 접근하겠는가?

첫째, 나 자신에 대해 알아야 한다. 모든 선택의 출발은 자신을 이해하는 것에서 시작되어야 한다. 토끼와 사자 부부는 서로를 사랑하니까 상대방에게 맞추거나 강요하기 전에 토끼는 자신이 초식동물이라는 것을, 사자는 자신이 육식동물이라는 것을 먼저 알았어야 했다. 사랑에 빠지기 전에 나는 어떤 가치관 · 이성관 · 결혼관을 가지고 있으며, 자신이 좋아하는 취미, 삶의 방식, 휴가 방식 등에 대해서 잠정적으로 가설을 가지고 있어야 한다.

둘째, 타인에 대해 알아야 한다. 무조건적으로 사랑에 빠지는 것은 위험하다. 왜냐하면 대부분 첫눈에 반하는 사랑은 결핍된 욕구를 보상하려는 무의식의 작용일 수 있기 때문이다. 타인이 나와 어떤 부분이 비슷하고 어떤 부분은 다른지 알아보려 하고, 있는 그대로 인정하려는 마음이 있어야 한다. 토끼는 힘센 사자가 너무 힘이 센 것이 멋져 보이고, 사자는 귀엽고 평화로운 토끼를 지켜 주고 싶었을 것이다. 토끼는 사자가 육식동물이어서 힘이 센 것을 알아야 하고, 사자는 토끼가 초식동물인 것을 알아야 한다.

셋째, 서로가 생각하는 사랑에 대해 알아보려고 해야 한다. 둘이서 하고 있는 것이 상대방을 사랑하는 것인지, 사랑하고 있는 나를 사랑하는 것인지, 게임을 하고 있는지 알아야 한다. 나와 상대방이 서로 다른 것을 하고 있다면 두 사람의 마음 간격을 좁히는 데 어려움이 많을 것이다. 따라서 두 사람이 서로에 대해, 서로의 사랑에 대해 끊임없이 소통하고 조율하고 합의하고 만들어 가야 한다. 토끼와 사자는 서로의 식습관에 대해 관심을 가지고 관찰하고 서로 확인해야 했다.

넷째, 서로 다른 개인을 존중하고 소통하는 법을 배워야 한다. 사랑하는 사람들은 서로를 정서적으로 지지할 수 있는 방법을 배워야 한다. 사람들은 관심, 사랑, 돌봄, 이해, 존중, 감사, 수용, 믿음을 통해 서로 더 애정이 넘칠 수 있다. 그런데 사람들은 제각기 다른 가족 문화에서 자라면서 다른 의사소통 방식을 익혀 왔을 것이다. 그러니 사랑하고 보살피고 이해하고 존중하고 감사하고 수용하고 신뢰하는 방법이 서로 다를 수 있다. 토끼는 참고 견디는 방식으로 사랑했고, 사자는 상대방을 속여서라도 문제가 없는 것처럼 위장하는 방식으로 사랑했다. 처음에는 사랑하기 때문에 최선을 다해서 노력하면 행복할 줄 알았지만, 옳지 않은 노력은 장기적으로는 효과적이지 못하다. 동화책처럼 오랫동안 행복하게 살기 위해서는 상대방과 소통하는 방법을 배워야 한다.

여기서 끝이 아니다. 사랑에 관한 이야기를 끝내기 위해서는 이별에 대해 생각해 보아야 한다. 죽음이나 실연으로 상대방과 이별하게 될 때 지금까지 함께 만들어 온 삶이 중단되므로 개인의 현재의 생활, 미래의 계획 등이 모두 영향을 받게 되고 지금까지와는 다른 삶을 살아야 하는 변화에 직면하게 된다. 친밀했던 사람을 상실한 사람은 스트레스, 불안, 외로움이 증가하고, 자아개념이나 자신에 대한 인식, 다른 사람에 대한 믿음, 미래 친밀한 관계 형성에 대한 부정적 관점을 가지게 된다.

'사랑은 새로운 사랑으로 치료된다.'는 통념이 있다. 그러나 재혼하는 사람의 이혼 비율이 초혼의 이혼 비율보다 높은 것을 볼 때, 상대방이 바뀌어도 내가 변하지 않으면 '사랑' 자체가 어려울 수 있다. 감히 사랑을 옷 고르기에 비교할 수 없겠지만, 여러 벌의 옷을 실패해 보아야지만 진정한 자신의 스타일을 찾을 수 있지 않았던가? 대학생 시기에 '사랑'이 얼마나 인생을 송두리째 흔들 수 있는지 동의한다. 그렇다고 해서 사랑이 전부는 아니다. 나의 가족이 있고, 나의 친구가 있고, 나의 과거와 미래가 있고, 지금의 내가 있다. 내가 먹는 모든 음식이 나의 육체이고, 내가 배운 모든 것이 나의 정신이고, 내가 만난 모든 사람이 나의 인연이다. 만약 여러분이 실연으로 마음이 아프다면, 충분히 내 사랑의 애도 기간을 보내고, 내가 이번 사랑으로 무엇을 배웠는지 정리해서 더 성숙한 자신이 되기를 응원한다.

## 3. 의사소통

인간관계가 행복한 인생에서 필수적 요소임을 깨달은 이 시점에서 우리가 해야 할 것은 의사소통에 대해 배우고 의사소통 기술을 익혀서 적극적으로 인간관계를 넓히고 친밀한 인간관계를 맺어 보는 것이다. '화성에서 온 남자와 금성에서 온 여자'가 아니더라도 같은 지구에 사는 다른 존재와 소통하기 위해서 우리는 서로에 대한 이해를 바탕으로 다양한 의사소통 기술을 익힐 필요가 있다.

### 1) 의사소통의 의미

나와 타인의 관계에서 의사소통을 한다는 것은 관계를 시작한다는 의미이다. 즉, 관계를 시작하려면 의사소통해야 한다는 것이다.

#### (1) 의사소통의 원리

의사소통에는 몇 가지 원리가 있다(정태연, 2015). 첫째, 의사소통을 하지 않는 것은 불가능하다. 여러분이 말을 하든지 침묵하든지, 회피하든지 직면하든지, 무표정하든지 열정적이든지 타인과 함께 있는 동안 자신의 생각과 감정에 대한 정보를 다른 사람에게 제공한다. 둘째, 의사소통은 의도적일 수도 비의도적일 수 있다. 의도적으로 분명한 메시지를 전달하는 의사소통이 있는가 하면 때로는 비언어적 메시지를 통해 의도하지 않았지만 메시지가 전달되는 경우가 있다. 셋째, 의사소통은 반복될 수 없다. 의사소통은 진행 중인 과정이기 때문에 동일한 사건을 반복하는 것은 불가능하다. 의사소통을 하는 모든 조건이나 상대방, 상황이 결코 같을 수 없기 때문이다. 넷째, 의사소통은 되돌릴 수 없다. 그러니 지금 내 입을 떠난 말을 주워 담을 수 없다. 보내기가 된 메일을, SNS에 쓴 'ㅋㅋ'를 철회할 수가 없다. 다섯째, 의사소통은 내용적 차원과 관계적 차원을 가지고 있다. 실질적으로 모든 의사 교환은 다음 두 가지 수준이 함께 작동한다. 내용 차원(content dimension)은 분명하게 전달하는 정보이고, 관계적 차원(relational dimension)은 상대방에 대해 어떻게 느끼는지를 나타낸다. 연인으로부터 "오늘 약속을 취소해야겠어. 피곤해."와 같은 문자를 받으면 다양한 해석이 가능하다. 만나지 않는다는 내용 차원과 약속을 일방적으로 취소하는 것이 가능한 관계적 차원이 동시에 전달되었다.

이러한 원리를 이해한 다음에 우리가 가지고 있는 의사소통에 대한 오해를 점검함으로써 의사소통의 전모를 이해할 수 있다. 첫째, 의사소통을 많이 하는 것이 항상 더 좋은 것은 아니다. 지나친 의사소통은 불충분한 의사소통만큼 비생산적이다. 둘째, 의미는 말 속에 있는 것이 아니다. 자신의 의견을 표현했다고 해서 의사소통이 이루어졌다고 할 수 없다. 내 입을 떠나 타인의 귀에 닿기까지 다양한 상황과 신념과 해석이 중간에 있다. 셋째, 성공적인 의사소통이라 하더라도 항상 오해가 없는 것은 아니다. 때로는 적당한 오해가 성공적인 의사소통을 가져온다. 다른 사람의 감정이 상하지 않도록 자신의 생각을 의도적으로 모호하게 말하는 경우가 있다. 넷째, 의사소통이 모든 문제를 해결하는 것은 아니다. 헤어지는 남녀가 왜 헤어지고 싶은지, 왜 헤어지고 싶지 않은지 충분히 의사소통을 한다고 꼭 다시 만나는 것은 아니다.

### (2) 효과적인 의사소통자의 특성

효과적인 의사소통자들은 어떤 특성을 가지고 있을까? 효과적인 의사소통은 그 의사소통이 발생하는 관계를 향상시키거나 유지하는 식으로 개인의 목적을 달성하는 특징을 가지고 있다(정태연, 2015).

대부분의 맥락에서 효과적인 의사소통의 공통점은, 첫째, 가능한 의사소통의 레파토리를 많이 가지고 있다. 경청하고, 반박하고, 유머를 사용하고, 침묵하고, 주장한다. 둘째, 상황에 맞는 적절한 의사소통 방식을 선택할 수 있다. 장례식에서 TV 연예 · 오락 프로그램 시청에 관한 이야기는 부적절할 것이다. 셋째, 가장 적절한 의사소통 방식을 선택한 후 필요한 기술을 효과적으로 수행하는 것이 필요하다. 넷째, 상황을 이해하는 인시직 복잡성을 가지고 있다. 문제를 보는 다양한 틀을 구축할 수 있는 능력을 가지고 있어서 의사소통이 이루어지는 상황에 대해 다양한 시각을 가지는 것이다. 다섯째, 다른 사람의 상황을 그들의 입장에서 느끼고 경험할 수 있는 감정이입(empathy) 능력이 있다. 여섯째, 인지적 복잡성과 감정이입으로 다른 사람에 대한 이해도 높지만, 자기점검(self-monitoring)을 통해 자신의 행동을 객관적으로 관찰하고 자신을 변화시킨다. 일곱째, 효과적인 의사소통자는 관계를 중시하고 상대방에 대해 몰입하고 메시지에 관심을 기울이고 효과적인 의사소통에 몰두한다. 의사소통 역량은 상황에 따라 달라질 수 있으므로 이상적인 의사소통 방식이라는 것은 없다고 봐야 한다. 그러나 다행인 것은 의사소통 역량은 학습 가능한 기술이어서 교육과 훈련을 통해 나아질 수 있을 것이다. 그러니 유능한 의사소통자가 되고 싶으면, 다른 인생의 목표들처럼 의사소통을 잘하는 것을 목표로 삼고 이를 달성하기 위해 구체적인 노력을 기울이면 된다.

앞서 설명한 것이 면대면 대화에 기초한 것이라면, 소셜미디어를 통한 의사소통은 어떠한가? 소셜미디어는 멀리 떨어져 있는 사람들의 의사소통을 가능하게 하는 모든 통로를 지칭하는 말이다. 문자메시지, 페이스북, 이메일, 트위터, 인스타그램 등 대면하지 않고 SNS에서의 만남이 더 많을지도 모르겠다.

소셜미디어가 대인 간 의사소통을 양적 · 질적으로 향상시킨다는 결과가 있다. 일례로, 페이스북 사용자들은 사회관계망 사이트를 이용하지 않는 사람들에 비해 친구들로부터 더 많은 신뢰와 지지를 받고, 친밀한 친구들도 더 많다. 그러나 소셜미디어를 통한 의사소통에는 몇 가지 극복해야 할 어려움이 있다. 대부분의 소셜미디어는 정보를 전달하기에 불충분하여 오해를 불러일으키기 쉽고, 결과를 생각하지 않고 메시지를 쉽게 전송하는 경향이 많으며, 표현 방식이 더 직선적이고 강하게 나타날 수 있다. 또한, 소셜미디어에 남아 있는 메시지의 영구성이다. 최근 핸드폰의 사용이 보편화되면서 모든 정보가 저장되고 퍼다 나르는 식의 무분별한 정보 유통이 문제가 되고 있다. 악플러, 청소년의 학교폭력 및 왕따의 문제가 SNS상에서 심화되는 것을 보면 그 심각성을 재고해 보아야 할 것이다.

전문가들은 소셜미디어를 통한 의사소통에서 다음과 같은 지침을 제시하였다(정태연, 2015). 첫째, 게시하기 전에 생각하라. 둘째, 사려 깊게 행동하라. 상대방에게 집중하고, 공손하게 말하고, 주변인을 고려하는 등 네티켓을 지키는 것이다. 요약하면, 소셜미디어 메시지는 직접 대인관계를 맺는 방식과 동일하게 혹은 더 신중하게 다루어야 한다는 것이다.

### 2) 의사소통 유형

가족치료학자 Satir는 건강한 개인이 되기 위해, 의사소통의 중요성을 깨닫고, 서로 정보를 얻고 정보를 주기 위해서는 명확한 의사소통이 필요함을 지적하였다. 그러나 사람은 스트레스를 받는 상황에서 자신을 방어하고 생존하기 위해 역기능적으로 소통하는 것을 발견하고, 회유형, 비난형, 초이성형, 산만형 등 네 가지 유형으로 분류하였다. 사람들이 위협을 인식하고 자기 존재 가치를 보호할 필요성이 있을 때 오히려 상대방을 위협하기 위해 사용하는 것을 확인하고 생존 유형(survival stances)이라고 개념을 재규정하였다. 여기서는 역기능적 의사소통 유형 네 가지와 기능적 의사소통 유형인 일치형 의사소통을 살펴 본다.

#### (1) 회유형

회유형의 사람들은 다른 사람과 상호작용하는 상황은 존중하지만 자기 자신의 가치나 진정한 감정은 무시하고 표면적으로는 아주 약하고 의존적이며 무조건 순종하는 듯하다. 자신의 감정을 무시하고 무조건 남의 기분을 맞추려고 애쓰고, 쉽게 사과하고, 무조건 찬성한다. 회유형은 나 자신이 느끼는 감정보다 상대방에게 “예”라고 대답하는 것이 중요하다고 생각하면서 자신의 스트레스를 대처한다. 회유형은 기뻐하는 것 같이 가장하고, 내면으로는 이를 악물고 있으면서 표면으로는 그렇지 않은 것 같이 행동한다.

〈표 10-4〉 회유형의 특성[1)]

| 행동 및 정서 | 언어 | 주요감정 | 자원 |
|---|---|---|---|
| 용서를 구하는<br>애원하는<br>변명<br>구걸<br>의존적<br>지나치게 착한<br>지나치게 명랑한 | “다 내 탓이야!”<br>“당신 없으면 나는 아무것도 아니야.”<br>“나는 생각하지마.”<br>“당신이 원하는 대로 하세요.” | 상처받음<br>슬픔<br>걱정<br>분개<br>억눌린<br>분노 | 돌봄<br>양육적임<br>예민성 |

## (2) 비난형

회유형과 반대 유형으로, 비난형은 자기주장이 강하고 독선적이며 명령적이고 지시적이다. 자신을 보호하기 위해 남의 잘못을 찾고 상대의 탓으로 돌리며, 우월하게 행동하며 타인을 무시한다. 타인에게 적의를 가지고 잔소리하는 난폭한 폭군으로 보인다. 그러나 그들 내면에는 외로움과 긴장감으로 가득 차 있으며, 실패자라는 패배감을 갖고 있으며, 거친 비난은 도움을 요청하는 호소 방법이다.

자신과 상황에만 가치를 두고 겉으로 강한 것처럼 보이지만, 내면적으로는 자신이 가치 없다고 생각하기 때문에 누군가 자신에게 복종할 만한 사람만 옆에 있으면 자신이 중요하게 되었다고 느끼고 비난을 시작한다.

---

1) 송성자, 정문자(1994)에서 발췌하여 수정함.
※ 이후 의사소통유형의 특성별 출처가 동일함.

〈표 10-5〉 비난형의 특성

| 행동 및 정서 | 언어 | 주요감정 | 자원 |
|---|---|---|---|
| 비난<br>고함 지름<br>화난 표정<br>겁주기<br>판단하기<br>명령하기<br>약점잡기<br>지배하기 | "다 네 잘못이야."<br>"넌 뭐가 문제야?"<br>"제대로 하는 것이 없단 말이야."<br>"나에게는 잘못이 없어." | 화남<br>좌절<br>믿지 못하는<br>분개<br>억눌린 상처<br>통제 불능에 대한 두려움<br>외로움 | 자기주장성<br>지도력 |

### (3) 초이성형

초이성형은 의사소통에 있어 자신이나 다른 사람의 감정을 과소평가하는 경향이 있다. 모든 일을 비판하고 분석하며 평가하는 사람으로, 지나치게 이성적이고 합리적인 상황만을 중요시한다. 이들은 자기 자신이나 다른 사람이 감정을 중요시하는 것을 허용하지 못하는데, 초이성형의 내면에는 '나는 상처받기 쉬우므로 적절한 말만 하고 감정을 보이지 마라.'에 열중해 있다.

초이성형은 가능한 한 결함없이 말하려고 아주 자세히 말하고, 길게 설명한다. 그리고 다른 사람과의 관계에서 위축되고 외로움 때문에 괴로워하는데, 대인관계에서 이들은 융통성이 없고, 원칙 중심이고, 재미없고, 강박적으로 보인다.

〈표 10-6〉 초이성형의 특성

| 행동 및 정서 | 언어 | 주요감정 | 자원 |
|---|---|---|---|
| 뻣뻣하고 경직된 자세<br>차가워 보임<br>심각하고 우월한 표정<br>조직적인<br>충고하는<br>둔해 보임<br>비인간적일 정도로 객관적인<br>지루한 | 논리적 · 객관적<br>규칙이나 추상적인 사고에 매여 설명이 많음.<br>개인적/감정적 주제 회피<br>어려운 용어를 사용<br>"사람은 논리적이어야 해." | 감정을 거의 보이지 않음<br>매우 예민함<br>내적으로는 외로운<br>소외감<br>텅빈 느낌<br>통제불능에 대한 두려움<br>취약한 | 지성<br>세부사항에 주의 집중<br>문제 해결하기 |

### (4) 산만형

산만형은 위협을 무시하고, 마치 위협이 존재하지 않는 것 같이 행동하여 주위를 혼란시킨다. 다른 사람의 말이나 행동과는 상관없는 말과 행동을 하며, 적절하게 반응하지 못하고, 말에 요점이 없고, 다른 사람의 질문을 무시한다. 대화 중에 입이나 신체, 팔다리를 계속 움직이며, 휘파람, 노래, 콧노래, 눈 깜박거리기, 머리카락 만지기, 안절부절 못하는 행동 등 대화에 집중하지 못한다. 내면적으로는 아무도 상관하지 않고, 현재 있는 곳이 자기가 있기에는 적절하지 않다고 생각한다. 산만형의 사람은 자발적이고 재미있는 사람으로 볼 수도 있는데, 그렇게 해서 스트레스를 받는 주제로 부터 도망치려고 한다.

〈표 10-7〉 산만형의 특성

| 행동 및 정서 | 언어 | 주요감정 | 자원 |
|---|---|---|---|
| 안절부절못하는<br>계속 움직이는<br>조작적인<br>부적절한<br>둔해 보임<br>어리석은 피상적인<br>주의끌기 | 회피하려고 주제 변경<br>한 가지에 집중 못함<br>개인적 · 감정적<br>주제를 회피<br>농담하기<br>의미없는 이야기하기<br>방해하는 | 진짜 감정을 거의 보이지 않음<br>매우 예민함<br>내적으로 외로운, 소외된<br>텅빈 느낌<br>오해받은 느낌<br>통제불능에 대한 두려움<br>혼란스러운 | 유머<br>창조성<br>자발성<br>융통성<br>재미있음 |

### (5) 일치형

Satir는 기능적이며 원만함, 책임감, 정직성, 친근감, 능력, 창의성 그리고 현실 문제를 현실적인 방법으로 해결하는 능력을 가진 사람의 의사소통을 일치된 의사소통이라 했다. 일치된 의사소통을 할 때 진정한 자신이 될 수 있고 다른 사람과의 신뢰적인 관계를 맺고 개방적인 메시지를 사용한다. 일치형은 자신, 타인 그리고 상황 모두를 존중한다.

〈표 10-8〉 일치형의 특성

| 행동 및 정서 | 언어 | 주요감정 | 자원 |
|---|---|---|---|
| 생동하는<br>창의적인<br>살아있는<br>자신감 있는<br>능력 있는<br>책임 있는<br>수용적인<br>사랑하는<br>균형 잡힌 | 감정, 사고, 기대, 원하는 것과 싫어하는 것에 대해 정직하고 개방적인 공유<br>경청<br>존경하는<br>자신, 타인, 상황을 모두 고려하는 | 평화로운<br>차분한<br>사랑하는<br>자신/타인에 수용적인<br>뿌리내린 | 스스로 알아차리는<br>책임 있는<br>개방적인<br>자신과 타인을 돌봄<br>전인성 |

### 3) 의사소통의 기술

의사소통을 잘하기 위해서는 앞서 언급한 인간관계에 대한 깊은 이해를 바탕으로 다음과 같은 의사소통 기술들이 도움이 될 것이다. 의사소통은 자각하기, 말하기, 듣기로 구성된다. 우선 내 마음이 어떠한지를 자각해서 그것을 상대방이 이해하기 쉬운 말로 잘 전달하고 상대방의 의견을 듣는 것이 한 세트이다. 그중 어느 것이라도 빠지면 제대로 소통할 수 없다. 대화를 잘한다는 것은 관계를 해치지 않으면서 자신의 의견을 전달하는 것이다. 잊지 말자. 내가 하고 싶은 이야기만 하는 것은 대화가 아니다.

#### (1) 대화의 기본 태도

여러분이 대화를 통해 친구와 더 깊은 우정을 쌓고 싶다면 Rogers가 말하는 상담자의 기본태도가 도움이 될 것이다. 첫째, 무조건적이고 긍정적인 존중은 사람의 외모나 능력 등을 평가하는 것이 아니라 사람을 있는 그대로 존중해 주고 따뜻하게 받아 주는 것이다. 약점, 부족한 면, 실수 등을 탓하거나 비난하지 않고 그 친구의 일부분으로 이해하고 받아준다. 둘째, 공감적 이해는 내 입장이나 생각에서가 아니라, 상대방의 입장이 되어 그의 세계를 이해하는 것이다. 셋째, 일치성, 진실성으로 사람에게 꾸준히 성실하고 솔직하게 대하는 것으로 거짓말하지 않고, 꾸미지 않고, 이랬다저랬다 하지 않는 것이다.

여러분은 자신의 의사소통 방식이 타인과 우리의 관계에 어떤 영향을 끼치는지 생각해 본 적이 있는가? 여기 점검해 보면 좋을 의사소통 방식이 있다. 관계를 맺고 의사소통한다는 것은 행복해진다는 것인데, 부부의 의사소통 방식을 연구해서 행복한 부부와 이혼할 부부를 예측할 수 있다는 연구가 있다(정준희 역, 2007). 35년 가까이 3천 쌍 이상의 부부들을 연구한 미국의 가족치료 권위자 Gottman은 부부의 대화를 3분만 지켜보아도 이혼 여부를 94% 확률로 예측한다고 한다. 행복한 부부들은 평소 우호감이 높고, 갈등을 부드럽고 예의있게 다루는 것으로 드러났다. 불행한 부부는 문제를 가능한 한 미루고, 하고 싶은 말을 끝까지 하고 갈 데까지 간다. 한쪽이 다른 쪽을 지배한다. 불행한 부부에게만 존재하는 이혼으로 가는 지름길이 되는 네 가지 위험한 소통방식이 있다. 다음의 예시는 친구 사이의 관계를 가상으로 적용하여 제시한 것이다.

- 비난하기: “○○야. 너는 왜 네가 맡은 부분을 제대로 못하니? 언제나 너 때문에 우리 조 발표가 엉망이 되잖아. 좀 제대로 해.”
- 방어하기: “그러는 너는 뭘 잘했는데? 왜 나만 잘못했다고 그래?”
- 경멸하기: (흘겨 봄) “어쭈, 주제 파악 좀 하시지. 도대체 개념이 없어.”
- 담쌓기: (혼잣말) “지겹다. 또 시작이네. 혼자 떠드세요. 피하는 게 상책이지.”

이 예시가 가끔은 나도 모르게 불쑥 튀어나온 말이거나 혹은 마음속으로 했던 말일 수도 있다. 특히, 우리나라 청소년들은 친한 사람들에게 더 함부로 말하는 경향이 있는 것 같다. 어쩌면 친해서 서로의 마음을 잘 아니까 말을 좀 함부로 해도 관계에 영향을 미친다고 생각하지 않는 것 같다. 그러다가 사소한 문제로 관계를 종료하는 것을 볼 수 있다. 여러분은 내가 싫어하는 말을 하는 친구와 내가 좋아하는 것을 말하지 않는 친구 중 누가 더 싫은가? 관계를 유지하기 위해서 상대방이 싫어하는 비난하기, 방어하기, 경멸하기, 담쌓기를 하지 않는 것이 중요하다.

그러면 어떻게 의사소통하는 것이 관계를 유지하고 발전시키는 데 좋은 방법일까? 관계를 유지하고 회복하기 위해서 다음과 같은 방법으로 의사소통을 해보자.

- 비난 대신 요청: "기한에 맞추려면 자료 수집이 빨리 준비되었으면 좋겠어."
- 부분적으로 인정: "미안해. 내가 자료수집이 조금 늦었네."
- 존중과 호감: (억양과 표정에 진심을 담아서) "어떻게 하면 좋을까?"
- 진정한 후에 대화: 부드러운 말투로 나의 입장을 이야기하고 난 뒤 꼭 상대방의 의견을 묻고, 상대의 입장에서 기분을 이해하기

항상 행복하고 좋은 이야기만 할 수는 없다. 그러나 관계가 좋은 친구들은 위와 같이 불편한 상황에서도 관계를 해치지 않으면서 대화할 수 있다. 문제가 생기면 미루지 않고 빨리 해결하려 하고, 말을 다듬고 고치며 '내가 이렇게 말하면 친구가 이렇게 대답하고 그러면 내가 저렇게 말해서 화해해야지.' 하는 화해 지도를 그린다. 그럼에도 불구하고 상대방에게 싫은 소리를 할 때에는 정서통장이 넉넉한지를 살핀다. 즉, 부정적인 표현을 하기 전에 긍정적인 정서가 5배 정도 쌓여 있는 상태라야 부정적 표현이 관계를 해치지 않는다고 한다.

(2) 경청하기

의사소통을 잘하기 위해서 가장 중요한 것은 경청이다. 친구의 이야기를 잘 들으면 친구를 이해할 수 있고 공감할 수 있다. 적극적 경청이란 귀로 친구의 음성언어를 듣고 눈으로 친구의 신체언어를 관찰함을 의미한다. 즉, 친구에게 집중하여 그가 표현하는 모든 감정 · 행동 · 생각을 이해하려는 노력이 적극적 경청이다. 적극적 경청은 비언어적 행동의 경청과 언어적 행동의 경청이 있다.

**① 비언어적 경청**

먼저 비언어적 경청을 살펴보는 것은, 비언어적 행동의 중요성을 아는 데서 출발할 수 있다. 한 연구에 따르면, 다른 사람을 좋아하는 표현을 관찰했는데 7%가 말

로, 38%가 목소리로, 55%가 얼굴표정으로 표현을 하였다(제석봉, 유계식, 김창진 역, 2015). 서로 의사소통을 촉진하는 비언어적 요소에 대해 다음과 같이 설명하고 있는데, 이를 친구관계에서도 적용시켜 보자.

② 언어적 경청

언어적 경청은 언어적인 메시지를 경청하고 이해하고 해석하는 것이다. 보통 상대방은 말하는 내용에 세 가지 영역이 있는데, 그것은 경험(상대방에게 일어난 일), 행동(상대방의 실패했거나 성취한 일), 정서(상대방이 행동이나 경험으로 인해 생겨난 감정이나 느낌)이다. 대표적인 언어적 경청에는 반영기술과 명료화 기술이 있다.

반영은 친구의 언어적 메시지를 들으면서 그가 진실로 무엇을 느끼고 무엇을 하고 있으며 무엇을 원하는지를 비춰 주는 거울 역할을 하는 것이다. "네가 친구에게 오해를 받아서 속상했구나." 등으로 말하여서 친구가 현실의 상태를 무시하지 않고 현재를 이해하고 수용하도록 돕는 것이다.

명료화 기술은 친구 말의 진정한 의미에 도달할 수 있을 만큼 다양한 각도에서 그 말을 생각해 보는 것이다. 이를 위해 의미를 되물어 보거나 진정으로 이해했는지를 점검하는 것인데, '내가 제대로 이해했다면 ~한다는 의미인 거야?' 등으로 할 수 있다. 즉, 적절한 질문으로 상대방이 자신의 행동이나 말의 의미를 다시 생각해 볼 수 있게 하여 그 사람의 내면에서 무슨 일이 일어나고 있는지, 그것이 어떤 중요성을 지닌 일인지 더 분명하게 말할 수 있게 한다.

(3) 나의 의견 표현하기

인간관계에 있어 서로 간에 갈등이나 불만을 표현하는 방법에는 나-메시지와 너-메시지가 있다. 이것은 어떤 상황에 대한 책임 소재에 관한 것인데, 나-메시지는 나의 책임으로 받아들이는 것이지만, 너-메시지는 상대방에게 책임을 지우는 것이다.

만약 A라는 친구가 B라는 친구와 영화감상 과제를 하려고 5시에 극장 앞에서 만나기로 약속을 했다고 하자. 영화표를 끊고 가려면 적어도 20분 전에는 올 줄 알았는데 10분 전이 되어도 오지 않아서 A가 미리 혼자 영화표를 끊어 놓고 기다리고 있었다. 그래서 5시에 온 B에게 다음과 같이 이야기했다고 하자.

> A: 야. 너는 좀 빨리 다녀라. 내가 미리 끊어서 다행이지, 비행기 시간이었으면 비행기 놓쳤다. 저번에도 늦더니, 사람 무시하는 것도 아니고.
> B: 미안하다. 그래도 영화 시작 안 했잖아. 화 풀고 그냥 영화 보자.
> A: 화가 금방 풀리니? 너는 늦은 게 안 미안하지?
> B: 미안하다 했잖아.

불쑥 생각나는 대로 말했다고 하자. 분명히 A는 '화가 났다'는 메시지를 전하고 싶었는데 내가 화가 났다는 것은 표현되지 않고, B의 행동만 열거되어 있고, A의 추측이 더해져서 친구에게 명령하고 있다. B의 입장은 어떨까? '늦은 것이 사실이지만 5시가 넘은 것도 아니고, 저렇게 생색을 내야 하나? 내가 언제 무시했다고? 이렇게 지적하는 것 보니 너는 나를 무시하는구나.' 이렇게 생각할지 모른다. 대화가 이쯤 되면 A는 화났다는 것도 제대로 전달하지 못하고, B와의 관계만 나빠질 뿐이다.

어떤 사람이 당신의 결점을 들추어 내며 고치라고 명령한다면 충고 내용이 옳다고 생각되어도 명령조의 충고를 듣는다는 것이 그렇게 즐겁지는 않을 것이다. 즉, 이러한 해결책을 제시하는 말투는 상대방에게 좋은 영향을 미치지 않는다. 너-메세지는 충고, 명령, 비난 등의 뜻을 내포하고 자존심을 상하게 하고 불쾌감을 주기 쉬워 생산적인 의사소통과 인간관계에 있어 방해가 된다.

나-메시지의 원리는 상대방의 행동 자체를 문제 삼고, 그의 행동에 대한 나의 반응을 판단이나 평가 없이 알려 줌으로써 반응에 대한 책임을 내가 지는 것이다. 앞의 상황에서 나-메시지를 사용하면 다음과 같이 말할 수 있다.

A: 나는 기다리는 동안 네가 5시까지 오지 못해서 영화를 보지 못하면 과제를 못하게 될까 봐 걱정도 되고, 혼자 기다리면서 화가 났어.
B: 미안해, 내가 늦게 와서 과제를 못하게 될까 봐 걱정했구나. 난 5시 영화 시작인지 모르고 평소 버스 타고 걸리는 시간만 생각하고 나왔는데, 버스가 좀 늦어서 딱 5시에 왔네. 다음에는 영화 시작 시간도 미리 체크하고, 네가 기다리면서 걱정하지 않게 빨리 나올게. 미안해.
A: 그래 알겠어. 서로 영화 시간 정확하게 말하지 않은 게 잘못이었네. 그래도 5시에 맞춰 왔으니 얼른 들어가서 영화 보자.
B: 응, 그러자.

이와 같이 표현하면 정확히 화가 난 주체가 나임을 알 수 있다. 즉, 화가 난 감정의 주인이 '나'인 것이고, B의 늦은 행동 때문에 A가 화난 것을 이야기하고 있다. 그러면 B는 정확히 A가 화가 났음을 알 수 있다. 그러면 B도 A의 화에 초점을 두고 미안한 마음을 정확하게 표현할 수 있을 것이다. 〈표 10-9〉의 형식에 맞추어 나의 마음을 표현하는 연습을 평소에 하면, 갈등상황에서 상대방과의 관계를 해치지 않고 자기표현을 정확하게 할 수 있다.

**〈표 10-9〉 나-메시지 방식으로 자기표현하기**

| |
|---|
| 1. 나를 주어로 말하기 |
| 2. 상대방의 문제가 되는 행동과 상황을 구체적으로 말하기 |
| 3. 상대방의 행동이 나에게 미친 영향과 결과를 명확하게 말하기 |
| 4. 나의 감정을 인정하고 솔직하게 말하기 |
| 5. 내 마음을 전달한 후 상대방의 말을 경청하기 |

〈활동 10-1〉

# 나의 대화 스타일 점검하기

## 활동목표

- 나의 인간관계 다이어그램을 그려본다.
- 나의 대화 스타일을 확인한다.
- 나의 점수를 바탕으로 '마음의 창' 유형을 알아본다.

## 진행과정

| 활동주제 | 주요 내용 및 방법 | 시간 |
|---|---|---|
| 나의 인간관계 | • 나의 인간관계 다이어그램을 그려 본다. | 10분 |
| 설문지 실시 및 활동지 작성 | • 나의 대화 스타일 설문지를 작성한다.<br>• 채점 방식에 따라 채점한다.<br>• 가로축에 듣기 점수를 세로축에 말하기 점수를 표시하여 대화 스타일(마음의 창)을 찾는다. | 10분 |
| 마무리 | • 자신의 대화 스타일(마음의 창) 유형이 같은 2~4명의 사람들로 소집단을 구성하여 평소 의사소통에 대해 이야기한다.<br>• 각 유형별로 더 바람직한 의사소통을 하기 위해 노력해야 할 점을 이야기해 본다. | 20분 |

## 유의점 및 특이사항

- 소집단으로 좌석을 배치하여 활동의 과정과 결과를 친구들과 공유하기
- 준비물: 활동지, 필기구

## ■ 나의 인간관계 다이어그램

다음의 지시에 따라 나의 인간관계 다이어그램을 그려봅시다.

1. 나를 중간에 그리고 나의 주변에 나의 소중한 사람들을 그린다.
2. 원의 크기는 영향력의 크기, 나와의 거리는 소통의 거리라고 할 수 있다.
3. 각 사람들과의 정서적 관계를 표시한다.

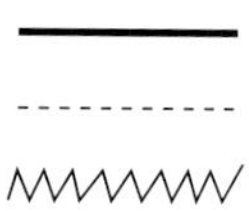


〈예시〉

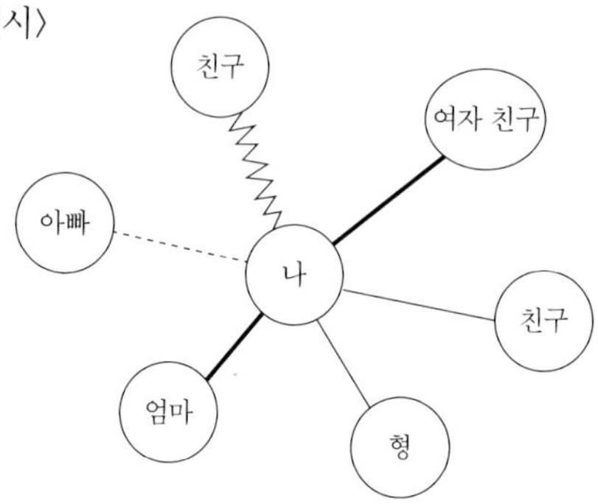

■ 나의 대화 스타일 설문지

1. 아래 문항들은 여러분이 일상생활에서 대화할 때 나타나는 자신의 생각과 행동입니다. 자신에게 가깝다고 생각되는 숫자에 ○표 해 봅시다.

| 구분 | 번호 | 문항 | 그렇지 않다 ⟷ 그렇다 | 소계 |
|---|---|---|---|---|
| A | 1 | 나는 상대방 의견에 공감하면 이를 바로 인정한다. | 1 2 3 4 5 6 7 8 9 10 | |
| | 2 | 나는 상대방의 잘못을 지적할 필요가 있을 때에는 직접 말한다. | 1 2 3 4 5 6 7 8 9 10 | |
| | 3 | 나는 나의 느낌을 상대방에게 솔직하게 표현한다. | 1 2 3 4 5 6 7 8 9 10 | |
| | 4 | 나는 걱정거리가 생길 경우 다른 사람을 찾아가 터놓고 의논한다. | 1 2 3 4 5 6 7 8 9 10 | |
| | 5 | 나는 상대방이 서운한 점을 표현하면 차분하게 그에게 설명한다. | 1 2 3 4 5 6 7 8 9 10 | |
| | 6 | 나는 달가운 일이 아닐지라도 상대방이 알아야 할 사항이라면 알려 준다. | 1 2 3 4 5 6 7 8 9 10 | |
| | 7 | 상대방의 의견이 나와 다를 경우, 나의 생각을 말하고 함께 검토해 본다. | 1 2 3 4 5 6 7 8 9 10 | |
| | 8 | 나는 말하기 거북한 내용이라도 상대방에게 솔직하게 말한다. | 1 2 3 4 5 6 7 8 9 10 | |
| | 9 | 나는 상대방에게 있는 그대로를 나타내며 가식이 없는 편이다. | 1 2 3 4 5 6 7 8 9 10 | |
| | 10 | 내가 옳다고 확신하는 것은 상대방을 잘 설득한다. | 1 2 3 4 5 6 7 8 9 10 | |
| B | 1 | 나는 상대방으로부터 납득하기 어려운 말을 들을 경우, 상황파악을 위한 질문을 하고 잘 들어 본다. | 1 2 3 4 5 6 7 8 9 10 | |
| | 2 | 나의 의견에 대해 상대방이 어떻게 생각하는지 물어본다. | 1 2 3 4 5 6 7 8 9 10 | |
| | 3 | 나는 상대방의 감정을 존중한다. | 1 2 3 4 5 6 7 8 9 10 | |
| | 4 | 나는 혼자 이야기를 계속하여 상대방을 불안하게 하지 않는다. | 1 2 3 4 5 6 7 8 9 10 | |
| | 5 | 나는 진심으로 상대방의 이야기를 들어준다. | 1 2 3 4 5 6 7 8 9 10 | |
| | 6 | 나는 누군가가 찾아오면 그의 의견을 듣고 대화를 독단적으로 끌고 가지 않는다. | 1 2 3 4 5 6 7 8 9 10 | |
| | 7 | 나는 상대방의 의견을 잘 받아들인다. | 1 2 3 4 5 6 7 8 9 10 | |
| | 8 | 나는 나의 실수에 대해 상대방에게 변명 하지 않고 비판에 귀를 기울인다. | 1 2 3 4 5 6 7 8 9 10 | |
| | 9 | 나는 나의 의견에 찬성하지 않는 사람이라도 그의 의견을 끝까지 듣는다. | 1 2 3 4 5 6 7 8 9 10 | |
| | 10 | 나는 상대방에게 그의 생각을 편하게 말하도록 권장한다. | 1 2 3 4 5 6 7 8 9 10 | |

출처: 김종운, 박성실(2011)에서 재구성.

2. 채점방법: 각 영역별로 합계를 구하여 소계 칸에 적는다. A, B의 숫자를 각각 10으로 나눈 점수를 구한다. 옆의 표에 A(말하기) 점수를 표시하고 가로선을 긋고 B(듣기) 점수를 표시하고 세로선을 긋는다. 그러면 4분면의 영역이 생기고 가장 넓은 영역이 자신의 유형이 된다.

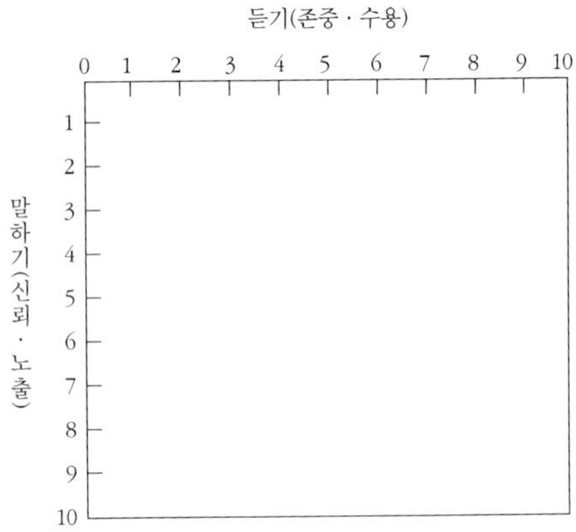


| | |
|---|---|
| A 말하기(신뢰 · 노출) | |
| B 듣기(존중 · 수용) | |

■ 나의 의사소통 특성 알아보기

다음의 자신의 유형을 찾아 나의 의사소통 특성을 살펴봅시다.

| | 대화 스타일 | 나의 의사소통 특성 |
|---|---|---|
| 개방형 | 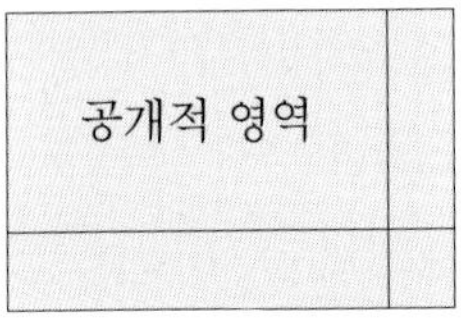 | |
| 주장형 | 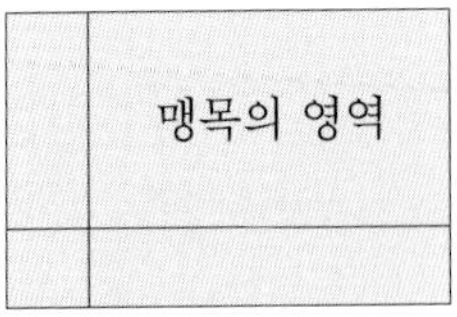 | |
| 신중형 | 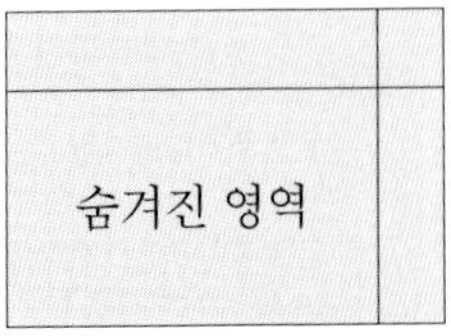 | |
| 고립형 | 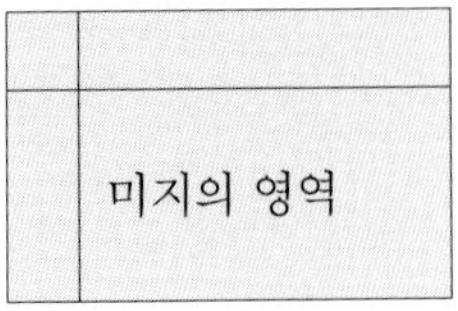 | |

〈활동 10-2〉

# 의사소통 유형 점검하기

## 활동목표

- 평소 사용하는 의사소통 방식을 점검한다.
- 의사소통 유형에 따라 자주 경험하는 인간관계의 어려움에 대해 이해한다.

## 진행과정

| 활동주제 | 주요 내용 및 방법 | 시간 |
|---|---|---|
| 설문지 실시 및 채점 | • Satir 의사소통 설문지를 작성한다.<br>• 채점 방식에 따라 채점한다. | 20분 |
| 활동지 작성 | • 자신의 인간관계 다이어그램에 사람들의 유형을 추측해 본다. | 10분 |
| 마무리 | • 자신의 인간관계를 더 만족스럽게 하기 위해 자신이 노력할 부분을 정리한다. | 10분 |

## 유의점 및 특이사항

- 준비물: 활동지, 필기구

■ Satir 의사소통 유형 검사지

1. 다음 항목을 보고, 자신에게 해당하는 문항에 ○표 하세요.

| 구분 | 번호 | 문항 | 그렇다 | 소계 |
|---|---|---|---|---|
| A | 1 | 나는 상대방이 불편하게 보이면 비위를 맞추려고 한다. | | |
| | 2 | 나는 관계나 일이 잘못되었을 때 자주 내 탓으로 돌린다. | | |
| | 3 | 나는 지나치게 남을 의식하여 나의 생각이나 감정을 표현하는 것을 두려워한다. | | |
| | 4 | 나는 사람들의 얼굴표정, 감정, 말투에 신경을 많이 쓴다. | | |
| | 5 | 나는 타인을 배려하고 잘 돌보아 주는 편이다. | | |
| | 6 | 나는 다른 사람들이 나를 싫어할까 봐 두려워서 위축되거나 불안을 느낄 때가 많다. | | |
| | 7 | 나는 타인의 요청을 거절하지 못하는 편이다. | | |
| | 8 | 나는 나 자신이 가치가 없는 것 같아 우울하게 느껴질 때가 많다. | | |
| B | 1 | 나는 일이 잘못되었을 때 자주 상대방의 탓으로 돌린다. | | |
| | 2 | 나는 다른 사람들의 의견을 무시하고 내 의견을 주장하는 편이다. | | |
| | 3 | 나는 내 의견이 받아들여지지 않으면 화가 나서 언성을 높인다. | | |
| | 4 | 나는 타인의 결점이나 잘못을 잘 찾아내어 비판한다. | | |
| | 5 | 나는 명령적이고 지시적인 말투를 자주 사용해서 상대방이 공격받았다는 느낌을 받는다. | | |
| | 6 | 나는 사소한 일에도 잘 흥분하거나 화를 낸다. | | |
| | 7 | 나는 자주 근육이 긴장되고 목이 뻣뻣하며 혈압이 오르는 것을 느끼곤 한다. | | |
| | 8 | 나는 타인으로부터 비판적이거나 융통성이 없다는 말을 듣기도 한다. | | |
| C | 1 | 나는 무슨 일이든지 조목조목 따지는 편이다. | | |
| | 2 | 나는 이성적이고 차분하며 냉정하게 생각한다. | | |
| | 3 | 나는 나의 견해를 분명하게 표현하기 위해 객관적인 자료를 자주 인용한다. | | |
| | 4 | 나는 실수하지 않으려고 애를 쓰는 편이다. | | |
| | 5 | 나는 불편한 상황을 그대로 넘기지 못하고 시시비비를 따지는 편이다. | | |
| | 6 | 나는 현명하고 침착하지만 냉정하다는 말을 자주 듣는다. | | |
| | 7 | 나는 나의 감정을 표현하는 것이 힘들고, 혼자인 느낌이 들 때가 많다. | | |
| | 8 | 나는 목소리가 단조롭고 무표정하며 경직된 자세를 취하는 편이다. | | |

| | | | | |
|---|---|---|---|---|
| D | 1 | 나는 생각이 자주 바뀌고 동시에 여러 가지 행동을 하는 편이다. | | |
| | 2 | 나는 다른 사람들로부터 정신이 없거나 산만하다는 소리를 듣는다. | | |
| | 3 | 나는 상황에 적절하지 못한 말이나 행동을 자주하고 딴전을 피우는 편이다. | | |
| | 4 | 나는 곤란하거나 난처할 때는 농담이나 유머로 그 상황을 바꾸려 하는 편이다. | | |
| | 5 | 나는 불편한 상황에서는 안절부절못하거나 가만히 있지를 못한다. | | |
| | 6 | 나는 한 주제에 집중하기보다는 화제를 자주 바꾼다. | | |
| | 7 | 나는 분위기가 침체되거나 지루해지면 분위기를 바꾸려 한다. | | |
| | 8 | 나는 불안하면 호흡이 고르지 못하고 머리가 어지러운 경험을 하기도 한다. | | |
| E | 1 | 나는 타인의 평가에 구애받지 않고 내 의견을 말한다. | | |
| | 2 | 나는 부정적인 감정도 솔직하게 표현한다. | | |
| | 3 | 나는 다른 사람이 내게 부탁을 할 때 내가 원하지 않으면 거절한다. | | |
| | 4 | 나는 나 자신에 대해 편안하게 느낀다. | | |
| | 5 | 나는 모험하는 것을 두려워하지 않는다. | | |
| | 6 | 나는 다양한 경험에 개방적이다. | | |
| | 7 | 나는 나만의 독특한 개성을 존중한다. | | |
| | 8 | 나는 누가 나의 의견에 반대해도 감정이 상하지 않는다. | | |

출처: 김영애(2008).

채점방법:

각 영역별로 합계를 구하여 소계 칸에 적는다. 높은 점수가 나온 유형이 나의 주로 쓰는 의사소통 유형이다. 그러나 상황이나 대상에 따라 다른 유형을 사용할 수 있으므로 두 가지 이상의 유형이 높은 점수가 나올 수도 있다. 같은 점수일 때에는 상대방을 떠올려 봅시다.

| | A | B | C | D | E |
|---|---|---|---|---|---|
| 영역 | 회유형 | 비난형 | 초이성형 | 산만형 | 일치형 |
| 나의 점수 | | | | | |

3. 일치형으로 나아가기 위해 내가 노력할 부분을 작성해 봅시다.

## 참고문헌


강기철, 손종윤(2017). 고독사 통계에 대한 한일 비교 연구. 일본문화연구, 61, 5-25.

강문희, 이광자, 박경(1999). 인간관계의 이해. 서울: 학지사.

구정하, 김희정(2016). 대학생의 아동청소년기 집단따돌림 피해경험과 그 영향에 관한 질적 연구. 인간이해, 37(2), 139-166.

권석만(1997). 젊은이를 위한 인간관계 심리학. 서울: 학지사.

김교헌, 김경의, 김금미, 김세진, 원두리, 윤미라, 이경순, 장은영(2010). 젊은이를 위한 정신건강. 서울: 학지사.

김순구, 김옥숙(2004). 집단따돌림 극복 실패 과정. 아동과 권리, 8(1), 1-17.

김영애(2008). 의사소통방법론. 서울: 김영애가족치료연구소.

김유숙(2005). 가족치료 이론과 실제. 서울: 학지사.

김종운, 박성실(2011). 인간관계 심리학. 서울: 학지사.

김진숙, 김지은, 연미희, 이인수(2014). 인간관계와 의사소통. 서울: 창지사.

김혜원(2013). 청소년 학교폭력. 서울: 학지사.

박미숙, 오청욱, 강혜경(2017). 간호대학생의 집단따돌림 피해경험, 자아탄력성 및 지각된 스트레스와 대학생활 적응과의 관계. 한국융합학회논문지, 8(2), 73-81.

박영신, 김의철, 김묘성(2002). IMF이대 이후 초, 중, 고, 대학생과 부모 스트레스 경험과 대처양식 및 사회지원. 문화 및 사회문제, 8(2), 105-135.

배상식(2006). 아리스토텔레스 '우정(philia)'의 현대철학적 이념: 개인과 공동체 간의 새로운 관계 모색. 동서철학연구, 39, 157-185.

서영석, 안하얀, 이채리, 최정윤(2015). 집단따돌림 외상 경험 및 극복 과정 연구. 상담 및 심리치료, 27(3), 685-719.

송성자, 정문자(1994). 경험적 가족치료. 서울: 중앙적성출판사.

최주언 역(2017). 인구 절벽을 넘어 다시 성장하라. 서울: 처음북스.

유영달, 이희영, 김용수, 이동훈, 하도겸, 유채은, 박현주, 천성문, 이정희, 박성미, 이희백(2013). 인간관계의 심리. 서울: 학지사.

이경언(2002). 동성친구와 이성친구간의 우정에 관한 비교 분석. 중앙대학교 석사학위논문.

이민규(2004). 현대생활의 적응과 정신건강: 행복한 삶을 위한 심리학. 서울: 교육과학사.

이영실, 임정문, 유영달(2011). 정신건강론. 서울: 창지사.

이재식, 김태희(2001). 2001학년도 신입생 실태조사 보고서. 연구보, 33(1), 1-34.

이철우(2008). 심리학이 연애를 말하다. 서울: 북로드.

정명진 역 (2005). 우리는 왜 사랑에 빠지는가? 서울: 생각의 나무.

정준희 역(2007). 부부를 위한 사랑의 기술. 서울: 해냄출판사.

청소년 대화의 광장(1997). 따돌리는 아이들, 따돌림 당하는 아이들. 청소년상담문제연구보고서, 29.

청소년폭력예방재단(2014). 2013학년도 전국 학교폭력 실태조사 보고서.

한덕웅, 성한기, 강혜자, 이경성, 최훈석, 박군석, 김금미, 장은영(2005). 사회심리학. 서울: 학지사.

Adler, R. B., & Proctor, R. F. (2014). *Looking Out, Looking In*. 정태연 역(2015). 인간관계와 의사소통의 심리학. 서울: 교육과학사.

Bartholomew, K., & Horowitz, L. M. (1991). Attachment styles among young adults: A test of a four-category model. *Journal of Personality and Social Psychology, 61*, 226-244.

Baumgardner, S. R., & Crothers, M. K. (2009). 이재식, 홍창희, 안신호 역(2009). 긍정심리학. 서울: 시그마프레스.

Bowlby, J. (1973). *Attachment and Loss: Vol. 2. Separation, Anxiety and Anger*. New York: Basic Books.

Bowlby, J. (1979). *The Making and Breaking of Affectional Bonds*. London: Tavistock.

Brisch, K. H. (1999). *Bindungsstörungen Von der Bindungstheorie zur Therapie*. 장휘숙 역(2003). 애착장애의 치료. 서울: 시그마 프레스.

제석봉, 유계식, 김창진 역 (2015). 유능한 상담사. 서울: 학지사.

Olson, D. H., & Olson, A. K. (2000). *Empowering Couples: Building on your strengths*. Minneapolis: Life Innovations, Inc.

Vaillant G. E. (2002). *What makes us Happy?*. 이덕남 역(2009). 행복의 조건. 서울: 프런티어.

관태기 http://www.hikostat.kr/3087(2017. 12. 27. 인출)

제11장

# 스트레스 대처

## 학습목표

- 스트레스의 개념에 대해 안다.
- 스트레스 요인을 분석한다.
- 스트레스 대처 방식에 대해 이해하고 자신에게 맞는 적응적 대처 방식을 찾는다.

현대인들이 어려운 상황에서 가장 빈번하게 사용하는 말이 ‘스트레스 받는다.’일 것이다. 스트레스는 무엇이고 스트레스를 누가, 무엇이, 어떻게, 주는 것이기에 내가 받는다는 것일까? 스트레스(Stress)의 어원은 라틴어 ‘Stringer’에서 유래된 것으로 ‘팽팽하게 죄다’라는 의미를 가지고 있다. 스트레스는 환경적인 어려움, 경제적 곤란, 심리적 고통뿐만 아니라 외부의 상황에 대해 느끼는 심리적 위협과 고통을 모두 일컫는 말로 광범위하게 사용되고 있다.

전 생애를 볼 때 대학생 시기는 부모로부터의 독립, 학업, 취업, 이성관계 등 인생과업이 늘어나면서 스트레스가 많은 시기라고 할 수 있다. 그렇다고 피해 갈 수 있을까? 이러한 인생 과업들을 피해 가면 이를 성취하거나 그 과정에서 느끼는 충만감과 성공감 등 인생의 즐거움을 잃을 뿐 아니라 부모의 간섭, 무능함, 무직, 고독감이라는 더 큰 스트레스를 만나게 될 것이다. 피할 수 없으면 즐기라 했던가? 이쯤 되면, 인생을 살아가는 데 겪는 어려움과 고통이 있더라도 우리는 인생을 살아가야 하고, 그 과정에서 만나는 스트레스를 인생의 일부분으로 여기는 것이 현명하다. 미리 예방할 수 있는 부분은 예방하고, 스트레스를 만나면 적극적으로 대처하면서 나의 인생을 살아가야겠다는 다짐을 하게 된다.

## 1. 스트레스의 이해

우리나라 국민이 느끼는 스트레스는 어떠한가? 통계청(2016) 사회조사 결과에 따르면, 직장생활 스트레스(73.4%), 전반적 생활 스트레스(54.8%), 학교생활 스트레스(52.9%), 가정생활 스트레스(42.7%) 순으로 나타났다(송선미, 2017a). 이러한 국민의 스트레스 진단과 관리를 위해 보건복지부는 2016년 관계 부처 합동으로 발표된 '정신건강종합대책'을 마련하고, 스트레스 고위험군 집중관리를 주요 추진 과제로 제시하였다. 현재 스트레스 관리를 위한 보건 서비스는 정신건강 증진 차원에서 전국 24개 광역 정신건강센터와 시 · 군 · 구 지방자치단체 권역에 위치한 209개 정신건강증진센터를 중심으로 부분적으로 제공되고 있다. 특히, 스트레스는 흡연, 음주, 운동, 식생활 등 주요 건강행동과 밀접한 관련이 있으므로, 각 지역사회에서는 통합건강증진사업을 통해 금연, 절주, 영양 등 건강생활 실천을 위한 보건 서비스를 제공하고 있다.

이렇게 국민의 스트레스 관리를 위해 국가가 나서고 있지만 국민의 스트레스 감소에 효과가 있는지는 생각해 볼 일이다. 국민의 한 사람으로서 금연, 절주, 영양 등에 관한 서비스를 받는다고 해서 나의 스트레스가 관리될 것 같지 않다. 그러므로 나의 스트레스의 실체가 무엇이며 어떻게 스트레스에 대처하는 것이 필요한지 내가 할 수 있는 구체적 노력들을 점검하는 것이 더 중요할 것 같다.

세계보건기구(WHO)에서는 정신건강이 건강의 근본적인 요소임을 강조하면서 스트레스와 낮은 삶의 질을 관리할 수 있는 예방적 서비스를 모든 국민에게 확대 제공하는 방안이 가장 효과적이며 비용을 절감할 수 있는 방안임을 강조하였다(송선미, 2017b). 무한경쟁 사회에서 계속되는 긴장을 없애는 것이 불가능하다는 것을 전제한다면, 직장도 다녀야 하고, 가정생활도 해야 하고, 공부도 해야 하는 등, 일상을 살아야 하는 현대인에게 스트레스를 이해하고 관리할 수 있는 방법을 아는 것은 시급한 일이 아닐 수 없다. 특히, 스트레스를 많이 느끼는 사람들의 자살 충동이 30.4%에 달한다는 결과는 스트레스에 취약한 사람들의 정신건강이 매우 위태롭다는 것을 말해 준다(통계청, 2016).

이렇게 스트레스 수치가 높은 우리 사회에 사는 대학생의 스트레스에 대한 이해와 대처를 위한 방법을 알아보기 위해 스트레스를 받고 있는 대학생의 삶을 구체적으로 가정해 보자.

○○대학교 ○○학과 3학년 왕짜증 님이 있다. 최근 왕짜증 님은 이런 저런 고민으로 잠도 잘 오지 않고, 수업에 빠지는 일이 종종 있고, 아르바이트도 힘겹게 느껴져서 휴학을 할까 고민 중이다. 교수의 권유로 교내 학생상담센터를 찾아 온 왕짜증 님은 다음과 같은 어려움을 호소하였다.

대학교 3학년이 되고 동생이 대학에 입학하면서 경제적 부담에 대한 책임감과 취직에 대한 압박감이 느껴지고, 취직하지 못하면 어떡하나 하는 막연한 불안감이 생겼다. 이런 생각 때문에 주말 아르바이트를 하고 있는데, 막상 3학년이 되어 학습 분량과 과제가 많아져서 잠도 못자고, 조별 과제를 하기 위해 친구를 만나려고 해도 아르바이트 때문에 시간에 늘 쫓기고 있어서 친구들에게도 미안함을 느끼고 있다. SNS에 올라오는 친구들의 사진은 여행, 먹방, 신상에 대한 것이지만, 왕짜증 님은 그럴 수 있는 시간과 여유가 없어 더 비참할 뿐이다. 홧김에 별로 필요하지도 않은 가방을 사고, 또 한 달 동안 후회하면서 힘겹게 아르바이트를 했다.

1년 넘게 사귄 여자친구는 먼저 취업을 했지만, 자존심 때문에 데이트 비용을 여자친구가 모두 내는 것이 싫고, 그러다 보니 여자친구를 만나는 것도 모두 돈쓰는 일로 여겨져서 피하게 되었다. 학과 성적은 그럭저럭 괜찮지만, 마땅한 스펙도 없고, 졸업을 한다고 해서 이 상황이 나아질 것 같지도 않아서 요즘은 가난한 집사정이 원망스럽기도 하다. 한편으로는 이런 생각을 하는 자신이 더 나약하고 못나 보여서 스스로가 싫어진다. 혼자 생각하니 나아질 것 같지 않은 상황 때문에 더 위축되고, 동생에게 신경질을 부리고, 부모에게 짜증내는 자신의 모습에 더 실망스러워 우울하다.

필자는 이 예를 쓰면서, 여러분은 이 예를 읽으면서 표정이 굳어지고 어깨가 딱딱해지는 것을 느꼈을 것이다. 왕짜증 님의 이야기에 공감되어 우리 모두 스트레스를 받은 것이다. 왕짜증 님은 스트레스를 받은 상황이고 어떻게 스트레스에 대처해야할지 고민하고 있다. 왕짜증 님의 스트레스의 원인은 무엇이고, 스트레스를 가중시키는 요소는 무엇인지 알아보고, 왕짜증 님이 스트레스에 대처할 수 있는 방법을 찾아보자. 왕짜증 님이 어떤 노력을 하면 지금의 스트레스를 극복할 수 있을지 지금까지 연구된 결과들을 중심으로 차근차근 풀어 보도록 하자.

### 1) 스트레스의 개념과 정의

스트레스는 "본인이 처한 상황을 위협적이라고 느끼거나 본인이 가진 능력과 자원으로 극복하기 힘들다고 느끼는 상태"(Lazarus, 2006)를 의미한다. 이 정의에 따르면, 대학생은 학점이 목표한 만큼 나오지 않았을 때, 친한 친구와 싸웠을 때, 친구들은 취직을 했는데 나는 아직 취업을 하지 못했을 때, 이성친구를 사귀지 못할 때 등 다양한 스트레스 상황을 마주치게 된다. Lazarus(2006)는 스트레스를 '비통상적인 반응을 요구하는 사건이나 상황'으로 개념화하고, 세 가지 범주, 즉 자극으로서의 스트레스, 반응으로서의 스트레스, 역동적 상호작용으로서의 스트레스로 구분하였다.

#### (1) 자극으로서의 스트레스

일반적으로 스트레스 반응을 일으키는 상황을 이야기한다. 즉, 시험 기간, 층간 소음, 비좁은 공간 등의 물리적 환경, 그리고 낮은 학점, 실연, 교통사고와 같은 심리사회적 사건 등이 스트레스 자극이 될 수 있다. 개인의 특성과는 상관없이 객관적으로 누구나 경험하게 되는 죽음, 질병, 출산 등과 같은 삶의 다양한 측면도 스트레스 자극이 될 수 있다. 왕짜증 님의 경제적 상황, 주말 아르바이트의 피곤함, 친구들의 SNS 소식 등이 자극으로서의 스트레스이다.

(2) 반응으로서의 스트레스

이는 스트레스 사건을 경험할 때 일어나는 신체적 심리적인 반응을 의미한다. '스트레스를 받아서 힘들다.'고 말할 때의 스트레스이다. 이러한 스트레스 반응으로는 일시적인 놀람, 분노, 불안 등과 같은 부정적인 정서 경험을 할 수 있고, 장기적으로는 개인에게 신경성 질병이나 우울증, 불안 등 심리적 장애를 일으킬 수 있다. 왕짜증 님의 불면증, 취업에 대한 압박감, 경제적 부담에 대한 책임감, 비교에 의한 위축감, 자신이 못나 보이는 우울감 등이 반응으로서의 스트레스에 해당된다.

(3) 역동적 상호작용으로서의 스트레스

자극과 반응을 모두 고려한 상태에서 개인의 지각과 평가를 강조한 심리적 관점에서의 스트레스를 의미한다. 이는 자극이 되는 스트레스 사건 자체보다는 그 사건을 어떻게 평가하고 해석하는가에 따라 스트레스에 대한 반응이 달라진다는 것이다. 왕짜증 님은 구하기도 어려운 아르바이트를 구했고, 아르바이트를 할 수 있는 건강함이 있고, 시간이 없는 자신을 같은 조에 넣어 주는 친구들이 있고, 취업하고도 자신을 사랑하는 여자친구가 있다. 왕짜증 님이 부러운 여러분이 있을 것이다. 이처럼 동일한 스트레스 사건에 대해서도 그 사건을 얼마나 위협적으로 지각하는지, 스트레스에 대처할 수 있는 자원과 능력을 가지고 있는지에 따라 스트레스에 대한 반응이 달라진다는 것이다.

지금까지 스트레스의 정의는 부정적인 관점에서만 다루어졌다. 역동적 상호작용으로서의 스트레스의 정의에서 보듯이, 스트레스를 해석하는 관점이 달라지면 스트레스의 긍정적 측면이 보인다. [그림 11-1]에서는 스트레스를 그 영향과 효과에 따라 부정적 스트레스인 디스트레스(distress)와 긍정적 스트레스인 유스트레스(eustress)로 구분하였다.

[그림 11-1]에서 디스트레스는 저조한 수행이나 성장과 같은 부정적인 결과를 야기하는 스트레스이고, 유트스레스는 향상된 수행 또는 개인적인 성장처럼 긍정적인 결과를 일으키는 스트레스를 나타낸다(Greenberg, 2009). 왕짜증 님이 시험 기간에 받는 스트레스는 좋은 예시가 될 수 있다. 시험 기간이 되면 도서관 자리잡기,

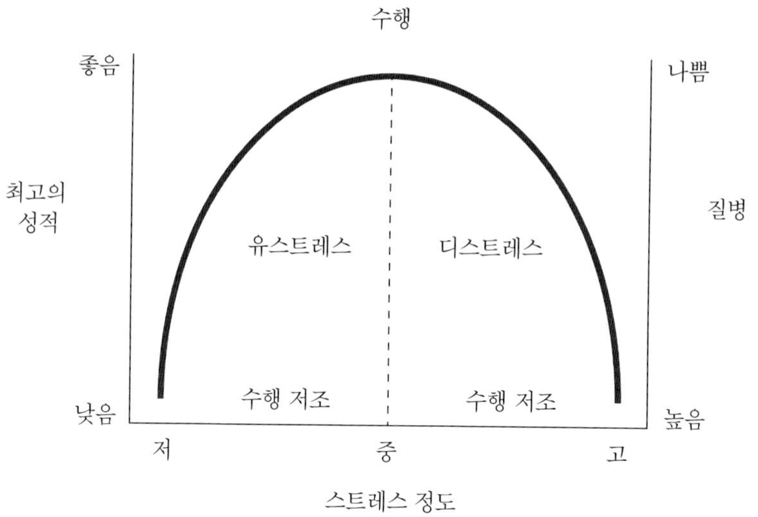


**[그림 11-1] 여크스-도슨 커브(Yerkes-Dodson Curve)**

출처: Greenberg (2009).

시험공부 계획, 아르바이트 시간 조절을 하는 등 평소보다 신경 써야 할 일이 많아지고 긴장이 된다. 이 시험 기간의 상황을 디스트레스로 인식하여 공부할 분량에 대한 압박감과 결과에 대한 걱정 등으로 더 힘든 시간을 보낼 수도 있다. 그러나 이러한 시험 기간은 적당한 긴장을 주고 시간관리도 적극적으로 하게 되어, 공부를 열심히 하게 되면, 유스트레스로 작용하게 되어 더 많이 공부하게 되고, 시험결과도 좋아지고, 시간을 관리하는 방법도 배우게 될 것이다.

### 2) 스트레스의 원인

인간의 삶의 변화는 스트레스를 유발하는 중요한 요인이다. 삶의 변화는 원하든 원하지 않든 계속된다. 이러한 변화를 긍정과 부정으로 나누어서 설명할 수는 없지만, 아동은 성장통을 겪으면서 스트레스를 받고, 노인은 노화로 인해 스트레스를 받는다. 인간의 일생의 변화를 보면 동생이 태어나고, 이사를 가고, 학교에 들어가고, 단짝과 다른 반이 되고, 학급 반장이 되고, 전교 회장에 떨어지고, 공부를 잘하고, 성적이 기대만큼 나오지 않고, 교통사고를 당하고, 친구랑 싸우고, 대학에 합격하고, 학사경고를 받고, 공모전에 출품하는 등의 순간들이 스트레스였지만, 이러한 인생 사건들이 모여서 지금의 내가 된 것이다. 앞으로 만나게 될 스트레스도 많다. 취업, 승진, 결혼, 부모의 죽음, 부부갈등, 자녀 출산, 내 집 마련, 질병, 휴가계획, 경제적 어려움, 노후 걱정, 은퇴 등등 기쁘고 슬픈 모든 일들이 스트레스를 동반할 것이다.

이러한 일상생활 사건과 스트레스의 관련성을 연구하기 위해 1967년 Holmes와 Rahe는 사회적응평정척도(social adjustment rating scale)를 개발하였다. 이 척도는 사람들이 삶에서 경험하는 다양한 스트레스 총 43개에 일정 수치를 부여하여 그 순위를 정하였다. 〈표 11-1〉의 왼쪽에 성인의 사회적응평정척도의 순위가 일부 나와 있는데, 배우자 사망이 1위이고 직장에서 은퇴가 10위인 것을 볼 수 있다(오경자 외, 2014에서 재인용). 자신이 1년 동안 43개의 사건을 얼마나 자주 경험했는지를 표시하고 각 사건의 생활변화지수를 더하면 지난 1년간 경험한 재적응을 위한 스트레스의 총량이 된다. 따라서 한 사건의 심각성도 중요하지만 심각하지 않은 사건도 자주 일어나면 생활변화지수 총점이 증가하므로 작은 일상생활에 대한 스트레스 관리의 중요성을 알 수 있다.

**〈표 11-1〉 스트레스가 되는 생활사건**

| 성인: 사회적응평정척도 * | 학생: 대학생 스트레스 설문지 ** |
|---|---|
| 1. 배우자 사망 | 1. 사망(가족 구성원이나 친구) |
| 2. 이혼 | 2. 시련이 많음 |
| 3. 부부 별거 | 3. 기말고사 기간임 |
| 4. 수감 | 4. 대학원 지원 |
| 5. 가까운 가족 구성원의 죽음 | 5. 범죄의 희생자 |
| 6. 개인적인 사고나 병 | 6. 모든 수업 과제의 마감일이 같은 것 |
| 7. 결혼 | 7. 이성친구와 헤어짐 |
| 8. 직장 해고 | 8. 이성친구가 다른 사람과 몰래 사귀는 것을 알았을 때 |

| | |
|---|---|
| 9. 결혼 갈등의 중재 상황 | 9. 맞춰야 할 마감일이 많을 때 |
| 10. 은퇴 | 10. 재산 도난당함 |
| 11. 가족 구성원의 건강상 변화 | 11. 힘든 한 주를 보냄 |
| 12. 임신 | 12. 준비되지 않은 상태로 시험 보기 |
| 13. 성격 문제 | 13. 뭔가 잃어버림(지갑 같은 것) |
| 14. 새로운 가족 구성원의 영입 | 14. 애완동물의 죽음 |
| 15. 사업 재적응 | 15. 예상보다 시험을 못 봄 |
| 16. 재정적 상태의 변화 | 16. 면접 |
| 17. 친한 친구의 죽음 | 17. 수업 프로젝트나 연구 논문의 마감 |
| 18. 직장에서의 업무 변화 | 18. 시험 못 본 것 |
| 19. 배우자와의 논쟁 빈도의 변화 | 19. 부모의 이혼 |
| 20. 10,000달러 이상의 주택 대출금 | 20. 다른 사람에게 의존하기 |
| 21. 주택의 압류 혹은 빚 | 21. 룸메이트와의 갈등 |
| 22. 직장에서의 책임 변화 | 22. 차나 자전거의 고장, 타이어 펑크 등 |
| ⋮ | ⋮ |
| * 전체 척도는 43개 항목으로 구성됨<br>출처: Holmes & Rahe (1967). | ** 전체척도는 83개 항목으로 구성됨<br>출처: Crandall, Preisler & Aussprung (1992). |

출처: Comer (2014).

사회적응평정척도는 특정 인구집단의 특수한 생활 스트레스에 대한 반응을 고려하지 않았다는 단점이 있는데, 대학생의 스트레스는 일반 스트레스와 항목이 다른 것을 알 수 있다. 〈표 11-1〉의 오른쪽에 대학생 스트레스 질문지의 항목이 있는데, 가족 구성원이나 친구의 사망, 룸메이트와의 갈등, 낙제, 대학원 지원과 같은 스트레스를 가지고 있는 것으로 드러났다(오경자 외, 2014에서 재인용).

### 3) 스트레스에 대한 반응

일상생활에서 경험하는 스트레스 원인에 대한 신호로 다양한 신체적 · 심리적 · 행동적 증상이 나타난다. 사람들은 스트레스를 표출하거나 저항하기 위해 우리 신체는 다양한 반응을 일으킨다. 병원에 갔을 때 원인이 뚜렷하지 않으면, '신경성 두통, 신경성 요통, 과민성대장증후군'이라고 한다. 스트레스에 대한 신체적 증상은 사람마다 다르고 대체로 자신의 취약한 기관에서 먼저 신호를 보내게 된다. 요통, 불면증, 현기증, 식욕부진, 지나친 허기, 피부발진, 두통, 설사, 변비, 메스꺼움, 졸도, 위 경련, 근육 경련, 심장 두근거림, 탈진 등 수많은 신경성 반응이 나타난다. 왕짜증 님이 느끼는 불면증, 두통 등이 신체적 증상이라고 할 수 있다.

스트레스를 받으면 신체적 증상뿐만 아니라 우리의 정서도 요동친다. 불안, 우울, 짜증, 공포, 지루함 등이 스트레스를 유발하기도 하지만, 그 자체가 스트레스의 심리적 증상들이기도 하다. 분노, 죄책감, 불안, 무력감, 무관심, 적개심, 권태감, 성급함, 우울, 주의산만, 피로감, 짜증, 거절, 좌절감, 안절부절 못함 등 다양한 심리적 증상이 있는데, 이러한 심리적 증상은 부가적인 스트레스를 유발하고 스트레스에 대처할 수 있는 자원을 약화시킨다. 왕짜증 님이 부모에게 짜증을 내고, 피로감, 우울감, 무력감을 느끼는 것이 심리적 증상이라고 할 수 있다.

스트레스를 받으면 평소와는 다른 돌출행동들이 보이는데, 입술 물어뜯기, 안면경련, 과잉반응, 이갈이, 말 더듬기, 충동적 행동, 악담하기 등이 있다. 이런 행동들이 일시적으로 긴장감을 풀어 주기 때문에 도움이 될 때도 있지만, 좀 더 적극적으로 운동하기와 같은 신체적 대처가 도움이 될 수 있다. 왕짜증 님은 수면 부족과 시간 부족으로 피로감이 쌓여 있고, 충동적으로 쇼핑을 하거나 동생에게 신경질을 내는 등 심리적 증상을 보이고 있는데, 육체적 피로감을 극복하기 위해 햇빛을 보고 산책하기, 좋아하는 운동을 하는 것이 도움이 될 것이다.

〈표 11-2〉 스트레스와 관련 있는 질병

| | |
|---|---|
| 소화기계의 심신증 | 소화성 궤양(위 · 십이지장궤양), 과민성대장증후군, 궤양성 대장염, 담도 운동장애, 신경성 식욕부진증, 심인성 다식증, 신경성 구토증, 식도경련, 유문경련, 탐기, 만성 위염 등 |
| 순환기계의 심신증 | 본태성 고혈압증, 본태성 저혈압증, 신경성 협심증, 발작성 변맥증, 레이노병, 기외수축 기타의 부정맥, 심장신경증 등 |
| 호흡기계의 심신증 | 기관지천식, 과호흡증후군, 신경성 헤수, 공기기아, 유식성 호흡 등 |
| 내분비계 · 대사계의 심신증 | 갑상선기능항진증, 당뇨병 등 |
| 골 · 근육계의 심신증 | 근육통, 요통, 섬유성 근통증후군, 근막동통증후군, 목위팔 증후군, 사경, 경성사경, 안면경련 등 |
| 피부과의 심신증 | 피부건강염려증, 안면홍보증, 만성 피부질환, 아토피성피부염, 피부소양증, 원형탈모증, 여드름, 접촉성 피부염, 다한증 등 |
| 산부인과의 심신증 | 월경전증후군, 월경외 출혈, 산후 우울증, 만성 골반통증, 월경곤란증, 갱년기장애, 난소기능부전증(불임증), 성기능장애, 산욕기 심신증, 상상임신, 난관경련, 외음부소양증 등 |
| 비뇨기과의 심신증 | 신경성 빈뇨, 성기능저하, 심인성 노폐, 위뇨증, 성불능증 등 |
| 외과 · 정형외과의 심신증 | 장관유착증, 변회수술증, 덤핑증후군, 요통, 오십견 등 |
| 이비인후과의 심신증 | 귀울림, 심인성 현훈, 어지럼증, 심인성 발성장애, 인후두이상 등 |
| 구강계의 심신증 | 편평태선, 아프타구내염, 단순 포진성 구내염, 급성 궤사성 궤양성 치은염, 이갈이 등 |

출처: 이종목, 이계윤, 김광운(2003).

그러나 이러한 스트레스 신호에 해당되는 반응들이 지속적으로 나타나게 되면 실제로 건강에 문제가 생기게 된다. 현재 스트레스와 관련이 있는 것으로 알려진 질병은 〈표 11-2〉와 같이 다양하다. 이러한 스트레스성 질병은 잠복기를 거쳐 시기적으로 40대부터 나타나기 시작하는데 우리는 이를 성인병 또는 현대병이라 부르고, 한국내과학회에서는 이러한 스트레스성 질병을 생활습관병으로 지칭했다(이종목, 이계윤, 김광운, 2003). 항목들을 보면 건강한 우리들도 한 번 씩은 병원에서 들었던 말인 것 같아 왠지 씁쓸해진다.

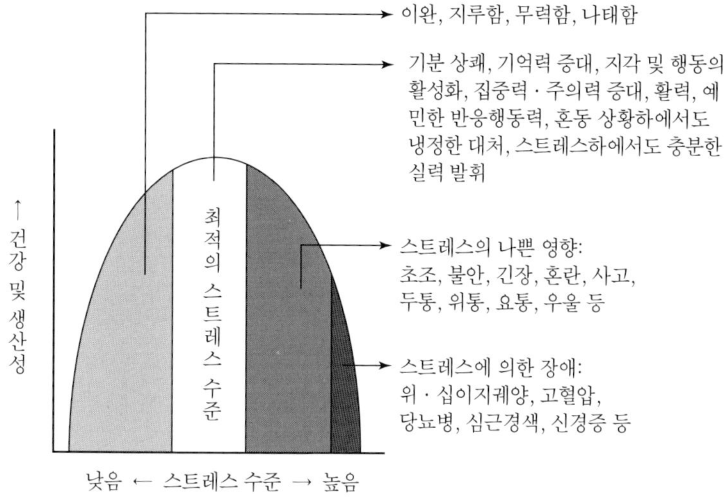


**[그림 11-3] 스트레스 수준에 따른 건강상태**

출처: 이종목, 이계윤, 김광운(2003).

스트레스를 종합적으로 설명하면, [그림 11-3]으로 정리할 수 있다. 스트레스 수준이 지나치게 높거나 낮아도 바람직한 것이 못되며, 스트레스는 적당한 수준을 유지해야 한다. 이를 최적 스트레스 수준이라고 하는데, 최적 각성 수준은 과제수행의 특성에 따라 달라진다. 쉬운 과제는 각성 수준이 높을 때, 어려운 과제는 낮은 각성 수준일 때 수행이 향상된다(이종목, 이계윤, 김광운, 2003).

# 2. 스트레스 대처

왕짜증 님의 이야기로 되돌아와 보자. 휴학을 하고 아르바이트를 하면서 여유를 찾고 돈을 모아서 남들이 가는 해외여행도 가는 것이 좋을까? 그러면 취업에 대한 불안과 경제적 상황에 대한 압박감이 줄어들까? 휴학할 수 있는 기간이 얼마 남지 않아 선택할 수 있는 시간도 부족하고, 이런 고민을 하는 동안 수업을 듣거나 과제를 하지 않을 수도 없기 때문에 고민을 하고 있는 이 상황조차도 너무 큰 스트레스이다. 왕짜증 님이 이 상황을 어떻게 대처하면 좋을까?

앞에서 스트레스가 무엇인지, 스트레스가 왜 발생하는지, 스트레스가 우리에게 미치는 영향에 대해 살펴보았다. 지금까지 우리는 누가 가르쳐 주지 않아도 이러한 스트레스를 경험할 때 자기 나름의 방식으로 스트레스에 대처해 왔다. 꽤 효과적인 것도 있었고, 때로는 그 대처법이 자신을 더욱 힘들게 만들기도 했을 것이다. 이 절에서는 스트레스의 대처와 관리에 대해서 구체적으로 살펴보고, 스트레스를 건설적으로 대처할 수 있는 효과적인 방법을 제시하고자 한다. 자신에게 적당한 방법을 선택해서 생활 속에서 실천해 보자.

### 1) 스트레스 대처의 이해

현대인의 삶은 더욱 다양한 자극과 사건들이 가득 차 있어서 긍정적이든 부정적이든 많은 스트레스에 노출되어 있다. 부정적인 생활사건 자체는 바꾸기 쉽지 않고 피해갈 수 없을지도 모르지만, 스트레스에 대한 대처(coping)는 개인의 노력으로 가능하며, 많은 사람들이 이미 나름의 방식으로 스트레스를 대처하고 있다. 다른 사람들은 스트레스를 받으면 어떻게 풀고 있을까? [그림 11-4]와 같이, 미국의 한 설문조사에 따르면. 대부분의 사람들은 스트레스를 줄이기 위해 인터넷에 접속하거나, TV를 보거나, 책을 읽거나, 음악을 듣고, 트윗팅을 하고 있다. 여러분이 사용하는 대처방법이 여기에 나와 있는가? 이런 활동 외에 자신이 하고 있는 스트레스 대처방법이 있다면 어떤 것이 있는지 떠올려 보자.

스트레스 대처는 앞에서 제시한 다양한 활동처럼 스트레스 사건에 의해 유발된 내적·외적 요구들을 다루는 데 사용되는 인지적·행동적 노력을 말한다(Lazarus & Folkman, 1984). 앞에서 제시한 이러한 방법들이 언제나 모두 효과적이었는가? 대처방식이 효과적인지를 검토하기 위해 이론적인 모형이 필요하다.

[그림 11-5]는 스트레스에 대한 생물심리사회학적 모형(Biopsychosocial Model of Stress)으로 스트레스의 발생 요인과 스트레스 관리에 관한 체계적인 모형을 제시하고 있다(Lutgendorf & Costanzo, 2003; 송선미, 2017a에서 재인용). [그림 11-5]의 윗부

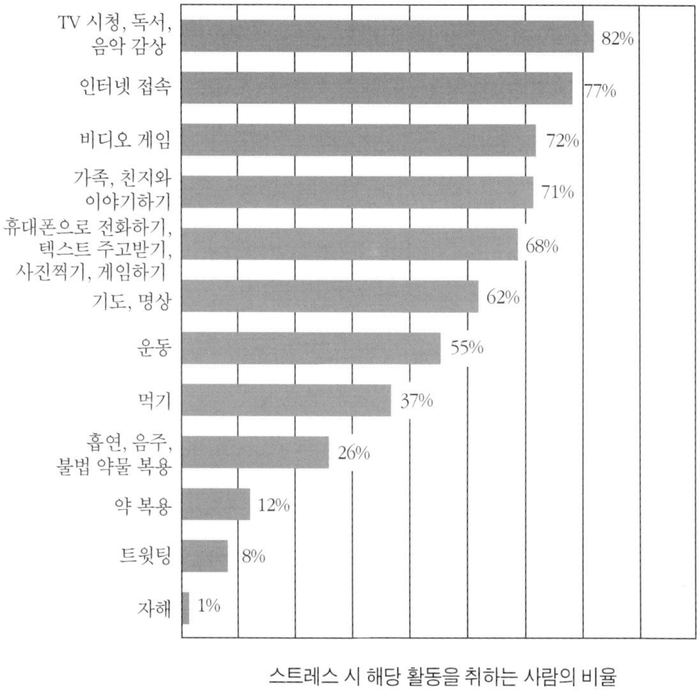


**[그림 11-4] 스트레스를 줄이기 위해 사람들은 무엇을 하는가?**

출처: Comer(2014).

분을 보면, 스트레스는 감정적인 반응과 동시에 신경, 호르몬 및 면역 체계를 통한 생리적 반응을 야기하는 것으로 알려졌다. 특히, 스트레스 반응은 단기적으로는 스트레스 상황에 대처하기 위한 정신적 준비 상태를 형성하고, 신체적 에너지를 활성화하며, 상처 회복 등을 돕는다. 그러나 스트레스 반응이 장기적으로 지속되면 스트레스 반응에 대한 신체적 조절능력이 떨어지면서 면역력 저하 등 신체적 질병뿐 아니라 정신질환인 우울, 불안장애 등의 위험성이 높아지며 전반적인 삶의 질도 저하된다.

그러나 유기체는 이러한 스트레스 상황이 되면, 다양한 형태의 스트레스 극복 반응(coping response)을 한다. [그림 11-5] 오른쪽 위의 건강행동 · 생활방식에서 구체화된 것처럼, 사람들은 스트레스 극복 반응의 일환으로 알코올, 흡연 등의 약물 사용이나 음식 섭취, 운동, 수면 등 다양한 건강행동이 나타난다. 스트레스 극복을

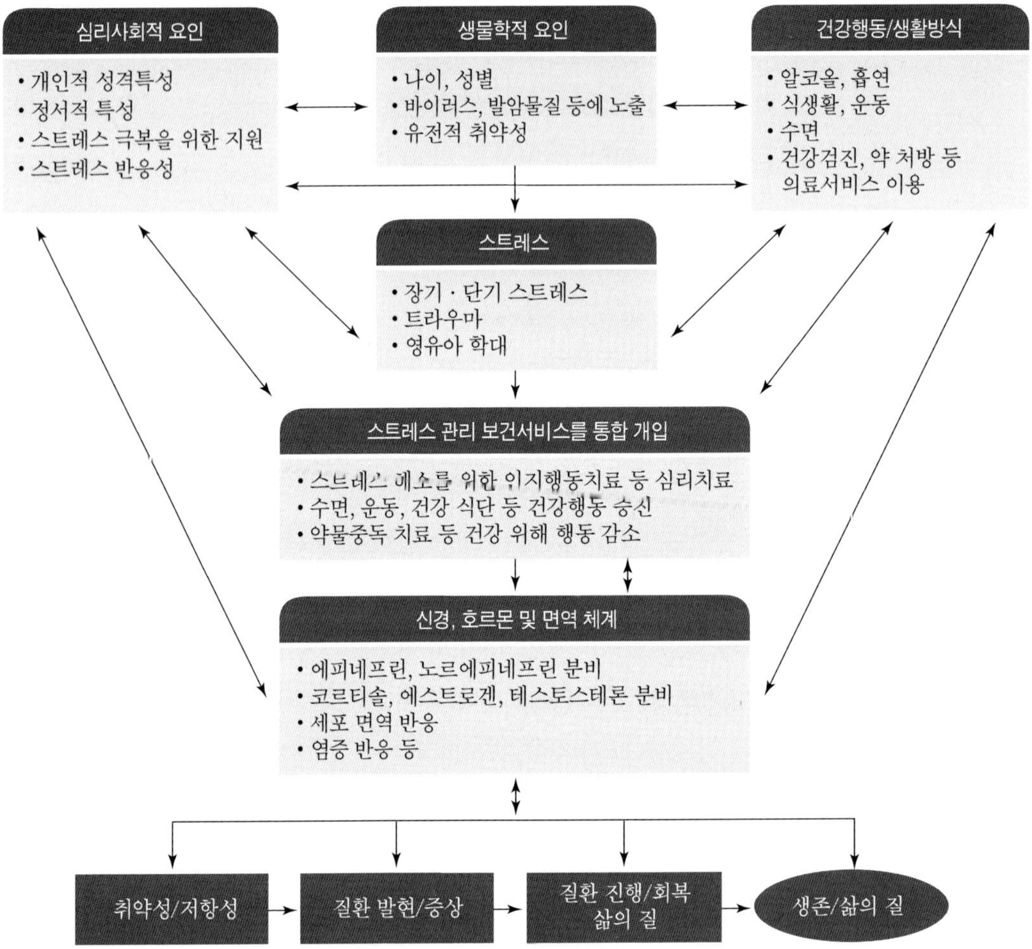


**[그림 11-5] 스트레스에 대한 생물심리사회학적 모형**

출처: Lutgendorf & Costanzo(2013).

위해 취하는 행동 중 알코올이나 흡연과 같이 스트레스 상황을 회피하기 위한 행동은 건강에 부정적인 영향이 있다. 반면에 스트레스 극복을 위하여 운동과 같이 건강을 증진하기 위한 행동을 하거나 적극적으로 스트레스 상황을 변화시키려는 행동을 하는 경우에는 건강에 긍정적인 영향을 미치는 것으로 드러났다.

스트레스 반응이 지속되면 개인적으로 스트레스를 대처하거나 사회적으로 스트레스 관리 보건서비스를 통해 적극적인 대처가 이루어지게 될 것이다. [그림 11-5]에서 보듯이, 이러한 개입이 효과적이면 다시 신경, 호르몬, 면역 체계에 영향을 미쳐서 스트레스에 대한 저항성이 높아져서 질병으로부터 회복될 수 있을 것이다. 만약 이러한 개입이 지속적으로 실패하면 질환이 발현되고 진행되어서 생존에 영향을 미치게 될 것이다.

이 모형을 보면, '건강한 마음, 건강한 신체(Mens sana, mens corpora)'라는 로마 격언을 떠올리게 한다. 스트레스를 받으면 신경계, 호르몬계, 면역계에 영향을 미치게 되고, 이는 심리사회적 변인과 상호작용하여 건강을 회복하든지 질병과 사망에 이르게 하는 것을 나타내고 있다. 결국 생물학적 · 생리적 변인뿐 아니라 심리사회적 변인이 함께 질병을 가져온다면, 우리는 자신의 건강과 행복을 위하여 의지적으로 실천하여 변화시킬 수 있는 심리사회적 변인들을 검토하고 이를 변화시켜야 할 것이다.

스트레스를 대처하는 방식은 스트레스를 일으키는 다양한 요소들을 각각 어떻게 대처할 것인지 큰 맥락 속에서 이해하는 것이 필요하다. [그림 11-6]과 같은 스트레스 모델은 여러 마을을 지나가는 데 필요한 지도라고 생각하자. 지나가는 길의 어디든지 차단 장치를 설치하여 스트레스를 대처할 수 있을 것이다(Greenberg, 2009). 이처럼 우리는 일상생활에서 스트레스에 대한 인식, 감정, 생리적 각성 그리고 병에 대한 취약성과 다른 영향을 이해하며, 이런 영향 사이사이에 중재할 수 있는 기회를 가지게 될 것이다.

왕짜증 님이 만약 기대한 만큼 성적이 나오지 않아서 성적 장학금을 받지 못하는 상황(단계 1)에 처했다고 하자. 단계 2에서 이 상황을 위협으로 해석할 것인지 아니면 인생에서 도전해야 하는 새로운 국면으로 해석할지 인지적 평가를 내리게 된다. 첫 번째 차단은 이 상황을 큰 위협으로 인지하지 않는 것이다. 단계 3에서 정서적 반응을 선택할 수 있다. 의기소침하고 우울하고 무기력하기를 선택할 것인가? 담담하고 안정적으로 대처할 것인가? 두 번째 차단은 담담하고 안정적인 정서적 반응을 선택하는 것이다. 단계 4에서 육체적 반응을 선택할 수 있다. 술을 마시거나, 주변 친구들에게 화를 내거나, 게임에 빠질 수도 있고, 한편 운동을 하거나, 영화를

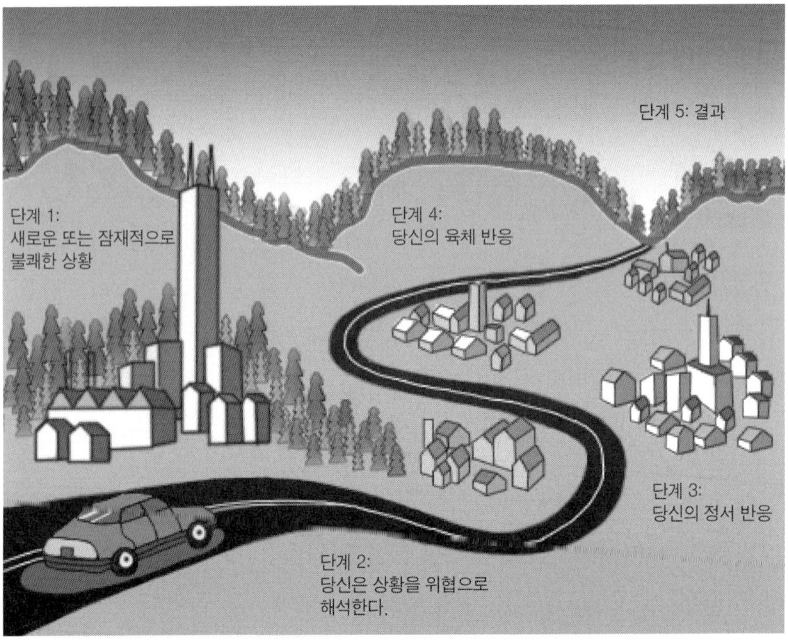


[그림 11-6] 스트레스 모델

보거나 기분을 전환할 수 있는 행동을 선택할 수 있다. 세 번째 차단은 자신에게 도움이 되는 행동을 선택하는 것이다. 그러면 단계 5에서 건강이 나빠지거나 학사 경고를 경험할 수도 있고, 다시 학습 습관을 점검하고 슬럼프에서 빠져나와 성적을 만회할 수도 있을 것이다.

### 2) 스트레스의 영향을 완화하는 요인

비슷한 스트레스 상황에서도 개인에 따라 스트레스에 영향을 받는 정도가 다르다. 운전면허증 시험에 떨어지면 어떤 사람은 운전을 포기하고, 또 어떤 사람은 다음 시험을 준비한다. 어떤 사람은 실연을 당해도 평소와 같이 생활하지만, 어떤 사람은 휴학을 한다. 분명 스트레스의 영향을 조절하거나 완화해 주는 요인이 사람마다 다른 것이다. 스트레스를 완화시키는 요인을 알아본다면, 평소 스트레스에 대한 대처능력을 향상시키는 예방적인 대처 방법이 될 것이다.

### (1) 스트레스에 대한 이해 정도

스트레스를 예측 · 통제할 수 있고, 그리고 스트레스가 무엇인지 알고 있어 친숙하다면 스트레스에 영향을 받는 정도가 작을 것이다. 지금 이렇게 대학생의 스트레스에 대해 객관적으로 알게 되면 미리 스트레스를 예측할 수도 있고, 현재 당면한 스트레스에 대해 통제할 수 있게 되어 적절하게 대처할 수 있게 된다. 예를 들어, 모의 면접을 해 보는 것(친숙성), 힘든 군대생활도 언젠가는 끝난다는 것을 아는 것(예측 가능성), 수업계획서에 맞추어 과제를 내면 과제점수를 받는다는 것을 안다면(통제 가능성) 스트레스를 훨씬 적게 받을 것이다.

### (2) 사회적 지지

개인이 어려움에 처했을 때 주변 사람들로부터 받는 다양한 형태의 도움과 지지를 사회적 지지라고 한다. 많은 연구에서 가족의 지원이 스트레스 대처에 도움이 된다고 한다. 많은 스트레스를 감당해야 할 상황에서도 가족의 지지가 높은 상태라면 스트레스가 완화될 수 있으며(최인, 김영숙, 서경현, 2009), 가족의 지지는 개인이 혼자 대처하기 힘든 스트레스 사건이 닥쳤을 때 자살 충동에 이르지 않고 이를 극복하는 보호요인으로 확인되었다(이윤주, 2009). 그러나 안타깝게도, 2011년 대한신경정신의학회의 '행복과 스트레스 인식' 조사에 따르면, 스트레스를 해소할 때 '혼자 있는다'는 응답이 48.3%이고, 그다음이 친구, 선후배, 가족과 대화한다고 하였다(보건복지부, 2011).

친밀한 관계에서 관심과 사랑, 인정 등 문제를 해결할 수 있는 정서적 지원을 받을 수 있으며 실제적인 정보, 물질적 원조 등 실질적인 긍정적 자원을 얻을 수도 있다. 앞 장에서 인간관계에 대해 알아보았는데, 스트레스를 받을 때 평소에 맺어놓은 인간관계가 빛을 발하게 될 것이다.

### (3) 자기개념

우리가 자신에 대해 어떻게 생각하는가? 바로 이것이 자기개념이다. 자신에 대해 '나는 괜찮은 사람'이라고 생각하고 자신을 믿고 어려운 일이 생겨도 잘 극복할 것이라고 믿는 사람은 자신에 대해 긍정적 자기개념을 갖고 있는 것이다. 반대로 부정적 자기개념을 가지고 있는 사람은 좋은 일이 있어도 그것은 행운이며 어쩌다가 생긴 일이라고 생각하고, 위기를 만나면 자신은 아무것도 할 수 없다고 생각하여 회피하거나, 자기 탓을 하거나, 부적응적으로 대처한다. 그러므로 평소에 자신이 어떤 사람인지, 무엇을 좋아하는 사람인지, 잘하는 것은 무엇인지처럼 긍정적 측면을 자각하고 개발하는 것이 필요하다.

### (4) 성격특성

성격적으로 스트레스에 취약한 사람이 있다. 1959년 미국의 심장 전문의 Friedman과 Rosenman은 관상동맥 심장질환에 취약한 성격특성을 규명하여 A유형 성격이라고 명명하였다. A유형 사람들은 마치 의자 끝에 앉아서 성격이 급하고 시간은 적게 들이면서 많은 것을 성취하려는 사람처럼 보인다. 그러니 교통정체에 불같이 화가 나고, 쉽게 긴장하고 공격적이며, 조급하여 스트레스 상황에서 혈압상승, 심장박동 증가와 같은 신체질병을 유발한다는 것이다. 반대로 B유형 사람들은 비교적 느긋하고, 자율적이고, 단기적인 목표에 일희일비하지 않고, 낙천적인 사람들이다.

최근 연구들은 낙관성(optimism)이 스트레스 대처에 중요함을 밝히고 있다. 낙관적인 사람들은 적극적 · 능동적으로 행동하고, 스트레스 상황에서 계획적인 방식으로 문제를 해결하며, 통제할 수 있는 상황에서는 적극적으로 문제를 해결하고, 통제할 수 없는 상황에서는 수용과 긍정적인 재해석을 활용하는 것으로 나타났다(김교헌 외, 2010).

### 3) 스트레스의 부적응적 대처

삶의 도처에 숨어 있는 스트레스를 나는 어떻게 대처해 왔는가? 항상 현명하거나 적응적으로 대처했는가? 성적이 떨어졌다고 술을 마셨더니 다음날 결석하게 되고, 괜히 부모님에게 짜증을 냈다가 통금시간이 당겨지고, 친구와 실컷 놀았다가 아파서 병원에 가기도 했을 것이다. 다음 대처법들은 일시적으로 효과적이었던 것 같지만 결국 더 큰 문제를 가져올 수 있다.

#### (1) 회피하기

힘든 일이 생기면 일단 회피하고 본다. 시간이 지나서 잊혀지기를 바라고 잠을 자거나 술을 마시거나 음악을 듣고 쇼핑을 한다. 회피하기는 스트레스로 인한 괴로운 감정을 조절하는 데 도움이 될 수도 있다. 그러나 스트레스 상황이 더 악화되고 결국 포기하게 되거나 부정적 결과를 가져올 수 있다. 친구에게 사과할 시간을 놓치거나, 성적을 회복할 수 있는 시간을 놓치는 것은 더 큰 스트레스를 불러 올 것이다.

#### (2) 포기하기

때로는 아무리 노력해도 가질 수 없는 것이 있다. 타인의 마음, 높은 성적, 완치와 같이 개인의 노력에도 불구하고 한계들이 있다. 현실적인 검토 후에 비현실적인 목표는 버려야 한다. 그러나 학습된 무기력(learned helplessness)처럼 자신이 환경을 통제할 수 없을 때, 이를 자신의 탓으로 돌려서 우울에 빠지기도 한다. 이러한 포기 행동이 일상생활에서 반복되면 이후의 삶에서 너무 많은 기회들을 시도조차 할 수 없기 때문에 효과적이지 않다.

#### (3) 쾌락의 추구

회피의 다른 형태로 스트레스를 게임으로 푼다거나, 대리 보상을 해 줄 수 있는 것에 몰두하는 것이다. 쇼핑으로 정신적 압박감을 푸는 경우, 도박, 알코올 중독,

인터넷 중독 등이 대표적일 수 있다. 처음에는 긍정적 경험을 겪을지도 모르지만, 절제하지 못하게 되면 결국 더 많은 것을 잃게 되는 위험한 방법이다.

#### (4) 상대방이나 다른 사람에게 표출하기

갈등의 관계에서 스트레스를 받았을 때, 우리는 스트레스의 원인을 남에게로 돌리기 쉽다. 상대방에게 화를 내거나 분노를 표출하는 것이 때로는 속은 시원할지 모르지만, 그 상대가 지속적인 관계를 유지해야 하는 관계라면 갈등은 더 악화될 것이다. 또한, 불편한 감정을 불특정한 다른 사람에게 화풀이할 수도 있다. 심지어 아동학대, 동물학대와 같이 나보다 힘이 적고 권력이 적은 존재를 화풀이 대상으로 선택하는 것은 매우 무책임하고 비열한 행동이다.

#### (5) 자신을 탓하기

스트레스 원인에 대한 화살을 자신에게 돌리는 것이다. 이러한 사람들은 애초에 자신이 공부를 잘하고, 외모가 뛰어나고, 경제력이 높고, 현명했더라면 이러한 실패를 경험하지 않았을 것이라고 생각한다. 어떤 부분에서 자신의 노력과 책임에 대한 귀인이 필요하지만, 과도하게 일반화하여 자신을 책망하는 것은 그 어떤 방법보다 심리적 손실이 크다. 스트레스의 원인을 찾는 이유가 이를 극복하기 위해서인데, 다시 스트레스에 맞설 힘까지 없어지도록 자신이 자기를 괴롭히는 것은 당장 그만두어야 한다.

### 4) 스트레스의 적응적 대처

이제 스트레스에 대해 효과적으로 대처할 수 있는 방법을 구체적으로 살펴보자. 모든 스트레스를 대처할 수 있는 정답은 없다. 그러나 문제에는 답이 있기 마련이다. 먼저, 평소에 앞에서 제시한 스트레스를 완화시킬 수 있는 노력을 꾸준히 하는 것이 도움이 된다. 그럼에도 불구하고 우리를 긴장하게 하는 스트레스가 발생한다면, 스트레스를 받는 상황을 먼저 인정하고 스트레스의 원인을 살펴보고, 자신의 성격과 상황에 맞는 스트레스 대처 방법을 선택하면 된다. 구체적으로 적용할 수 있는 문제중심적 대처, 인지적 대처, 신체적 대처는 다음과 같다.

### (1) 문제중심적 대처

문제중심적 대처방법은 스트레스를 유발시키는 문제 자체를 해결하고자 하는 노력으로 구체적인 문제해결 행동이 포함된다. 4단계로 이루어진 체계적 문제해결 전략을 살펴보자(김교헌 외, 2010).

#### ① 1단계: 문제 명료화하기

우리의 일상은 해결해야 할 과제들과 선택해야 하는 많은 질문들이 가득 차 있다. 그러나 우리는 스트레스 반응을 가장 먼저 지각한다. '오늘 힘들다. 쉬어야겠다.' '조별과제는 힘들어. 정말하기 싫다.' 이러한 표현들이 많아질수록 자기 스스로 '나는 스트레스를 많이 받는다.'라고 그냥 일반화한다. 때로는 부정적인 감정에 더 몰두하여 스트레스를 일으킨 원인이 무엇인지, 문제가 무엇인지, 부정적 감정이 무엇인지 혼란스럽게 된다.

#### ② 2단계: 해결책 마련하기

문제를 파악한 뒤 자신이 생각하는 모든 해결책을 나열해 본다. 가능한 한 많은 해결책을 떠올려 보고, 자신의 해결책이 한정되어 있으면 주변 사람들이나 경험자에게 조언을 구하여 다양한 해결책을 수집한다.

#### ③ 3단계: 해결책 평가하고 행동하기

2단계에서 마련한 대안들을 평가하여 그중 실용적이고, 실현 가능하고, 가장 적절한 해결책의 순위를 정하고 대안행동을 해보는 것이다. 같은 문제라도 상황에 따라 해결책이 달라질 수 있으므로 몇 가지 기준을 가지고 평가해 볼 수 있다. 성공 가능성, 예상치 못한 장애물이 있을 확률 등을 고려해 본다. 또한, 해결책을 수행하는 과정에서 부정적인 경험을 할 가능성이 있는지를 살펴본다. 이를 바탕으로 가장 현실적으로 실현 가능하고 위험 부담이 적은 대안을 선택한다.

#### ④ 4단계: 융통성 있게 해결책 실행하기

3단계에서 선택한 해결책을 행동으로 옮겨야 한다. 아무리 좋은 해결책도 꾸준히 실천하지 않으면 좋은 결과를 기대하기 어렵다. 자신이 선택한 해결책이 결과를 보일 때까지 충분히 노력해야 한다. 그러나 중간에 변수가 생기거나 변형된 더 좋은 방법이 있으면 세부 전략을 수정하는 융통성이 있어야 한다.

### (2) 인지적 대처

비슷한 사건이나 어려움을 경험하지만 누구는 스트레스를 많이 받고, 누구는 쉽게 극복하는 것은 스트레스 상황을 해석하는 사고방식이 다르기 때문이다. 즉, 스트레스를 해석하는 부정적인 사고방식을 보다 합리적이고 적응적인 사고방식으로 바꾸는 것이 필요하다. 특히, 대학생은 청소년기에 비해 인지적 대처를 사용할 수 있는 심리적 기반이 마련된다.

Roberts, Caspi와 Moffit(2001)은 청소년기 후반부터 20대 초반까지 정서적 안정성과 숙련감이 증가하는 것을 발견했다. 정서적 안정성은 청소년기의 특징인 충동성을 감소시키는 데 도움이 될 것이다. 또한, Arnett(2001)은 성인기로 전환하는 시점에서 자신의 행동에 대한 책임을 받아들이는 능력이 발달한다고 하였다. 그러므로 합리적 · 적응적 사고방식으로 스트레스에 대처하면, 우리는 정서적으로 안정되고 책임감 있는 성인이 되는 데 도움이 될 것이다.

Garnefski(2001)의 인지적 정서조절 전략은 정서적으로 각성된 정보를 인지적으로 다루는 것을 의미한다(이자영, 2012에서 재인용). 이러한 인지적 정서조절 전략은 우리가 정서나 느낌을 조절하고 다룰 수 있도록 돕고, 정서를 통제하거나 넘치지 않게 돕는다. 그는 아홉 가지의 인지적 정서조절 전략을 분류하였는데, 적절성은 특정상황에 따라 달라질 수 있지만, 이론적으로는 적응적 조절전략이 조망확대, 계획 다시 생각하기, 긍정적 초점 변경, 수용, 긍정적 재평가의 다섯 가지이며, 부적응적 조절전략은 자기비난, 타인비난, 반추, 파국화 네 가지이다. 부적응적 조절전략은 스트레스의 부적응적 대처이므로 앞 단락에 해당되지만, 인지적 정서조절 전략의 하위요인으로 함께 살펴보고자 한다.

**① 조망확대**

지금 일어난 일이 너무 집중되어 있어 스트레스가 크게 보일 수 있다. 다른 사건과 비교해서 그만하길 다행이라고 생각하는 것이다. 앞에서 예로 든 왕짜증 님이 가정 형편이 어렵지만, 다행히 동생과 함께 대학을 다닐 수 있는 정도의 여유가 되는 것이 참 다행이기도 하다고 생각하는 것이다.

**② 계획 다시 생각하기**

주어진 상황에서 할 수 있는 최선의 것을 생각하거나 상황을 변화시킬 계획에 다시 집중해 보는 것이다. 비극적 상황이나 부정적 감정에 빠지지 않고 다시 계획을 세워 보는 것이다. 왕짜증 님이 중간고사를 기대에 못미치게 쳤지만, 다시 기말고사와 과제에서 점수를 만회할 방법을 생각해 보는 것이다.

**③ 긍정적 초점 변경**

스트레스 사건에 대해 덜 생각하기 위해 사건과 관계없는 즐거운 일이나 기분 좋은 것을 생각해 보는 것이다. 단기적으로 자신의 정서를 환기하여 다시 다른 적응적 대처를 할 수 있도록 돕는다. 그러나 장기적으로 계속 사용하면, 적응적 대처를 방해할 수 있다.

**④ 수용**

자신이 경험한 것을 받아들이고 일어난 일에 대해 수용하는 사고이다. 이는 자신에게 일어난 상황이 어쩔 수 없는 일이라 생각하거나 그 스트레스를 안고 살아가는 법을 배워야 한다고 생각을 하는 것이다. 왕짜증 님이 대학교 3학년으로서 취업스트레스를 받는 것은 어쩌면 당연할 일이라고 생각하는 것이다.

### ⑤ 긍정적 재평가

개인적인 성장의 의미를 부여하는 것이다. 자신이 겪은 상황의 긍정적인 측면을 찾아보거나 이 일로 인해 자신이 더 강한 사람이 될 수 있을 것이라고 생각하는 것이다. 왕짜증 님이 공부, 이성관계, 아르바이트 등으로 시간이 부족한데 이를 시간 관리를 배울 수 있는 기회로 생각하는 것이다.

### ⑥ 자기비난

자신이 경험한 것에 대해 자신의 잘못이나 실수라고 생각한다. 자신의 실수에 대해 책임을 지는 것은 분명히 필요하지만, 어떤 일에서나 자신이 무엇을 잘못했는지를 반복적으로 생각하는 것은 우울감을 불러일으킬 뿐 스트레스 해결에는 도움이 되지 않는다. 왕짜증 님이 늦잠을 잔 것, 여자친구를 만나지 않는 것, 아르바이트 일의 종류를 잘못 선택한 것 등 계속적으로 자기가 잘못한 것을 되뇌이는 것은 자기에게 자꾸 화살을 쏘아대는 것과 같다.

### ⑦ 타인비난

자신의 스트레스에 대해 다른 사람에게 원인을 돌리는 것이다. 왕짜증 님이 부모를 비난하고, 일을 늦게 마쳐 준 아르바이트 사장을 비난하고, 자기 사정을 알면서 과제 시간을 변경해 주지 않는 친구들을 비난하는 것이다.

### ⑧ 반추

부정적인 사건과 관계되는 느낌이나 생각을 곱씹는 것이다. 이는 스트레스 상황에서의 부정적 감정을 재경험하고 재확인하는 것이다. 왕짜증 님이 부모가 돈 걱정하는 장면을 자꾸 생각하고 그때 느꼈던 압박감을 점점 더 크게 느끼고, 친구들의 SNS 사진을 자꾸 찾아보면서 자신의 비참함을 반복적으로 느끼는 것이 여기에 해당된다.

#### ⑨ 파국화

스트레스 상황이 최악이라고 생각하고 자신의 스트레스를 극대화하는 사고방식이다. 왕짜증 님이 중간고사에 실수를 만회할 수 없을 거라 생각하고, 장학금도 못 받게 되고, 결국 좋은 회사에 취직하지도 못해서 자기 인생이 끝장날 거라고 생각하는 것이다.

### (3) 신체적 대처

스트레스를 받으면 교감신경계의 활동으로 호흡이 빨라지고 심장박동이 증가하고 근육이 긴장한다. 이러한 신체적 반응이 지속되면 신경계와 호르몬의 변화 등 다양한 신체적 증상이 동반될 수 있다. 그러므로 적절한 근육이완, 운동, 웃음 등을 통해 평소에 스트레스를 관리하는 것이 필요하다(유영달 외, 2013).

#### ① 근육이완법

스트레스로 인해 심신이 긴장하거나 불안이 심할 때 이완법은 매우 효과적이다. 스트레스가 심하면 자신도 모르게 경직되는데 대부분의 사람들은 쉽게 자각하지 못한다. 평소에 근육이완법을 훈련하여 자신의 신체를 이완할 수 있으면, 스트레스 상황에서 이 방법을 사용하여 신체가 적절한 기능을 하도록 도와줄 수 있다. 근육이완은 호흡과 함께 실시하며, 긴장과 이완을 반복하여 신체의 통제력을 높일 수 있다.

#### ② 운동

활발한 신체활동으로 긴장을 해소시켜서 스트레스를 관리하는 것이다. 운동은 신체를 각성시켜서 만성피로나 긴장을 줄여 주며 혈액순환을 돕는다. 운동은 스트레스 해소뿐 아니라 건강관리의 측면에서도 유용하다. 운동은 크게, 근력 운동, 유산소 운동, 스트레칭으로 나눌 수 있다. 근력 운동은 근력 강화를 목적으로 하는데, 자신의 몸상태에 적합한 운동을 하는 것이 좋다. 유산소 운동은 신체의 산소 소비량을 늘리는 운동법으로 호흡하면서 즐기는 걷기, 달리기, 자전거 타기, 수영, 줄 넘기, 등산, 탁구, 배드민턴, 축구 등 다양하다. 스트레칭은 근육의 긴장을 완화하여 신진대사를 활성화시키고 혈액의 흐름을 촉진하여 긴장감을 줄이는 데 있다. 혈액순환을 촉진하고 신체감각 증진, 근육 손상 감소, 관절운동 범위 증가, 정신의 더 나은 이완 상태를 포함한다.

**③ 웃음**

웃음의 어원은 헬레(hele)이다. 그 의미가 건강(health)임에서 알 수 있듯이, 웃음은 아무런 부작용 없는 스트레스에 대한 대처방법이다. 웃음의 생리적 효과는 면역기능 증진, 혈액순환 촉진, 근육 긴장 및 통증 완화 등이며 심리적 효과는 다음과 같다. 첫째, 웃음은 카테콜아민의 분비를 증가시켜 신체 상태를 최상으로 만들어 대인 간 반응성, 각성 수준 등 정신기능을 활성화한다. 둘째, 웃을 때 분비되는 엔돌핀은 우울, 불안, 짜증, 분노, 불쾌감 등의 부정적인 감정을 감소시켜 각종 스트레스 반응을 완화시킨다. 셋째, 웃음은 상호 간의 적대감을 완화하고 원만한 대인관계를 형성하여 조직 내 구성원의 유대감을 강화시킨다.

〈활동 11-1〉

# 대학생활 스트레스 점검하기

## 활동목표

- 대학생활 스트레스 설문지를 작성하여 자신의 스트레스 영역을 확인한다.
- 대학생활 중 스트레스를 받는 영역의 스트레스 원인을 점검한다.

## 진행과정

| 활동주제 | 주요 내용 및 방법 | 시간 |
|---|---|---|
| 설문지 실시 및 채점 | • 대학생활 스트레스 설문지를 작성한다.<br>• 채점 방식에 따라 채점한다. | 10분 |
| 활동지 작성 | • 스트레스 영역을 확인하고 자신의 스트레스 원인을 찾아본다. | 10분 |
| 마무리 | • 2~4명이 함께 자신의 스트레스 영역별 점수를 비교하여 친구들과 이야기한다.<br>• 친구들과 공통된 대학생활의 스트레스에 대해서 이야기하고, 스트레스 원인에 대해 토론한다. | 10분 |

## 유의점 및 특이사항

- 소집단으로 좌석을 배치하여 활동의 과정과 결과를 자연스럽게 공유하기
- 준비물: 활동지, 필기구

■ 대학생활 스트레스 척도

1. 아래에는 여러분이 일상생활에서 흔히 겪을 수 있는 여러 가지 생활 사건들이 적혀 있습니다. 각 문항들을 자세히 읽어본 후 지난 1년 동안 이러한 상황에서 얼마나 스트레스를 받았는지 경험빈도에 대해 평가해 봅시다.

| 구분 | 번호 | 문항 | 전혀 받지 않는다 | 거의 받지 않는다 | 보통이다 | 그렇다 | 소계 |
|---|---|---|---|---|---|---|---|
| | 1 | 공부해야 할 과제의 분량이 너무 많았다. | 0 | 1 | 2 | 3 | |
| | 2 | 노력한 만큼 성적이 나오지 않았다. | 0 | 1 | 2 | 3 | |
| | 3 | 전공 공부가 너무 어려웠다. | 0 | 1 | 2 | 3 | |
| A | 4 | 공부해야 할 내용이 너무 많았다. | 0 | 1 | 2 | 3 | |
| | 5 | 성적이 나쁘다. | 0 | 1 | 2 | 3 | |
| | 6 | 전공 공부가 적성에 맞지 않았다. | 0 | 1 | 2 | 3 | |
| | 7 | 중요한 시험을 잘 치지 못했다. | 0 | 1 | 2 | 3 | |
| | 1 | 취업을 위한 준비가 계획대로 진행되지 않았다. | 0 | 1 | 2 | 3 | |
| | 2 | 졸업 후 취직을 못할 것 같아 걱정했다. | 0 | 1 | 2 | 3 | |
| | 3 | 진로와 취직에 대한 정보를 얻기 힘들었다. | 0 | 1 | 2 | 3 | |
| | 4 | 사회적 편견(성차, 지방대학 등) 때문에 취업이 어렵다고 생각했다. | 0 | 1 | 2 | 3 | |
| B | 5 | 취업 및 진로에 필요한 적성을 알 수 없어서 고민했다. | 0 | 1 | 2 | 3 | |
| | 6 | 졸업 후 진로를 결정하지 못해 방황했다. | 0 | 1 | 2 | 3 | |
| | 7 | 대학을 졸업하더라도 가족의 기대만큼 성취하지 못할 것 같은 생각이 들었다. | 0 | 1 | 2 | 3 | |
| | 8 | 사회적 불안정(정치, 경제 등) 때문에 직장을 얻기가 어렵지 않을까 생각했다. | 0 | 1 | 2 | 3 | |
| | 1 | 경제적으로 부족해서 대학생활이 위축되었다. | 0 | 1 | 2 | 3 | |
| | 2 | 학자금 조달이 어려웠다. | 0 | 1 | 2 | 3 | |
| | 3 | 용돈이 부족해서 행동에 제약을 많이 받았다. | 0 | 1 | 2 | 3 | |
| C | 4 | 경제생활이 어려워서 취미생활을 충분히 할 수 없었다. | 0 | 1 | 2 | 3 | |
| | 5 | 집안의 경제사정이 악화되었다. | 0 | 1 | 2 | 3 | |
| | 6 | 사 입고 싶은 옷을 살 돈이 없었다. | 0 | 1 | 2 | 3 | |
| | 7 | 경제적으로 친구들과 수준 맞추기가 힘들었다. | 0 | 1 | 2 | 3 | |

| | | | | | | | |
|---|---|---|---|---|---|---|---|
| D | 1 | 왜 사는지에 대한 의문 때문에 방황했다. | 0 | 1 | 2 | 3 | |
| | 2 | 내가 중요하다고 생각하는 가치를 실천하지 못했다. | 0 | 1 | 2 | 3 | |
| | 3 | 나의 가치관이 올바른 것인가에 대해 회의에 빠졌다. | 0 | 1 | 2 | 3 | |
| | 4 | 확고한 인생관이 없어서 방황했다. | 0 | 1 | 2 | 3 | |
| | 5 | 이상과 현실 간의 격차 때문에 갈등을 경험했다. | 0 | 1 | 2 | 3 | |
| E | 1 | 이성 친구가 나의 의견에 따라주지 않았다. | 0 | 1 | 2 | 3 | |
| | 2 | 이성 친구와 심하게 싸웠다. | 0 | 1 | 2 | 3 | |
| | 3 | 이성 친구와 헤어졌다. | 0 | 1 | 2 | 3 | |
| | 4 | 이성 친구와 말을 하지 않았다. | 0 | 1 | 2 | 3 | |
| | 5 | 이성 친구가 나 이외의 다른 사람에게 관심이 있음을 알았다. | 0 | 1 | 2 | 3 | |
| | 6 | 이성 친구와의 사이가 매우 악화되었다. | 0 | 1 | 2 | 3 | |
| F | 1 | 친구들로부터 따돌림을 받았다. | 0 | 1 | 2 | 3 | |
| | 2 | 친구로부터 배척을 받았다. | 0 | 1 | 2 | 3 | |
| | 3 | 친구가 나를 무시했다. | 0 | 1 | 2 | 3 | |
| | 4 | 친구들로부터 무례한 행동을 당했다. | 0 | 1 | 2 | 3 | |
| | 5 | 마음에 맞는 친구를 사귈 수 없었다. | 0 | 1 | 2 | 3 | |
| G | 1 | 부모와 의견 충돌이 있어서 싸웠다. | 0 | 1 | 2 | 3 | |
| | 2 | 부모와의 갈등이 심화되었다. | 0 | 1 | 2 | 3 | |
| | 3 | 가족이 나에게 불필요하게 간섭했다. | 0 | 1 | 2 | 3 | |
| | 4 | 가족으로부터 억울한 비난을 받았다. | 0 | 1 | 2 | 3 | |
| | 5 | 부모님이 내가 하고자 하는 일을 허락하지 않았다. | 0 | 1 | 2 | 3 | |
| | 6 | 형제나 자매와 심하게 싸웠다. | 0 | 1 | 2 | 3 | |
| H | 1 | 교수의 인격에 대해 실망했다. | 0 | 1 | 2 | 3 | |
| | 2 | 교수가 말하는 것과 행동하는 것이 달랐다. | 0 | 1 | 2 | 3 | |
| | 3 | 교수의 불성실한 강의로 학습의욕이 저하되었다. | 0 | 1 | 2 | 3 | |
| | 4 | 교수가 나의 인격을 무시했다. | 0 | 1 | 2 | 3 | |
| | 5 | 교수의 강의가 산만해서 요점을 파악하기 어려웠다. | 0 | 1 | 2 | 3 | |
| | 6 | 교수로부터 생활에 필요한 지혜와 안목을 얻을 수 없었다. | 0 | 1 | 2 | 3 | |

출처: 김경희(2014).

2. 채점방법: 각 영역별로 합계를 구하여 소계 칸에 적는다. 그 값을 각 영역별 문항 수[예: A(7)는 7]로 나누어 나의 평균에 적는다. 그 점수를 윗칸의 점수와 비교하여 그 점수보다 높으면 평균 이상으로 스트레스를 받고 있다고 볼 수 있다. 그러나 표준화된 점수가 아니라서 출처에서 조사된 표본의 평균일 뿐이므로 절대적으로 해석할 수는 없다. 또한, 나의 점수 여덟 가지를 비교해서 가장 높은 점수를 받은 영역이 내가 스트레스를 많이 받고 있는 영역이다.

| | A(7) | B(8) | C(7) | D(5) | E(6) | F(5) | G(6) | H(6) |
|---|---|---|---|---|---|---|---|---|
| 영역 | 학업문제 | 진로문제 | 경제문제 | 가치관문제 | 이성관계 | 친구관계 | 가족관계 | 교수관계 |
| 평균 | 1.90 | 1.75 | 1.26 | 1.96 | 0.94 | 0.78 | 0.86 | 0.87 |
| 나의 소계 | | | | | | | | |
| 나의 평균 | | | | | | | | |

3. 스트레스 영역에서 가장 점수가 높은 영역에 대해 문항을 참고하여 스트레스의 원인을 찾아봅시다.

〈활동 11-2〉

# 스트레스 대처전략 점검하기

## 활동목표

- 스트레스 대처전략 설문지를 작성하여 자신의 스트레스 대처방식을 점검한다.
- 평소에 자주 사용하는 대처전략을 점검해 보고, 적응적 조절전략과 부적응적 조절전략을 비교해 본다.

## 진행과정

| 활동주제 | 주요 내용 및 방법 | 시간 |
|---|---|---|
| 설문지 실시 및 채점 | • 스트레스 대처전략 설문지를 작성한다.<br>• 채점 방식에 따라 채점한다. | 10분 |
| 활동지 작성 | • 자신의 스트레스 대처전략이 평소 자신의 스트레스를 감소시키는 데 유용했는지를 점검한다. | 10분 |
| 마무리 | • 2~4명이 함께 자신의 대처전략 영역별 점수를 비교하여 친구들과 이야기한다.<br>• 친구들과 최근 대학생활의 스트레스에 대해서 어떠한 대처전략을 사용할지 함께 토론한다. | 10분 |

## 유의점 및 특이사항

- 소집단으로 좌석을 배치하여 활동의 과정과 결과를 자연스럽게 공유하기
- 준비물: 활동지, 필기구

■ 인지적 정서조절 전략 척도

1. 다음 항목을 보고, 여러분이 부정적이거나 불쾌한 일을 경험할 때 일반적으로 떠오르는 생각에 표시해 봅시다.

| 구분 | 번호 | 문항 | 거의 그렇지 않다 | 가끔 그렇다 | 보통이다 | 자주 그렇다 | 거의 항상 그렇다 | 소계 |
|---|---|---|---|---|---|---|---|---|
| A | 1 | 나는 그 일이 그만하길 다행이라고 생각한다. | 1 | 2 | 3 | 4 | 5 | |
| | 2 | 다른 사람들은 그보다 더한 일도 겪는다고 생각한다. | 1 | 2 | 3 | 4 | 5 | |
| | 3 | 다른 일에 비하면 그 일이 그렇게 나쁜 것도 아니었다고 생각한다. | 1 | 2 | 3 | 4 | 5 | |
| | 4 | 살다 보면 더 나쁜 일도 있다고 스스로에게 말한다. | 1 | 2 | 3 | 4 | 5 | |
| B | 1 | 그 상황에 대처할 수 있는 최선의 방법을 생각한다. | 1 | 2 | 3 | 4 | 5 | |
| | 2 | 나는 내가 할 수 있는 최선의 계획에 대해 생각한다. | 1 | 2 | 3 | 4 | 5 | |
| | 3 | 내가 할 수 있는 최선의 것을 생각해 본다. | 1 | 2 | 3 | 4 | 5 | |
| | 4 | 상황을 변화시킬 방법에 대해 생각한다. | 1 | 2 | 3 | 4 | 5 | |
| C | 1 | 내게 일어난 일 대신 다른 즐거운 일을 생각해 본다. | 1 | 2 | 3 | 4 | 5 | |
| | 2 | 나는 즐거웠던 일을 생각한다. | 1 | 2 | 3 | 4 | 5 | |
| | 3 | 그 일과 아무 상관없는 즐거운 일을 생각해 본다. | 1 | 2 | 3 | 4 | 5 | |
| | 4 | 내가 겪은 것보다 더 기분 좋을 것을 생각해 본다. | 1 | 2 | 3 | 4 | 5 | |
| D | 1 | 나는 그 일을 안고 살아가는 법을 배워야 한다고 생각한다. | 1 | 2 | 3 | 4 | 5 | |
| | 2 | 그 일은 내가 어쩔 수 없는 일이라고 생각한다. | 1 | 2 | 3 | 4 | 5 | |
| | 3 | 그 상황을 받아들여야 한다고 생각한다. | 1 | 2 | 3 | 4 | 5 | |
| | 4 | 그 일이 일어났다는 사실을 받아들여야 한다. | 1 | 2 | 3 | 4 | 5 | |
| E | 1 | 그 문제의 긍정적인 측면도 있다고 생각한다. | 1 | 2 | 3 | 4 | 5 | |
| | 2 | 그 상황에 긍정적인 측면도 있다고 생각한다. | 1 | 2 | 3 | 4 | 5 | |
| | 3 | 그 상황으로부터 배울 게 있을 거라 생각한다. | 1 | 2 | 3 | 4 | 5 | |
| | 4 | 그 일로 인해 내가 더 강한 사람이 될 수 있을 거라 생각한다. | 1 | 2 | 3 | 4 | 5 | |
| F | 1 | 그 일이 내 잘못이라고 생각한다. | 1 | 2 | 3 | 4 | 5 | |
| | 2 | 기본적으로 그 일의 원인이 분명히 나한테 있다고 생각한다. | 1 | 2 | 3 | 4 | 5 | |
| | 3 | 그 일에 대해 책임져야 할 사람은 나라고 생각한다. | 1 | 2 | 3 | 4 | 5 | |
| | 4 | 나는 그 문제에서 내가 저지른 실수를 생각한다. | 1 | 2 | 3 | 4 | 5 | |

| | | | | | | | | |
|---|---|---|---|---|---|---|---|---|
| G | 1 | 그 일이 일어난 것은 다른 사람의 책임이라고 생각한다. | 1 | 2 | 3 | 4 | 5 | |
| | 2 | 기본적으로 그 일의 원인이 다른 사람에게 있다고 생각한다. | 1 | 2 | 3 | 4 | 5 | |
| | 3 | 나는 그 일에 대해 남들이 잘못한 점을 알고 있다. | 1 | 2 | 3 | 4 | 5 | |
| | 4 | 나는 그 일이 다른 사람 잘못이라고 생각한다. | 1 | 2 | 3 | 4 | 5 | |
| H | 1 | 그 상황에서 일어났던 나의 감정을 되짚어 생각한다. | 1 | 2 | 3 | 4 | 5 | |
| | 2 | 내가 겪은 일에 대해 어떤 느낌이 드는지 자주 생각한다. | 1 | 2 | 3 | 4 | 5 | |
| | 3 | 나는 내가 겪었던 일에 대한 생각과 감정에 빠져있다. | 1 | 2 | 3 | 4 | 5 | |
| | 4 | 내가 겪은 일에 대해 내가 왜 이렇게 느끼는지 알고 싶다. | 1 | 2 | 3 | 4 | 5 | |
| I | 1 | 내가 겪은 일이 얼마나 끔찍한지에 대해 계속 생각한다. | 1 | 2 | 3 | 4 | 5 | |
| | 2 | 나는 다른 사람들 보다 훨씬 더 나쁜 경험을 했다는 생각을 자주한다. | 1 | 2 | 3 | 4 | 5 | |
| | 3 | 그 상황이 얼마나 끔찍했는지 계속해서 생각한다. | 1 | 2 | 3 | 4 | 5 | |
| | 4 | 내가 겪은 일은 사람으로서 경험할 수 있는 최악의 것이었다는 생각을 자주한다. | 1 | 2 | 3 | 4 | 5 | |

출처: 이자영(2012).

2. 채점방법: 각 영역별로 합산하여 소계 칸에 적는다. 그 값을 각 영역별 문항 수 4로 나누어 합계 칸에 적는다. 즉 적응적 조절전략과 부적응적 조절전략의 합을 구하고 영역 숫자로 나눠 구한 점수를 비교해 보면 내가 어떤 조절전략을 더 많이 사용하는지 알 수 있다. 자신의 점수 아홉 가지를 비교해서 가장 높은 점수를 받은 전략이 내가 스트레스를 받을 때 사용하는 인지적 정서조절 전략이다.

| | A | B | C | D | E | F | G | H | I |
|---|---|---|---|---|---|---|---|---|---|
| 영역 | 조망 확대 | 계획다시 생각하기 | 긍정적 초점변경 | 수용 | 긍정적 재평가 | 자기 비난 | 타인 비난 | 반추 | 파국화 |
| 나의 소계 | | | | | | | | | |
| 합계 | | | | | | | | | |
| 비교 | 합계/5= | | | | | 합계/4= | | | |

3. 최근 스트레스 받은 일에 대해 인지적 · 정서적 대처전략을 세워 봅시다.

## 참고문헌

김경희(2014). 대학생활 스트레스와 심리적 안녕감의 관계에서 수용과 전념행동의 조절 효과 분석. 전남대학교 박사학위논문.

김교헌, 김경의, 김금미, 김세진, 원두리, 윤미라, 이경순, 장은영(2010). 젊은이를 위한 정신건강. 서울: 학지사.

보건복지부(2011). 대한민국 성인 행복지수 '낙제점' 수준.

송선미(2017a). 스트레스 관리: 건강에 미치는 영향과 정책적 함의. 국민건강증진포럼, 4, 4-17.

송선미(2017b). 스트레스와 건강 행동의 관련성 고찰: 통계청 사회조사 2016년 결과를 중심으로. 한국건강증진개발원. 37호.

유영달, 이희영, 김용수, 이동훈, 하도겸, 유채은, 박현주, 천성문, 이정희, 박성미, 이희백(2013). 인간관계의 심리. 서울: 학지사.

이윤주(2009). 가족지지, 부모와의 의사소통 및 친밀감이 중고등학생의 자살행동에 미치는 영향. 가족과 문화, 21(3), 57-71.

이자영(2012). 인지적 정서조절전략과 스트레스 대처방식이 대학생의 심리적 안녕감에 미치는 영향 -사회적 지지를 매개로 하여-. 대구대학교 박사학위논문.

이종목, 이계윤, 김광운(2003). 스트레스를 넘어 건강한 삶 가꾸기. 서울: 학지사.

최인, 김영숙, 서경현(2009). 노인 자살충동에 영향을 미치는 심리사회적 요인. 보건과 사회과학, 25, 33-56.

통계청(2016). 2016년 통계청 사회조사 결과 보고서.

Arnett, J. J. (2001). Conception of the transition to adulthood: Perspectives from adolescence through midlife. *Journal of Adult Development, 8*(2), 133-143.

Comer, R. J. (1995). *Abnormal Psychology*. 오경자, 정경미, 송현주, 양윤란, 송원영, 김현수 역(2014). 이상심리학. 서울: 시그마프레스.

Crandall, C. S., Preisler, J. J., & Aussprung, J. (1992). Measuring life event stress in the lives of college students: The Undergraduate Stress Questionnaire(USQ). *Journal of Behavioral Medicine, 15*(6), 627-662.

Greenberg, J. S. (1983). *Comprehensive Stress Management*. 박순권. 김동구, 김현택, 김조우, 설근희, 조은경 역(2009). 포괄적 스트레스 관리. 서울: 아카데미아.

Holmes, T, H., & Rahe, R. H. (1967). The Social Readjustment Rating Scale. *Journal of Psychosomatic Research, 11,* 213-218.

Lazarus, R. S. (2006). ***Stress and Emotion: A New Synthesis.*** NY: Springer Publishing Company.

Lazarus, R. S., & Folkman, S. (1984). ***Stress, Appraisal, and Coping.*** NY: Springer Publishing Company.

Roberts, B. W., Caspi, S., & Moffit, T. E. (2001). The kids are alright: Growth and stability in personality development from adolescence to adulthood. *Journal of Personality and Social Psychology, 81*(4), 670-683.

# 제5부
# 진로설계

제12장 진로의사결정

제13장 진로목표 세우기

## 학습개요

제5부는 자신의 진로목표에 한 단계씩 나아갈 수 있도록 나의 삶을 설계하는 내용을 다루고자 한다.

자신의 진로를 구체화하고, 계획적으로 준비해 나가기 위해서는 합리적 과정을 통한 진로의사결정이 반드시 이루어져야 한다. 그러나 모든 사람이 자신의 진로를 결정할 때 합리적인 방식으로 의사결정을 하지는 않는다.

이에 따라 제12장에서는 평소 개인의 의사결정이 어떤 방식으로 이루어지고 있는지 확인하여 미흡한 부분을 보완해 나갈 수 있도록 진로의사결정 유형에 대한 이해를 살펴본다. 특히, 진로의사결정에는 개인의 특성이 영향을 많이 미치고 있음을 고려하여, SWOT 분석을 통해 자신의 강점과 약점, 외부 환경의 기회와 위기 요인을 이해하고, 진로의사결정 과정을 습관적으로 방해하는 진로장벽이 무엇인지를 확인해 볼 수 있도록 하였다. 이러한 작업은 진로의사결정에 대한 이해뿐 아니라 이에 영향을 미치는 개인적 · 환경적 특성을 통합적으로 확인하는 과정이 될 것이다.

또한, 제13장에서는 합리적 진로의사결정을 통해 구체화된 자신의 꿈과 비전을 달성할 수 있도록 진로 로드맵을 작성하고자 한다. 다양한 주제와 방법으로 가시화되는 진로 로드맵을 직접 작성해 봄으로써 자신의 장래 진로여정을 확인해 볼 수 있고, 다시 한 번 자신의 꿈과 비전을 위한 마음을 다질 수 있다. 또한, 마음으로 생각하고 있는 여정들을 하나씩 실현시키기 위해 장기, 중기, 단기로 이어지는 구체적인 진로목표를 수립하고, 이를 달성하기 위한 실천전략을 모색해 본다.

제12장
# 진로의사결정

## 학습목표

- 진로의사결정 유형의 특성, 장단점을 이해한다.
- 진로의사결정의 토대가 되는 나의 SWOT을 분석한다.
- 자신의 진로장벽을 이해하고 이에 대한 대처 방법을 모색한다.

우리는 누구나 어떤 사람이 될지 자신의 미래에 대해 궁금해한다. 기대감을 가지고 미래를 꿈꾸기도 하지만, 막연한 미래에 대한 불안감도 느낀다. 만일 자신의 미래에 대해 구체적으로 알고 있다면, 분명한 목표의식을 가지고 열심히 준비해 나갈 것이다. 이러한 점에서 자신이 꿈꾸고 싶은 진로의 방향을 잠정적으로 결정하는 것, 즉 진로의사결정을 수행하는 과정은 미래의 나를 차곡차곡 준비해 나가는 긴 여정의 첫 시발점이 된다.

# 1. 진로의사결정 유형

일반적으로 의사결정이란 자신의 목표(goal), 문제(problem) 등을 해결하기 위해 두 개 이상의 대안 중 하나를 선택하는 행위를 말한다(김인기, 2015). 또한, 진로의사결정(career decision making)은 "개인이 정보를 조직하고, 여러 대안을 신중하게 검토하여 진로선택을 위한 행동과정에 전념하는 심리적인 과정(Harren, 1979)"으로 정의된다. 즉, 진로의사결정은 진로와 관련된 문제가 발생했을 때 이를 해결하기 위해 두 개 이상의 대안을 선정하고, 그 대안들의 우선순위가 정해진 후에 의사결정이 이루어지는 것이라 할 수 있다.

실제로 우리는 살아오면서 수없이 많은 의사결정을 하고 있지만, 습관적으로 의사결정을 내리기 때문에 실수를 반복하기도 한다. 특히, 진로를 결정하거나 배우자를 선택하는 것과 같이 인생에 있어 중요한 문제에서도 동일한 실수를 범할 수 있다. 따라서 자신이 어떤 방식으로 의사결정에 도달하는지, 즉 자신의 의사결정 유형이 어떠한지를 살펴보는 것은 중요하다. 이러한 점에서 Harren(1979)은 개인이 의사결정을 할 때 보이는 합리적인 전략을 사용하는 정도와 자신의 결정에 대한 책임을 지는 정도에 기초하여 합리적 유형, 직관적 유형, 의존적 유형 등의 세 가지 진로의사결정 유형을 제안하였다.

## 1) 합리적 유형

합리적 유형(rational style)은 논리적이고 체계적으로 의사결정에 도달하는 유형이다. 의사결정 과정 및 결과에 대해 책임을 지며, 이전 의사결정들의 과정과 결과를 평가하여 현재의 의사결정에 반영할 수 있는 능력을 소유하고 있다. 또한, 미래의 의사결정에 대한 필요성을 예견하고, 자신 및 기대되는 상황에 대한 정보를 수집하는 등의 준비를 한다. 따라서 의사결정을 매우 신중하고 논리적으로 수행하는 특성이 있다.

### 2) 직관적 유형

직관적 유형(intuitional style)은 개인의 내적 감정 상태에 의존하여 의사결정을 수행하는 유형이다. 합리적 유형과 동일하게 자신의 의지로 의사결정에 도달하기 때문에 의사결정에 대한 책임을 수용한다. 그러나 미래에 대해서 예견을 거의 하지 않고, 정보수집을 위한 활동도 많지 않으며, 실제 사실에 대한 논리성도 부족한 편이다. 오히려 현재 자신의 느낌에 주의를 기울이는 경향이 있어서, 의사결정 과정에 대한 각 단계의 선택과 수용이 다른 유형에 비해 빨리 이루어지는 편이다. 따라서 종종 어떤 과정을 통해 현재의 의사결정에 도달했는가를 명백하게 진술하지 못하기도 한다.

### 3) 의존적 유형

의존적 유형(dependent style)은 주변 사람의 기대 또는 요구에 영향을 받아 의사결정을 수행하는 경향이 있다. 이들은 다른 유형과 달리 사회적인 승인에 대한 욕구가 강한 편이며, 주요 타인의 기대에 크게 영향을 받는 경향이 있다. 이러한 특성 때문에 다른 두 유형과 달리 의사결정에 대한 책임을 자신 이외의 가족이나 친구, 특히 의사결정에 영향을 미친 사람에게 전가하기도 한다. 따라서 진로에 대한 의사결정을 내리는 상황에서 의존적 유형이 보이는 장점은 찾아보기 어렵다.

이 세 가지 진로의사결정 유형의 특성 및 각각의 장단점을 정리하면 〈표 12-1〉과 같다. 합리적인 방법으로 진로의사결정을 수행하기 위해서는 자신이 어떤 유형에 해당되며, 그 유형이 가지고 있는 장단점이 무엇인지에 대한 이해가 선행되어야 하며, 단점을 보완해 나가려는 적극적인 노력이 필요하다.

〈표 12-1〉 진로의사결정 유형

| | 합리적 유형 | 직관적 유형 | 의존적 유형 |
|---|---|---|---|
| 특성 | • 의사결정을 할 때 자신과 상황을 객관적으로 고려함<br>• 정확한 정보를 토대로 신중하게 의사결정을 내림 | • 의사결정을 할 때 자신의 감정에 의존함<br>• 의사결정에 자신의 환상, 감정, 상상 등을 이용하는 경향이 있음 | • 의사결정을 할 때 다른 사람들의 영향을 많이 받음<br>• 사회적으로 인정받으려는 욕구가 강함 |
| 장점 | • 논리적이고 체계적으로 의사결정을 함<br>• 의사결정을 내리기 전에 관련 정보를 수집함<br>• 자신의 결정이 미칠 영향에 대해 미리 생각함<br>• 의사결정에 대한 책임을 짐 | • 의사결정에 빨리 도달함<br>• 의사결정에 대한 책임을 짐 | • 주변 사람들의 생각, 인정을 살피는 데 관심을 많이 기울임 |
| 단점 | • 의사결정 과정에 시간과 노력이 많이 소요됨 | • 의사결정과 관련된 주된 배경을 꼼꼼히 확인하지 않음<br>• 성급하게 의사결정을 내릴 수 있음 | • 자신의 의사결정에 대해 자신감이 부족함<br>• 스스로 결정을 내릴 능력이 부족하다고 느낌<br>• 의사결정에 대해 책임지지 않으려 함 |

Harren(1979)의 진로의사결정 유형 검사도구를 활용할 수 있도록 〈활동 12-1〉에 제시하였다. 이 활동을 통해 자신의 진로의사결정 유형을 확인하고, 앞으로 보완해 나가야 할 것이 무엇인지 탐색하도록 하자.

## 2. 진로의사결정의 준비

진로의사결정은 개인이 선택할 수 있는 여러 진로 중에서 자신의 특성을 고려한 최선의 선택과정이다. 따라서 합리적으로 진로의사결정에 이르기 위해서는 자신에 대한 이해가 우선되어야 하며, 의사결정 과정에 영향을 미칠 수 있는 다양한 상황 또는 여건을 인식하는 것이 필요하다. 이러한 필요성에 따라 이 절에서는 자기 자신과 현재의 상황을 통합적으로 이해해 볼 수 있는 개인의 SWOT 분석을 실시하고, 의사결정 과정과 결정을 방해하는 진로장벽에 대한 인식과 대처 방안을 모색해 보고자 한다.

### 1) 나의 SWOT 분석

SWOT 분석 기법은 기업의 경쟁력 강화 전략을 수집하기 위해 광범위하게 활용되고 있는 기법이다. 먼저, 기업의 내부환경을 분석하여 강점(Strength)과 약점(Weakness)을 발견하고, 외부환경을 분석하여 기회(Opportunity)와 위협(Threat)을 찾아낸다. 이를 토대로 강점을 부각시키고 약점을 감소화하는 전략, 위협은 최대한 억제하면서 기회를 최대한 활용하는 발전전략을 수립하는 전략적 기법이라 할 수 있다(한국고용정보원, 2011).

이 기법은 개인의 내부환경(강점, 약점)과 외부환경(기회, 위협)을 분석하여 최고의 전략을 수립해 나간다는 점에서 효과적인 진로의사결정을 수행하기 위한 자기분석 과정에 적용할 수 있다.

#### (1) SWOT 분석의 개념 및 분석 방법

개인의 SWOT 분석을 위해 먼저 내부환경과 외부환경을 구분해야 한다. 자신의 내부환경, 즉 자신이 보유하고 있는 자원, 동원 가능한 자원, 활용 가능한 자원 등을 토대로 강점과 약점을 분석하며, 자신을 제외한 외부환경을 토대로 기회와 위기를 분석한다. 내부환경을 분석할 때는 경쟁자와 비교하여 나의 강점과 약점을 분석하는 것이 필요하며, 외부환경을 분석할 때는 자신을 제외한 모든 것(정보)을 토대로 자신에게 좋은 쪽으로 작용하는 것은 기회, 나쁜 쪽으로 작용하는 것은 위협으로 분류하는 것이 바람직하다.

이러한 SWOT 분석 내용이 보다 타당성을 얻기 위해서는 구체적인 진로의사결정 상황을 설정하는 것이 필요하다. 어떤 진로의사결정을 하는가에 따라 자신의 특성이 강점이 될 수도 있고 약점이 될 수도 있으며, 현재의 사회적 분위기가 기회가 되기도 하고 때로는 위협이 되기도 하기 때문이다. 또한, SWOT 분석은 말로 표현하거나 문장으로 서술해도 좋지만, 간결한 매트릭스(Matrix)를 활용하여 한눈에 전체를 살펴볼 수 있도록 정리하는 것이 좋다.

〈표 12-2〉는 '청소년상담사' 진로를 고민하고 있는 한 대학생이 자신에 대한 SWOT을 분석하여 작성한 매트릭스이다. 이를 참조하여 자신에 대한 SWOT 분석을 실시해 보자.

〈표 12-2〉 SWOT 분석 매트릭스의 예시

| 진로의사결정 상황: 청소년상담사로의 진로 결정 | |
|---|---|
| 강점(S) | 약점(W) |
| • 공감과 소통 능력<br>• 체계적인 계획과 집중력<br>• 청소년 대상 자원봉사 경험 많음<br>• 상담 관련 학과 전공자<br>• 전문상담교사 자격증 소지 | • 청소년상담 현장에서의 경험 없음<br>• 전문상담교사 외 상담 관련 자격증 없음<br>• 외국어 능력 부족<br>• 재정적 지원의 어려움 |
| 기회(O) | 위협(T) |
| • 청소년상담의 중요성에 대한 사회적 인식 확대<br>• 청소년 문제 증가로 상담에 대한 필요성 증가<br>• 교원 임용시험에서 전문상담교사 선발 인원 증가<br>• 공립 · 사립 전문상담기관 증가 | • 청소년상담사가 되고자 준비하는 사람이 많음<br>• 교원 임용시험의 경쟁률이 매우 높음<br>• 상담 관련 기관에서는 경력자를 선호함 |

### (2) 진로발달을 위한 전략 수립

SWOT 분석 매트릭스가 정리되었다면, 내부환경의 강점과 약점, 외부환경의 기회와 위협을 대응시켜 진로목표를 달성하기 위한 나만의 발전전략을 수립할 수 있다. 즉, SWOT 분석 과정에서 도출된 결과를 토대로 강점은 살리고 약점은 보완하며 기회는 활용하고 위협은 억제하는 방법을 활용한다.

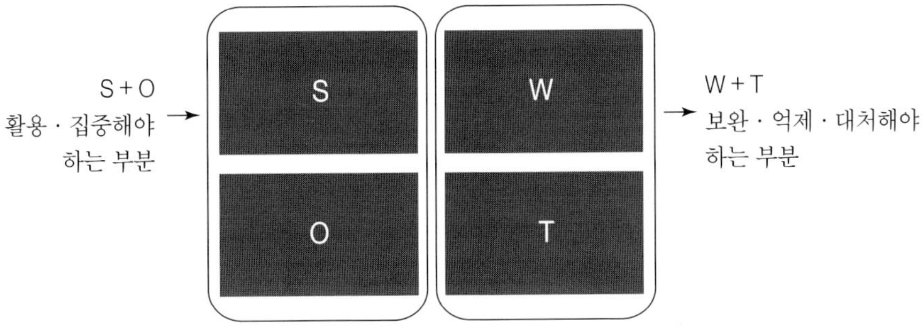


**[그림 12-1] SWOT 활용 전략**

출처: 임경희 외(2015).

이러한 방법을 통해 구체적으로 다음과 같은 네 가지의 전략을 이끌어 낼 수 있다.

- SO 전략: 자신의 강점을 가지고 기회를 살리는 전략
- ST 전략: 자신의 강점을 활용하여 위협을 피하거나 최소화하는 전략
- WO 전략: 자신의 약점을 극복하여 기회를 살리는 전략
- WT 전략: 자신의 약점을 보완하면서 동시에 위협을 피하거나 최소화하는 전략

앞의 청소년상담사 진로를 검토하고 있는 대학생의 SWOT 분석 매트릭스를 참조하여 네 가지 형태의 전략을 수립하면 〈표 12-3〉과 같다.

〈표 12-3〉 SWOT 분석을 통한 전략 수립의 예

| | 기회(O)<br>• 청소년 문제 증가로 상담에 대한 필요성 증가<br>• 교원 임용시험에서 전문상담교사 선발 인원 증가<br>• 공립 · 사립 전문 상담 기관 증가 | 위기(T)<br>• 청소년상담사가 되고자 준비하는 사람이 많음<br>• 교원 임용시험의 경쟁률이 매우 높음<br>• 상담 관련 기관에서는 경력자를 선호함 |
|---|---|---|
| 강점(S)<br>• 공감과 소통 능력<br>• 체계적인 계획과 집중력<br>• 청소년 대상 자원봉사 경험 많음<br>• 상담 관련 학과 전공자<br>• 전문상담교사 자격증 | • 체계적인 계획과 집중력으로 임용시험을 준비하여 전문상담교사 되기<br>SO 전략 | • 청소년상담 전문 기관은 아니지만, 상담 역량을 필요로하는 청소년 관련 기관 및 시설에 취업하여 현장 경험을 쌓음<br>ST 전략 |
| 약점(W)<br>• 청소년상담의 현장 경험 없음<br>• 전문상담교사 외 상담 관련 자격증 없음<br>• 외국어 능력 부족<br>• 재정적 지원의 어려움 | WO 전략<br>• 월급은 적지만 상담 관련 기관에 인턴 또는 수련생으로 취업하여 현장경험과 전문성을 쌓음<br>• 경력과 실력을 인정받아 정식 상담사로 전환하거나 다른 상담기관에 취업함 | WT 전략<br>• 청소년상담 관련 대학원에 진학하여 전문성을 향상함<br>• 재학기간 동안 자격증을 취득하고, 학위를 받아 경쟁력을 높임 |

## 2) 나의 진로장벽 이해

개인의 심리적 특성을 지나치게 강조한 전통적인 진로상담 이론과 달리 최근에는 진로결정에 영향을 미치는 환경적인 요인이 주목받고 있다. 그 중 진로장벽(career barriers)은 이론적 · 경험적 연구의 대상이 되고 있는 개념 중 하나이다(공윤정, 2005). 처음 진로장벽에 대한 연구가 진행되었을 때는 진로장벽이 많을수록 진로결정을 어렵게 하거나 진로선택을 제약하는 경향이 있다는 관점에서 연구되었으나, 지금은 진로결정에 영향을 미치는 여러 요인들의 상호작용을 강조한 사회인지진로이론(social cognitive career theory)의 관점에서 진로목표 및 목표실행에 영향을 주는 다양한 맥락적 요인 중 하나로 이해되고 있다(Lent, Brown, & Hackett, 1994, 2000).

(1) 진로장벽의 의미

일반적으로 진로장벽은 직업이나 진로계획에 있어서 자신의 진로목표를 방해하거나 가로막는 내적 · 외적 요인들로 정의된다(손은령, 2001; Crites, 1969). 예를 들어, 취업, 진학, 승진, 직업의 지속, 직업전환 등과 같이 진로와 관련된 여러 경험들을 수행해 나가는 과정에서 개인의 진로선택, 목표나 동기에 영향을 미치거나 역할을 방해하는 것으로 지각되는 여러 가지 부정적인 사건을 통칭하여 말한다. 다시 말해 진로장벽이란 진로문제와 관련하여 목표를 선택하고 그것을 달성해 나가는 과정에서 만나는 모든 걸림돌을 의미한다.

- "저는 정말 경호원이 되고 싶어요. 그런데 부모님께서는 경호원 너무 위험하고, 여자 경호원은 잘 뽑지도 않는다고 하시면서 반대하세요. 제가 성적도 꽤 나오니까 안정적인 교사가 되라고 하세요."
- "저는 졸업 후 일반 기업에 취업하기보다는 바리스타로 창업을 하고 싶습니다. 그러기 위해서는 어느 정도 자금이 있어야 하는데, 아직 필요한 자금을 모으지 못해 속상합니다. 가정 형편이 어려워 부모님이 절 도와주시기도 어렵고요. 제 꿈이 실현되지 못할 것 같아 걱정입니다."

이러한 사례는 대학생들이 전형적으로 호소하는 진로장벽들이다. 이와 같이 대학생은 부모와 갈등이나 어려운 가정 형편뿐 아니라 적성의 부족, 낮은 성적 문제, 외모나 신체의 약점, 지방대학 출신, 전공과 희망 직업의 불일치 등과 같은 진로장벽을 많이 호소하고 있다.

### (2) 진로장벽의 유형

진로장벽에 대한 관심은 여성의 진로발달과 진로장벽에 대한 논의를 기점으로 시작되었다. 여성의 진로선택이나 진로활동을 어렵게 만드는 진로장벽들을 도출하고, 그 유형을 분류해 보고자 시도하였다(정미경 외, 2016). 이러한 진로장벽의 분류는 이분법적 분류, 삼분법적 분류, 다원분류로 나누어 볼 수 있다.

#### ① 이분법적 분류

이 분류 방법은 가장 널리 사용되고 있는 방법으로, 진로장벽을 크게 내적 요인과 외적 요인으로 구분한다. 내적 요인은 자아개념, 가치관, 성취동기와 같이 개인의 특성과 관련된 것이며, 외적 요인은 사회적 · 경제적 · 문화적 구조, 회사에서의 차별, 근무조건 등과 같은 환경적 특성과 관련된 것이다(황매향 외, 2011). 〈표 12-4〉는 진로장벽을 이분법적으로 분류한 대표적인 연구들을 제시한 것이다.

〈표 12-4〉 진로장벽의 이분법적 분류 예시

| 학자 | 분류 | 내용 |
|---|---|---|
| Crites(1969) | 내적 갈등 | 성취동기, 자기개념 |
| | 외적 갈등 | 작업장이나 임금에서의 차별 |
| O'leary(1974) | 내적 장벽 | 실패에 대한 두려움, 낮은 자존감, 역할갈등, 성공에 대한 두려움, 직업적 승진에 다른 지각된 결과들, 결과기대와 관련된 유인가 |
| | 외적 장벽 | 사회적 성역할 고정관념, 관리직 여성에 대한 태도, 여성의 능력에 대한 태도, 남성 관리 모델의 우세 |
| Farmer(1976) | 내적 장벽 | 성공공포, 성역할 지향성, 위험감수 행동, 가정과 진로의 갈등, 낮은 학문적 자존감, 대리성취 동기, 여성과 일에 대한 신화 |
| | 환경적 장벽 | 차별, 가정사회화, 자원의 활용성(자녀양육 등) |

| | | |
|---|---|---|
| Mcwhirter, Torres, & Rasheed (1998) | 개인적 · 사회화된 장벽 | 낮은 자아효능감 기대, 낮은 결과 기대, 직무과업 미준비 및 기술부족, 다중 역할 스트레스 |
| | 외적 · 환경적 장벽 | 성추행, 성차별, 낮은 사회경제적 지위, 종교활동에 대한 제약이나 부정적 태도, 신체적 직업환경 제약, 인종주의, 동성애 혐오, 지도자와 역할모델 부족, 지지의 부족 |

출처: 정미경 외(2016) 재구성.

### ② 삼분법적 분류

이분법적 분류는 단순하고 명확하다는 장점이 있지만 진로장벽 전체를 지나치게 단순화하여 분류하고 있다는 단점이 있다. 또한 내적 장벽과 외적 장벽의 구분이 모호하고 이 둘 사이의 상호작용적인 측면이나 상충되는 부분들을 이해하는 데 어려움이 있다. 이러한 문제점을 해결하고자 한 것이 〈표 12-5〉와 같은 삼분법적 분류이다(이성식, 2007).

**〈표 12-5〉 진로장벽의 삼분법적 분류 예시**

| 학자 | 분류 | 내용 |
|---|---|---|
| Nieva & Gutek (1981) | 개인특성 요인 | 인종, 연령, 교육정도, 성격 특성 |
| | 태도 요인 | 직업과 일에 대한 태도 |
| | 상황 요인 | 남편변인, 자녀변인, 결혼 전 직장 경험과 이사 |
| Swanson & Tokar (1991) | 태도 장벽 | 자기개념, 흥미 · 직업에 대한 태도<br>전공 선택이나 학위취득 과정에서 주로 지각되는 진로장벽 |
| | 사회적 · 대인적 장벽 | 원 가족, 미래의 결혼과 가족계획 등을 포함함<br>진로와 가사활동을 조화시키고자 할 경우 주로 지각되는 진로장벽 |
| | 상호작용적 장벽 | 인구학적 특성(성, 연령, 인종)과 관련된 어려움, 직업에 대한 준비(교육과 경험), 직업환경에 대한 준비 등 처음 직장을 구할 때 지각되는 진로장벽 |

출처: 정미경 외(2016) 재구성.

### ③ 다원분류

다원분류는 이분법적 분류나 삼분법적 분류 방법과 같이 진로장벽을 인위적인 몇 개의 틀에 맞춰 이해하는 것이 아니라 현장에서 직접 수집한 경험적 자료들을 통해 진로장벽을 도출한 것이다. 따라서 상황이나 대상에 따라 진로장벽은 다양한 유형으로 분류될 수 있다.

〈표 12-6〉은 다원적인 분류체계를 통해 진로장벽의 유형을 정리한 연구결과이다. 이분법적 분류나 삼분법적 분류가 이론적 틀 속에서 진로장벽의 유형을 도출한 것과 달리, 이들은 모두 실제 대상으로부터 직접 자료를 수집하여 진로장벽 변인들을 정리하였으며, 정리된 진로장벽의 유형을 토대로 이들을 진단해 볼 수 있는 검사도구를 개발하였다.

**〈표 12-6〉 진로장벽의 다원분류 예시**

| 학자 | 내용 |
|---|---|
| Swanson & Daniels(1995) | • 대상: 남녀 대학생<br>• 진로장벽: 13개 요인<br>• 성차별, 자신감 부족, 다중 역할 갈등, 자녀와 진로 요구사항 간의 갈등, 인종차별, 부적절한 준비, 의미있는 타인의 불인정, 의사결정의 어려움, 진로 불만족, 비전통적인 진로선택에 대한 지지 부족, 장애, 건강 염려, 노동시장의 제약, 관계망 만들기, 사회화 어려움)<br>• 검사도구: 진로장벽검사 개정판(Career Barriers Inventory-Revised: CBI-R) |
| 김은영(2001) | • 대상: 남녀 대학생<br>• 진로장벽: 9개 요인<br>• 대인관계 어려움, 자기명확성 부족, 경제적 어려움, 타인과의 갈등, 직업정보 부족, 나이 문제, 신체적 열등감, 흥미부족, 미래 불안<br>• 검사도구: 한국 대학생 진로탐색장애검사(Korea Career Barriers Inventory: KCBI) |

| | |
|---|---|
| 손은령(2001) | • 대상: 여대생<br>• 진로장벽: 7개 요인<br>• 차별, 직장생활에 필요한 개인 특성의 부족, 다중 역할로 인한 갈등, 미결정 및 직업준비 부족, 노동시장과 관습의 제약, 기대보다 낮은 직업전망, 여성취업에 대한 고정관념<br>• 검사도구: 여자 대학생용 진로장벽검사 |
| 이성식(2007) | • 대상: 여대생<br>• 진로장벽: 6개 요인<br>• 차별, 다중 역할로 인한 갈등, 직장생활에 필요한 개인 특성의 부족, 노동시장에 대한 준비 부족, 노동시장의 제약과 낮은 기대, 여성취업에 대한 고정관념<br>• 검사도구: 여대생 진로장벽인식검사 |

### (3) 진로장벽의 극복 방법

누구에게나 진로장벽은 있다. 대학생들은 진로장벽을 겪을 때, '왜 나만 이런 상황을 겪을까?'라는 억울함을 가장 먼저 느낀다. 이러한 억울함은 성공하기 위해서는 탄탄대로를 달려야 하는데, 이 장벽 때문에 성공하지 못할지도 모른다는 불안감에서 야기되곤 한다. 그러나 자신뿐 아니라 대부분의 사람들이 진로장벽을 겪고 있으며, 심지어 좋은 여건을 가진 사람, 이미 성공한 사람조차도 꿈을 이루는 과정에서 크고 작은 진로장벽을 경험했음을 잊지 말아야 할 것이다.

#### ① 진로장벽에 대해 긍정적으로 인식하기

진로장벽을 극복하기 위해서는 객관적인 상태보다 개인이 인지하고 있는 주관적 인식이 더 중요하다. 즉, 진로장벽을 극복하기 위해서는 진로장벽이 가지고 있는 객관적인 조건이나 상태도 중요하지만 진로장벽에 대응하는 개인의 인식이 더 중요한 문제라는 것이다. 이는 진로장벽의 객관적인 심각성보다는 개인이 얼마나 심각하게 지각하느냐가 더 중요하다는 의미이다. 진로장벽은 부정적으로만 볼 것이 아니라 긍정적으로 인식하고 이것을 극복하기 위해 노력해 나아간다면, 걸림돌이 아니라 오히려 디딤돌이 될 수도 있다(교육부 진로나침반 행복한 교육).

#### ② 진로장벽에 대한 적응유연성 가지기

진로장벽이 많다고 지각할수록 진로를 탐색하거나 결정하는 것에 어려움을 느끼게 된다. 스스로 결정할 수 있다는 자신감, 통제감, 효능감 등이 약화되어 신중하게 고민하지 않고 의사결정할 가능성이 높아지게 된다. 그러므로 진로장벽에 대한 적응유연성, 즉 심리적으로 어려움을 주는 진로장벽의 상황을 견디며, 결국에는 극복해내는 능력을 키워야 한다. 일반적으로 적응유연성은 시험에서의 실패, 부모의 죽음, 질병, 실직, 이혼, 갑작스러운 교통사고 등과 같은 극심한 스트레스와 좌절을

### 진로장벽, 걸림돌인가 디딤돌인가

가수 박정현은 미국에서 고등학교에 다닐 때 예술인의 꿈을 꾸며 연극영화과에 진학하고 싶었지만, 목사인 아버지는 신학과에 가길 바랐고, 어머니는 성적이 우수한 딸이 변호사가 되길 기대했다. 박정현은 엄마를 설득하기 위해 부엌에서 프레젠테이션을 준비하여, '미국에서 활동하는 한인 변호사는 많지만 예술인은 적다.'는 주제를 가지고 한 시간 반 동안 논리적으로 이유를 나열했다고 한다. 또한, 박정현은 교회에서 피아노 칠 사람이 없다는 이야길 듣고 매주 피아노를 치기로 아버지와 타협했다. 이러한 노력 끝에 부모님을 설득하여 원하는 전공으로 진로를 결정할 수 있었다.

유명인의 다양한 진로장벽 극복 사례 수집을 위한 참고문헌으로 『크리티컬 매스』(백지연, 2011)가 있다. 여기서 크리티컬 매스(critical mass)는 흔히 임계질량이라고 번역되는 물리학 개념으로서, 어떤 핵분열성 물질이 일정한 조건에서 스스로 계속해서 연쇄반응을 일으키는 데 필요한 최소한의 질량을 말한다. 물 끓이는 것을 예로 든다면, 처음에는 온도가 올라가도 겉으로 드러나는 변화가 없다가 결국 100도가 되어야만 끓기 시작하며 결정적인 변화가 일어난다는 것이다. 이것을 진로장벽 극복과 관련지어 얘기하면, 보통 사람들이 진로장벽을 만나면 조금은 노력하지만 얼마 못 가 포기하는데, 성공한 사람들은 자신이 원하는 것을 이룰 때까지 노력을 멈추지 않는다는 것이다. 예를 들어, 연기자 장혁은 오디션에 무려 119번 떨어졌지만 포기하지 않고 결국 120번째 당당히 합격했다고 한다.

출처: 허은영(2014). 진로장벽, 걸림돌인가 디딤돌인가.

이겨 내는 능력을 일컫는다. 따라서 적응유연성이 높은 사람들은 진로장벽에 맞닥뜨렸을 때, 좌절하지 않고 극복하여 결국엔 진로장벽을 극복해 낼 수 있다.

목표에 다다르기 위한 우리의 노력을 가로막는 진로장벽은 대부분 해결가능한 것들이다. 단지 문제를 해결해야 할 상황에서 비효율적으로 대처하는 사람들이 많기 때문에 극복하기 어려운 것처럼 느껴지는 것이다. 실제로 많은 사람들은 누군가를 탓하거나 죄책감과 같은 감정적인 대처로 아무것도 성취하지 못한 채 시간만 보내기도 하며, 어떤 사람들은 근본적인 해결방안을 찾기보다는 실패에 대한 두려움으로 시작도 하지 못하고 포기해 버리기도 한다. 이러한 이유로 진로장벽을 극복하는 데 있어 적응유연성은 목표달성을 위한 지적 역량이나 야망보다 훨씬 더 중요하다고 볼 수 있다(서일수 외, 2013; 황매향 외, 2011).

**③ 합리적 의사결정을 통해 대처전략 수립하기**

진로를 설계하고 준비해 나가는 과정에서 인지된 진로장벽을 극복하기 위해서는 자신이 지각하고 있는 진로장벽을 구체적으로 확인하고, 이를 극복하기 위한 대안을 탐색한 후 구체적인 대처전략을 선택하여 실행해 나가는 적극적인 노력이 필요하다. 즉, 합리적인 과정을 통해 진로와 관련된 문제, 특히 진로장벽을 극복해 나갈 수 있는 실제적인 방안을 모색해야 한다.

합리적으로 진로의사결정을 해 나가는 과정에 대해서는 다음 절에서 자세히 살펴보도록 하자.

## 3. 합리적 진로의사결정 과정

합리적인 방법으로 진로의사결정에 이르는 과정에 대해서는 학자들마다 다양한 단계를 제안하고 있다. 그러나 보편적으로 [그림 12-2]와 같이 의사결정의 주제를 인식하는 문제인식 단계, 문제를 해결하기 위한 정보 및 가능한 대안을 탐색하는 단계, 대안을 검토하기 위한 기준을 설정하는 단계, 기준을 근거로 하여 대안의 우선

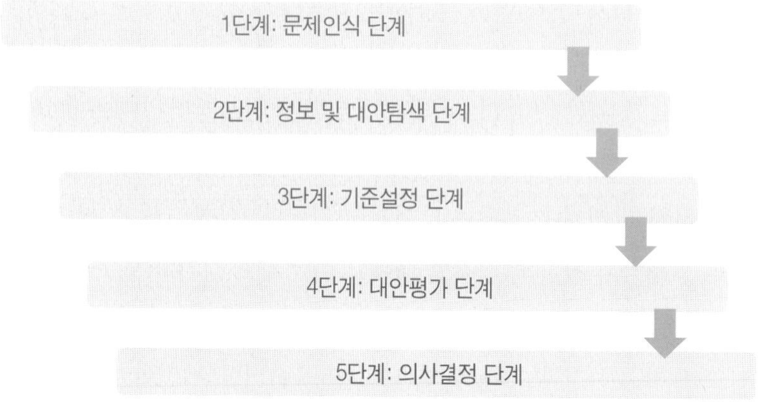


[그림 12-2] 합리적 진로의사결정 과정

순위를 설정하는 대안평가 단계, 의사결정을 하는 단계의 5단계 등으로 전개된다.

### 1) 문제인식 단계

진로의사결정을 내리는 과정에 진입하기 위해서는 의사결정이 필요한 상황에 대한 인식이 필요하다. 의외로 의사결정이 필요한 상황인지 아닌지에 대한 판단조차 하지 못하는 경우가 있다. 따라서 합리적으로 진로의사결정을 수행하는 과정에서 우선적으로 이루어져야 할 것은 의사결정이 요구되는 상황에 대한 인식과 의사결정 주제에 대한 정확한 이해이다.

의사결정을 통해 해결해야 할 문제를 명확히 인식하기 위해서 스스로 다양한 질문을 내리고 이에 대한 답을 내려 보는 것이 필요하다. 예를 들어, '문제를 해결하기 위해 좀 더 명확히 해야 할 것은 무엇인가, 문제를 해결하기 위한 방법은 있는가, 문제는 얼마나 심각한가, 의사결정 결과에 따라 영향을 받는 사람은 누구인가' 등의 다양한 질문에 대한 답을 내리다 보면 의사결정이 필요한 상황과 문제가 점점 뚜렷해질 것이다.

### 2) 정보 및 대안탐색 단계

진로의사결정의 문제에 대한 핵심을 파악한 다음에는 관련된 정보를 수집하고, 문제해결에 직접적으로 도움이 되는 대안을 탐색하는 단계이다. 문제해결을 위한 대안은 최대한 많이 찾아야 한다. 이를 위해 가능한 한 최신의 정보를 찾아보고, 객관적으로 평가 가능한 신뢰성 있는 정보를 수집한다. 또한, 과거에 비슷한 상황이 있었는지를 떠올려 보고, 그때 자신이 어떤 노력을 했으며 그에 따른 결과가 어떠했는지를 확인해 본다. 유사한 상황에서 다른 사람들은 어떻게 대처하고 있는지를 살펴보는 것도 필요하다.

### 3) 기준설정 단계

문제해결을 위한 대안을 탐색한 후에는 어떤 대안이 좋은지 선택할 수 있는 평가 기준이 필요하다. 따라서 이 단계에서는 문제해결의 목적, 가치, 시간적 여유, 필요조건 등을 충분히 고려하여 최선의 대안을 선택하기 위한 기준, 즉 이전 단계에서 탐색한 대안들을 평가할 수 있는 합리적인 준거를 설정한다(정미경 외, 2016). 의사결정의 기준을 설정하는 과정에는 의사결정자의 관심, 가치, 목표, 개인적 선호가 개입될 수 밖에 없으므로, 이 단계에서는 서로 비슷한 상황에 있는 사람들도 종종 매우 다른 선택 결과를 보인다. 어떤 사람이 매우 적절하다고 생각하는 기준을 다른 사람들은 그렇지 않다고 생각할 수 있기 때문이다(이종구 역, 2005).

### 4) 대안평가 단계

앞서 탐색된 대안들은 엄격하게 분석되고 평가되어야 한다. 따라서 이 단계에서는 문제를 해결하기 위해 탐색한 대안들을 설정한 기준에 따라 평가하는 과정을 거친다. 이를 통해 각 대안들의 구체적인 실현 가능성, 각 대안을 선택했을 때 입게 되는 손실 정도 등을 따져 보고 그 결과를 예측해 볼 수 있다. 설정한 기준에 따른 평가가 성실히 이루어지면 각 대안들의 장단점이 명확히 드러나게 될 것이다.

대안에 대한 적절한 평가 없이 진로의사결정을 하게 되면 예기치 못한 결과에 직면할 위험이 있다. 그러나 가능한 결과를 예견해 보고 평가를 하게 되면 그만큼 실패의 확률을 줄일 수 있다(정미경 외, 2016). 이처럼 대안을 평가하는 단계는 최선의 대안을 선택하기 위한 체계적 과정일 뿐 아니라 의사결정 이후의 결과에도 영향을 미치는 중요한 과정이 된다.

### 5) 의사결정 단계

대안들에 대한 평가 결과를 토대로 가장 효율적인 대안을 선택해야 한다. 합리적 진로의사결정의 마지막 과정인 이 단계에서는 최종적인 의사결정을 내려야 한다. 이때, 문제를 해결하기 위한 대안의 탐색이 충분히 이루어지고, 합리적인 기준이 설정되었으며, 설정한 기준에 따라 대안들의 우선순위를 정확하게 내렸는지 다시 검토해 보아야 한다. 또한, 최선이라 평가된 대안이 자신에게 합당한 진로라는 확신이 드는지, 이를 선택했을 때 후회하지 않을 것이라 판단되는지 등에 대한 신중한 검토를 거친 후 최종 의사결정을 내린다.

〈표 12-7〉은 '중간시험 공부를 어디에서 할 것인가?'에 대한 문제를 합리적 의사결정 과정에 따라 해결해 본 사례이다.

**〈표 12-7〉 합리적 진로의사결정 과정의 적용 예시**

| 단계 | | 내용 |
|---|---|---|
| 1단계 | 문제 인식 단계 | 중간시험 일정이 다가오고 있다. 내가 꿈꾸는 분야로 진출하기 위해서는 교직이수자로 선발되어야 하는데, 이번 시험 점수가 당락을 좌우할 것이다. 효율적으로 공부할 수 있는 장소를 선택하여 이번 시험에 철저히 대비해야 한다.<br>의사결정 문제: 어디에서 시험공부를 하는 것이 가장 좋을까? |

<table>
<tr><td>2단계</td><td>정보 및<br>대안 탐색<br>단계</td><td>나는 지금까지 주로 학교 도서관이나 빈 강의실에서 공부했었고, 가끔은 집에서도 공부했었다. 최근엔 카페에서 시험공부하는 사람들이 많아졌다는 말을 들었다. 내 친구는 집 근처에 있는 독서실을 일정 기간 예약하여 이용하기도 한다. 또한, 다음 주부터 강의실 한 칸을 정독실로 활용하게 해 준다는 벽보도 보았다.<br>대안: ① 학교 도서관 ② 독서실 ③ 강의실 ④ 카페 ⑤ 우리 집 ⑥ 정독실</td></tr>
<tr><td>3단계</td><td>기준설정<br>단계</td><td>시험공부에 집중하기 위해서는 우선 조용해야 하고, 내가 원하는 시간에 언제든 활용할 수 있어야 한다. 교과서는 들고 다니지만, 모르는 내용이 나왔을 때 참고할 수 있는 서적이 가까이 있으면 더 좋겠다. 또한, 용돈이 넉넉하지 않으므로 돈이 많이 필요한 상황은 힘들다.<br>기준: ① 조용한 분위기 ② 원하는 시간대 이용 가능 ③ 참고서적 구비 ④ 경제적인 면</td></tr>
<tr><td>4단계</td><td>대안<br>평가<br>단계</td><td>
<table>
<tr><th>대안 / 기준</th><th>조용한 분위기</th><th>원하는 시간대 이용 가능</th><th>참고서적 구비</th><th>경제적인 면</th></tr>
<tr><td>학교 도서관</td><td>○</td><td>△</td><td>○</td><td>○</td></tr>
<tr><td>독서실</td><td>○</td><td>○</td><td>△</td><td>×</td></tr>
<tr><td>강의실</td><td>△</td><td>△</td><td>×</td><td>○</td></tr>
<tr><td>카페</td><td>×</td><td>△</td><td>×</td><td>×</td></tr>
<tr><td>우리 집</td><td>○</td><td>○</td><td>×</td><td>○</td></tr>
<tr><td>정독실</td><td>○</td><td>×</td><td>×</td><td>○</td></tr>
</table>
</td></tr>
<tr><td>5단계</td><td>의사결정<br>단계</td><td>설정한 기준에 가장 부합하는 대안은 '학교 도서관'이다. 이번 중간시험 기간에는 학교 도서관을 활용하여 공부하겠다고 결정했다.</td></tr>
</table>

이와 같이 합리적 진로의사결정 과정이 익숙해지도록 대학생활 중에 흔히 접하게 되는 문제를 설정하여 최종 의사결정에 도달하는 연습을 반복해 보자.

〈활동 12-1〉

# 진로의사결정 유형

## 활동목표

- 자신의 의사결정 유형을 안다.
- 각 유형의 장단점을 이해한다.

## 진행과정

| 활동주제 | 주요 내용 및 방법 | 시간 |
|---|---|---|
| 진로의사결정 유형 이해 | • 진로의사결정 유형 인식의 필요성을 공유한다.<br>• 검사방법을 숙지한다. | 5분 |
| 검사 실시 | • 진로의사결정유형검사를 실시한다.<br>• 의존적, 직관적, 합리적 유형의 장단점을 탐색한다. | 20분 |
| 마무리 | • 합리적 진로의사결정의 실천을 다짐한다. | 5분 |

## 유의점 및 특이사항

- 검사를 실시할 때 문항에 직접 체크한 후, 답지에 다시 옮겨쓰기
- 준비물: 진로의사결정유형검사(Harren, 1979), 필기구

■ 의사결정유형검사(Harren, 1979)

1. 다음의 문항은 평소 자신이 어떤 결정을 할 때의 태도나 방법에 관한 내용입니다. 문항을 잘 읽고, 자신에게 적합하게 응답하세요. 응답한 내용은 뒤의 채점지에 다시 옮겨 쓰세요.

| | |
|---|---|
| 1. 어쩌다 그렇다(100번 중 1~15번) | 2. 가끔 그렇다(100번 중 16~35번) |
| 3. 보통이다(100번 중 36~65번) | 4. 흔히 그렇다(100번 중 66~85번) |
| 5. 언제나 그렇다(100번 중 86~100번) | |

_____ 1. 나는 중요한 결정을 할 때 한 단계 한 단계 체계적으로 한다.
_____ 2. 나는 내 자신의 욕구에 따라 매우 독특하게 결정을 한다.
_____ 3. 나는 얻을 수 있는 정보를 수집하지 않고는 중요한 결정을 거의 하지 않는다.
_____ 4. 어떠한 결정을 할 때, 내 친구들이 나의 결정을 어떻게 생각할 것인가를 매우 중요시한다.
_____ 5. 나는 어떤 결정을 할 때 이 결정과 관련된 결과까지 고려한다.
_____ 6. 나는 다른 사람의 도움 없이는 중요한 결정을 하기가 힘들다.
_____ 7. 나는 어려운 문제에 부딪치면 재빨리 결정을 내린다.
_____ 8. 나는 어떤 결정을 할 때, 나 자신의 즉각적인 느낌이나 감정에 따른다.
_____ 9. 나는 내가 하고 싶은 것보다 다른 사람이 어떻게 생각하느냐에 영향을 받아 결정한다.
_____ 10. 어떤 결정을 할 때, 나는 시간을 갖고 주의 깊게 생각해 본다.
_____ 11. 나는 문제의 본질에 대해 순간적으로 떠오르는 생각에 의해 결정을 한다.
_____ 12. 나는 친한 친구에게 먼저 이야기하지 않고는 결정을 거의 하지 않는다.
_____ 13. 나는 중대한 결정을 해야 할 때, 그것을 계획하고 생각할 시간을 충분히 갖는다.
_____ 14. 나는 결정을 못한 채 뒤로 미루는 경우가 많다.
_____ 15. 결정을 하기 전에 올바른 사실을 알고 있으나 확인하기 위해 관련된 정보들을 다시 살펴본다.
_____ 16. 나는 결정에 관해 실제로 생각하지는 않지만 갑자기 생각이 떠오르면서 무엇을 해야 할지를 알게 된다.
_____ 17. 어떤 중요한 일을 하기 전에 나는 신중하게 계획을 세운다.
_____ 18. 나는 결정을 할 때, 다른 사람의 많은 격려와 지지를 필요로 한다.
_____ 19. 나는 결정을 할 때, 마음이 가장 끌리는 쪽으로 결정을 한다.
_____ 20. 나는 인기를 떨어뜨릴 결정은 별로 하고 싶지 않다.
_____ 21. 나는 결정을 할 때, 예감 또는 육감을 중요시한다.

_____ 22. 나는 조급하게 결정을 내리지 않는데, 그 이유는 올바른 결정임을 확신하고 싶기 때문이다.
_____ 23. 어떤 결정이 감정적으로 나에게 만족스러우면 나는 그 결정을 올바른 것으로 본다.
_____ 24. 올바른 결정을 할 수 있는 능력에 자신이 없기 때문에 주로 다른 사람의 의견에 따른다.
_____ 25. 종종 내가 내린 각각의 결정을 일정한 목표를 향한 진보의 단계들로 본다.
_____ 26. 내가 내리는 결정을 친구들이 지지해 주지 않으면 그 결정에 대해 확신을 갖지 못한다.
_____ 27. 어떤 결정을 하기 전에, 나는 그 결정을 함으로써 생기는 결과에 대해 가능한 한 많이 알고 싶다.
_____ 28. 나는 '이것이다'라는 느낌에 의해 결정을 내릴 때가 종종 있다.
_____ 29. 대개의 경우 나는 주위 사람들이 바라는 방향으로 결정을 한다.
_____ 30. 여러 가지 정보를 수집하거나 검토하는 과정을 갖기보다 나에게 떠오르는 생각대로 결정을 내리는 경우가 많다.

2. 채점표: 각 번호 아래에 자신이 쓴 번호를 옮겨 쓰고, 각 유형별로 점수를 합하여 오른쪽의 총점에 적어 봅시다.

| | | | | | | | | | | |
|---|---|---|---|---|---|---|---|---|---|---|
| I 유형 | 1 | 3 | 5 | 10 | 13 | 15 | 17 | 22 | 25 | 27 | 총점 |
| | | | | | | | | | | | |
| II 유형 | 2 | 7 | 8 | 11 | 16 | 19 | 21 | 23 | 28 | 30 | 총점 |
| | | | | | | | | | | | |
| III 유형 | 4 | 6 | 9 | 12 | 14 | 18 | 20 | 24 | 26 | 29 | 총점 |
| | | | | | | | | | | | |

3. 채점표에서 I 은 합리적 유형, II는 직관적 유형, III은 의존적 유형입니다.
자신의 의사결정 유형은 무엇입니까? 내 의사결정 유형의 단점을 극복하기 위해 어떤 노력을 해야 할지 적어 봅시다.

| |
|---|
| |

〈활동 12-2〉

# 나의 SWOT 분석

## 활동목표

- 나의 SWOT 분석 매트릭스를 작성한다.
- 강점과 기회를 활용하고, 약점과 위기를 극복할 수 있는 전략을 수립한다.

## 진행과정

| 활동주제 | 주요 내용 및 방법 | 시간 |
|---|---|---|
| SWOT 분석의 필요성 인식 | • 개인 SWOT 분석의 필요성을 인식한다. | 5분 |
| 나의 SWOT 분석 | • 자신의 강점과 약점을 도출한다.<br>• 자신의 기회와 위기 요인을 확인한다. | 10분 |
| 전략 수립 | • SO 전략을 수립한다.<br>• ST 전략을 수립한다.<br>• WO 전략을 수립한다.<br>• WT 전략을 수립한다. | 10분 |
| 마무리 | • 활동과정 및 결과를 공유한다. | 5분 |

## 유의점 및 특이사항

- SWOT 분석을 실시하기 전에 내부요인(강점, 약점)과 외부요인(기회, 위기)의 도출 방법에 대해 이해하기
- 시간적 여유를 가지고 자신에 대해 신중하게 탐색하기
- 다양한 예시를 통해 SWOT 분석과 전략 수립을 위한 기법을 습득하기
- 준비물: 활동지, 필기구

## ■ 나의 SWOT을 활용한 전략 수립

자신의 강점(S), 약점(W), 기회(O), 위협(T) 요인 중 핵심적인 것을 적으세요. 이들을 활용하여 SO 전략, ST 전략, WO 전략, WT 전략을 수립해 봅시다.

| | 기회(O) | 위기(T) |
|---|---|---|
| 강점(S) | SO 전략 | ST 전략 |
| 약점(W) | WO 전략 | WT 전략 |

〈활동 12-3〉

# 나의 진로장벽 탐색

## 활동목표

- 자신의 진로장벽을 인식한다.
- 진로장벽에 대한 극복 방안을 탐색한다.

## 진행과정

| 활동주제 | 주요 내용 및 방법 | 시간 |
|---|---|---|
| 진로장벽 이해 | • 진로장벽 탐색의 중요성을 공유한다.<br>• 진로장벽을 탐색하는 방법을 이해한다. | 5분 |
| 진로장벽 탐색 | • 진로를 결정할 때 경험한 진로장벽을 확인한다.<br>• 자신이 갖고 있는 진로장벽의 극복방안을 탐색한다. | 15분 |
| 마무리 | • 활동과정과 결과를 공유한다.<br>• 진로장벽을 극복할 수 있도록 서로 격려한다. | 10분 |

## 유의점 및 특이사항

- 진로장벽에 대한 인식은 개인의 특성, 시기, 처해진 상황 등에 따라 다르므로, 개인별로 신중하게 탐색하기
- 준비물: 활동지, 필기구

■ 나의 진로장벽

1. 다음의 내용은 대학생에게 진로장벽이 될 수 있는 주제들입니다. 다음 중 내가 진로를 탐색하거나 결정할 때 경험했던 어려움이 있다면 표시를 하고, 구체적으로 어떤 내용인지 적어 봅시다.

( ) 자신감 부족 ________________

( ) 능력 또는 흥미 불일치 ________________

( ) 신체적 특성 ________________

( ) 부모 또는 가족 특성 ________________

( ) 정보부족 ________________

( ) 역할갈등 ________________

( ) 부적절한 과거의 경험 ________________

( ) 중요 타인의 불인정 ________________

( ) 차별(성, 연령, 학교, 지역, 인종 등) ________________

( ) 미래의 불확실성 ________________

( ) 사회적 분위기 ________________

2. 또 다른 진로장벽이 있다면 무엇인가요?

3. 진로장벽을 어떻게 극복할 것인가요?

〈활동 12-4〉

# 합리적 의사결정 과정을 통한 문제해결

## 활동목표

- 일상생활 속에서 의사결정이 필요한 다양한 상황을 탐색한다.
- 합리적 의사결정 과정을 토대로 문제해결의 과정에 이른다.

## 진행과정

| 활동주제 | 주요 내용 및 방법 | 시간 |
|---|---|---|
| 팀빌딩 | • 합리적 의사결정이 필요한 주제 및 상황 탐색하기<br>• 제안된 주제 중 실습할 주제 선정하기 | 5분 |
| 합리적으로 의사결정하기 | • 합리적 의사결정 과정을 준수하며 문제해결 하기 | 15분 |
| 마무리 | • 다른 팀과 활동과정 및 결과 공유하기<br>• 합리적 의사결정 수행 과정에 대한 코칭하기 | 10분 |

## 유의점 및 특이사항

- 5명 내외로 팀 구성하기
- 의사결정이 필요한 주제 및 상황은 대학생들이 겪고 있거나 겪을 수 있는 실제적 문제를 중심으로 탐색하기
- 집단 활동을 통해 합리적 의사결정 과정에 대한 연습하기
- 준비물: 활동지, 필기구

■ 합리적 의사결정이 필요한 상황 탐색

1. 우리는 날마다 다양한 의사결정을 하고 있습니다. 아래의 예시와 같이 대학생활을 하면서 직면했거나 직면할 가능성이 있는 다양한 상황들을 탐색하여 적어 봅시다.

예시: "우리 팀을 중심으로 학과의 전문성을 살릴 수 있는 학습동아리(취업동아리)를 만들려고 한다. 어떤 동아리를 만들면 좋을까?"
"이번 방학 때, 내 전공과 연계된 봉사활동을 해 보려고 한다. 어떤 종류의 봉사활동에 참여하는 것이 좋을까?

| |
|---|
| |

2. 앞의 상황들 중 합리적 의사결정과정에 따라 문제해결을 하고 싶은 주제를 선정해 봅시다.

| |
|---|
| |

■ 합리적 의사결정 과정

1단계: 문제인식

의사결정의 주제는 무엇인가요?

2단계: 정보 및 대안탐색

문제를 해결하기 위해 활용 가능한 대안은 무엇인가요?

3단계: 기준설정

최선의 대안을 선정하기 위해 고려해야 할 기준은 무엇인가요?

4단계: 대안평가

기준을 토대로 탐색된 대안을 평가한 결과는 어떠한가요? 대안의 우선순위는 어떠한가요?

5단계: 의사결정

어떤 활동을 하기로 결정하였나요?

## 참고문헌


공윤정(2005). 진로장벽: 이론적 고찰 및 상담 실제에의 적용. 상담학연구, 6(3), 861-874.

김은영(2001). 한국 대학생 진로탐색장애검사(KCBI)의 개발 및 타당화 연구. 이화여자대학교 대학원 박사학위논문.

백지연(2011). 크리티컬 매스. 서울: 알마출판사.

서일수, 김도균, 김지혜, 이정배(2013). 진로개발과 직업세계. 서울: 한빛아카데미.

손은령(2001). 여자대학생이 지각한 진로장벽. 서울대학교 대학원 박사학위논문.

이성식(2007). 여대생이 인식한 진로장벽과 진로결정 자기효능감 및 진로결정 수준의 인과모형. 서울대학교 대학원 박사학위논문.

정미경, 문은식, 박선환, 수지향(2016). 진로탐색과 취업전략. 경기: 공동체.

한국고용정보원(2011). 대학생을 위한 직업지도 프로그램 CDP-C 직업궁합.

황매향, 김연진, 이승구, 전병연(2011). 진로탐색과 생애설계. 서울: 학지사.

허은영(2014). 진로장벽, 걸림돌인가 디딤돌인가. 교육부 진로나침반. http://happyedu.moe.go.kr/happy/bbs/selectHappyArticle.do?bbsId=BBSMSTR_000000000200&nttId=2877

Crites, J. O. (1969). *Vocational Psychology*. NY: McGraw Hill.

Farmer, H. S. (1976). What inhibits achievement and career motivation in women? *The Counseling Psychologist, 6*, 12-14.

Harren, V. A. (1979). A model of career decision making for college students. *Journal of Vocational Behavior, 14*(2), 119-133.

Lazarus, R. S., & Folkman, S. (1984). Stress, *Appraisal, and Coping*. NY: Springer Publishing Company.

Lent, R. W., Brown, S. D., & Hackett, G. (1994). Toward a unified social cognitive theory of career and academic interest, choice, and performance. *Journal of Vocational Behavior, 45*, 79-122.

Lent, R. W., Brown, S. D., & Hackett, G. (2000). Contextual supports and barriers to career choice: A social cognitive analysis. *Journal of Counseling Psychology, 47*, 36-49.

Mcwhirter, E. H., Torres, D., & Rasheed, S. (1998). Assessing barriers to women's career adjustment. *Journal of Career Assessment, 6*(4), 449-479.

Nieva, V. F. & Gutek, B. A. (1981). *Women and Work: A Psychological Perspective.* NY: Praeger Publishers Inc..

O'leary, V. E. (1974). Some attitudinal barriers to occupational aspirations in women. *Psychological Bulletin, 81*, 809-826.

Robbins. S. P. (2004). *Decide & Conquer.* 이종구 역(2005). 의사결정; 오류, 개선 그리고 성공적인 삶. 서울: 시그마프레스.

Swanson, J. L., & Daniels, K. K. (1995). The Career Barriers Inventory-Revised. Unpublished manuscript, Southern Illinois University.

Swanson, J. L., & Tokar, D. M. (1991). College students' perception of barriers to career development. *Journal of Vocational Behavior, 38*, 92-106.

제13장
# 진로목표 세우기

## 학습목표

- 자신의 전생애 비전을 구체적인 글로 서술한다.
- 비전의 달성과정이 담긴 진로 로드맵을 작성한다.
- 장기 · 중기 · 단기의 진로목표를 설정한다.
- 진로목표 달성을 위한 구체적인 실천전략을 수립한다.

## 1. 비전과 진로

지금 자신이 하고 있는 일을 무엇 때문에 하고 있는지 분명히 안다면, 훨씬 더 즐겁게 몰두할 수 있고 결과에 대한 만족도 커질 것이다. 반대로, 자신이 하고 있는 일을 왜 하고 있는지 알지 못하거나 그 가치를 발견하지 못한다면, 몸과 마음만 피곤해질 것이다. 따라서 자신이 하고 있는 일에 대한 확신을 가질 수 있는 나만의 비전이 있다면, 현재를 즐길 수 있으며 힘들고 어려운 일들도 가치를 찾을 수 있게 될 것이다.

### 1) 전 생애 비전 선언

일반적으로 비전(vision)이란 '보다'라는 사전적 의미를 가지고 있다. television은 멀리(tele) 있는 것을 본다는 것이고, provision은 앞을(pro) 본다는 뜻에서 준비, 예비의 뜻을 가지고 있다. 이처럼 비전은 미래의 모습에 대한 지혜로운 이해, 넓고 지혜롭게 예견하는 통찰력, 자신이 무엇을 해야 하는지 예견해 볼 수 있는 청사진 등으로 표현된다(정선영, 2014). 즉, 평소에 막연하게 꾸던 꿈은 비전을 통해 현실 속에서 실현가능한 것으로 변환될 수 있다.

최근에는 비전이라는 말이 개인 뿐 아니라 회사나 기관에서 더 많이 사용되고 있다. 가령 회사의 비전이 무엇인가, 또는 회사는 뚜렷한 비전이 있는가라고 묻는 것이다.

- 유명한 회사들의 비전
  - 코카콜라: "물을 이긴다."
  - 포드: "자동차의 대중화"
  - 맥도날드: "세계에서 가장 뛰어난 '퀵 서비스 레스토랑'이 되는 것이다."
  - 보잉: "항공기 운항의 표준 모델이 되는 것"

이처럼 기업이나 기관에 있어 비전이란 존재의 이유를 말하는 것이고, 궁극적으로 성취하고자 하는 목표를 말한다. 기업의 비전이 명확할 때 구성원들은 동기를 가지고 그 일에 뛰어들게 되며, 예기치 못한 난관이나 어려움이 있어도 비전을 위해 역경을 이겨 낸다. 그러나 비전은 단시간에 이루어지기는 어려운 것이다. 그러기에 더욱 많은 사람들이 힘을 합쳐 노력하게 되고, 그것이 집약된 힘을 만들어 내어 결국엔 그 기업을 성공하게 이끄는 것이다.

기업과 마찬가지로 개인도 비전을 가져야 한다. 개인의 비전은 존재의 이유이며, 평생을 살아가면서 이루고 싶은 가치의 핵심이라 할 수 있다. 비전은 가슴속에서 타오르는 꺼지지 않는 불꽃과 같아서 계속 기름을 붓는다면 활활 타오를 수 있는

**비전을 가진 삶**

한 젊은이가 길을 가다가, 망치와 정을 가지고 힘을 다해 돌을 두드리고 있는 사람을 만났다. 젊은이는 무척이나 화가 나 있는 듯이 보이는 그 석공에게 물었다. "당신은 지금 무엇을 하고 있습니까?" 그 석공은 고통스러운 듯 힘없는 목소리로 대답했다. "나는 이 돌의 형태를 다듬고 있는 중인데, 이것은 등뼈가 휘어질 정도로 힘든 작업이랍니다."

젊은이는 여행을 계속하다가 비슷한 돌을 다듬고 있는 또 한 사람을 만나게 되었는데, 그는 특별히 화가 나 보이지도, 행복해 보이지도 않았다. "당신은 무엇을 하고 있습니까?" "돌기둥을 만들기 위해 돌을 가다듬고 있는 중입니다."

젊은이는 계속 길을 가다가 돌을 다듬고 있는 세 번째 석공을 만났는데, 그는 일을 하면서 행복하게 노래를 부르고 있었다. "무엇을 하고 있습니까?" 그 석공은 미소를 지으면서 대답했다. "네, 저는 성당을 짓고 있습니다."

출처: 조영탁(2004).

것이다. 따라서 비전이 없는 삶은 꿈과 목표가 없고, 목표가 없는 사람은 시간을 낭비하고 늘 고민만 하면서 하루하루를 헛되이 보내게 된다(김인기, 2015).

비전은 개인의 동기를 형성하는 원동력이 되므로 난관이나 어려움이 닥쳤을 때 기꺼이 이겨 낼 수 있는 힘을 가지게 하며, 각 개인은 자연스럽게 자신의 비전을 달성하는 형태로 노력하게 된다. 따라서 비전을 설정하여 자신뿐 아니라 다른 사람 앞에 선언해 보는 과정은 매우 의미 있다. 비전 선언을 통해 자신의 비전에 더욱 자신감을 가지게 되고, 실천하고자 하는 의욕을 이끌어 낼 수 있기 때문이다.

다음은 유명인들의 비전 선언문이다(김인기, 2015).

- 기업인 빌 게이츠(B. Gates): "개인용 컴퓨터를 전 세계 가정에 보급하여 컴퓨터업계의 제왕이 되겠다. 전 세계를 미래의 무한속도 경쟁시대로 이끌겠다."
- 미국 16대 대통령 에이브러햄 링컨(A. Lincon): "미국이 새로운 자유 속에서 다

시 태어나고, 국민의 국민에 의한 국민을 위한 정부가 이 지구상에 영원히 존속되어야 한다. 이를 위해 노예의 자유를 포함한 평등과 자유를 추구하고, 모든 사람에게 공정한 기회를 제공하는 나라를 건설하겠다."

이렇듯 꿈 또는 비전의 중요성과 가치를 이야기한 사람들이 많다는 것, 특히 그들 스스로가 무엇인가를 성취한 사람들이라는 사실은 비전 세우기가 개인의 삶에 얼마나 필수적인 요소인지를 보여 주고 있다.

## 2) 진로 로드맵

### (1) 진로 로드맵의 가치

취업을 준비하고 있는 많은 학생들 중 "내가 무엇을 해야 할지 잘 모르겠다. 내가 무엇을 하면 잘할 수 있을지 감이 잡히지 않는다."라고 이야기하는 사람들이 많이 있다. 이들 중 일부는 일단 그나마 괜찮은 직장에 대충 들어가고 보자는 식의 '묻지마 취업'을 선택하기도 한다. 그런 후 치열한 직장생활 속에서 뒤늦게 후회하고, 하고 싶은 일을 찾아 방향을 바꾸고 싶어도 다른 준비나 학습을 할 여력이 없기도 하고, 현재 익숙해진 일을 포기할 수 없거나 때론 모험을 할 용기가 나지 않아 새롭게 도전하는 것을 접어 두기도 한다. 간혹 다른 이들의 성공담을 들을 때면 나와는 먼 이야기 같이 생각되며, 처음 자신이 꿈꾸고 기대했던 목표와는 전혀 다른 상황 속에서 꿈을 접고 생활하는 경우가 종종 있다.

하지만 만일 대학생활 시절에 좀 더 명확한 자신만의 진로를 설정하고 전 생애에 걸쳐 도달해야 할 목표들을 만들어 두었더라면, 자신이 가고자 했던 목적지를 잃고 엉뚱한 길에서 방황하는 그런 실수는 적었을 것이다.

자기의 꿈 또는 비전이라는 목적지에 다다르기 위한, 나만의 진로여정으로 구성된 로드맵을 한 번 그려 보자. 자신의 꿈 또는 비전을 달성하기 위해 차분히 걸어가야 할 진로여정을 구체화함으로써 삶의 구심점과 방향이 명확해질 것이다. 즉, 진로 로드맵을 활용한 전생애 진로를 설계해 봄으로써 남들보다 한 발 앞서 나갈 수 있으며, 혹시 길을 잘못 들더라도 빠른 상황 판단을 통해 인생의 행로를 효과적으로 변경할 수도 있을 것이다.

### (2) 진로 로드맵 그리기

진로 로드맵은 자신의 진로를 한눈에 확인할 수 있도록 도식화한 것이다. 지금 현재 자신의 소망을 모두 제시한 진로 로드맵, 대학생활 동안 성취하고 싶은 것을 학년별로 표현한 진로 로드맵, 전 생애 동안 성취하고 싶은 주요 사건을 중심으로 그린 로드맵 등 진로 로드맵의 종류는 여러 가지가 있다.

또한, 진로 로드맵을 표현하는 방법도 다양하다. 한 지점을 중심으로 하여 사방으로 바퀴살처럼 죽죽 내뻗친 방사형 구조, 마치 지도를 그리듯 표현하고 싶은 중심 내용과 그와 관련된 구체적 내용으로 점점 가지들을 뻗어나가는 마인드 맵(mind map) 구조, 시간의 흐름 속에 진로여정을 표현한 순차적 구조 등 여러 가지 방법으로 진로 로드맵을 가시화할 수 있다.

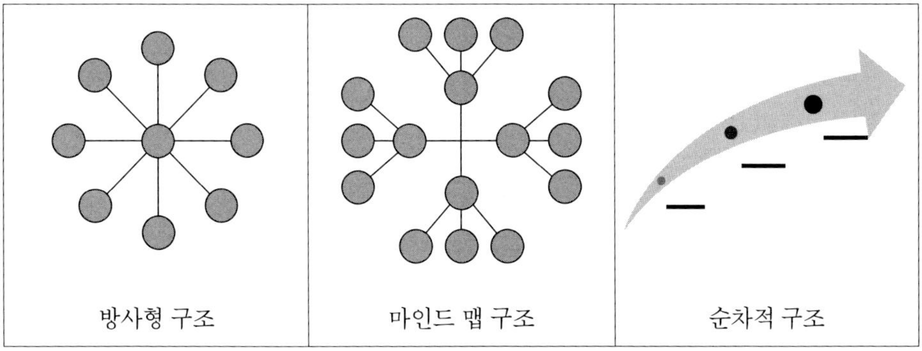


**[그림 13-1] 진로 로드맵의 표현 방법**

진로 로드맵을 그리기에 앞서 자신의 현재 소망, 자신이 꿈꾸는 삶 또는 진로, 진로를 달성해 나가는 과정에서 성취해 나가야 할 것들에 대해 차분히 떠올려 본다. 그런 다음 자신의 생각을 가장 잘 표현할 수 있는 방법을 선택하여 진로 로드맵을 그려 나간다. 진로 로드맵은 종이 위에 펜으로 직접 그릴 수도 있지만, 최근에는 컴퓨터를 활용하여 체계적으로 그리기도 한다. 컴퓨터 프로그램을 활용하면 자신의 진로와 관련된 내용이 비교적 깔끔하게 표현되며, 편하고 쉽게 그릴 수 있다는 장점이 있다. 무엇보다 수정과 보완이 용이하고 진로 로드맵을 지속적으로 업그레이드할 수 있어 최근 많이 활용되고 있다.

[그림 13-2]은 대학교 신입생이 그린 다양한 로드맵이다. 첫 번째 그림은 버킷리스트(Bucket list)와 같이 자신의 현재 소망들을 범주화하여 그린 일종의 드림맵이다. 진로여정이 구체화된 진로 로드맵과는 조금 다르지만, 자신의 현재 소망을 표현해 볼 수 있는 좋은 방법이다. 그리고 [그림 13-3]은 대학교 4년 동안 성취하고 싶은 것을 순차형 단계 형태로 그리고, 각 학년마다는 방사형 형태로 자신의 꿈을 펼쳐 놓은 진로 로드맵이다.

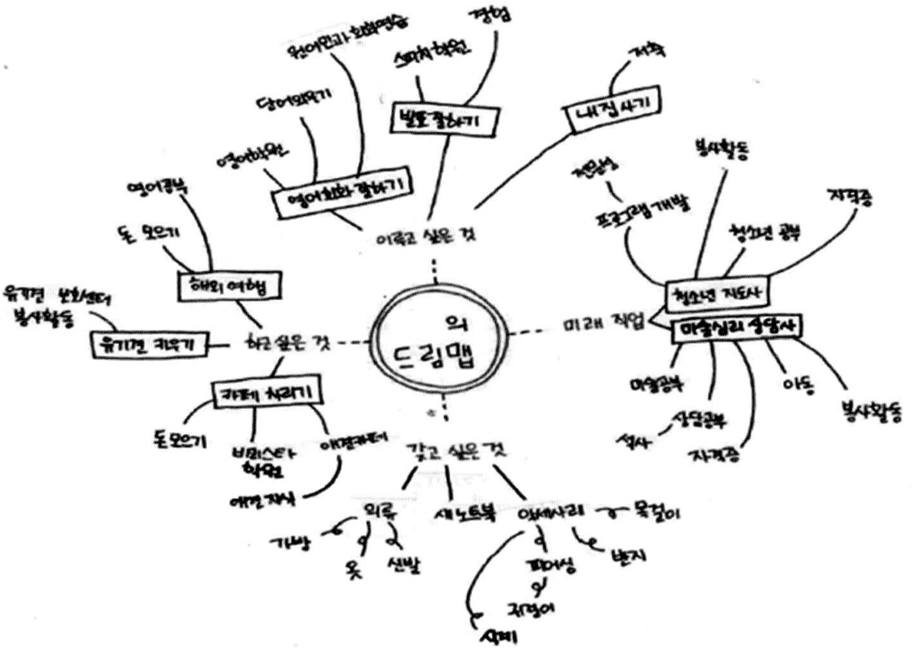


[그림 13-2] 현재 소망 중심의 드림맵

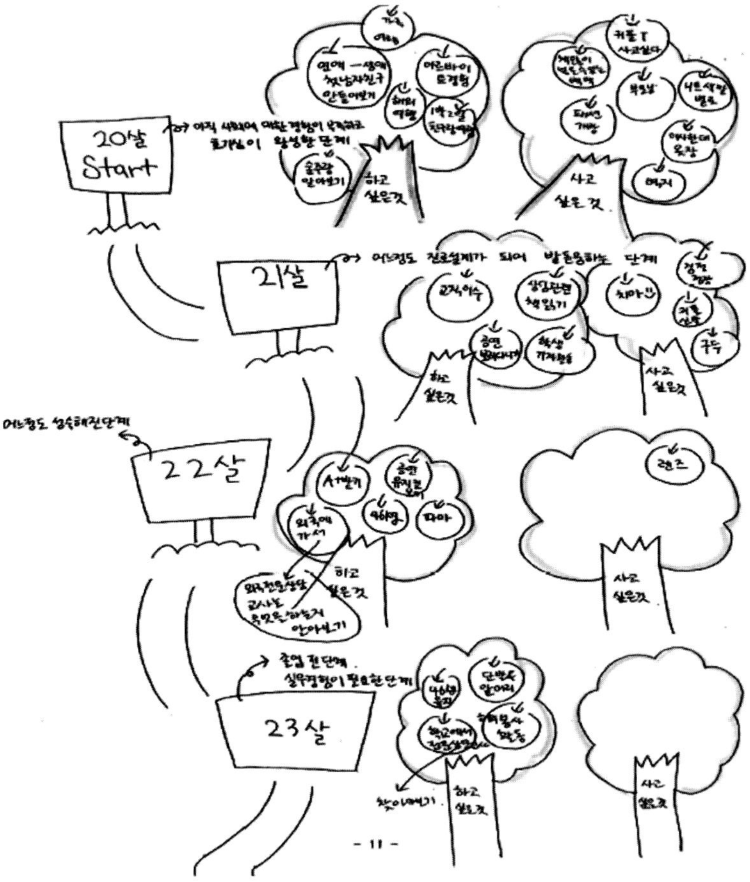


[그림 13-3] 대학 4년 동안의 진로계획을 담은 진로 로드맵

컴퓨터 프로그램을 활용하여 진로 로드맵을 그릴 수도 있다. [그림 13-4]는 기계 공학 전공 교수자를 꿈꾸는 공학 전공 학생이 자신에 대한 SWOT 분석을 실시한 자료와 학년별 목표를 통합적으로 연계 · 제시한 진로 로드맵이며, [그림 13-5]는 동일한 방법으로 마인드 맵 프로그램인 알마인드(ALMind)를 이용하여 학년별 진로발달적 목표와 개인의 목표를 연계하여 그린 진로 로드맵이다.

이처럼 최근에는 ALMind나 XMind와 같은 오픈소스 프로그램을 활용하여 비교적 쉽게 자신의 진로 로드맵을 그릴 수 있으며, 어플리케이션 프로그램도 개발되어 언제든 생각이 떠오르는 대로 작성하거나 수정 · 보완할 수 있다.

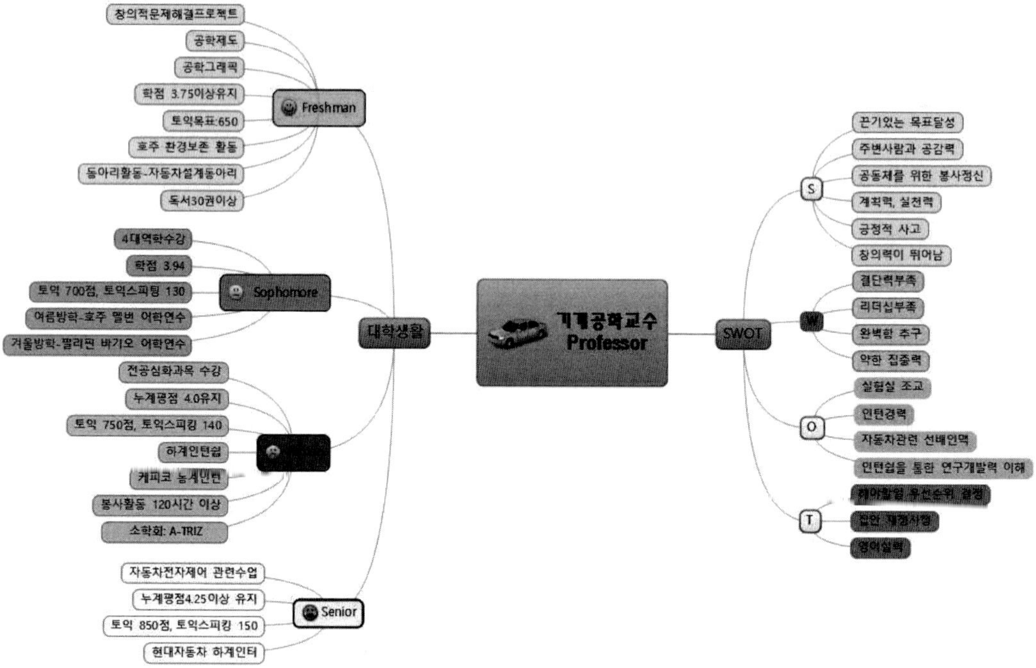


[그림 13-4] 컴퓨터 프로그램을 활용한 진로 로드맵 예시 1

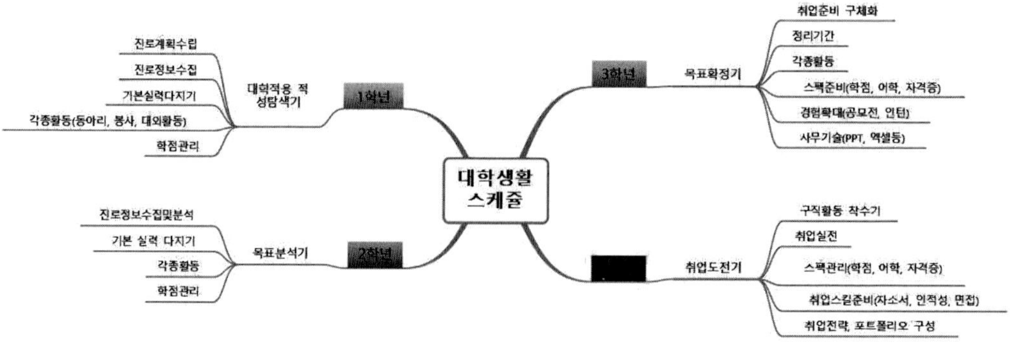


[그림 13-5] 컴퓨터 프로그램을 활용한 진로 로드맵 예시 2

### (3) 진로 로드맵의 활용

진로 로드맵은 한 번의 작성으로 끝나지 않는다. 자신의 가치관이나 삶의 방향이 얼마든지 바뀔 수 있기 때문에 진로에 대한 생각이나 계획도 바뀔 수 있다. 따라서 변화하는 자신의 생각에 따라 진로 로드맵도 수정하는 것이 필요하다.

진로 로드맵을 작성해 보는 활동 자체만으로도 가치있지만, 완성된 진로 로드맵을 잘 활용할 수 있어야 한다. 일단 수시로 확인할 수 있도록 잘 보이는 곳에 부착해 놓는 것이 좋다. 자신이 꿈꾸는 진로가 무엇인지를 수시로 바라보면, 다시금 마음을 잡거나 생활의 방향을 설정하는 데 도움이 될 것이다. 또한, 자신이 설정해 놓은 진로 목록들의 우선순위를 표시하여 구체적인 목표를 설정하거나 실천할 때의 지침으로도 삼을 수 있다.

성취한 것들을 자신의 방식으로 표시하여 달성한 것들과 앞으로 달성해 나가야 할 것들을 구분해 보는 것도 필요하다. 이는 자신의 성취를 가시화하여 긍정적인 마음을 갖게 할 뿐 아니라 보다 적극적인 행동으로 나아가게 하는 기분 좋은 자극이 될 것이다.

## 2. 목표설정

삶의 방향이 되는 비전을 설정하였다면, 구체적인 목표를 세워 한 단계씩 성취해 나가는 과정이 필요하다. 일반적으로 자신이 바라는 목표를 매우 구체적으로 설정하고 실천하는 사람은 드물다. 그러나 성공한 사람들의 대부분은 자신이 바라는 목표에 대한 간절함이 있었고, 반드시 이루겠다는 의지를 가지고 자신의 목표를 구체적으로 설정한 사람들이었음을 잊지 말아야 할 것이다.

### 1) 목표설정의 중요성

목표(goal)란 삶을 통해 이루거나 도달하려는 실제적 대상이므로, 설정된 목표는 개인의 행동이나 동기에 영향을 미칠 수 있다. 따라서 대학생활에서 목표설정은 재학 과정뿐 아니라 졸업 후의 진로설계를 위한 지침이 되며, 개인의 자아실현과 행복한 삶으로도 이어진다(김모곤, 김미호, 우종선, 2013).

구체적으로 목표가 자신의 삶에 주는 이익은 다음과 같다. 첫째, 삶에서 목표가 있으면 자신이 해야 할 일이 분명하기 때문에 방황이나 혼란을 막을 수 있다. 둘째, 자신의 힘을 한 방향으로 집중할 수 있게 된다. 셋째, 목표 수립 자체가 동기유발로 작용하여 실행능력을 높이게 한다. 넷째, 자신이 가고자 하는 삶의 방향과 비전에 맞는 목표를 설정함으로써 스스로를 삶의 주인이 되게 한다(천성문 외, 2017). 즉, 성공하는 삶을 위해서는 비전과 목표설정, 이를 달성하기 위한 실행계획이 잘 수립되어야 한다.

이와 관련되어 매우 유명한 사례가 있다. 1953년 미국의 예일 대학교(Yale University)에서는 졸업생을 대상으로 목표설정을 어떻게 하고 있는지를 조사했다. 이 조사에 따르면, 졸업생의 27%는 자신의 미래에 대해 별 생각이 없이 산다고 하며, 60% 정도는 자신의 미래에 대한 생각을 조금 가지고 있고, 10%의 사람들은 좀 더 구체적으로 자신의 미래를 생각하며, 단지 3%의 사람만이 자신의 미래에 대해 구체적인 목표를 가지고 그것을 기록했다고 한다. 20년이 지나 추적조사를 했을 때, 구체적인 목표를 글로 써 놓은 집단은 지도계층, 구체적인 목표를 항상 생각했던 집단은 중산계층, 막연한 목표를 생각했던 집단은 서민계층의 삶을 살고 있었으나, 명확한 목표가 없다고 진술했던 집단은 다른 사람의 도움이 필요한 계층이 되어 있었다(황매향 외, 2011).

이와 비슷한 연구가 1979년 하버드 대학교 경영대학원 졸업생을 대상으로 실시되었다. 이들을 대상으로 '명확한 장래 목표와 그것을 성취할 계획이 있는가'라는 설문조사를 실시했다. 이 질문에 졸업생의 3%만이 목표와 계획을 세워 기록해 두었다고 응답했고, 13%는 목표가 있으나 그것을 종이에 직접 기록하지는 않았다고 했다. 나머지 84%는 여름휴가 계획외에는 아무런 계획도 없다고 대답했다. 그로부터 10년 후인 1989년에 연구자들은 10년 전의 졸업생을 대상으로 다시 한 번 조사를 실시했다. 그 결과, 목표는 있었지만 기록하지 않았던 13%는 목표가 전혀 없었던 84%의 학생들에 비해 평균 수입이 두 배 이상으로 나타났고, 명확한 목표와 계획을 세우고 그것을 구체적으로 기록했던 3%의 졸업생은 84%의 졸업생보다 소득이 평균 10배 정도 많았다는 것이다. 이들 집단 간에는 학력이나 능력의 차이가 거의 발견되지 않았으며, 단지 구체적인 목표를 세웠는지에 대한 차이가 있었을 뿐이었다(서일수 외, 2013).

이처럼 다양한 예시들은 목표를 구체적으로 세우고 사는 사람과 그렇지 않은 사람 간에 삶의 질이 다르다는 것을 보여 준다.

## 2) 목표설정 방법

### (1) 목표설정의 원칙

목표를 설정하였으되 실천이 되지 않는다면 아무런 의미가 없다. 설정한 목표를 실천하는 것도 중요하지만, 실현 가능성이 높아지도록 목표를 구체적으로 설정하

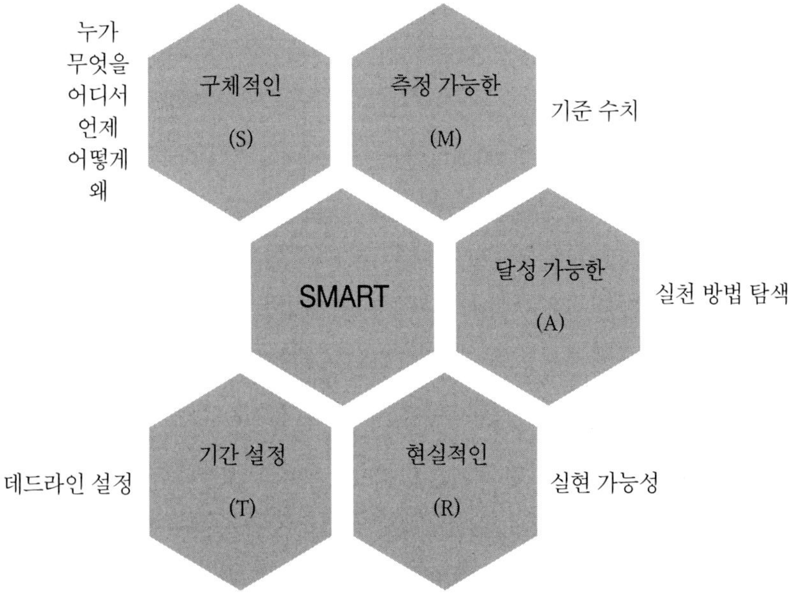


[그림 13-2] SMART 기법을 활용한 목표 설정

출처: 천성문 외(2017) 재구성.

는 것도 중요하다. 여기서는 구체적인 목표를 설정할 수 있는 방법인 'SMART 기법'을 살펴본다.

SMART 기법이란, 구체적이고(Specific), 측정 가능하면서(Measurable), 달성 가능하고(Attainable), 현실적이고(Realistic), 기간의 설정을 두어(Timed-bound) 목표를 설정하는 방법을 의미한다.

- **Must be Specific(구체적인 목표)**

목표는 구체적이어야 한다. 구체적으로 목표를 설정하면 목표를 이루기 위한 방법도 구체화되기 때문이다. '학교교사'라는 목표보다는 '초등학교 교사가 된다.'라는 목표가 좀 더 구체적이다. 이처럼 목표는 어떤 내용을 어떻게 할 것인지에 대한 정보, 즉 구체적인 내용과 행동이 포함되어야 한다.

- **Must be Measurable(측정 가능한 목표)**

목표달성을 확인할 수 있도록 측정 가능한 목표를 설정해야 한다. 측정할 수 없는 막연한 목표는 어디서부터 실행에 옮겨야 할지 모호하여 전력을 기울이기도 어렵다. 예를 들어, '성적을 올리겠다.'는 목표는 구체적이지 않고 막연하여, 그저 생각으로만 갖고 있는 목표가 되기 싶다. 그러나 '학년 평균 4.0을 받겠다.'라고 목표를 설정하면, 이는 누구나 이해할 수 있을 정도로 구체적일 뿐 아니라 내가 목표를 달성했는지 그렇지 않은지에 대한 측정도 가능하다.

- **Must be Attainable(달성 가능한 목표)**

목표를 너무 높게 설정하여 아무리 노력해도 달성하기 어렵거나, 반대로 너무 낮게 설정하여 별다른 노력 없이도 달성할 수 있게 설정해서는 안 된다. 목표는 내가 무엇을 해야 할지를 명확하게 제시해 줄 수 있어야 할 뿐 아니라 한 단계씩 나의 능력을 개발하고 발전시켜 성취감을 줄 수 있도록 설정하는 것이 가장 바람직하다.

• **Must be Realistic(현실적인 목표)**

목표는 항상 현실보다 우위에 있지만, 실현 가능성을 내포하고 있어야 한다. 따라서 설정한 목표가 현실적으로 가능한 목표인지 따져 봐야 할 뿐 아니라 나의 인생의 가치관과 목적에 따른 것인지도 생각해 봐야 한다.

• **Must be Time-bound(달성 기한이 있는 목표)**

목표를 설정할 때는 반드시 목표달성 기한, 즉 데드라인을 설정해야 한다. 달성 기한이 정해지지 않으면, '나중에 해야지.' '내일부터 해야지.' '다음 주까지 하면 되지.'라며 미루기 쉽다. 미루지 않고 목표를 달성하기 위해 노력하기 위해서는 기간을 정하는 것이 좋다. 또한, 달성 기한의 설정은 단계적인 성취를 가능하게 하므로, 목표달성에 대한 의지와 동기를 더욱 강화시키는 데 도움이 된다. 따라서 목표를 설정할 때는 중장기적인 목표, 단기적인 목표, 최단기적인 목표를 만들어 측정하며 달성해 나가는 것이 중요하다.

(2) 장기 · 중기 · 단기 목표

많은 사람들이 목표는 클수록 좋다고 생각한다. 너무 큰 목표는 꿈과 같아서 구체적인 실천을 하기가 어렵다. 따라서 꿈과 같은 장기적인 인생목표를 달성하기 위해서는 조금 더 실현 가능성이 높은 단기 목표 및 최단기 목표를 두고 계획적으로 실천하는 것이 필요하다. 장기 목표, 중기 목표, 단기 목표가 몇 년 안에 달성할 수 있는 목표인지에 대한 명확한 규정은 없다.

전문가에 따라 향후 10~20년 즈음에 달성할 목표를 장기 목표, 향후 3~10년 이내에 달성할 목표를 중기 목표, 1~3년 이내에 달성할 목표를 단기 목표로 보기도 하며, 조금 더 짧게 장기 목표를 향후 3~5년으로, 중기 목표를 향후 1~3년으로, 단기 목표를 1년 이내로 잡기도 한다. 분명한 것은 장기 목표가 가장 먼 미래에 달성할 목표이고, 장기 목표를 달성하기 위해 한 단계씩 달성해 나가야 할 과정 목표가 중기 목표, 중기 목표를 달성하기 위해 가장 가까운 미래에 성취해야 할 목표가 단기 목표라는 점이다. 따라서, 중기 목표는 장기 목표를 달성하기 위한 실천 목표

**목표설정과 관계된 지침**

- 목표를 보이는 곳에 붙여 두어야 한다.
- 목표를 써서 항상 볼 수 있도록 가지고 다녀야 한다.
- 여러 개의 목표를 동시에 설정해야 한다.
- 설정한 목표는 삶에 도움이 되어야 한다.
- 개인적인 것과 직업적인 것, 장기와 단기, 중요한 것과 덜 중요한 것과 같이 목표를 분류하는 범주가 있어야 한다.
- 목표설정이라는 것이 단지 특별한 상황을 대비하기 위한 것이 아니라, 규칙적인 활동이어야 한다.
- 일반적인 기준을 세워 목표를 점검해야 한다.
- 목표의 우선순위를 정해야 한다.
- 다른 사람들과 목표에 대해 대화를 해야 한다.
- 일반적인 기준을 세워 목표를 점검해야 한다.
- 목표의 우선순위를 정해야 한다.
- 다른 사람들과 목표에 대해 대화를 해야 한다.
- 성공적으로 목표를 달성해야 한다.
- 성공하지 못할 경우, 목표에 대해 다시 생각해 보거나 목표를 변경해야 한다.
- 목표를 달성했을 때 축하해야 한다.

출처: 황매향 외(2011).

가 되고, 단기 목표는 중간 목표의 성취를 위한 실천 목표가 된다.

다음은 어느 대학생들이 설정한 장기 · 중기 · 단기 목표의 예시이다.

- 장기 목표: 3학년 수료 후 캐나다로 어학연수 1년간 다녀오기
- 중기 목표: 외국인과 일상대화가 가능할 정도의 영어회화 실력 갖추기
- 단기 목표: 토익 700점 달성하기

- 장기 목표: 5년 이내에 현재 체육관의 체인점을 전국적으로 운영하기
- 중기 목표: 내년에 전국 체전 역도 1위하기
- 단기 목표: 올해 경남도민 체전 역도 1위하기

이와 같이 장기 · 중기 · 단기 목표를 어느 시점으로 보는지는 개인에 따라, 목표의 내용에 따라 다르지만, 장기 · 중기 · 단기 목표가 상호 연계성을 가지고 설정되어 있음을 알 수 있다.

현재 자신의 꿈이 무엇인지 떠올려 보고, 그 꿈을 이루기 위해 달성해야 할 목표를 설정해 보자. 목표를 설정할 때는 목표설정의 원칙에 맞춰 구체적이고(S), 측정 가능하면서(M), 달성 가능하고(A), 현실적이고(R), 기간을 정해 설정(T)해야 함을 잊지 말아야 한다. 또한, 설정된 목표를 달성하기 위한 중기 · 단기 목표를 설정하여 실천을 위한 행동이 구체화될 수 있도록 노력하자.

## 3. 실행계획 수립

장기 · 중기 · 단기 목표의 내용에서 살펴보았듯이, 하나의 목표가 정해지면 그 목표를 달성하기 위한 하위목표를 확인하여 목표를 보다 구체화할 수 있다. 그러나 현실에서 목표를 가능하게 하는 것은 계획이다. 따라서 목표, 특히 단기 목표를 달성하기 위해 실천으로 옮길 수 있는 실행계획을 반드시 수립해야 한다.

이를 위해 먼저 단기 목표를 달성하는 데 익숙한 접근 방법, 즉, 행동전략을 수립해야 한다. 행동전략은 자신의 통제하에 스스로 할 수 있고, 즉시 시작할 수 있는 것이어야 한다. 예를 들어, 단기 목표가 6개월 이내까지 체력과 몸매관리를 위한 10kg 감량이라면, 행동전략은 웨이트트레이닝이나 유산소 운동이 접근 방식이라 할 수 있다. 또한, 영어자격증 취득이 목적이라면 인터넷 강의나 다른 동료들과의 스터디가 행동전략이 될 수 있다.

행동전략이 수립되면, 행동전략을 어떻게 수행해 나갈 것인지 결정한다. 행동목

〈표 12-1〉 실천행동 예시

| 실천행동 계획 | 내용 |
|---|---|
| 단기 목표 설정 | 6개월 이내까지 체력과 몸매관리를 위한 10kg 감량하기 |
| 행동전략 수립 | 웨이트트레이닝 프로그램 참여 |
| 행동목표 결정 | 웨이트트레이닝 프로그램을 매주 3일, 1시간씩 6개월 동안 집 앞 헬스장에서 친구 ○○와 참여한다.<br>트레이너의 평가 기준에 따라 행동목표가 달성되었는지 확인한다. |

표는 성취하였을 때 알 수 있도록 분명하게 표현되어야 하며, 구체적일수록 효과가 더 높아진다. 따라서, 무엇을, 얼마나 자주, 얼마나 오랫동안, 어디에서, 누구와, 성취되었음을 어떻게 알 수 있나 등에 대해 구체적으로 설정한다(황매향 외, 2011).

한편, 실천을 촉진하기 위해서 목표에 대한 실천 과정을 공개하여 자신의 의지를 공식적으로 확인받는다면 자신있게 목표를 실천해 갈 수 있게 된다. 즉, 단기 목표를 세워 공개적으로 확인받고, 그 목표달성을 위해 헌신한다면 목표 실행에 있어서 개인은 최선을 다한다고 할 수 있다.

실행계획이란 목표를 성취하기 위한 전략이다. 또한 목표는 자신이 오랜 시간에 걸쳐 달성하고 싶은 결과물이기 때문에 행동계획을 수립한 대로 성실하게 잘 진행하고 있는지를 꾸준히 관리하는 것이 필요하다.

지금까지 학습한 내용을 토대로 자신의 비전을 설정하고, 비전을 달성하기 위한 구체적인 목표를 수립한 후 실천행동을 계획해 보자.

〈활동 13-1〉

# 비전 설정

## 활동목표

- 꿈 목록 작성을 통해 내면의 욕구를 확인한다.
- 비전 선언문을 작성하여 선언함으로써 비전달성을 위한 동기를 형성한다.

## 진행과정

| 활동주제 | 주요 내용 및 방법 | 시간 |
|---|---|---|
| 꿈 목록 분석 | • 어린 시절부터 자신이 가지고 있었던 꿈들을 모두 적어 본다.<br>• 자신의 꿈들을 다양한 관점에서 분석한다. | 5분 |
| 비전 선언문 작성 | • 꿈 분석을 토대로 자신의 비전을 설정한다.<br>• 구체적으로 비전 선언문을 작성한다. | 20분 |
| 마무리 | • 서로의 비전을 격려하며, 비전을 달성해 나가려는 의지를 다진다. | 5분 |

## 유의점 및 특이사항

- 충분히 시간을 가지고 자신의 과거와 미래를 신중하게 탐색하기
- 소집단으로 좌석을 배치하여 활동의 과정과 결과를 자연스럽게 공유하기
- 준비물: 활동지, 필기구

1. 어린 시절부터 지금까지를 돌아보며, 무엇이 되고 싶었는지, 어떤 상황에서 가슴이 뛰고 행복감을 느꼈는지 등을 떠올려 보세요. 이러한 기억들 속에서 자신이 품어 온 꿈들이 무엇인지 그림 또는 글로 표현해 봅시다.

| |
|---|
| |

2. 꿈 목록에 담겨진 내용들을 토대로 다음의 질문에 답해 봅시다.

| | |
|---|---|
| 내가 만약 지금보다 더 어리다면, 무엇을 하고 싶은가? | |
| 돈이나 상황에 구애받지 않고 살 수 있다면, 무엇을 하고 싶은가? | |
| 살아가면서 꼭 이루고 싶은 것은 무엇인가? | |

■ 비전 선언문 작성

꿈 분석을 토대로 자신이 평생에 걸쳐 달성해 나가고 싶은 비전을 수립해 봅시다.

## 나의 비전

작성자: ____________ 작성일: ____________

나의 비전

비전 달성을 위한 계획

1.

2.

3.

〈활동 13-2〉

# 진로 로드맵 작성

## 활동목표

- 자신의 비전과 연계된 진로목표를 설정한다.
- 나만의 진로 로드맵을 작성한다.

## 진행과정

| 활동주제 | 주요 내용 및 방법 | 시간 |
|---|---|---|
| 진로 로드맵 작성 방법 이해 | • 다양한 진로 로드맵의 형태와 작성방법을 이해한다.<br>• 어떤 진로 로드맵을 그릴 것인지 구체적으로 구상한다. | 5분 |
| 진로 로드맵 그리기 | • 본문의 예시를 참고하여 자신만의 진로 로드맵을 그려 본다. | 20분 |
| 마무리 | • 친구들과 활동 과정 및 결과를 공유한다. | 5분 |

## 유의점 및 특이사항

- 꿈 또는 비전과 연계된 진로 로드맵 구상하기
- 소집단으로 좌석을 배치하여 활동의 과정과 결과를 자연스럽게 공유하기
- 준비물: 활동지, 필기구

■ 진로 로드맵 그리기

자신의 꿈 또는 비전을 위해 내가 나아가야 할 나만의 진로여정으로 구성된 진로 로드맵을 그려 봅시다.

〈활동 13-3〉

# 목표와 실행계획 설정

## 활동목표

- SMART 원칙에 따라 비전을 달성하기 위한 인생목표를 설정한다.
- 설정한 인생목표를 토대로 장기 · 중기 · 단기 목표를 수립한다.
- 단기 목표 달성을 위한 행동전략과 행동 목표를 세운다.

## 진행과정

| 활동주제 | 주요 내용 및 방법 | 시간 |
|---|---|---|
| 목표설정 | • 목표를 구체적으로 진술한다.<br>• SMART 원칙에 따라 설정된 목표의 양호성 평가를 한다. | 5분 |
| 실행계획 수립 | • 행동전략을 선택한다.<br>• 행동 목표를 수립한다. | 20분 |
| 마무리 | • 느낀점을 서로 이야기해 본다. | 5분 |

## 유의점 및 특이사항

- 비전 및 목표와 실행계획이 일관성을 유지하도록 순차적으로 작성하기
- SMART 기법에 따라 설정한 목표를 친구들 간에 상호 평가해 보기
- 준비물: 활동지, 필기구

■ 인생목표 설정하기

1. 자신의 비전을 달성하기 위한 인생목표를 구체적으로 적어 봅시다.

| |
|---|
| 목표 1. |
| 목표 2. |

2. SMART 원칙에 따라 설정한 목표들을 잘 작성했는지 '양호, 보통, 수정 요함'으로 평가해 봅시다.

| | S(구체적) | M(측정 가능) | A(달성 가능) | R(현실적) | T(기간 설정) |
|---|---|---|---|---|---|
| 목표 1 | | | | | |
| 목표 2 | | | | | |

3. 앞에서 작성한 인생목표 중 우선순위라고 생각하는 한 가지 목표를 설정하고, 이를 달성하기 위한 중기 목표와 단기 목표를 설정해 봅시다.

| |
|---|
| 중기 목표: |
| 단기 목표: |

4. 단기목표를 달성하기 위한 실행계획을 수립해 봅시다.

| |
|---|
| 실천전략: |
| 행동 목표: |

## 참고문헌

김모곤, 김미호, 우종선(2013). 대학생활설계. 경기: 공동체.
김인기(2015). 진로탐색과 미래설계. 경기: 양서원.
서일수, 김도균, 김지혜, 이정배(2013). 진로개발과 직업세계. 서울: 한빛아카데미.
정선영(2014). 대학생을 위한 진로탐색과 경력개발 프로그램 워크북. 경기: 공동체.
조영탁(2004). 백억연봉 CEO. 서울: 휴넷.
천성문, 김미옥, 함경애, 박명숙, 문애경(2017). 대학생을 위한 진로코칭. 서울: 학지사.
황매향, 김연진, 이승구, 전병연(2011). 진로탐색과 생애설계. 서울: 학지사.

# 찾아보기

## | 인명 |

# | 내 용 |

ㅊ



ㅋ



ㅌ



ㅍ



ㅎ

## | 저자 소개 |

**윤명희(Yun Myunghee)**
미국 University of Iowa 대학원 석사, 박사(교육측정 · 평가 전공)
현 동의대학교 평생교육 · 청소년상담학과 교수

〈저서〉
교육조사방법론(공저, 학지사, 2016)
청소년 생활역량 진단검사의 표준화 연구(공저, 교육평가연구, 2015)
청소년 생활역량(공저, 집문당, 2013) 외 다수

**이정희(Lee Junghee)**
부산대학교 교육학과 석사, 박사(교육심리 및 상담심리 전공)
현 동의대학교 평생교육 · 청소년상담학과 교수

〈저서〉
인간관계의 심리(공저, 학지사, 2013)
다문화 상담의 새로운 접근(공저, 학지사, 2011)
교육심리학(공저, 학지사, 2010) 외 다수

**서희정(Seo Heejung)**
부산대학교 교육학과 석사, 동의대학교 교육학과 박사(평생교육 전공)
현 동의대학교 평생교육 · 청소년상담학과 교수

〈저서〉
청소년지도사의 활동역량 탐색(공저, 청소년문화포럼, 2016)
평생교육담당자를 위한 평생교육 프로그램 평가준거 개발(공저, 평생학습사회, 2015)
대학생용 진로준비행동의 표준화 연구(공저, 직업교육연구, 2014) 외 다수

**강창완(Kang Changwan)**
고려대학교 대학원 석사, 박사(응용통계학 전공)
현 동의대학교 생산정보기술공학 전공 교수

〈저서〉
SPSS를 활용한 데이터정보학 입문(공저, 자유아카데미, 2015)
SAS/STAT를 이용한 공간예측(공저, 자유아카데미, 2008)
데이터마이닝(공저, 사이플러스, 2007) 외 다수

# 전공탐색과 생애설계
**Major Exploration and Life Plan**

2018년 1월 30일 1판 1쇄 발행
2018년 8월 20일 1판 2쇄 발행

지은이 • 윤명희 · 이정희 · 서희정 · 강창완
펴낸이 • 김 진 환
펴낸곳 • (주) 학지사
04031 서울특별시 마포구 양화로 15길 20 마인드월드빌딩 5층
대표전화 • 02) 330-5114 팩스 • 02) 324-2345
등록번호 • 제313-2006-000265호
홈페이지 • http://www.hakjisa.co.kr
페이스북 • https://www.facebook.com/hakjisabook

ISBN 978-89-997-1482-5 93370

**정가 18,000원**



이 도서의 국립중앙도서관 출판시도서목록(CIP)은 서지정보유통지원시스템 홈페이지 (http://seoji.nl.go.kr)와 국가자료공동목록시스템(http://www.nl.kr/kolisnet)에서 이용하실 수 있습니다.
(CIP제어번호: CIP2018001692)



이 저서는 교육부의 산업연계교육활성화선도대학(PRIME)사업 사업비를 지원받아 집필한 저서임